Jan Patočka

Europa und Nach-Europa

Herausgegeben von
Ludger Hagedorn und Klaus Nellen

VERLAG KARL ALBER

© Titelbild: Jan Patočka (rechts) mit dem Architekten Jan Sokol (links vorne) im Frühjahr 1929 auf der Terrasse des Schlosses von Saint-Germain-en-Laye bei Paris.
(Dank für Recherche zu diesem Foto an Erika Abrams, Paris). © Patocka-Archiv, Prag

Die Deutsche Nationalbibliothek verzeichnet diese Publikation in der Deutschen Nationalbibliografie; detaillierte bibliografische Daten sind im Internet über http://dnb.d-nb.de abrufbar.
ISBN 978-3-495-48806-5 (Print)
ISBN 978-3-495-99259-3 (ePDF)

Onlineversion
Nomos eLibrary

1. Auflage 2024
© Verlag Karl Alber – ein Verlag in der Nomos Verlagsgesellschaft mbH & Co. KG, Baden-Baden 2024. Gesamtverantwortung für Druck und Herstellung bei der Nomos Verlagsgesellschaft mbH & Co. KG. Alle Rechte, auch die des Nachdrucks von Auszügen, der fotomechanischen Wiedergabe und der Übersetzung, vorbehalten. Gedruckt auf alterungsbeständigem Papier (säurefrei). Printed on acid-free paper.

Besuchen Sie uns im Internet
verlag-alber.de

Inhaltsverzeichnis

Ludger Hagedorn
Europa da Capo al Fine.
Jan Patočkas nacheuropäische Reflexionen
Zur Einführung 7

[Entstehung und Katastrophe Europas] 23

Erster Teil 25

Die Überzivilisation und ihr innerer Konflikt 27

Zivilisation und Erlösung 105

Zweiter Teil 111

Europa und Nach-Europa
Die nacheuropäische Epoche und ihre geistigen Probleme 113

Dritter Teil 197

Die nacheuropäische Epoche und ihre geistigen
Probleme 199

[Eine europäische Selbstbesinnung] 211

Nachdenken über Europa 241

Inhaltsverzeichnis

[Probleme der nacheuropäischen Epoche] 249

[Was Europa ist. Sechs Fragmente] 265

Imperium 275

Editorische Nachbemerkungen 279

Ludger Hagedorn
Europa da Capo al Fine. Jan Patočkas nacheuropäische Reflexionen
Zur Einführung

> The phenomenon of political modernity (...) is impossible to think of anywhere in the world without invoking (...) the intellectual and even theological traditions of Europe.
>
> Dipesh Chakrabarty, *Provincializing Europe*

Es gibt vielleicht keinen anderen modernen Philosophen, der die Idee Europas so sehr in das Zentrum seines Denkens gestellt hat wie Jan Patočka. Der vorliegende Band versammelt seine wichtigsten Arbeiten zu diesem Thema. Der erste Teil präsentiert die Schrift »Die Überzivilisation und ihr innerer Konflikt« aus den 1950er Jahren samt ergänzenden Überlegungen; der zweite die Ende der 1960er / Anfang der 1970er Jahre entstandenen Reflexionen zu Nach-Europa; der dritte schließlich kleinere Arbeiten, die im Umkreis dieser Reflexionen entstanden sind. Aufgrund der äußeren Umstände sind alle diese Texte zu Lebzeiten unpubliziert geblieben.

Europa ist bei Patočka nicht nur ein Kontinent oder eine bestimmte Zivilisationsform, keine allein historisch, geographisch, kulturell abgrenzbare Entität. Europa – und das ist die starke These, die insbesondere in seinen *Ketzerischen Essays*[1] vertreten wird – *ist* Geschichte, Europa *ist* Philosophie und Europa *ist* Politik. Die Entstehung dieser Trias von Politik, Geschichte und Philosophie ist für Patočka die Konsequenz einer ganz neuen, ganz anderen, eben europäischen Lebensform und Denkweise, die sich in den

---

1 Jan Patočka, *Ketzerische Essais zur Philosophie der Geschichte und ergänzende Schriften*, hg. von Klaus Nellen und Jiří Němec, Stuttgart 1984. Inzwischen ist eine neue Ausgabe erschienen: *Ketzerische Essays zur Philosophie der Geschichte*, neu übersetzt von Sandra Lehmann. Mit Texten von Paul Ricœur und Jacques Derrida sowie einem Nachwort von Hans Rainer Sepp. Frankfurt a.M. 2010.

griechischen Poleis des 5. Jahrhunderts v. Chr. herauszubilden begann und die bis weit in die europäische Neuzeit hinein und durch alle geschichtlichen Wandlungen hindurch das bestimmende geistige Element dessen ist, was sich gerade dadurch – und nur dadurch – als »Europa« definiert.

Die grundsätzliche Trennlinie für dieses neue Welt- und Selbstverhältnis ist die Überwindung des Mythos, und Überwindung des Mythos heißt: Übergang von einer Verankerung in der Vergangenheit hin zu einem Entwurf des Zukünftigen; eine neue Unabschließbarkeit des Fragens im Sinne eines Aushaltens der Fraglichkeit und eines Lebens *in* der Fraglichkeit; Übergang von der Kosmogonie zu einer »Sorge für die Seele«, wie sie im sokratisch-platonischen Denken formuliert ist. »Philosophie« als Sorge für die Seele meint die Prüfung des eigenen Wissens (»ich weiß, dass ich nichts weiß«) und den Versuch, das Leben immer wieder an dieser Prüfung auszurichten, »Politik« ist das Wagnis, auch das Leben der Gemeinschaft einer solchen Neubegründung zu unterziehen und aus freiem Entschluss bzw. dem Entschluss der Freien zu gestalten (wie historisch in der Ausbildung einer neuen Herrschaftsform in den griechischen Poleis vollzogen), und schließlich meint »Geschichte« eine Geschichte im eigentlichen und emphatischen Sinne, keine bloße Annalistik von Herrschernamen, Dynastien und periodischen Ereignissen, sondern die einzigartige Spur des Geschichtlichen, die von dem Wagnis eines jeweiligen Sich-Entwerfens auf das Zukünftige hin gelegt wird. In der deutschen Fassung seiner *Ketzerischen Essays* spricht Patočka in diesem Zusammenhang über die »Gleichursprünglichkeit« von Politik, Philosophie und Geschichte.[2] Mit dem Begriff wird angedeutet, dass es innerhalb dieser Trias kein Verhältnis von Vorrang oder einseitiger Abhängigkeit gibt. Alle drei entspringen sie dem, was er in vielfachen Variationen als Erschütterung des einfachen und einfach akzeptierten Lebenssinnes beschreibt, d.h. dem Durchbruch zu einer radikalen Unverankertheit des Lebens, das sich nicht mehr mythisch auf einen Anfang zurückbezieht, sondern selbst diesen Anfang konstituiert: den Anfang der Geschichte im eigentlichen Sinne, den Anfang Europas *als* Geschichte.

---

2 *Ketzerische Essais*, a.a.O. (1984), S. 65f. Patočka nahm bei seiner eigenen deutschen Übersetzung der tschechischen Erstfassung der *Ketzerischen Essays* eine Reihe von Modifikationen vor, die zu deutlichen Abweichungen in der Textgestalt beider Fassungen führten.

In seine eigentliche und gerade für die Fragen der Gegenwart drängende Dimension tritt dieses Nachdenken über Europa aber erst dadurch, dass es ein Nach-Denken im wörtlichen Sinne ist: Patočkas Blick auf Europa fügt sich nicht in die Unverbrüchlichkeit einer Tradition, in der Europa sich selbst als Anfang und Inbegriff von Philosophie, Rationalität und Geschichtlichkeit stilisiert. Dem läuft schon der existenzphilosophische Grundcharakter seiner Reflexionen zuwider, wonach das besondere Erbe Europas gerade nicht im Sinne eines Bestandes oder einer Errungenschaft, sondern als eine »gleich schwierig bleibende Forderung« zu denken ist.[3] Noch deutlicher aber vollzieht Patočka den Bruch mit der verbreiteten Hypostasierung Europas durch die Interpretation seiner eigenen Epoche als einer dezidiert nacheuropäischen: Das Nachdenken über Europa ist ein Denken nach dem Ende Europas.

Das allerdings verleiht seinen Reflexionen keineswegs einen nostalgischen oder rechtfertigenden Charakter – es ist dies keine Apologie Europas nach seinem Scheitern, keine nachträgliche Verteidigung seiner Originalität, seiner vermeintlichen geistigen Überlegenheit, seiner Anciennität etc. Genauso wenig aber verfällt Patočkas Denken in den Duktus der historischen Abrechnung: Das proklamierte Ende der europäischen Epoche mag vielleicht Anlass auch für eine Bilanz der Fehler Europas sein, aber es liegt darin nichts von einem triumphalen Gestus oder einer heimlichen Freude über seinen Untergang. »Vielleicht ist der Sinn von Europas Untergang positiv.« Dieser Satz, entnommen einem von Patočkas Nachlassfragmenten zur nacheuropäischen Problematik,[4] umreißt vielmehr die grundsätzliche Idee, dass noch der Untergang Europas seine Universalisierung sein könnte, dass gerade mit der Enteignung oder Dezentrierung Europas eine Brücke für die Reflexion gewonnen sein könnte, über die erst eine ernsthafte Auseinandersetzung mit den kulturellen Differenzen der globalisierten Welt möglich wird.

Die *Postcolonial Studies* haben in jüngster Zeit nachdrücklich und zu Recht die Unterwerfungs- und Marginalisierungstendenzen kritisiert, die untrennbar mit dem Nachdenken über Europa verknüpft sind. Gleichwohl ist diese Kritik selbst nicht vor falschen Projektio-

---

3 *Ketzerische Essais*, ebd., S. 66.
4 »Die nacheuropäische Epoche und ihre geistigen Probleme«, S. 203 im vorliegenden Band.

nen oder einseitigen Verallgemeinerungen gefeit. Patočkas Ansatz ist weitsichtig genug, diese doppelte Kritik vorwegzunehmen. Er setzt an bei der Frage, was die Idee Europas bedeuten kann in einer Welt, die die europäische Suprematie zwar hinter sich gelassen hat, in der aber gleichwohl (oder gerade deshalb) die konfligierenden Ansprüche verschiedener Kulturen und die Widersprüche von Tradition und Moderne sich verschärfen. Der Titel »Europa« steht hier also nicht für den Versuch einer Restituierung, sondern markiert die Einstiegsstelle einer Reflexion, die sich den geistigen Herausforderungen gerade der nacheuropäischen Welt stellt. In einem seiner Fragmente zu den Problemen der nacheuropäischen Epoche fasst Patočka dies in einen Satz, der prägnant die eigentliche Dimension dieses neuen Nachdenkens über Europa benennt: »Die europäische Reflexion ist (...) nicht dazu bestimmt, die außereuropäische Reflexion überflüssig zu machen, sondern sie erst eigentlich einzuleiten und fruchtbar zu machen.«[5]

Für den Prager Philosophen, der in seiner Jugend Romanistik und Slawistik studierte und durch Studienaufenthalte in Paris, Berlin und Freiburg tief in der deutschen und französischen philosophischen Tradition verwurzelt war, trägt das Ende Europas zweifellos auch tragische Züge. Es manifestiert sich zu seinen Lebzeiten im weltpolitischen Bedeutungsverlust Europas, noch sinnfälliger aber in der politischen Spaltung Europas in Ost und West, also in einem inneren Antagonismus, der einhergeht mit seiner Provinzialisierung.[6] Spaltung und Verfall sind das Resultat zweier verheerender Weltkriege, in denen Europa nicht nur faktisch sich selbst beschädigt, sondern seine grundlegende Idee der Universalität endgültig verraten hat. In der Betrachtung Patočkas ist deshalb das politische »Ende« Europas auch nur die äußere Manifestation eines inneren, geistigen Verfalls-

---

5 »Was Europa ist...«, S. 274 im vorliegenden Band.
6 In einem Brief an Walter Biemel vom 17.12.1974 kommentiert Patočka seine wiederholte Bitte nach der Übersendung von Büchern: »Sie sehen, ich bin so ein bißchen wie ein Robinson, der auf einer Insel anfing, zu theoretisieren.« (Original im Wiener Patočka-Archiv am Institut für die Wissenschaften vom Menschen) Man darf annehmen, dass sich – neben der persönlichen Note, dem Bedauern über die Trennung von den Freunden und dem philosophischen Milieu auf der anderen Seite des Eisernen Vorhangs – in diesem Robinson-Vergleich für Patočka auch ein Anklang an den Schiffbruch findet, den die lang gehegte Idee Europas erlitten hat.

prozesses, der weit früher einsetzt. In den *Ketzerischen Essays*, die mit einigem Recht als sein (spätes) Hauptwerk gelten, werden vor allem Nationalismus und Kolonialismus als die geschichtspolitischen Auslöser für den neuzeitlichen Verfall Europas beschrieben. Der Nationalismus ist die radikalisierte Fortschreibung einer grundsätzlichen Präferenz für die Nationalstaatlichkeit, d.h. Resultat eines Partikularismus, der im Gegensatz zum Modell des Imperiums keiner universellen Idee verpflichtet ist, sondern den Staat vor allem als Schutz- und Trutzeinrichtung für die Sicherung des gemeinsamen Besitzes begreift. Der Kolonialismus ist die Ausweitung dieses selben Denkens auf globale Maßstäbe: die Expansion Europas als Jagd auf die Reichtümer dieser Welt. Philosophisch fasst Patočka diese Entwicklung als einen Bruch mit dem grundlegenden Motiv der Sorge für die Seele. Es war die Sorge für die Seele, so die eingängige These seiner geschichtsphilosophischen Reflexionen, die Europa geschaffen hat. Mit Beginn der Neuzeit, seit dem 16. Jahrhundert, drängt sich jedoch seiner Betrachtung zufolge ein anderes Thema in den Vordergrund, erobert weite Bereiche von Politik, Ökonomie, Glauben und Wissen und formt sie dem neuen Stil entsprechend um: »Nicht mehr die Sorge für die *Seele*, die Sorge um das *Sein* also, sondern die Sorge um das *Haben*, die Sorge um die äußere Welt und ihre Beherrschung wird dominierend.«[7] Dieses »Primat des *Habens* vor dem *Sein*« schließt Einheit und Universalität aus und vergeblich bleiben alle Versuche, die universelle Geltung durch das Diktat der Macht zu ersetzen.

Patočka verleiht diesem von ihm diagnostizierten Untergang Europas etwas von der tragischen Größe eines weltpolitischen Dramas, wenn es in seinem Artikel »Nachdenken über Europa« heißt:

> Europa wurde errichtet in Jahrtausenden – und vernichtet in dreißig Jahren, zeitlich begrenzt von den beiden Weltkriegen, die eigentlich ein einziger Krieg waren. Dieses Machtgebilde beherrschte den ganzen Planeten, konnte sich aber nicht auf dem Gipfel halten. Es trat ab in Form eines Niedergangs, der beispiellos ist; der Fall Europas ist das größte Ereignis in der Weltgeschichte.[8]

Dennoch – und das ist vielleicht die entscheidende Wendung dieser Reflexionen – bleibt es keineswegs bei einem wie auch immer

---

7 Jan Patočka, *Ketzerische Essais*, a.a.O., S. 109.
8 »Nachdenken über Europa«, S. 241 im vorliegenden Band.

gearteten Lamento über den Verfall und Untergang Europas. Denn das hier umrissene Bild vom Anfang und Ende Europas, von seiner besonderen Stellung *in* der Geschichte und *als* Geschichte, stellt gleichsam nur den Auftakt dar für eine vertiefte Auseinandersetzung mit dem, was das Phänomen Europa für die nacheuropäische Welt bedeutet. Dies soll im Folgenden anhand zweier Themenbereiche näher erläutert werden: erstens als geschichtsphilosophische Reflexion, die nach der Bedeutung der Rede vom »Anfang und Ende Europas« fragt, und zweitens im Sinne einer mehr zivilisationstheoretischen Betrachtung, die Europa als »Überzivilisation« fasst.

Europa: Anfang und Ende der Geschichte

Die »Erzählung« vom Anfang Europas in der Überwindung des Mythos ist nicht weit davon entfernt, selbst eine Art Mythos zu konstruieren, eine Ursprungserzählung Europas, die – bei allen postulierten »Konversionen« – eine deutliche Linearität und Kontinuität aufweist. Auch wenn es keine Fortschrittserzählung im Sinne der progressiv-aufklärerischen Geschichtsphilosophie sein mag (»Sorge für die Seele« ist eine beständige Forderung, die nicht an irgendeiner Stelle ihr Ziel erreichen oder einen festen Boden schaffen würde), wirkt die Allgemeinheit und Ausschließlichkeit dieser *einen* Perspektive in den Augen der Postmoderne wie das Relikt eines gescheiterten Systemdenkens und seiner naiven Konstruktionen.

Jean-François Lyotard hat solche Ansätze in seiner Rede vom *Ende der großen Erzählungen*[9] als Welterklärungsmodelle beschrieben, die nur mit einem einzigen zentralen Prinzip operieren. Die daraus resultierenden allgemeinen Aussagen sind in doppelter Hinsicht unzureichend: Zum einen vernachlässigen sie alle Stränge und Perspektiven, die außerhalb – oder unterhalb – des Hauptprinzips der großen Erzählung liegen, zum anderen konstituieren sie in der Erzählung eine Logik der Ausschließung, die sich besonders im Verhältnis zwischen den Kulturen geltend macht. In einer globalisierten Welt kommt diesem Einwand eine verstärkte Bedeutung zu, weil sie zwar eine Welt des Austausches und der ständigen Konfrontation mit divergierenden Narrativen ist, aber gerade dadurch politische,

---

9 Jean-François Lyotard, *Das postmoderne Wissen*, Wien 1999.

kulturelle und weltanschauliche Konflikte umso schärfer hervortreten. Mit den *Postcolonial Studies* hat der Einwand des Eurozentrismus an Brisanz gewonnen und ist bestimmend für viele gegenwärtige Debatten. Philosophisch hat Jacques Derrida schon in den frühen 90er Jahren unter dem beredten Titel *Das andere Kap* (franz. *L'Autre cap*, 1991) zu bestimmen versucht, wie ein Diskurs über Europa möglich wäre, ohne sich dabei der kritisierten Logik von Identität und Exklusion zu bedienen. Geradezu programmatisch heißt es bei ihm:

> Man soll oder man muss zu Hütern einer bestimmten Vorstellung von Europa werden, einer Differenz Europas, *doch* eines Europas, das gerade darin besteht, dass es sich nicht in seiner eigenen Identität verschließt (...).[10]

Der Titel *L'Autre cap*, eine Anspielung auf Paul Valérys berühmte Charakterisierung von Europa als »petit cap du continent asiatique«,[11] ist eine Variation und Dekonstruktion des europäischen Selbstverständnisses als Avantgarde und Speerspitze des Fortschritts. Derrida entwickelt die »Andersheit« seiner eigenen Überlegungen dabei vor allem im Ausgang von Valéry und Husserl. Husserls Konzept einer »Urstiftung« des europäischen Geistes in der griechischen Philosophie artikuliert in besonderer Weise die eurozentrische Hypostasierung, weil hier ein einmaliges geschichtliches Ereignis zum universalen Telos der Menschheit überhaupt erhoben wird. In Husserls Vortrag vor dem Wiener Kulturbund im Mai 1935 wird dieser Anspruch besonders deutlich formuliert:

> ›Die geistige Gestalt Europas‹ – was ist das? Die der Geschichte Europas (des geistigen Europas) immanente philosophische Idee aufzuweisen, oder, was dasselbe ist, die ihr immanente Teleologie, die sich vom Gesichtspunkt der universalen Menschheit überhaupt kenntlich macht als der Durchbruch und Entwicklungsanfang einer neuen Menschheitsepoche, der Epoche der Menschheit, die nunmehr bloß leben will und

---

10 Jacques Derrida, *Das andere Kap / Die vertagte Demokratie. Zwei Essays zu Europa*, Frankfurt a.M. 1992, S. 25.
11 »L'Europe deviendra-t-elle *ce qu'elle est en réalité*, c'est-à-dire: un petit cap du continent asiatique?«. Paul Valéry, »La Crise de l'Esprit«, in: *La Nouvelle Revue Française*, Nr. 71, August 1919, S. 331.

leben kann in der freien Gestaltung ihres Daseins, ihres historischen Lebens aus Ideen der Vernunft, aus unendlichen Aufgaben.[12]

Der »Entwicklungsanfang« einer neuen Epoche in konkreter historischer Verankerung (im antiken Griechenland) – charakterisiert als »geistige Gestalt Europas«, aber agierend für die »universale Menschheit überhaupt« – ist gleichsam Inbegriff einer eurozentrischen Vorstellung, die, in verschiedenen Ausprägungen, Europa zu einer Art Avantgarde und repräsentativem Vorkämpfer für die gesamte Menschheit macht. Auch Patočkas Ansatz steht noch im Banne dieser Vorstellung. In den *Ketzerischen Essays* findet sich eine lange Passage zu Husserls Geschichtsphilosophie, in der eine doppelte Bewegung vollzogen wird: Einerseits schreibt sich Patočka in die phänomenologische Tradition ein, auch im Sinne einer persönlichen Reverenz an den von ihm zeitlebens verehrten Husserl, vollzieht aber andererseits eine Bewegung des Sich-Absetzens, mit der kontrastierend seine eigene Philosophie konstituiert wird.

Zum ersten Aspekt gehört, dass er Husserl gegen den Vorwurf verteidigt, dieser vertrete einen »naiven aufklärerischen Rationalismus«.[13] Charakteristisch für Husserl ist demnach gerade nicht das unbedarfte Fortschreiben des philosophischen Triumphes in europäischer Perspektive, sondern eine beinahe verzweifelte Sorge um die Vernunft in düsterer Zeit. Diese Einschätzung deckt sich mit einer bemerkenswerten Aussage über Husserl, die Patočka am 13. Mai 1938 in seiner Gedenkrede nach dessen Tod gemacht hatte: »Edmund Husserl war ein großer Glaubender. Gegenstand seines Glaubens war die Macht der Idee, die in einem echten, großen Auf-

---

12 »Die Philosophie in der Krisis der europäischen Menschheit«, abgedruckt in: Edmund Husserl, *Die Krisis des europäischen Menschentums und die Philosophie*, hg. von Walter Biemel, Husserliana Bd. 6, The Hague 1954, S. 314–348, hier: S. 319. Ganz ähnlich in der teleologischen Ausrichtung, aber stärker auf den transnationalen, Europa nach innen vereinenden, nach außen hin unterscheidenden Charakter dieser Urstiftung abhebend lesen wir auf S. 336: »Aber es ist nun auch sichtlich, dass von hier aus eine Übernationalität völlig neuer Art entspringen konnte. Ich meine natürlich die geistige Gestalt Europas. Es ist nun nicht mehr ein Nebeneinander verschiedener, nur durch Handel und Machtkämpfe sich beeinflussender Nationen, sondern: Ein neuer, von Philosophie und ihren Sonderwissenschaften herstammender Geist freier Kritik und Normierung auf unendliche Aufgaben hin durchherrscht das Menschentum, schafft neue, unendliche Ideale!«.
13 *Ketzerische Essais*, a.a.O., S. 69.

schwunge ergriffen und von einem reinen, unvoreingenommenen, unbegrenzten Blick geschaut wird.«[14] Dieser Blick auf seinen Lehrer als einen großen Glaubenden ist es, der auch den Grundton für die Einordnung von dessen Geschichtsphilosophie vorgibt. Patočka spricht deshalb von der »Ironie«, der bitteren Widerlegung von Husserls verzweifelter Hoffnung, die darin liege, dass dieser seinen Appell ausgerechnet »am Vorabend des Zweiten Weltkriegs schreibt, der Europa dann definitiv von der Führung der Welt ausschließen sollte«.[15]

Patočka selbst verfasst seine geschichtsphilosophischen Reflexionen *nach* dieser ultimativen Katastrophe Europas. Es ist aber nicht nur dieser zeitgeschichtliche Kontext, der ihn von Husserl unterscheidet. Bei aller Hingabe an dessen grandioses Projekt entfernt sich Patočka philosophisch deutlich von dem transzendental-subjektivistischen Ansatz Husserls, den er als »unhistorisch« kritisiert, da er eine »uninteressierte Subjektivität« voraussetzt. Markanter Ausdruck seiner eigenen geschichtsphilosophischen Orientierung ist das Kernmotiv der »Sorge für die Seele« – an die Stelle der Vernunftentelechie Husserls tritt hier ein Begriff von Geschichte, der aus der existentialen Zeitlichkeit erwächst: Sorge für die Seele meint Selbstprüfung im sokratischen Sinne, und sie ist auch Orientierung an der Zukunft, Sorge um den Tod.[16] Mit dieser Verschiebung des entscheidenden Referenzpunktes in eine existentielle Dimension wird dem Konstrukt der »europäischen Geschichte« die teleologische Spitze abgebrochen. Zwar kann auch eine Entelechie der Vernunft in die Krise geraten (genau das ist für Husserl die »Krisis der europäischen Wissenschaften«) oder die Inspiration einer »Urstiftung« vollends versiegen. Doch in Patočkas Modell einer Geschichte *durch und als Erschütterung*, einer Erschütterung aller positiven Gewissheiten wird die Krise selbst konstitutiv und sinnbildend. Sie äußert sich im Verlust des europäischen Geschichtstelos bzw. in dem, was Patočka

---

14 »Edmund Husserl zum Gedächtnis«, zitiert nach: Jan Patočka, *Texte – Dokumente – Bibliographie*, hg. von Ludger Hagedorn und Hans Rainer Sepp, Freiburg 1999, S. 261.
15 *Ketzerische Essais*, a.a.O., S. 69f.
16 Am überzeugendsten aufgegriffen wurde dieses Moment in Derridas Patočka-Lektüre unter dem Titel *Donner la mort* (deutsch: Jacques Derrida, »Den Tod geben«, in: Anselm Haverkamp (Hg.), *Gewalt und Gerechtigkeit. Derrida – Benjamin*, Frankfurt a.M. 1994).

in phänomenologischer Diktion die »Epoché« der europäischen Menschheit nennt:

> Die bisherige Geschichtsmetaphysik ist europäisch vor allem in zweierlei Hinsicht: Sie definiert die Menschheit durch ihre Geschichte und die Geschichte durch ein immanentes Ziel, ein ihr von Anfang an eingeprägtes Telos. Die naiv anmutende Selbstverständlichkeit, womit das diesem Ziel Unterstellte als das Menschliche angesprochen wird, ist nicht so harmlos, wie es auf den ersten Blick aussieht: In ihr verbirgt sich im Grunde das europäische Superioritätsgefühl. In ihrem Namen geschah die erste Begegnung Europas mit andersartigen Menschheiten – zunächst immer aus einer Position der Überlegenheit heraus, die erst allmählich in eine Reflexion und Epoché gegenüber den eigenen Prinzipien überging. Diese Begegnung war immer Kampf, Kampf um Besitz und Dasein, Kampf um die Seele, Kampf innerhalb des europäischen Geistes selber. (...) Europa als weltbeherrschende Macht ist darin zugrunde gegangen und die europäische Geschichtsmetaphysik hat sich vollends als unzulänglich erwiesen.[17]

Insofern ist das, was als »Ende Europas« tituliert wird, vor allem das Ende einer gewissen europäischen Geschichtsmetaphysik. Erst im Nach-Denken über ein Europa, das vergangen und verloren ist, öffnet sich die Reflexion für den Ausgleich seines kulturellen und geistigen Erbes mit den anderen Zivilisationen der Welt. Man darf zu Recht von »unzeitgemäßen Betrachtungen« reden, die Patočka hier in den 1970er Jahren anstellt, in einer Zeit, als zivilisatorische Überlegungen vor allem im Hinblick auf soziale Fragen oder utopische Ideale Konjunktur hatten – und in diesem Sinne der Perfektibilität vor allem eines waren: typisch europäisch.

Europa als Überzivilisation

Für Patočka zeichnet sich die europäische Zivilisation durch ihre Berufung zur Universalität aus, gleichwohl hat sie aber, wie jede Zivilisation, ihre konkreten historischen und geographischen Wurzeln. Diese Kontingenz wird jedoch transzendiert von einem Denken, das sich selbst als universell versteht. In einer langen Studie aus den 1950er Jahren hat Patočka diese Charakteristik mit dem Begriff der

---

17 »Probleme der nacheuropäischen Epoche«, S. 258 im vorliegenden Band.

Überzivilisation beschrieben.[18] Mit dem Präfix »über« wird nicht nur ihr Vorrang oder ihre Auszeichnung im Verhältnis zu anderen Kulturen angezeigt. Vielmehr impliziert es im wörtlichen Sinne ein Übersteigen und Transzendieren, gerade auch ein Übersteigen ihrer selbst, eine Bewegung des Transzendierens all jener Partikularitäten, die ihre Universalität in Frage stellen.

Die Universalität der Überzivilisation steht im Widerspruch zu ihrer europäischen (bzw. von Europa abhängigen) Lokalisierung und Zentralisierung. Europa, das die Konzeption der Überzivilisation hervorgebracht hat, überwindet und schafft sich selbst ab (...).[19]

Was Europa ausmacht, wäre demnach die Spannung zwischen diesem Moment des Transzendierens, einem Moment der »Selbstaufhebung«, und der Insistenz auf einer gerade daraus resultierenden Besonderheit. Es ist diese Spannung, die historisch konstitutiv war für die Entwicklung Europas und an der sich die Bruchlinien der europäischen Geschichte erhellen lassen. Marc Crépon hat drei solcher Bruchlinien beschrieben:[20] Zum einen Traditionen, die sich auf die Besonderheit und Exklusivität des Eigenen berufen, auf Sprache, Rasse und Kultur, Traditionen also, die eine gewisse Logik des Eigenen und der Aneignung propagieren und so aus dieser Spannung ausbrechen, indem sie die Besonderheit strapazieren. Der Nationalismus, historisch ebenfalls eine europäische »Entdeckung«, ist beredter Ausdruck dieser Tendenz. Im Unterschied zu dieser ausgrenzenden Verschließung in das Eigene bekundet sich eine mögliche zweite Bruchlinie in der eher gegenläufigen Tendenz einer vorbehaltlosen, radikalisierten Realisierung des Prinzips der Universalität. Sie manifestiert sich etwa im Marxismus, den Patočka in diesem Sinne als »typisch europäischen Selbstbetrug«[21] charakterisiert. Es ist die Hypostasierung eines spezifisch europäisch-neuzeitlichen Typus von Rationalität, einer Tendenz, die im Positivismus des

---

18 »Die Überzivilisation und ihr innerer Konflikt«, S. 27 – 104 im vorliegenden Band.
19 Ebd., S. 62.
20 Vgl. Marc Crépon, »Europa denken. Jan Patočkas Reflexionen über die europäische Vernunft und ihr Anderes«, in: Transit – Europäische Revue, Nr. 30 (Winter 2005 / 2006), S. 38–56.
21 »Die nacheuropäische Epoche und ihre geistigen Probleme« S. 130 im vorliegenden Band.

Faktischen kulminiert und die für Patočka gleichbedeutend ist mit einer »Aufhebung der Philosophie durch Realisierung«, d.h. ihrer Ersetzung »durch präsente, beherrschbare (...) Wirklichkeitsstrukturen«.[22] Horkheimer/Adorno haben diese Entwicklung in ihrer *Dialektik der Aufklärung* in ähnlichem Sinne als »Vergötzung des Daseienden und der Macht« beschrieben.[23] Die dritte Bruchlinie schließlich wäre eine solche, die den europäischen Anspruch auf Universalität umdeutet in ein Recht auf Vorherrschaft: Imperialismus, Kolonialismus und Neo-Kolonialismus. Hier liegt das Problem nicht im universellen Anspruch als solchem, sondern in der Überzeugung, dass diese europäische Vernunft die einzig wesentliche ist, wohingegen alle anderen Traditionen in zivilisatorischer Hinsicht zu vernachlässigende Zufälligkeiten sind. Es ist dies das gescheiterte Unterfangen einer Europäisierung der Welt. Wenn Patočka hingegen in seinen Reflexionen von einer möglichen »Generalisierung« Europas noch nach seinem »Ende« (oder durch sein Ende) spricht, geschieht das aus umgekehrter Perspektive: Es ist nicht die Hypostasierung, sondern – wie sich mit Dipesh Chakrabarty sagen ließe – die Einsicht in die notwendige »Provinzialisierung« Europas,[24] die das Leitmotiv bildet. Wichtig zu betonen ist hier, dass »Provinzialisierung« in diesem Sinne nicht gemeint ist als eine Degradierung oder Entwertung Europas, so wie sie manche postkolonialistische Diskurse betreiben. Es ist vielmehr der Ruf nach einer Geschichte Europas und nach einer Neubewertung der Moderne, die ihre eigenen repressiven Elemente anerkennen und sich ihrer Ausschließungen und Marginalisierungen bewusst werden.

Es lässt sich aber anhand von Patočkas Konzept der Überzivilisation noch eine weitere Dimension gewinnen, die insbesondere für die Konflikte der gegenwärtigen, nacheuropäischen Welt von Bedeutung ist. Die Überzivilisation ist nämlich einerseits *mehr* als jede andere Zivilisation, weil sie den Anspruch der Universalität und Rationalität in sich trägt, sie ist aber auch *weniger* als andere Zivilisationen, weil sie nicht in der Lage ist, einen letzten Horizont oder ein transzendentes Ziel der menschlichen Existenz vorzugeben. Sie

---

22 Ebd.
23 Max Horkheimer und Theodor W. Adorno, *Dialektik der Aufklärung. Sozialphilosophische Fragmente*, Frankfurt 1988, S. 6.
24 Dipesh Chakrabarty, *Provincializing Europe. Postcolonial Thought and Historical Difference*, Princeton 2000.

ist in der Tat eine rationale Zivilisation, aber eine, die von einer vor allem pragmatischen Rationalität getragen wird, einer Rationalität der Mittel, nicht der Ziele und Zwecke. De facto erweist sich die Überzivilisation als unfähig, diese Zwecke zu generieren: die Zwecke bleiben immer nur Projektionen weiterer Mittel. Die Überzivilisation ist gefangen in der Spannung zwischen ihren rational-universalen Ansprüchen und ihrem Unvermögen, sich selbst als eine umfassende und vollständige Zivilisation im traditionellen Sinne zu entwerfen. Man könnte dies das Paradox der modernen oder rationalen Zivilisation nennen.

Die Unfähigkeit, einen letzten Horizont bzw. eine ultimative, nicht relative Bedeutung zu generieren, ist auch der Grund, warum die Überzivilisation vergleichsweise einfach mit Elementen »früherer« oder »traditioneller« Kulturen koexistieren kann. Im Grunde verlangt ihr eigener defizitärer Charakter sogar nach einer Art von »Auffüllung« durch traditionelle Bestandteile. Daraus ergibt sich, dass die Überzivilisation gerade nicht nur eine einzige Gestalt annimmt (das Paradox der europäischen Zivilisation als einer »universalen«), sondern eine Vielfalt von hybriden Formen hervorbringen wird, deren unterschiedliche Ausprägungen wesentlich von den vorfindlichen Einflüssen traditioneller Zivilisationen abhängen. Die Überzivilisation ist nicht nur anfällig für diese Art von Auffüllung, sondern streng genommen *ist* sie diese Hybridisierung (oder kann sich nur als solche äußeren). Hybridisierung ist die konstitutiv notwendige Ausgestaltung der rationalen, jedoch in sich unvollständigen Überzivilisation als »moderner« Lebensform.

Für unser Verständnis gegenwärtiger zivilisatorischer Prozesse ergeben sich aus dieser Betrachtung zwei gewichtige Konsequenzen: Erstens: Die in den 1990er Jahren viel debattierte These über das *Ende der Geschichte*[25] ist nicht nur von den historischen Ereignissen der beiden vergangenen Jahrzehnte überholt worden, sondern geht auch von der fragwürdigen Annahme einer zivilisatorischen Konvergenz und Homogenisierung aus. Tatsächlich aber zeigt sich, dass die Konflikte, die wir gegenwärtig erleben, keine nur temporären Abweichungen vom Paradigma der einen Modernität sind. Sie offenbaren vielmehr divergierende Adaptionen, die grundsätzlich auf eine »Vielfalt der Moderne« hinweisen, wie sie Shmuel Eisenstadt

---

25 Francis Fukuyama, *The End of History and the Last Man*, New York 1992.

diagnostiziert hat.[26] Das latente Konfliktpotential dieser Entwicklungen ist somit ein Widerspruch der Moderne selbst, der konstitutiv ist und bleibt. Zweitens: Ebenso wenig aber lässt sich die gegenwärtige Welt als ein »Kampf der Kulturen« beschreiben, wie ihn Samuel Huntington in den 90er Jahren vorhergesagt hat.[27] Der Kampf der Kulturen ist eine Projektion, die mit zivilisatorischen Stereotypen und deren vermeintlicher Unvereinbarkeit arbeitet. Dieser Ansatz verkennt den konzeptuellen Rahmen einer Zivilisationstheorie, die die inhärenten Spannungen im Paradigma der Moderne selbst zu ihrem Ausgangspunkt macht.

In zivilisatorischen Fragen ist die heutige Welt mehr denn je charakterisiert von den Chancen wie auch von den Spannungen, die sich aus der Überschneidung und Überlagerung verschiedener kultureller Traditionen ergeben. Die gegenwärtige Kombination und wechselseitige Durchdringung von traditionellen Elementen mit solchen der Moderne (technologisch, organisatorisch, strukturell) ist ein Prozess, dessen Muster zivilisationstheoretisch verschiedentlich beschrieben wurden, der aber in den konkreten Ausgestaltungen schwierig zu fassen bleibt. Auch scheint es, dass die philosophische Tiefendimension dieses Prozesses nicht einmal annähernd erörtert wurde. Patočkas Hinweise auf die drängenden Probleme der nacheuropäischen Epoche sind eher Inspiration für weitere Forschungen als abgeschlossenes Konstrukt. Dennoch bieten sie einen Ansatz, der gerade in der Auseinandersetzung mit gegenwärtigen Fragen vielversprechend ist. Eine besonders interessante Anknüpfung an aktuelle Diskurse zeigt sich in seiner Betrachtung der heute allenthalben zu beobachtenden Prozesse politischer Radikalisierung. Eisenstadt hat in seinen *Antinomien der Moderne* die Überlegung formuliert, dass diese Prozesse ein zutiefst modernes Phänomen sind. Zwar haben radikale Bewegungen ihre Wurzeln in der Religion oder in einer bestimmten kulturellen Tradition (und scheinen in diesem Sinne »anti-modern«), sie bedienen sich dabei aber ganz wesentlich moderner Methoden – nicht nur in technologischer oder organisatorischer Hinsicht, sondern auch in der Ideologisierung, dem Kopieren

---

26 Shmuel N. Eisenstadt, *Die Vielfalt der Moderne*, Weilerswist 2000.
27 Samuel P. Huntington, *The Clash of Civilizations and the Remaking of World Order*, New York 1996.

totalitärer Tendenzen oder ihrer politischen Agenden. Eisenstadt thematisiert das als die »jakobinische Dimension« der Moderne.[28] Charakteristisch für solche Entwicklungen ist eine Vereinseitigung, die den sich widersprechenden Anliegen konkurrierender Wertesysteme mit einem Sprung in die Radikalisierung einzelner Elemente zu entkommen versucht. Patočka hat ähnliche Tendenzen schon in einem frühen (unvollendeten) geschichtsphilosophischen Werk als typische Phänomene der europäischen Neuzeit analysiert.[29] Reflexion der Moderne bedeutet hier für Patočka vor allem Auseinandersetzung mit ihren inhärenten Spannungen (»Antinomien der Moderne«): Die Moderne selbst beschreibt einerseits einen Druck hin zu Anpassung, Disziplinierung, Assimilation und Harmonisierung, die resultierenden Spannungen (die auch gut und produktiv sein können) aber werden, wenn sie die Überhand gewinnen und zunehmend als unerträglich empfunden werden, zu Auslösern einer verstärkten Verteidigung des »Eigenen«. Durch Ideologisierung wird diese Verteidigung dann zu der *einen* Interpretation der Tradition und ihrer orthodoxen Aneignung – Derrida hat dies als »Autoimmunisierung« beschrieben.[30] Paradoxerweise wenden sich fundamentalistische Strömungen deshalb in der Regel auch gegen einen großen Teil ihrer eigenen Tradition, deren Heterogenität und Komplexität sie leugnen, um einen ideologisch vereinfachten Ausschnitt dieser Tradition als allumfassendes Prinzip der kognitiven und sozialen Organisation an ihre Stelle zu setzen.

Es ist ein bemerkenswerter Vorgriff auf diese drängenden Phänomene der gegenwärtigen Welt, wenn Patočka in den siebziger Jahren des vorigen Jahrhunderts mit Blick auf die Verschiedenartigkeit der Zivilisationen ahnungsvoll festhält:

> Es ist zu erwarten, dass alle diese Traditionen sich, direkt oder indirekt, im bewussten Rückgriff oder in elementarer Spontaneität geltend machen werden, dass es Renaissancen geben wird von Dingen, an die

---

28 Shmuel N. Eisenstadt, *Die Antinomien der Moderne*, Frankfurt 1998, S. 77ff.
29 Jan Patočka, *Andere Wege in die Moderne*, hg. von Ludger Hagedorn, Würzburg 2006; vgl. insbesondere die Studie zu »Reformation und Rationalismus« (193 ff.), die unter diesen beiden Stichworten einen doppelten Bruch der Moderne mit der Tradition konstatiert.
30 Vgl. u.a. Jacques Derrida, »Faith and Knowledge: The Two Sources of ›Religion‹ at the Limits of Reason Alone«, in: Derrida, *Acts of Religion*, hg. von G. Anidjar, New York und London, S. 40–101.

kein Europäer dachte, dass Legierungen der modernen Rationalität mit Unerwartetem entstehen werden. Und dabei ist dafür zu sorgen, dass dieses ungeheure Spektrum von geistigen Lebensmotiven der Menschheit nicht zum Unheil, sondern zu Segen und Bereicherung wird, dass nicht die Möglichkeiten von Spannung und Trennung, Ideologisierung und ideologischer Ausnutzung, die da bereitliegen, ergriffen werden, sondern dass dieses Spektrum im Gegenteil zur Anreicherung, zum Anreiz des gegenseitigen Verständnisses wird. In gewissem Sinne ist Europas Untergang seine Generalisierung.[31]

---

31 »Die nacheuropäische Epoche und ihre geistigen Probleme« im vorliegenden Band, S. 203.

[Entstehung und Katastrophe Europas]

[Als Auftakt dieses Bandes mit Patočkas Studien zu Europa und Nach-Europa geben wir das Fragment eines Briefes wieder, das vermutlich aus seiner Korrespondenz mit der polnischen Philosophin Irena Krońska stammt. Die Verkürzung der Thematik in diesen wenigen Sätzen ist atemberaubend, aber gerade das macht auch den Reiz dieser programmatischen Anmerkungen zu Europas Entstehung wie zu seiner finalen »Katastrophe« (markanterweise als letztes Wort des vorliegenden Fragments) aus, zumal der Autor sie mit Andeutungen seiner eigenen Schwierigkeiten beim Ringen mit dieser wahrhaft epochalen Thematik von Mythologie, Metaphysik, Theologie und politischer Praxis versieht.]

Ich glaube, dass jene mythische Seite unseres Seins daher rührt, dass es angesiedelt ist, wo die Welt erscheint; es ist der Welt zugehörig, doch zugleich außerhalb ihrer, auf schwer zu definierende Weise »abgesondert«; das ist, was alle großen Mythen sagen wollen, wenn sie den Menschen als schuldig zeigen, schuldig nicht durch eine Tat, sondern durch sein Sein selbst.

Platon, der große Rationalist, der große Denker des Primats des Lichts vor der Finsternis, wollte dem Menschen eine Möglichkeit bieten, der Schuld zu entkommen, besser gesagt: sie zu überwinden. Er interpretierte diese ontologische Schuld, die die Tragiker so tief erfasst hatten, als etwas, das einem Akt der Entscheidung entspringt, welcher der empirischen Existenz vorangeht. Vor allem in der ἐπιμέλεια τῆς ψυχῆς [Sorge für die Seele] des Philosophen sah er ein Mittel, die Existenz, die sich auf das hinbewegt, was Sein besitzt und selbst Sein wird, auf eine Einheit hin zu versammeln.

Auf diese Weise entdeckte er, dass die Metaphysik wesentlich *praktisch* ist und folglich gebunden an die Möglichkeit eines Lebens *in Gemeinschaft*, dass also die Sorge für die Seele letztlich Sorge für das menschliche Leben *in einem Staat* ist. Nicht in einem beliebigen

Staat, versteht sich, vielmehr in einem Staat, der (gegenwärtig) noch nicht existiert, einem Staat der *Gerechtigkeit*, in dem somit das Politische eine besondere Funktion erhält. Platon hat auf diese Weise zugleich das Ende der Polis markiert und einen Staat entworfen, der nicht mehr konkret ist, wie der antike Staat, sondern gegründet in der Metaphysik, in einer unsichtbaren Welt. Das Werden dieser den Ideen Platons entsprungenen Metaphysik auf der einen Seite und des in der (theologischen) Metaphysik gründenden Staates auf der anderen ist die Geschichte Europas.

Das zentrale Anliegen meiner Studie zu Europa besteht darin, diese Beziehungen zwischen dem Metaphysischen, dem Mythischen, dem Theologischen und dem (individuellen und kollektiven, politischen) Praktischen zu verstehen. Über Nach-Europa habe ich bisher kaum etwas geschrieben, denn dieses »Nach« setzt ja den Schlüsselbegriff »Europa« voraus; ich schlage mich mit einem ganzen Knäuel von Problemen und Studien herum, die zu verfolgen weit mehr als die Spanne eines Menschenlebens erfordern würden.

Ich weiß nicht, ob es mir diesmal gelungen ist, Ihnen eine Vorstellung meines Unterfangens zu vermitteln. Ich versuche zu zeigen, dass die Transzendenz der christlichen Theologie und die Vorstellung von der Welt als einer, die einem Urteil unterworfen ist, eine »Wiederholung« des platonischen Denkens darstellen. Ich untersuche die Ursprünge der Idee des Naturrechts als Grundlage des bürgerlichen Rechts. Ich untersuche die Beziehungen zwischen den beiden europäischen Metaphysiken, die sich stets berühren, ohne sich je zu vermischen: die Metaphysik Demokrits und jene Platons; und ich versuche, den Niedergang der Metaphysik ausgehend vom Schwanken zwischen diesen beiden fundamentalen Möglichkeiten zu verstehen. Ich versuche, dem metaphysischen Ursprung der modernen Wissenschaft auf die Spur zu kommen und zu erklären, warum ihre Entdeckung eines »effizienten« Wissens einhergeht mit dem Verlust der Perspektiven von Einheit, Universalität, Ewigkeit; warum wir unsere universalen Institutionen verloren haben, ohne sie zu ersetzen; und schließlich, die Katastrophe.

Alles Gute, Jean P.

Erster Teil

Die Überzivilisation und ihr innerer Konflikt

I

Während die primitiven Kulturen in die Hunderte gehen, zählte Arnold Toynbee nur einundzwanzig Zivilisationen im echten Sinne dieses Wortes,[32] nämlich solche gesellschaftlichen Gebilde, wo sich die Nachahmung weitestgehend nicht nach dem Grundsatz der Anciennität, also der Tradition richtet, sondern wo das Gesetz von schöpferischen Persönlichkeiten gegeben wird. In seiner primitivistischen Form scheint das Leben so geregelt und gesteuert, als ob es sich bei den sozialen Angelegenheiten um eine organische Einrichtung handele, die natürlich gegeben und in diesem Sinne ebenso notwendig ist wie eine biologische Struktur. Das Leben ist hier ein Zirkulieren in den durch diese Form festgelegten Grenzen, ein stationärer Zustand, der – einmal eingeführt – eo ipso seine Legitimierung erfährt, oder, besser gesagt, eine fertige Antwort, die verhindert, dass überhaupt irgendwelche Fragen gestellt werden. Natürlich muss auch jede kulturelle Einrichtung, jedes noch so primitive Werkzeug oder jede magische Praktik erfunden worden sein. Aber die Erfindung scheint dabei auch weiter jener Regel zu folgen, der sie in der organischen Natur unterliegt – dass sie nämlich sofort von der Naturgesetzmäßigkeit resorbiert wird, dass sie sich so vollzieht, als ob es von allem Anbegin so gewesen wäre, in einer ruhigen, klaren Selbstverständlichkeit. Deshalb sind solche primitiven Zivilisationen auch ahistorisch und unzeitlich: Sie wurden zwar erfunden und nahmen ihre Entwicklung, aber es gibt in ihnen

---

32 [Arnold J. Toynbee, *The Study of History* (10 Bände), Oxford 1934–57. In der deutschen Ausgabe werden diese »Zivilisationen« auch unter dem Begriff »Kulturen« bzw. als »im Kulturprozess befindliche Gesellschaftskörper« geführt – in Abgrenzung zu den »primitiven Gesellschaftskörpern«. (Vgl. Toynbee, *Der Gang der Weltgeschichte*, übersetzt von Jürgen v. Kempski, Stuttgart 1949, S. 47.)]

keinen Platz für Entwicklung und Erfindung, wenn wir nicht in der Virtuosität, mit der die gesellschaftliche Mimesis umgesetzt wird und mit der die von der traditionellen Lebensform vorgeschriebenen Rollen erfüllt werden, ebendiese Erfindungs- und Entwicklungskraft sehen wollen. Es ist zwar richtig, dass es mit der Tradition auch eine Geschichte gibt, aber diese Tradition muss doch zugleich auch als Tradition bewusst werden, was in der primitivistischen Kultur gerade nicht geschieht. Wenn, wie Aron behauptet, Leben in einer echt historischen Dimension bedeutet, die Existenz der Vorfahren ebenso zu bewahren wie sie neu zu durchleben und sie zu bewerten,[33] dann umfasst der Primitivismus zwar in hohem Maße die beiden ersten Momente der Historizität, das dritte Moment, die Bewertung, ist ihm jedoch vollkommen fremd. Während sich die Vielzahl der primitiven Zivilisationen in eine bestimmte, verhältnismäßig kleine Menge von Zivilisationstypen einteilen lässt, ist jede höhere Zivilisation ein Typ für sich, sie ist in ihrer Formierung, ihren Funktionen und ihrem lebendigen Verlauf etwas völlig Eigenständiges, so dass es hier keinen Unterschied zwischen Art und Typ gibt. Vielleicht könnte man also behaupten, dass Primitivismus und Zivilisation hier ein Gesetz wiederholen, das einige für das Verhältnis von Typen und Arten der organischen Welt aufstellen: je mehr Arten, desto weniger Typen, und umgekehrt. Die niederen Stufen der Natur sind durch eine große Vielfalt der Arten gekennzeichnet, die höheren durch eine größere Vielfalt der Typen oder Gattungen. Analog gibt es eine Vielzahl von niederen Zivilisationen, aber dies nur in wenigen Typen, wohingegen die wenigen großen Zivilisationen so vollkommen einzigartig werden, dass keine von ihnen mehr als Spezifikation oder Konkretisierung irgendeines allgemeinen, umfassenden Typs begriffen werden kann. Diese Entwicklung lässt sich, sowohl was die Natur als auch die Gesellschaft betrifft, mit der Lösung eines mathematischen Problems vergleichen, wo die Lösung zunächst von Fall zu Fall, in konkreten Formen erfolgt, bis sich mit einer Veränderung des Denkstils abstraktere und formalere Lösungen durchsetzen. Die primitiven Gesellschaften begnügen sich im Grunde mit einer bestimmten Form des gesellschaftlichen Lebens; indem sie die einzelnen Möglichkeiten des gesellschaftlichen Lebens erschöpfen, verlieren sie sich in Details. Die Hochzivilisationen hingegen sind

---

33 [Raymond Aron, *Introduction à la philosophie de l'histoire*, Paris 1986, S. 52.]

ihrem Anspruch nach universell, jede von ihnen behauptet, die Zivilisation schlechthin zu sein, jede möchte die »wahre« Zivilisation für alle sein: Es gibt kein echtes menschliches Leben – zumindest kein zivilisiertes – außerhalb ihrer selbst.

Wie lässt sich dieser Grundzug der Zivilisation (der, nebenbei gesagt, mit ihrem historischen Charakter zusammenhängt) erklären? Ihre universelle Aufgabe, die allgemeine Organisationsform der historisch erweckten Menschheit zu sein, versucht die Zivilisation dadurch zu verwirklichen, dass sie eine Macht entwickelt und organisiert, der keine fremde Kraft widersteht. Jede Zivilisation ist um Absicherung bemüht, und dies ursprünglich keineswegs auf konservative, sondern expansive Weise: sie entzündet, tritt als ein Vorbild auf, und ihren Widersachern oder denen, die außerhalb ihrer stehen, ist sie Ansteckung oder Verderbnis. Jede Macht ist Macht über die Menschen, und die Quelle jeder Macht ist die Kraft.[34] Im Grunde

---

34 Die Definition der Macht, wie sie Bertrand Russell in seinem geistreichen Buch *Power* (1938) gibt – »Macht ist das Erreichen der gewünschten Resultate« –, vernachlässigt meiner Meinung nach den Unterschied zwischen Macht und Kraft. Die Bestimmung Russells mag hinreichen für die Kraft überhaupt, keinesfalls aber für die Macht im engeren Sinne des Wortes, die eine solche immer im Hinblick auf die Menschen bzw. auf die Gesellschaft ist und die nicht bloß als Mittel, sondern als Zweck an sich betrachtet wird (ob zu Recht oder nicht, sei dahingestellt). Gegenüber der Natur kann es kein Gefühl der Macht geben; man kann sie beherrschen und sich seiner Fähigkeit bewusst sein, die Kräfte der Natur zu regulieren, doch die Euphorie des Ingenieurs, der die größte Talsperre der Welt errichtet hat, ist ein *mixtum compositum* aus intellektueller Befriedigung über die virtuose Leistung und einem Gefühl der Macht, die seiner gesellschaftlichen Gruppe, seinem Stand oder ihm selbst aufgrund dieser Virtuosität zukommt. – Man könnte hier jenes starke Gefühl der Befriedigung dagegenhalten, das ein Autofahrer oder der Pilot eines Flugzeugs am Steuer, ein Rennfahrer in seiner Maschine oder ein gewandter Arbeiter an der Fräse verspüren mag. Doch sind dies alles Erlebnisse von Virtuosität, die sich aus der Überwindung von Widerständen und der folgenden Erleichterung ergeben; sie enthalten den negativen Zug der Überwindung einer bestimmten Gebundenheit, nicht aber den positiven Zug der Beherrschung und der Überlegenheit, die der Mächtige gegenüber den Untergebenen und Beherrschten empfindet. Auch sind all diese Empfindungen – selbst, wenn sie in der Entwicklung des modernen Lebens eine wichtige Rolle spielen (etwa im Sport und in der Idee von Rekorden, die mit Wettbewerb, Globalisierung und dem Näherrücken von allen und allem zusammenhängt) – in gewisser Weise peripher angesichts jenes zentralen Bereichs der Naturbeherrschung, mit dem wir es in der Naturwissenschaft und Technik zu tun haben, wo das gesamte Verhältnis zur Natur abstrakt erfahren wird.

gibt es nur zwei Arten von Kraft, aus denen die Macht, d.h. die Herrschaft über Menschen, sich nähren kann: die physische Überlegenheit, das Beherrschen physischer Kräfte, und die geistige Überlegenheit, die direkte Herrschaft über andere, die sich deren eigener innerer Verfasstheit bedient ohne eine gleichzeitige physische Übermacht. Im ersten Fall ist die Herrschaft eine mittelbare, im zweiten eine unmittelbare. Jede Zivilisation ist somit eine Akkumulation und Organisation von Macht, allerdings nicht *nur* das: Ursprünglich stellt sie eine bestimmte Art des Eingehens auf Lebensfragen dar, eine je andere Form des Antwortens auf Fragen nach dem Wie? und – dieses noch begründend – nach dem Warum? des Lebens. Jede Zivilisation kombiniert die beiden Arten der Macht, die physische und die menschlich-geistige, auf ihre eigene Weise. Die indirekte und die direkte Herrschaft über die Menschen wird teils mit ähnlichen, teils aber auch mit grundverschiedenen psychischen Mitteln verwirklicht. In beiden Fällen kann dies »rational«, d.h. in einer sachlichen, distanzierenden und analysierenden Haltung geschehen. Allein die direkte Form der Herrschaft über den Menschen kann aber auch in einer irrationalen Haltung erfolgen, wenn Herrscher wie Beherrschter sich gleichermaßen Emotionen wie Ehrerbietung, Enthusiasmus, Furcht oder Angst unterwerfen und gemeinsam daran teilhaben.

Von den älteren Zivilisationen vermochte keine das jeder Zivilisation innewohnende Ziel zu erreichen: Keine wurde zu einer wirklich universellen Zivilisation, keine realisierte einen universal umfassenden Staat, keine entwickelte eine wahrhaft universelle Religion, keiner gelang es, ihre Proletariate im Inneren wie im Äußeren wirklich zu assimilieren. Keiner Zivilisation gelang es auch, sich dauerhaft abzusichern und sich ihrer zivilisatorischen oder außerzivilisatorischen Gegenspielerinnen zu entledigen. Die Gründe dafür mögen vielfältig sein: Insbesondere verfügte keine von ihnen über ausreichend physische Macht, technische Mittel und tatsächliche Kräfte, hinzu kommt aber auch, dass das Machtzentrum aller älteren Zivi-

---

Trotz allem gilt es also, das Gefühl der Kraft, das man bei der Ausübung seiner Funktionen und in gesteigertem Maße in der Virtuosität und dem Bewusstsein einer Überwindung von Widerständen empfindet, vom Gefühl der Macht zu unterscheiden, denn dieses gründet auf dem Beherrschen als solchem, auf der Existenz von Beherrschten und dem Bewusstsein ihrer Untergebenheit, ihrer Hörigkeit und Abhängigkeit.

lisationen gerade im Bereich des irrationalen Wirkens lag. Die Konzentration auf die irrationale und indirekte Form der Macht dürfte nicht nur dadurch begründet sein, dass die komplizierte und subtile Technik der rationalen Machtausübung eine hohe intellektuelle Reife verlangt, sondern auch und vor allem aus dem Umstand, dass die irrationale Technik der Macht im Unterschied zu der rationalen aufs engste mit den elementaren Lebensfragen verknüpft ist. Über die Fragen nach dem Wie, nach den Lebensformen und ihren Mitteln, hinausgehend, gibt es hier eine enge Verbindung mit der Frage nach dem Warum des Lebens, nach seinem Sinn und letzten Zweck. Alle älteren Zivilisationen haben einen religiösen Kern. Die Akkumulation der Macht, ohne die eine Zivilisation nicht existieren kann, ist ursprünglich, d.h. in der Phase einer rationalen Unreife gar nicht anders möglich als durch das unmittelbare und irrationale Einwirken: Suggestion, Beeinflussung der Massen durch grundlegende Lebenskonzepte, durch eine das Leben in seiner Gesamtheit umspannende Idee, die einfach, tief und wirksam ist. Bei all seiner Intensität hat dieses Wirken aber auch seine Schwierigkeiten. Selbst wenn solche Vorstellungen nämlich wirkmächtig und zwingend sind, so fehlt ihnen doch die Einzigartigkeit und somit auch eine äußere Notwendigkeit: Sie stoßen an Grenzen, wo andere Vorstellungen herrschen. Ferner ist das Wachsen einer Gesellschaft in die Breite an den Zustand eines akuten Paroxysmus gebunden, und diese Expansion einer Zivilisation kann auf zweierlei Weise erfolgen: durch eruptiven Fanatismus (wie z.B. im Islam) oder durch die Schaffung »universeller Reiche« als Reaktion einer »herrschenden Minderheit« auf den kritischen Zustand einer Gesellschaft, zu dem es dadurch kommt, dass ihr ursprünglicher religiöser Kern erschüttert wird, dass er erkaltet und an Suggestivkraft verliert. Die wirkliche Universalität einer in ihrem Wesen irrationalen Gesellschaft müsste sich also in einer Art Explosion oder einer Reihe fortgesetzter Explosionen realisieren. Hierbei bliebe aber ihr zivilisatorischer Wesenskern den anderen Zivilisationen für immer fremd, ja durch seinen fortwährenden Druck würde er sogar deren Gegendruck erzeugen. Folglich gehört zu den Eigenheiten einer irrational begründeten Zivilisation, dass sie trotz ihrer universellen Aspiration niemals wahre Universalität erlangen kann. Man könnte schließlich auch sagen, dass jede Gesellschaft sich aus der Interaktion des Beabsichtigten mit dem Unbeabsichtigten entwickelt. Ein Einfluss auf die unbeabsichtigten

Effekte in der Entwicklung der Gesellschaft ist aber nur durch eine stetige Erweiterung der Kontrolle aller gesellschaftlichen Funktionen möglich, durch Prognose und eine sachlich-objektive Haltung gegenüber den gesellschaftlichen Geschehnissen, und somit durch eine stetig gesteigerte Rationalisierung.

II

In moderner Zeit, also im Wesentlichen seit dem Ende des 17. Jahrhunderts, wurde diese gesteigerte Rationalisierung, wie es Soziologen mit ganz unterschiedlicher Ausrichtung konstatieren, zu einem grundlegenden und bestimmenden Faktor des Gesellschaftlichen. Von den marxistischen Theoretikern wird dieser Zug der modernen Gesellschaft gebührend als die Einzigartigkeit hervorgehoben, welche die moderne Gesellschaft aus der Reihe der übrigen heraushebt. Und ganz ähnlich hat Max Weber energisch das Problem der Rationalisierung betont. Handelt es sich aber, so wäre zu fragen, hier bloß um einen neuen Typ von Zivilisation, d.h. um eine Zivilisation unter anderen, oder ist sie vielmehr etwas grundsätzlich Verschiedenes: eine Art »Überzivilisation«?

Toynbee jedenfalls stellt die moderne Zivilisation nicht über die anderen, sondern ordnet sie gleichrangig neben diesen ein; die Zivilisationen erscheinen ihm vom Standpunkt der Natur, d.h. einer biogenetischen und geologischen Betrachtung der Zeitalter, ohnehin als außerordentlich neu und »gegenwärtig«, als etwas, das parallel zueinander verläuft. Sie gelten ihm schlicht als Versuche des Menschen, die Stufe der primitiven Kultur und der Befangenheit des ursprünglichen Menschen zu überwinden. Können wir also auch die moderne Zivilisation tatsächlich als solch einen Versuch betrachten? Es gibt zweifellos im gegenwärtigen Weltgeschehen Orte, an denen die moderne Zivilisation direkt mit dem Primitivismus in Berührung kommt und ihn absorbiert. Dies ist z.B. in der sowjetischen Arktis der Fall oder an verschiedenen Orten und in verschiedenem Ausmaß in einigen britischen Kolonien in Afrika. Doch das sind nur Ausnahmen. Was die moderne Zivilisation eigentlich überwindet und zersetzt, das ist nicht die primitive Lebensstufe, sondern jene Art von Zivilisation mit einem emotionalen Lebenskern. Dieses

II

Geschehen wird von Soziologen und Historikern seit langem als Prozess der Säkularisierung beschrieben. Es geht hier nicht direkt um ein Hinausgehen über das primitive Niveau, sondern vielmehr darum, ein gewisses Ungenügen, die Unvollkommenheit der Hochzivilisationen zu überwinden: nämlich ihre nicht hinreichende Universalität. Dieser Mangel an Universalität beruht, wie angedeutet, auf der unzureichenden Entwicklung und dem diskontinuierlichen, eruptiven Wirken der Macht. Wenn aber nun das Wesen einer Zivilisation, wie Toynbee meint, in der veränderten Ausrichtung der Mimesis besteht – vom bloßen Erstarren in der Tradition und einer Vergöttlichung des Vergangenen hin zur Imitation schöpferischer Impulse[35] –, dann ließe sich die »Überzivilisation« vielleicht als ein Ausbund solch schöpferischer Impulse bestimmen: Die gesellschaftliche Imitation konzentriert sich immer mehr auf schöpferische Impulse, die rationaler Natur sind, tendiert also besonders dazu, die objektiven Kräfte und Machtmittel beherrschen zu wollen, unter Vernachlässigung der direkten, spezifisch menschlichen Mittel. Folglich interessiert sie sich vor allem für instrumentelle Fragen, die einzigen menschlichen Fragen, die sich von einem rein objektiven Standpunkt aus beantworten lassen. Auf diesem Weg aber kann man stetig und unaufhörlich fortschreiten, denn die Akkumulation der Kräfte geschieht kontinuierlich und die Expansion der Macht folgt ihr Schritt für Schritt. Die Geschichte dieser Entwicklung ist bekannt: Sie begann unter dem Einfluss gewisser Entdeckungen im Bereich der mechanischen Wissenschaften im 14. Jahrhundert, weitete sich auf das ganze moderne Leben aus und fand im kapitalistischen Unternehmertum mit seiner Disziplinierung, Versachlichung und Nivellierung der Welt ihren besonders wirkmächtigen Ausdruck, wozu dann vor allem auch korrelative Erscheinungen wie Arbeitsteilung und Weltmarkt gehören; diese bewirkten, dass die Fangschlaufen des gigantischen Netzes versachlichter Beziehungen, welche diese Lebensweise um sich ausspannt, schließlich die ganze Welt erfassten. Dieser dergestalt geographisch um sich greifende Prozess führt im Laufe der Zeit auch zu einer Versachlichung, Automatisierung und Rationalisierung der Gesellschaft, zu einer Un-

---

35 [Vgl. Toynbee, *Der Gang der Weltgeschichte*, a.a.O., S. 50: »In primitiven Gesellschaftskörpern (...) ist Mimesis auf die ältere Generation gerichtet und auf die toten Vorfahren (...). Anderseits ist in den im Kulturprozess befindlichen Gesellschaftskörpern Mimesis auf schöpferische Persönlichkeiten gerichtet (...)«.]

terdrückung ihrer charismatischen Elemente und letztlich zu deren vollständiger Auslöschung. Die Universalität der Wissenschaft (in dieser Idee sah Husserl die Gewähr für die »Unumkehrbarkeit« des Prozesses der modernen Zivilisation) in geistiger Hinsicht, die Arbeitsteilung und der Weltmarkt in ökonomischer und die Idee einer rationalen Zivilisation für alle in sozialer Hinsicht – das sind die drei Haupttendenzen einer Bewegung, die in jedem einzelnen dieser Bereiche eine absolute Universalität mit solcher Insistenz und Beständigkeit anstrebt, wie sie in anderen Zivilisationen unbekannt sind. Der entscheidende und charakteristische Zug der Machtausübung in der modernen Gesellschaft besteht nicht mehr, wie einst bei den Arabern und ihren Nachfolgern, den muslimischen Eroberern, in der Eruption eines emotionalen Fanatismus; er zeigt sich auch nicht in einem flammenden Willen zur Macht, der auf einem Bewusstsein der eigenen Überlegenheit beruht, wie es in den hellenistischen Weltreichen war. Bezeichnend ist für sie auch nicht die revolutionäre oder napoleonische Begeisterung, sondern das hartnäckige und beinahe anonyme Wirken gleichsam entpersönlichter Kräfte. Diese Kontinuität des Agierens, diese Akkumulation, die sich gewissermaßen automatisch durchsetzt und nicht auf die Gnade der großen geschichtlichen Augenblicke und bestimmter historischer Persönlichkeiten wartet, ist beispiellos und kennt keine Entsprechung in anderen Zivilisationen.

So entsteht auf der Grundlage der alten Zivilisationen durch den Prozess der Rationalisierung etwas ganz Neues. Diesen Prozess der Zersetzung und der gleichzeitigen Neuschöpfung können wir an der christlichen Zivilisation beobachten, aus der unsere moderne geboren wurde und die nach und nach von ihr aufgezehrt wird. Denselben oder einen ähnlichen Prozess könnte man aber auch anderswo verfolgen, in anderen Kultursystemen, die von den modernen Prinzipien erfasst wurden: in Japan und in China, oder ebenso auch in Indien, wo das moderne Prinzip sich zuvorderst in seiner hochgradig technischen Gestalt durchgesetzt hat, wo es sich aber allmählich auch intellektuell und vor allem im sozialen Bereich geltend macht. Überall hier werden die heimischen Kernbestandteile der Zivilisation trotz ihrer Widerständigkeit aus dem Zentrum an den Rand abgedrängt, und es wird sich hier derselbe Säkularisierungsprozess abspielen, dessen Zeugen wir in Europa und seinen unmittelbaren Zivilisationsauswüchsen werden. Je nach den Verhält-

II

nissen kann dieser Vorgang durchaus unterschiedlich verlaufen, er wird jedoch eher erleichtert als gebremst durch den Umstand, dass in den anderen Kulturkreisen der religiöse Kern nirgendwo einen solchen Grad an geistiger Durchdringung und äußerer Organisation erreicht hat wie in der christlichen Zivilisation. Auf der Grundlage eines vergleichbaren Zerfallsprozesses wird sich also die Entstehung derselben rationalistischen Lebensform vorbereiten, wie sie schon bei uns vorherrscht.

Im Geistesleben zeigt sich dieser Prozess an einem Übergewicht der Wissenschaft, d.h. des objektiven und verbindlichen Wissens. Da objektiv, ist diese Wissenschaft auch allgemein mitteilbar, ohne einer persönlichen Resonanz zu bedürfen. Und aus diesem selben Grund ist ihr auch ein gleichsam automatisches Anwachsen sicher, das nicht auf die genialen Taten derer angewiesen ist, die Bahnbrechendes schaffen und in neue Dimensionen vordringen. Es ist eine kumulative Wissenschaft, deren Errungenschaften sich addieren – sie muss nicht immer von neuem beginnen. Die Gefahr, die ihr droht, liegt eher in der Unübersichtlichkeit und Unbeherrschbarkeit des Ganzen, in dem Umstand, dass aus der subjektiven Relation in der Wissenschaft ein vollständig objektiver Bezug wird, dass wir nicht mehr wissen, ob und in welchem Maße die riesige Masse von angehäuftem Wissen sich noch zu einer Einheit zusammenfügt und welche wirkliche Bedeutung sie hat. Die Methoden werden immer raffinierter und abstrakter, so dass die tatsächlichen Errungenschaften der Wissenschaft (vor allem der Naturwissenschaft) zu etwas Esoterischem werden. Aber der Prozess schreitet ohne Unterlass voran, und die praktischen Erfolge sind so frappierend, dass alles andere in den Hintergrund tritt. Die Wissenschaft ist tatsächlich zum Ausdruck des eigentlichen Wesens unserer Zivilisation geworden: Ihre Nüchternheit, ihre Objektivität und Exaktheit gab dem Menschen auf reelle Weise ein tägliches Brot anstelle der (oft imaginären) geistigen Festgelage, wie sie die alten Zivilisationen boten. Im Vergleich zum Schöpfertum der Wissenschaft tritt alles andere zurück – vor allem auch die Religion. Es gibt zwar immer noch religiöse Persönlichkeiten, aber sie sind periphere Erscheinungen unserer Zivilisation und bezeichnenderweise eher Theologen als Heilige oder Reformatoren. Wichtig ist auch die veränderte Bedeutung der Philosophie: Sie rückt ebenfalls aus dem Zentrum heraus, büßt den Sinn ihrer Autonomie ein und wird fast ausschließlich zu einer Reflexion über die Bedeutung der Wissenschaft – ein Versuch des Menschen, die Wissenschaft für sich zurückzugewinnen und den Prozess ihrer Veräußerlichung wieder nach innen umzuwenden. Beliebt ist dabei in der Philosophie charakteristischerweise etwas, das man als Methodismus bezeichnen könnte: Die Philosophie wird nicht geschätzt als Leistung an sich, als etwas, das sich ausgebildet hat und das sich erfüllt, sondern als Methode, etwas Kommunizierbares und Potentielles. Daher auch die Vorliebe für solche Richtungen wie die logische Analyse, die Phänomenologie oder vor einiger Zeit den Kritizismus der Marburger Schule, wohingegen die Leistungen der genialen Einzelnen, wie z.B. Whitehead oder Bergson, abseits bleiben. Das alles sind Äußerungen eines beständigen Strebens nach Verwissenschaftlichung der Philosophie, die hartnäckig voranschreitet, auch wenn es bisweilen Abschattungen gibt oder herausragende Philosophen die Autonomie ihrer Disziplin sogar gegenüber der Wissenschaft betonen mögen.

Demgegenüber hat die Kunst in unserer Zivilisation ihre Autonomie erlangt, und man betrachtet sie nun erstmals als eine eigenständige Funktion der Kultur, die ihr Ziel in sich selbst hat (was letztlich ebenfalls mit dem Prozess der Säkularisierung zusammenhängt). Doch auch in der Kunst zeigt sich – positiv und negativ, direkt und indirekt – das geistige Primat der Wissenschaft. Direkt äußert sich dies als Einfluss wissenschaftlicher Überlegungen auf die jeweiligen künstlerischen Tendenzen und Programme (wie im Fall der Methodik des künstlerischen Suchens: Experiment, Analyse der bisherigen Voraussetzungen und deren Überwindung), indirekt in den romantischen Tendenzen einer Rückkehr zu älteren Zivilisationsprinzipien, in Äußerungen wie dem »Unbehagen in der Kultur« und Versuchen, sich die ganze Entwicklung der rationalen Zivilisation, diese Verödung der natürlichen Realität mit all ihren Lebensregeln, durch die Zuhilfenahme neuer Mythen zu erklären: als Bekundung eines lebendigen Geschehens in neuem, kolossalen Maßstab, in das man sich innerlich einfühlen kann, wo sich sogar auf dem Grunde der Überzivilisation und all ihrer Hypernüchternheit ein gigantisches, phantastisches Element erspüren und aufgreifen lässt.

III

Heißt das also, dass die rationale »Überzivilisation« frei von allen inhärenten Problemen ist, dass sie sich automatisch geltend machen und durchsetzen wird? Wird ihr Versuch, die Unvollkommenheit des Universalen in den bisherigen Zivilisationen zu überwinden, notwendigerweise von Erfolg gekrönt sein? So sehen das einige Denker der aufklärerisch-rationalistischen Tradition, wie etwa Comte, und ebenso ist dies die Überzeugung der Marxisten. Und doch ist heute ganz offenkundig, dass sich die rationale Zivilisation in einer Krise befindet, und zwar deshalb, weil es zwei Auffassungen von ihr gibt, weil das heutige Stadium der aufklärerischen Kultur in zwei Versionen existiert. Die erste der beiden ist sich der eigenartigen Begrenztheit der rationalen Überzivilisation bewusst, sie weiß, dass ihre organisatorische Fähigkeit, ihre Erfolge und ihr Universalismus nicht darauf beruhen, dass sie tatsächlich die Gesamtheit des Lebens beherrschen möchte und könnte, sondern ganz im Gegenteil darauf, dass sie sich von dieser Gesamtheit abstrahierend auf die rein menschlichen Möglichkeiten begrenzt, dass sie sich in ihrem Einwirken auf die Realität auf eine einzige Lebensfunktion konzentriert, nämlich gerade auf die, die als objektive, unpersönliche und in diesem Sinne universale Funktion fundamental ist. In dieser Auffassung beabsichtigt die rationale Überzivilisation keineswegs mehr, wie das in den großen Zivilisationen der Vergangenheit war, das ganze Leben zu erfüllen. Ihr Antagonismus gegen andere Lebensprinzipien geht nur so weit, wie deren Grundsätze einer Universalität der Zivilisation im Wege stehen, ansonsten jedoch betrachtet sie die Zivilisation in ihrer universalistischen Ausprägung nur als einen Rahmen, in dem unser Leben zwar eine eigenartige Nüchternheit und eine immer größere rationale Durchsichtigkeit bekommt, wo man aber eben bloß Fragen nach den Mitteln, nicht nach den Zwecken löst. Diese Version der überzivilisatorischen Idee kann deshalb zu einem gewissen Ausgleich mit den bisherigen Zivilisationen gelangen: Sie vermag diese als persönliche, nicht rationalisierbare und dennoch wesenhaft mitbestimmende Bedingungen der Menschlichkeit in sich aufzunehmen.

Die zweite Version ist äußerst radikal und beabsichtigt, den Antagonismus von Zivilisation und Überzivilisation bis in alle Konsequenzen durchzuhalten. Sie will aus der rationalen Organisation den

Schlüssel *aller* Lebensfragen machen und die überzivilisatorische Revolution nicht im Ausgleich mit, sondern im völligen Ausschluss von allen übrigen Lebensmomenten durchführen. In dieser radikalen Version der rationalen Zivilisation findet sie die Lösung aller Lebensfragen, und es gibt schlicht kein Problem, für das sie – positiv oder negativ – nicht das passende Rezept böte: Wo es um Fragen nach den Mitteln geht, soll dies durch deren rationale Handhabung gelingen, wo Fragen nach dem Gesamtzusammenhang des Lebens auftauchen, ergibt sich die Lösung durch eine Einsicht in deren Überflüssigkeit und Sinnlosigkeit, durch die Einsicht, dass sie aus falsch verstandenen biologischen Ursachen und einer »Entfremdung« (von der Wirklichkeit) entspringen, zu der es unter bestimmten, evolutionär notwendigen, aber vorübergehenden Gesellschaftszuständen kommen kann. So installiert dieser Radikalismus die Herrschaft einer letzten sinnstiftenden Rationalität, verankert ein Absolutes inmitten des Alltags und eröffnet die Vorherrschaft des menschlichen Absoluten überhaupt. Die große Distinktion, von der das menschliche Leben im Unterschied zu aller übrigen Natur geprägt wird, die Distinktion zwischen einer erahnten Gesamterfüllung des Lebens und dem bloß gegebenen, allein im Bereich der Mittel operierenden Leben, die Unterscheidung zwischen Übermenschlichem und Menschlichem, zwischen Außerordentlichem und Alltäglichem, zwischen einem »Sinn« und den bloßen Mitteln des Lebens – diese Distinktion muss vollständig gestrichen werden, sei es, wie sich einige poetisch ausdrücken, durch das »Zusammenfließen« beider Bereiche oder durch die schlichte Eliminierung des ersten Elements.

Der überzivilisatorische Radikalismus nahm in der Geschichte verschiedene Gestalten an und darf nicht einfach mit irgendeiner sozialen, philosophischen oder politischen Tendenz gleichgesetzt werden. Er machte sich z.B. im Radikalismus der Montagnards, im Kult des Höchsten Wesens[36], oder, zeitgleich und in nicht minder einseitiger Gestalt, bei einigen britischen Radikalen wie Jeremy Bentham oder James Mill geltend. Sicher waren seine Anfänge schwierig, doch durch immer bessere Organisation wurde er zu einem mächtigen

---

36 [Der Kult eines »Höchsten Wesens« (*Être suprême*) wurde 1794 von Robespierre eingeführt. Die Montagnards bildeten während der Französischen Revolution eine politische Gruppierung im Nationalkonvent.]

Strom des Lebens, der in offenkundiger Analogie zur Konstitution einer »universalen Kirche« steht; organisiert vom »inneren Proletariat« der älteren Zivilisationen, gewinnt er auch die »äußeren Proletariate«, die in Nachbargebieten in den Bereich der Zivilisation vorstoßen. Wenn Toynbees Behauptung auch für das, was wir Überzivilisation nennen, gültig sein sollte, dann wäre der moderne Sozialismus nichts anderes als eine universale Kirche, die das Erbe einer ehedem schöpferischen Minderheit genau in dem Moment antritt, wo die letzten Versuche zur Etablierung eines universalen Reiches der europäischen Zivilisation fehlgeschlagen sind. Sogar die gemäßigte, d.h. nicht-totalitäre Version der rationalistischen Überzivilisation würde aus dieser Perspektive bloß wie eine embryonale Anfangsphase wirken, in der sich die neue Lebensanschauung noch nicht vom Körper der Mutter getrennt hat: wie ein unreifer Kompromiss, der für die Vorbereitung weiterer Eruptionen in den historischen Veränderungen zwar notwendig, an sich aber unhaltbar ist. So war z.B. die protestantisch-calvinistische Disziplin im Religiösen zweifellos eine wirkmächtige Vorbereiterin für die Entstehung und die Festigung des modernen Unternehmergeistes, der »Berufung« und eines Lebens, das von rationaler Beherrschung und Mechanisierung, von Arbeit und Aufgabenerfüllung geprägt ist. Doch blieb an den Orten, an denen dies begann, immer auch noch genügend von dem ursprünglichen protestantischen Individualismus übrig, um die Rationalisierungstendenzen nicht *in extrema* wachsen zu lassen, und es bedurfte ganz anderer Geistestendenzen – eines romantisch eingefärbten und sozial verschärften Kollektivismus – sowie historisch ganz besonders günstiger Umstände in einem vom Individualismus sozusagen unberührten Land, damit diese Tendenz ihre Amplitude ausschöpfte und von dort wieder in die Länder ihres ursprünglichen europäischen Ausgangs zurückkehrte.

Aber auch wenn all die Analogien zutreffend sein sollten, wäre damit noch nicht bewiesen, dass unsere rationale Zivilisation nur *una inter pares* ist, dass sie eine Zivilisation wie andere ist und ihr Leben und ihre Entwicklung denselben Gesetzen folgt. So wie auch die Zivilisationen eine Vielzahl von Elementen des Primitivismus in umgestalteter Form in sich fassen (z.B. Magie, Animismus usw., die zu Mythen, Riten und Religionen einer höheren Lebensstufe umgebildet wurden), so wird auch die rationale Überzivilisation gewiss Elemente und Kräfte enthalten, die einer darunterliegenden

Schicht entstammen und an deren Eingliederung und Metamorphose sie arbeitet. Wie es in jeder Zivilisation Kräfte gibt, die diese in eine traditionelle Routine umzuwandeln suchen und somit Sklerose und Verfall bewirken, so müssen wir auch in der Überzivilisation mit Kräften rechnen, die ihrem ganzen Wesen nach dem voraufgehenden Stadium zugehören. Die Kräfte, welche die Überzivilisation wieder zurückholen möchten in die gewöhnlichen zivilisatorischen Bahnen, sind zweierlei Natur: zum einen die Kräfte partikularer Traditionen, zum anderen solche Kräfte, die das rationale Wirken, das seinem Wesen nach auf Kontinuität und als Mittel zum Zweck angelegt ist, gerne zu etwas Eruptivem und zu einem Selbstzweck machen würden.

Die Überzivilisation wird also bedroht von zwei Seiten. Jede der beiden Bedrohungen ist bestrebt, sie wieder herabzuziehen auf eine existentiell einfache Zivilisationsstufe, wenn nicht auf das Niveau eines zivilisatorischen Verfalls. Die konservative Bedrohung wendet sich gegen die Überzivilisation insgesamt, gegen ihren rein säkularen Rationalismus, den sie mit allen Mitteln als tot und unmenschlich demaskieren will. Sie weist zu Recht darauf hin, dass die eigentliche Grundlage der Überzivilisation außerhalb des Menschen, in einem entmenschlichten und dezentralisierten Denken liegt. Diese konservative Gesellschaftstendenz spiegelt sich in einem Denken, das dazu neigt, den Organismus und dessen Autonomie hervorzuheben, seine grundsätzliche Unerklärbarkeit vom Standpunkt des reinen Objekts, seine Primordialität und Universalität. Diese Art von organizistischer Anschauung betrifft insbesondere auch die Gesellschaftsvorstellungen, wobei etwa die Gemeinschaft gegen die Gesellschaft, ein kollektives »Wir« gegen das System unpersönlicher und überindividueller Beziehungen gestellt und eine kollektive und nationale Mythologie propagiert wird. Bei ihrer Kritik am modernen Leben beruft sich diese Tendenz auf die vermeintlichen oder tatsächlichen destruktiven Folgen, die der überzivilisatorische Radikalismus bewirkt: So nährte sich der politische, aber auch der allgemein weltanschauliche Romantismus des 19. Jahrhunderts nicht zuletzt vom Terror der Französischen Revolution und von der Enttäuschung, die der Verlauf dieser Revolution hinterließ. Diese Kritik operiert weiterhin mit einer Reihe von Befürchtungen vor der endgültigen Vorherrschaft der materiellen und mechanistischen Seiten der Zivilisation und spricht etwa vom vollständigen Verschwinden aller anderen Werte und vom Sinnverlust nicht nur für das geistige und religiöse Dasein, sondern auch für die künstlerischen Impulse und ganz allgemein für das Leben überhaupt. Ein anderes beliebtes und oft wiederholtes Argument, das formal ebenfalls in diesen Zusammenhang gehört, ist die Behauptung, dass die Zivilisation sich im Bereich des Gegenständlichen und Materiellen mit mächtigem Tempo entwickele, wohingegen die geistige Sphäre dem nicht mehr nachkommen könne oder sogar gänzlich zurücktrete. Alles in allem wählt diese kritische Tendenz als ihren Anhaltspunkt im Denken und im Leben also offensichtlich den überzivilisatorischen Radikalismus, der mit seinem Rationalismus das Leben wieder vereinen, totalisieren und ihm ein neues Zentrum geben will, aus dem heraus sich allmählich alle Schichten bis hin zu den entlegensten beherrschen lassen. Die Kritik tut dabei auch häufig so, als ob die Überzivilisation nur dieses eine, nämlich das radikale, radikalistische Gesicht hätte, als ob der Radikalismus deren einzige Realisierung wäre, die konsequent zu Ende gedacht wurde.

Ist eine solche These wirklich haltbar? Die Frage ist eigentlich schon mit unserer Unterscheidung zwischen dem Prinzip der Überzivilisation und der Zivilisation als solcher beantwortet. Überzivilisation bedeutet Universalismus, und Universalismus ist rationalistisch, wenngleich er seinem Wesen nach nicht totalitär ist. In räumlicher Ausdehnung lässt sich die Universalität einer Zivilisation nicht anders gewinnen als auf Kosten ihrer Totalität hinsichtlich der Lebensbeherrschung. Die Grenzen dieser universalen Überzivilisation sind solche, die nach innen verweisen, auf den Gesamtzusammenhang, auf Fragen nach dem Sinn und der Bedeutung im Ganzen. Solche Fragen kann die Überzivilisation – da sie ihrem ganzen Charakter nach objektiv ist, nicht an der Sphäre des Lebens oder gar des Persönlichen orientiert – nicht lösen.

Diese entscheidende Begrenzung will der überzivilisatorische Radikalismus nicht akzeptieren. Von der Idee eines radikalen Wandels der Gesellschaft durchdrungen, weigert er sich, überhaupt an etwas anderes zu denken, ja meint sogar, dass ohne Rücksicht auf diesen Wandel gar nichts mehr vorstellbar sei. In der Umsetzung seiner Absicht aber kommt es zu ähnlichen Fehlern und Konfusionen wie im Falle des Konservatismus: Er setzt nämlich jede Idee, die sich zu seinem zivilisatorischen Radikalismus kritisch verhält, mit einer Reaktion gegen die Überzivilisation als solche gleich. Sicher ist es in der Tat kaum möglich, über etwas nachzudenken ganz ohne Rücksicht auf die gesellschaftliche Veränderung. Aber kritisch über diesen Wandel nachzudenken, heißt doch nicht notwendigerweise, sich gegen ihn zu stellen, sondern bedeutet oft nur, einen Ort der Reflexion zu finden, der außerhalb seines Rahmens liegt. Der moderne Mensch kann sich der verdinglichenden und dekadenten Tendenzen der Überzivilisation zweifellos nur dadurch erwehren, dass er selbst das Prinzip der Sachlichkeit übernimmt und rigoros anwendet: Das bedeutet weder, dass er sich mit diesem völlig identifiziert, noch, dass er sich ihm grundsätzlich entgegenstellt und es zu vernichten sucht. Es ist dies aber die einzige Weise, sich den Dingen nicht untergeben zu zeigen, sondern als ihr Herr – dort hingegen, wo die Sachlichkeit unbewusst bleibt, wird sie selbst zur Herrscherin. Wo wir uns ihnen gegenüber nicht wie zu einer Sache verhalten können, sind wir der Natur und dem blinden Spiel der gesellschaftlichen Kräfte mehr oder weniger ausgeliefert. Und in ähnlicher Weise gilt das auch von der dinglichen bzw. verdinglichten Seite im Menschen selbst. Die Sachlichkeit muss keineswegs das Ende aller menschlichen Selbständigkeit sein; sie kann vielmehr, wenn sie in ihrer Tiefe begriffen wird, jenes Nicht-Dingliche hervorkehren, das die Sachlichkeit immer schon voraussetzt, ohne das sie nicht sein kann. Der Radikalismus der Überzivilisation begreift diesen Umstand nicht. Bis in die Tiefe eingenommen von seinem eigenen Agieren lässt er unbeachtet und vergisst, dass seine Tätigkeit kein Selbstzweck ist; auch gesteht er nicht zu, dass es möglich wäre, sich dem Druck der Überzivilisation zu widersetzen, sie aus der Distanz zu beobachten und sich nicht vollständig mit ihr zu identifizieren. Darin gründet die tiefe Feindschaft, ja der Hass, mit dem der radikale Verfechter der Überzivilisation sich gegen den Gemäßigten als denjenigen wendet, der sich tarnt und deshalb ein umso gefährlicherer Reaktionär und grundsätzlicher Feind der Überzivilisation ist. In gewisser Hinsicht hat dieser Radikale recht: Denn die wirkliche Reaktion, die sich außerhalb des Bodens der modernen Welt stellt, ist im Grunde keine Gefahr, sie bedroht diese Welt nicht tatsächlich, da sie mit ihr keine gemeinsamen Voraussetzungen hat und über nichts verfügt, womit sie zum Kern der modernen Welt durchdringen und diesen erfassen könnte, so dass sie zumeist einfach ignoriert wird. Der gemäßigte Vertreter der Überzivilisation hingegen vermag den Radikalen grundsätzlich zu stören und in seinem Wesen zu bedrohen.

III

Er stört ihn auf aus seiner Selbstverständlichkeit, mit der er so nah am Ziel zu sein meint, als ob er schon darin ruhte; er bedroht ihn als der evidente und nicht zu leugnende Nachweis, dass man seine Voraussetzungen, zumindest bestimmte davon, akzeptieren und sich dennoch den Konsequenzen verschließen kann. Darin meint der Radikale eine Voreingenommenheit zu erblicken, ein offenkundiges oder verborgenes Schielen auf den eigenen Vorteil, einen Egoismus, der die Wahrheit nicht sieht, weil er sie nicht sehen will und sich so selbst blendet. Und die Komplexität des Lebens, das verschiedene Lebenstendenzen in den unterschiedlichsten Kombinationen anbietet, lässt ihn immer genügend faktische Beweise finden, mit denen er seine These zu stützen und ihr den Anschein einer exakt erfassten Realität zu geben vermag. Jedoch ist es gerade dieser Radikale, der das Wesen der Überzivilisation nicht erfasst und sie weder lebendig noch intellektuell noch hinsichtlich ihrer praktischen Wirksamkeit durchdrungen hat.

In der Lebensform zeigt sich diese Unzulänglichkeit daran, dass der Radikalismus den Gegensatz von Feiertag und Alltag, von Außergewöhnlichkeit und Alltäglichkeit übernimmt, obwohl er eigentlich davon träumt, diesen aufzulösen. *De facto* erkennt er mit dieser Übernahme die Grenzen seines Rationalismus an. An die Stelle der alten Religion setzt er eine neue – freilich nur ein religiöses Hybrid –, und implizit wird so die Religion in einem allgemeinen Sinne des Wortes anerkannt. Die Demonstration gesellschaftlicher Macht, Feiern, welche die Gesellschaft vergöttern, die Erhebung ihrer Exponenten in eine übermenschliche Höhe (*de facto*, wenn auch keineswegs *de iure*), der Kult ihrer Helden, die Pflege von Legenden, das Entstehen einer irrealen Stilisierung von Lebensweisen, die zwar vor allem utilitäre Bedeutung haben, aber auch durch sich selbst, durch ihren affektiven Wert wirken als das, was »sein soll«, gegenüber dem, was bloß ist – im Konzept einer rationalen Überzivilisation sind all das wunderliche Züge, die ihrem ureigenen Prinzip fremd sind. Der Kult der Vernunft und des höchsten Wesens in der Französischen Revolution ist sicherlich eine *contradictio in adiecto*, trotzdem aber entspricht sie einem tiefen Bedürfnis dieser gesamten Bewegung. Hierher gehört das »religiöse« Streben der Saint-Simonisten, und hierher würde auch die »positive Religion« Auguste Comtes gehören, wäre dieser Synthetiker des Radikalismus und des Konservativismus nicht mit der Idee einer Stabilisierung

43

der Gesellschaft befasst gewesen, statt ihre Veränderung zu betrachten, die sich ihm zufolge im Wesentlichen ideell, gesetzmäßig und automatisch vollzieht. Näher ist uns hier Lunatscharskijs Versuch, orthodoxe kultische Formen auf einen modern rationalistischen Gehalt zu übertragen, ein Versuch, der zwar nicht realisiert wurde, aber doch Ausdruck eines charakteristischen Empfindens ist. Hatte Feuerbach denn so unrecht, als er betonte, dass die Religion zum Wesen des Menschen gehöre, dass sie letztlich nichts anderes sei als eine intime Form des dem Menschen eigenen Bedürfnisses nach Bindung, dass es weder möglich noch notwendig sei, die Religion als erledigt beiseitezuschieben, sondern nur, sie zu verweltlichen und aus einer äußerlichen, entfremdeten Form in eine reale, intimere und verinnerlichte Gestalt zu überführen? War das, wie ihm Marx und Engels vorwarfen, nur die letzte idealistische Hülle, die er nicht abstreifen konnte, eine bloße idealistische Phrase, die ihm vom spekulativen Vokabular der vorangegangenen Epoche geblieben war? Oder bekundet sich hier etwas vom wahren Lebensgefühl der radikalen Überzivilisation, von ihrem »Zivilisationsmythos« und ihrer Eschatologie? Dies können wir z.B. am Tag der Arbeit beobachten, der – ursprünglich eine bloße revolutionäre Manifestation – zu einem wahren Festtag wird, d.h. zu einer Erneuerung des Lebens auf Erden, einem Kontakt mit dem »normalen«, ursprünglichen Zustand, einer Rückkehr des Menschen zur Fülle der Macht und der Kräfte. In der neuen Gesellschaft, an sich grau und rational, schöpft dann jede Leistung aus diesem Bereich die Möglichkeit ihrer Mythisierung und ihres Erstrahlens im Abglanz einer neuen Sonne. Es sind hier zweifellos starke Kräfte im Spiel, die Frage ist jedoch, ob dies die Kräfte einer echt rationalen Überzivilisation sind. Der Abglanz bleibt immer ein Abglanz, fremd liegt er auf der Oberfläche, ohne die Sache selbst zu berühren.

Der überzivilisatorische Radikalismus begnügt sich natürlich nicht damit, diesen Unterschied von Feiertag und Alltag, von Gewöhnlichem und Außergewöhnlichem, zu säkularisieren, denn darin läge die Gefahr, eine solche Differenz definitiv zuzugestehen und zu sanktionieren, so dass das menschliche Leben sein Zentrum verliert und zerfällt. Gerade hier erprobt er also eine seiner glänzendsten intellektuellen Wendungen, nämlich die Überwindung der Gegensätze: das alltägliche Leben und seine Ausnahme, Wirklichkeit und Mythos, Werktag und Feiertag, Arbeit und Muße bzw. Unterhaltung, öffentliches und privates Leben – all diese Oppositionen sollen in ein neues, totales und ungeteiltes Leben eingeschmolzen werden, wo der Traum nicht mehr von der Realität getrennt ist. Der überzivilisatorische Radikalismus erneuert auch das alte Konzept des Kairos, der erfüllten Zeit, freilich nicht mehr in religiöser Gestalt, sondern in Form einer religiös-politischen Erlösung: Die »Zeit zu« ist die Zeit zur Aktion, zum großen, entscheidenden Werk, der »Tag« der Freiheit und der definitiven Abrechnung, über die eine eigens damit betraute, gewissermaßen charismatisch erwählte Versammlung von auserlesenen Theokraten entscheidet. Diese Gesellschaft lebt nicht nur in der zirkulären Zeit der periodischen Feste, sondern auch in der singulären Zeit entscheidender Ereignisse, auf die das moderne Leben mit seinen Problemen wartet.

In dieser doppelten Erfahrung der Zeit, in der doppelten Außergewöhnlichkeit des Erlebnisses bekundet sich besonders ausdrücklich die mystische Komponente des überzivilisatorischen Radikalismus. Und ebenso nachdrücklich zeigt sich dies in seinem Kollektivismus, mit dem ein gewisser *totalitärer Zug*, ein totalitärer Charakter im Erlebnis dieser Form der Überzivilisation eng verknüpft ist. Alles, was in der Gesellschaft geschieht, soll sich in einem unmittelbaren Bezug zum Ganzen ereignen, im Hinblick auf dieses Ganze als ein sinnstiftendes Moment (keineswegs bloß in einem mittelbaren Bezug auf dieses Ganze, der etwas Selbstverständliches ist). Infolge dieser Totalität des Erlebens erfährt die Politik wieder jene eigentümlich sakrale Bedeutung, die ihr in den frühen Zivilisationen zuzukommen pflegte. Wenn das Leben im Milieu der Überzivilisation aufrichtig sein soll, so kann es kein durch und durch ziviles Leben sein, sondern muss eine pathetische, wenn nicht gar ekstatische Komponente bekommen. Bestimmte Menschen und Institutionen atmen diesen mystischen Hauch, sie besitzen die Qualität des Übermenschlichen und des nicht mehr bloß Endlichen.

Der überzivilisatorische Radikalismus hat so eine natürliche Affinität zu abrupten Taten und einer Diskontinuität des Handelns. Von explosivem und revolutionärem Charakter, ist er immer dann zur Stelle, wenn sich in Gesellschaften solche Hemmnisse aufgebaut haben, dass deren Überwindung nicht mehr anders möglich scheint als durch einen vollkommenen Wandel des gesellschaftlichen Gleichgewichts. An sich ist dieser Radikalismus aber eine romantische Version der überzivilisatorischen Lebensform, d.h. eine Überzivilisation im schwächeren Sinne. Er besitzt eine weit größere Affinität zur irrationalen Seite im Menschen als zur universellen, kühlen Vernünftigkeit. Er ist ungeduldig. In Fragen der Moral erkennt er sehr wohl die grundlegenden Diskrepanzen und hat eine Intuition für das, was moralisch inakzeptabel ist, denkt aber kaum oder gar nicht über die Moralität seiner eigenen Handlungen nach. Er belastet sich nicht mit Erwägungen über Grundsatzfragen. Der Radikalismus besitzt oft einen moralischen Scharfblick, welcher der gemäßigten Strömung – sei es aus Egoismus oder ganz einfach aus einer Unempfänglichkeit und Unlust, die Welt zu verändern – fehlen kann. Daher hat er eine gewisse Affinität zum Heroismus und zu heroischen Allüren, daher auch seine Attraktivität für junge Menschen und Völker oder Zivilisationen *in statu nascendi*.

Vom psychologischen Gesichtspunkt wäre dem noch hinzuzufügen, dass die gemäßigte Variante der Überzivilisation dem eigenen rationalen Prinzip deshalb gewogen ist, weil es in dieser gemäßigten Gesellschaftsform eine große Vielfalt von Interessen gibt, zwischen denen eben die Vernunft als ausgleichende Instanz fungieren muss. Das kritische und konstruktive Element der Vernunft ist hier nicht die einzige Antriebskraft und das ausschließliche Prinzip, auf dem das Leben gegründet ist. Vernunft ist hier also keine »Partei«, sondern bloß »Richter«, so dass sie keinen dogmatischen Zug annehmen muss, wie es in der radikalen Form mit ihrer extremen praktischen Ausrichtung der Fall ist. In ihrer gemäßigten Form bewahrt sich die Vernunft ihre Distanz.

Demnach wäre die Krise der wissenschaftlichen Vernunft durch ihre Dogmatisierung, wie sie sich im überzivilisatorischen Radikalismus bekundet, nicht nur das Übergangsphänomen einer kritischen Phase, sondern hätte eine weit tiefere Bedeutung und Auswirkung. Sie hinge nämlich mit der Notwendigkeit zusammen, dass die Vernunft in dieser Gesellschaft eine unmittelbar praktische sein muss. *In theoria* formuliert und *in praxi* eingeklagt, führt dieses Verlangen, dass die Vernunft praktisch sein und sich den Erfordernissen der Praxis (Unmittelbarkeit, Bedingtheit durch die Situation, moralische Normierung) unterordnen soll, zwangsläufig zu einer Stagnation der Vernunft im inneren, freigelegten Sinne des Wortes (eine Vernunft, die sich nur nach ihrem Gegenstand richtet).

Eine weitere Bemerkung gilt der Überzivilisation und ihrem Zusammenhang mit dem Prinzip der Freiheit: Sie betrifft nicht nur den

Liberalismus im rein ökonomischen Sinne (wie sich dies aus marxistischer Sicht darstellte), denn es ist keineswegs so, dass das moderne Freiheitsprinzip mit dem Wirtschaftsliberalismus steht und fällt. Die liberalen Grundsätze entstammen nicht einem ökonomischen Liberalismus, sondern vielmehr dem geistigen Ringen um Unabhängigkeit in Bezug auf das zentrale Problem einer ultimativen Sinngebung des Lebens: d.h. der religiösen Selbstbestimmung des Einzelnen vor Gott. Hieraus, aus dieser absolut grundlegenden Frage, geht das »liberale« westliche (insbesondere angelsächsische) Denken hervor.

Das Wirken der Überzivilisation – wie das Wirken der endlichen Vernunft überhaupt – ist, wie bereits angedeutet, ein kontinuierliches, nicht positives und zentrifugales (von innen nach außen). Es geht dabei nicht (zumindest nicht ursprünglich) um das Entzünden einer Leidenschaft, um unwiderstehliche Exaltation oder um die Akkumulation von Macht. Ursprünglich gibt sich die Überzivilisation auch keineswegs als Prinzip einer Erneuerung des gesamten Lebens. Sie wird nicht von Propheten verkündet und unter Einsatz des Lebens vor dem Absoluten durchgesetzt. In dieser Hinsicht darf Galilei als typisches Beispiel gelten. Deshalb *bedarf sie der Freiheit*, und von daher rührt wiederum das sekundäre Bündnis der Überzivilisation mit dem ursprünglichen religiösen Liberalismus. Die Vertreter der Überzivilisation erstreben einen liberalen Schutz für die Tätigkeit der endlichen, ursprünglich und tatsächlich aber universellen Vernunft. Das endlich-rationale Denken weiß um seine Bedürftigkeit, weiß, dass es Schutz braucht, und fordert deshalb die Freiheit. Mit der Zeit wird es sich aber auch dessen bewusst, wie jeder Dogmatismus den Fortgang und die Entwicklung der eigenen Prinzipien bedrohen muss, so dass es die Freiheit auch gegen diesen Dogmatismus einfordert. Infolgedessen kann die Überzivilisation aus sich selbst, aus dem Prinzip der Universalität nicht ohne die Freiheit des Denkens bestehen. Die Überzivilisation verfügt (zumindest vom Grundsatz her) über ein echt universales Prinzip, und das bedeutet, sie steht dafür ein, dass sich die Ideen so durchsetzen, wie es im Falle der rationalen Argumentation geschieht, nämlich in einem rein geistigen Prozess, der sich nach dem Schema These – Deduktion – Kritik – Skepsis – Gegenkritik etc. beschreiben lässt.

IV

Oberflächlich betrachtet, könnte aus all dem der Eindruck eines fortschreitenden moralischen Verfalls entstehen, dem die gemäßigten Gesellschaften der westlichen Überzivilisation ausgesetzt sind. Insbesondere in Zeiten weltumspannender Umbrüche scheint es, als ob die gemäßigten Systeme an Bedeutung verlieren oder sogar schon endgültig verspielt haben. Die Radikalen bilden die Avantgarde – sie sind es, die die moralischen Ideale setzen, sie sind die Exponenten moralischer Kräfte, der Entrüstung und des Massenaufstands der Unterdrückten (sei es des Proletariats oder der (halb-)kolonisierten Völker), die sich aus ihrer selbstverschuldeten Unmündigkeit erheben.

Nichts ist so verführerisch wie solche Analogien, verführerisch auch darin, dass sie vom Wege abführen. Denn dass die gemäßigte Form der Überzivilisation, der Moderantismus, keine Affinität zu radikalen gesellschaftlichen Veränderungen hat, dass sein gesamtes Prinzip eine Zusammengehörigkeit und Kontinuität des Wirkens sowie eine Unterscheidung der Funktionen ist (wohingegen es beim Radikalismus genau umgekehrt ist: Explosivität des Wirkens, Konfusion der Funktionen), daraus lässt sich keinesfalls ableiten, dass ihm alles Pathos und jeder Sinn für Größe abginge oder dass ihm gar die Fähigkeit zur Anpassung und zum Überleben fehlte. Es mag schnell den Anschein haben, als ob der Moderantismus die Welt aus den Händen gibt oder sie schon verloren hat. Dass dies aber keineswegs notwendigerweise so sein muss, wird bald einsichtig, wenn wir uns das zentrale Prinzip der gemäßigten Überzivilisation und ihr Verhältnis zur radikalen Variante klarmachen.

Die Aufgabe der gemäßigten Überzivilisation besteht nicht darin, aufgestaute gesellschaftliche Hemmnisse und Barrieren zu beseitigen oder mit tatsächlichen und mythischen Feinden zu kämpfen. Ihre Funktion ist vielmehr, zivilisatorische Güter zu schaffen, die allgemein menschliche werden könnten, und zwar *aus dem Wesen der Sache selbst*, nicht aufgrund des Willens und der Dekrete bestimmter Menschen. Natürlich wurden solche Werte und Möglichkeiten missbraucht – und sicher werden sie auch weiterhin zum Vorteil bestimmter Klassen, Völker oder Länder missbraucht. Wichtig ist aber, dass dergleichen wie allgemein menschliche Wahrheiten, Werte, Ziele und Mittel überhaupt systematisch erarbeitet werden. Entstanden nach dem Vorbild der alten individualistischen Zivilisationen Griechenlands und teilweise auch Israels, kennt die gemäßigte Form der Überzivilisation im Wesentlichen zwei solcher Werte: den Wert der wissenschaftlichen Wahrheit und den Wert der menschlichen Freiheit, d.h. die Anerkennung des Menschen durch den Menschen als eines ihm Gleichgestellten. Von der *Idee* her unternimmt der überzivilisatorische Radikalismus nichts, was nicht auch in der gemäßigten Variante enthalten wäre, doch seine Generalisierungen sind ausschließlich *faktischer* Natur, nicht ideeller. Umgekehrt vergisst der Radikalismus in seinem destruktiven Elan die Bedingung für alles Schaffen: die Teilung der Funktionen, die Absenz des Totalen, die Partikularität alles Menschlichen und die Tatsache, dass alles, was allgemein menschlich und verbindlich ist, zugleich einseitig und endlich ist. Im radikalen System wird die Politik geradewegs zur Wissenschaft, die Wissenschaft zur Politik, die Politik zur Religion usw.: Bei allem Willen zum Organischen kommt es in Wirklichkeit nur zu einer unorganischen Tendenz in das große Ganze und Monumentale. Aus diesem Grund müssen System und Wissenschaft unvermeidlich aufeinanderprallen; und aus diesem Grund können auch bestimmte Funktionen des kulturellen Lebens, wie z.B. die Religion, in ihrer überweltlichen Form (gemeint ist damit, dass sie nicht die übrigen Lebensfunktionen stört, auch wenn sie zu ihnen in einer Spannung verharrt, die durchaus fruchtbar sein kann) nur in der gemäßigten Überzivilisation existieren, wohingegen sie in anderer Form, als direkter Eingriff in das Politische und als geistiger Impuls, nur in der radikalen Version bestehen können. Deshalb verbinden sich radikale Überzivilisationen gewöhnlich mit einer objektiven und politischen Religion, einem neuen Paganismus. Das Christentum hingegen gehört mit seinem Bewusstsein, dass das Reich Gottes nicht von dieser Welt ist, heute *strukturell* in die gemäßigten Zusammenhänge (selbst wenn das *faktisch* nicht immer so sein mag). Auch wenn sie sich zu radikalen politischen Idealen bekennen, sind die Christen strukturell nicht Teil der radikalen Überzivilisation.

Der Philosophie kommt in der gemäßigten Spielart keine privilegierte Stellung zu, sie kann aber ihre Autonomie haben. Wenngleich hier eine beträchtliche Affinität zum Szientismus und zum Positivismus bestehen mag, so gibt andererseits gerade das metaphysische Bewusstsein von der besonderen Stellung des Menschen der gemäßigten Überzivilisation eine eigene Tiefe. Im Radikalismus hingegen kommt der Philosophie eine zentrale, aber exklusive Position zu (das galt sowohl von der Französischen als auch der Russischen Revolution). Aus der metaphysischen Philosophie übernimmt sie ihre Totalität und den Anspruch auf absolute Erkenntnis, aus der Wissenschaft ihre Ausrichtung am Einzelnen und Konkreten, ihren praktischen Charakter.

Was die *moralischen Ideen* betrifft, so hat der Moderantismus eine Neigung, diese nicht überzubewerten; er dämpft deren generalisierende Kraft und betrachtet die Möglichkeiten ihrer Realisierung mit Skepsis, er »rechnet mit den Verhältnissen«, mit der menschlichen Bequemlichkeit, Schwäche und Schwerfälligkeit. Andererseits aber existiert keine moralische Idee, die – so radikal sie auch sei – ihre Entstehung und ihre Bedeutung nicht der gemäßigten Überzivilisation verdankte. Diese ist zwar in Gefahr, ihr moralisches Rückgrat zu verlieren, doch kann sie dem aus sich selbst begegnen; auch unterliegt sie nicht so leicht der Phrase und der Hysterie wie ihr Opponent. Der Radikalismus hingegen will alle Widerstände, die die moralischen Ideen bremsen könnten, brechen – notfalls auch mit Gewalt. Daher findet sich in ihm eine natürliche Tendenz zur Diabolisierung aller Schwierigkeiten, zur moralischen Interpretation aller bloß sachlichen Widrigkeiten und zu einer Überspannung des Begriffes der Verantwortlichkeit. Die moralische Aporie beider Strömungen besteht weiterhin darin, dass der Moderantismus in der Gefahr der Verantwortungslosigkeit schwebt, zugleich aber einzig er das Individuum, dessen freie Entscheidung die Grundlage des moralischen Lebens ist, befreien kann; der Radikalismus betont demgegenüber die absolute Verpflichtung, die aber in seinem Gesellschaftssystem zugleich zu einer äußeren Notwendigkeit wird. Im ersten Fall gibt es Freiheit, ohne dass klar wäre, wozu sie dient, im zweiten eine Verpflichtung, die aber ganz gleichgültig ist gegenüber der inneren Einstellung des Einzelnen und einen schlicht objektiven Gehorsam fordert. Natürlich gibt es hier dem Namen nach einen moralischen Appell, der durch die Allgemeinheit des radikalen Zieles aller Aktivität bestimmt wird: ein öffentliches Wirken im Dienste »des Ganzen«, d.h. für alle oder wenigstens möglichst viele unterdrückte und bislang nicht erweckte Gesellschaftsschichten und Völker – *in concreto* jedoch bestimmen politische Organe den Sinn dieses Gebotes, und das vermeintliche Gebot verkommt (oder: kann verkommen) zur Sophistik und zum Hohn.

In der gemäßigten Form der Überzivilisation wird der moralische Elan gedämpft, kann sich jedoch frei entfalten, solange er die gemäßigte Gesellschaft nicht radikalisiert und totalisiert. Im Radikalismus besteht die Gefahr nicht in der Besänftigung, sondern in der Verfälschung, denn in der wesentlichen Identifikation von Äußerem und Innerem nimmt er zumeist diesen Weg vom Äußeren ins Innere.

Dies hängt auch mit dem eigenartigen Verhältnis zweier *Techniken* in den beiden Versionen der Überzivilisation zusammen. Im Moderantismus herrscht eine Technik der Sachen vor, die sich den Maschinen, den Werkzeugen und den Apparaten zuwendet. Der natürliche Bereich dieser gemäßigten Technik ist all das, was das Leben leichter macht und was der Wissenschaft, d.h. einem allgemein verbindlichen Wissen, zugänglich ist, und das sind vor allem die materiellen Dinge. Im Radikalismus steht die Beherrschung von Menschen, von Individuen oder von gesellschaftlichen Gruppen, als Technik an erster Stelle, also eine soziale oder politische Technik. Schon als in der Zeit vor dem Ersten Weltkrieg von vielen Beobachtern, z.B. Bergson, der Unterschied zwischen dem ungeheuren technischen Fortschritt und dem unbeträchtlichen oder gänzlich fehlenden moralischen Fortschritt konstatiert wurde, handelte es sich dabei im Grunde um eine Diagnose des Zustandes der gemäßigten Gesellschaft. In den Radikalismen aber steht das, was man vielleicht nicht moralischen Fortschritt, aber zumindest moralische Technik nennen könnte, an erster Stelle. Die Beherrschung der Menschen durch die Arbeit, durch Unterhaltung, Erziehung, Indoktrination und Information, die Beherrschung einer Technik, die nicht nur den momentanen Willen, sondern die eigentliche Persönlichkeit des Menschen zu brechen weiß, das Kalkül mit Brüchen, Konversionen und jeder Art von Leidensmoment als etwas Beherrschbarem – all das ist in diesen Systemen zu Hause. Im Moderantismus findet sich eine Tendenz, die Politik als eine Art Technik zu betrachten, im Radikalismus dagegen das Bestreben, die Technik als eine Verlängerung der Politik in eine bestimmte Richtung zu nehmen (als deren Werkzeug, als eine bestimmte Form des Kampfes, »Kampf« aber dann als politische Kategorie).

In jedem der beiden Systeme gibt es privilegierte Schichten, Klassen, Fraktionen und Gesellschaftsgruppen, sowie natürlich auch unterdrückte Gruppen. Im heutigen Radikalismus ist vor allem die politische Elite privilegiert, weiter aber auch eine Schicht, die Colin Clark als sekundäre bezeichnet (die Arbeiterschaft in der Industrie), eliminiert sind Teile der primären Gruppe (eigenständige Landwirte), und beinahe machtlos sind die Angehörigen der tertiären Gruppe, die nicht zur politischen Elite gehören.[37] Im Moderantismus gehören die Unterdrückten zum zweiten Sektor, der primäre und der tertiäre sind frei und zu großen Teilen privilegiert. Daher die relative Stabilität beider Systeme, die Marx nicht voraussah: Jedes von beiden hat seine ziemlich fixe Machttechnik – der Radikalismus in seinem elitären Zentralismus, der Moderantismus im Mehrheitsprinzip. Vollkommene Gleichheit und Gerechtigkeit gibt es in keinem der beiden Systeme, und auch dort, wo eines einen Vorzug vor dem anderen besitzt, handelt es sich bloß um quantitative Unterschiede, zumindest insofern es die europäischen Länder und die Ausläufer der europäischen Zivilisation (wie Nordamerika) betrifft.

Jedes der beiden Systeme der Überzivilisation hat seine inneren Widersprüche und Spannungen, seine »innere Dialektik«. Was das gemäßigte System anbelangt, so hat Karl Marx es in ökonomischer Hinsicht analysiert. Modern ausgedrückt könnte man es so beschreiben, dass die auf der Grundlage der freien Konkurrenz entstandene Akkumulation des Kapitals zu einer Monopolisierung und damit zur wirtschaftlichen Kontrolle und Herrschaft der »Manager« führt. Neben dieser ökonomischen gibt es aber auch eine politische Dialektik, die in ihren Hauptzügen schon in Platons *Politeia* erfasst ist und darin besteht, dass die Demokratie als politisches Gebilde der gemäßigten Überzivilisation sich durch ihren eigenen politischen Mechanismus des Mehrheitsprinzips abschaffen könnte (etwa durch demagogische Propaganda und Terrorisierung der Widersacher). Das 20. Jahrhundert sah diese politische Dialektik in der Zeit nach dem Ersten Weltkrieg in einer Reihe von europäischen Ländern am Werk. Eine solche innere Dialektik kennt auch das radikale System, freilich mit der Besonderheit, dass diese nicht zu einer Selbstaufhebung des Systems führt (dem kommt man mit zahlreichen Vorkehrungen der staatlichen Organisationstechnik zuvor), sondern zu einem Leben in Widersprüchen, zur Subsistenz von Widersprüchen und damit zu einer inneren Lähmung, zum Verlust aller Spontaneität und zur

---

37 [Vgl. Colin Clark, *The Conditions of Economic progress*, London 1940.]

Stagnation, aus der es durch heftige Erschütterungen seiner gesamten Struktur wieder aufgerüttelt wird. Solche inneren Widersprüche äußern sich z.B. folgendermaßen: Das radikale System beruht auf der Idee einer absoluten Durchdringung und Beherrschung des Seienden (des menschlichen wie des außermenschlichen), d.h. dessen vollständiger Plastizität und Kontrollierbarkeit. Folglich organisiert es das menschliche Leben (das individuelle wie das gesellschaftliche) so, als ob es sich um eine äußere, technische Aufgabe handelte. Auch das Resultat ist dementsprechend ein äußeres: Die Menschen verbergen wie selbstverständlich ihre Gedanken, so dass alle Kontrollmittel an eine bestimmte Grenze stoßen, womit die Gesellschaft von einer kontrollierten zu einer unkontrollierbaren wird, von einer beherrschten zu einer unbeherrschbaren, von einer durchsichtigen zu einer undurchschaubaren. Infolgedessen (und natürlich aufgrund anderer Faktoren) kommt es in diesem System, das ursprünglich von der Idee einer Vermenschlichung alles Äußeren und Mechanischen in der Gesellschaft, von der Beseitigung ihrer mechanischen und natürlichen Seiten geleitet war, zu einer weitverbreiteten Atmosphäre des Misstrauens, die ihr allgemeines Lebensklima schafft. Sicher trägt dieses Misstrauen auch zum Funktionieren des Systems z.B. in ökonomischer Hinsicht bei, aber der Widerspruch wird dadurch nicht gemildert, sondern wächst noch weiter. Das System des Misstrauens wird zu einem System der gegenseitigen Kontrolle, ohne die die Individuen fortwährend der Versuchung unterlägen, sich nicht voll und ganz der Arbeit für das Ganze zu widmen, sondern sich im Gegenteil von diesem tragen zu lassen. Dieser Widerspruch tritt umso stärker hervor, je deutlicher wir uns den grundlegenden kollektivistischen Vorsatz des Systems vergegenwärtigen: das Streben, die Einheit der Menschen herzustellen – *ut omnes unum sint*. Das Instrument, um diese Einheit zu erreichen, besteht aber ganz im Gegenteil darin, die Individuen wechselseitig gegeneinanderzustellen, keine Einheit der Harmonie, vielmehr eine Einheit, die der Angst und dem ständigen Bewusstsein der Kontrolle und möglicher Strafen entspringt.

Eine ähnliche Verkehrung in ihr Gegenteil zeigt sich auch in der Realisierung des alten Ideals der Einheit der Person, der Aufhebung des Gegensatzes von Öffentlichem und Privatem (oder, mit Hegel, des Staates und der bürgerlichen Gesellschaft): Äußerlich ist dieser Widerspruch in der Tat aufgehoben, denn niemand vermag sich hier mehr sein gefestigtes Privatleben zu errichten, aber die Differenz zwischen privater Meinung und dem öffentlichen Bekenntnis ist damit noch lange nicht aufgehoben. Im Gegenteil, der Mensch wird noch stärker als zuvor vom Prinzip des (wirtschaftlichen) Privatinteresses gespalten. Und das ist keineswegs eine vorübergehende Angelegenheit, da der innere *dissensus*, das zentrifugale Streben, sich immer wieder erneuert, was beweist, dass er nicht rein ökonomisch ist. Sogar dieser Widerspruch kann das System auf seine Weise noch konsolidieren, denn die Spannung, die der Widerspruch zwischen öffentlichem Druck und privater Meinung erzeugt, ist oft unerträglich und führt zu Selbstverdammungen von ganz phantastischen Ausmaßen: »Le *moi* est haïssable«.[38] Doch ist dies ein pathologischer Zustand, der nur die Bedeutung unterdrückter Motive bezeugt.

Inwiefern also sind die Widersprüche des überzivilisatorischen Radikalismus bedrohlich? Sie bedrohen und zerstören die Persönlichkeit als autonomen Quell des Lebens, besser gesagt, den Ort, an dem dieser Quell entspringt. Der Kollektivismus tut zweifellos gut daran, aus der Persönlichkeit keine Idolatrie wie in der Goethezeit abzuleiten; die Persönlichkeit ist keine Wahrheit an sich oder der Schöpfer der Wahrheit, wie das die radikalen Positivisten oder Metaphysiker (Humanisten) des vergangenen Jahrhunderts meinten. Davon ist aber die Frage zu unterscheiden, ob ein Zugang zur Wahrheit – und insbesondere in den Formen, auf denen unsere Überzivilisation beruht (Glaube, Philosophie, Poesie, Prophetie) – überhaupt möglich ist außerhalb der autonomen Persönlichkeit, die sich von allem Gegebenen und somit auch vom Kollektiv distanziert. Und hier muss man sich fragen, ob es der technischen Erfindungskraft gelingen kann, sich selbst zu erhalten und sogar noch die wissenschaftliche Schöpferkraft stark genug anzuregen, damit diese wiederum das übrige Kulturleben (Philosophie, Weltanschauung, Weisheit usw.) animiert. Muss nicht bei einem solchen gesellschaftlichen Dirigismus der geistigen Tätigkeit notwendigerweise auch die technisch-erfinderische Lebendigkeit der Sklerose anheimfallen? Und was aus einer Gesellschaft diesen Typs weiterhin zweifellos verschwindet, ist die *Freude* (Freude unterschieden sowohl vom Genuss

---

38 [Blaise Pascal, *Pensées et Opuscules*, hg. von Léon Brunschvicg, Paris 1909, Fragment 455.]

IV

im rein materiellen Sinne als auch vom Gefühl der Macht) – wieder eines der Paradoxe des radikalen Humanismus, der auszog, ein freudigeres Leben zu suchen (auf dornigem und aufopferungsvollem Wege, wohl wissend, dass die wahre Freude in der Disziplin und Entsagung liegt).

Die tragischste Verkehrung in ihr Gegenteil zeigt sich aber an jener inneren menschlichen Haltung selbst, die ursprünglich die radikale Tendenz inspirierte: das Streben nach grundsätzlicher Wahrhaftigkeit und nach Beseitigung der sozialen Blindheit, einer Blindheit für tragische soziale Zusammenhänge wie das Unglück und die Not der anderen. Der Moderantismus erbte von den älteren Zivilisationen eine gewisse moralische Somnolenz und instinktive Ergebenheit gegenüber dem Schicksal: In ihnen begriff man die Gesellschaftsordnung mit all ihren Übeln, Härten und Leiden als natürliche (oder göttliche) Gegebenheit, die man nur annehmen und respektieren kann. Der gemäßigte Rationalismus hat die instinktive gesellschaftliche Regulation dadurch erschüttert, dass er die Gesellschaft von dem ständigen Druck (hauptsächlich resultierend aus einem stets begrenzten Nahrungsangebot) befreite und sie auf diese Weise transformierte. So erhob sich in den gesellschaftlichen Beziehungen in viel stärkerem Maße als je zuvor das Problem der menschlichen Verantwortlichkeit. In den aufrüttelnden Werken der sozialistischen Denker spüren wir einen mächtigen Protest gegen die Somnolenz, gegen die Entmenschlichung und Verdinglichung und somit gegen die Gleichgültigkeit in den gesellschaftlichen, und d.h. menschlichen, Beziehungen. Im Kampf gegen das kleinbürgerliche Denken geht es im Grunde darum, das Schneckenhaus zu zerbrechen, in das sich der gemäßigte (dekadente) Mensch flüchtet, um die gesellschaftlichen Zusammenhänge nicht sehen und seine Mitverantwortung für die tragischen sozialen Bande nicht empfinden zu müssen. Weil der überzivilisatorische Radikalismus die Veränderung dieses verkehrten Zustandes aber durch den revolutionären und gewaltsamen Wandel der ökonomisch-sozialen Ordnung zu erreichen meint, kalkuliert er in seiner moralischen Rechnung zwangsläufig auch das Minus mit ein – das Leiden jener Menschen, die als Hindernis auf dem Weg zur Realisierung dieses Wandels betrachtet werden. Die schmerzhafteste Verpflichtung des Revolutionärs ist es, andere zu opfern: Dieser direkte Angriff auf den Menschen ist ursprünglich sein größtes Opfer. Im Laufe der Zeit aber wird dieser Angriff auf den Menschen zum Mechanismus, und die Unterdrückung des Menschen nimmt die Form systematischer Planung an – die Liquidierung ständig wiederkehrender Tendenzen zur kleinbürgerlichen Beschaulichkeit erzwingt diesen institutionalisierten Terror (und das Anwachsen dieser Tendenzen hängt offenbar mit bestimmten Mängeln des Wirtschaftssystems zusammen). Dies geschieht von kalter Hand, aus Überlegung und ohne die geringsten Zweifel oder Gewissenskonflikte – eine »Ingenieursaufgabe«. So verkehrt sich das Anliegen, den Menschen gegen die Somnolenz zu impfen und ihn empfindsam zu machen für die sozialen Beziehungen, in sein Gegenteil – in eine grundsätzliche Gleichgültigkeit gegenüber dem Menschen und jedem, der nicht sauber und reibungslos in das ideologische Schema passt.

All diese Verkehrungen – vom großen Plan zum Zustand des Amorphen, von der lebendigen Einheit in einem gesellschaftlichen Ganzen zu einem Maximum an Misstrauen und Zersplitterung, vom geteilten Glück zum völligen Erliegen aller Spontaneität und Freude, von der erhofften Freiheit zum Mechanismus der Überorganisation, vom Respekt und der Aufgewecktheit gegenüber dem Anderen zur vollkommenen Gleichgültigkeit gegen den Menschen, sofern er vom Schema abweicht (d.h. der Unterordnung des Menschen unter das Schema) – sind nur Äußerungen einer weit tieferen Verkehrung, die darin besteht, dass sich der Wille zur radikalen Wahrhaftigkeit in einen neuen Illusionismus und eine neue, historisch-endliche Mythologie verkehrt. Das Fehlen einer echten Unendlichkeit bekundet sich als bizarres Streben, ephemeren menschlichen Positionen absolute Bedeutung beizumessen und sie unendlich zu machen – in der staubigen Misere der Intrigen und der Parteikämpfe soll sich ein Geschehen von absoluter Wahrheit abspielen, das damit nicht nur in die Banalität abrutscht, sondern eine geradezu barocke Komik annimmt.

Dazu noch eine psychologische Bemerkung: Wenn der Widerstreit zwischen beiden Formen der Überzivilisation das Resultat einer inneren Krise der rationalen Überzivilisation als solcher ist, dann könnte er sich vielleicht durch das ihrer Entwicklung immanente Geschehen von selbst lösen.

Zu unserer Zivilisation in ihrer gemäßigten Form gehört offenbar immer noch eine große Vielfalt und Buntheit, ein reiches Gespinst an Interessen, wie etwa eine Beziehung zur Natur und zur Kunst, vielfältige emotionale Beziehungen etc. (worauf etwa Klages hingewiesen hat). Die Überzivilisation lebt jedoch nach einem Prinzip, das die Ratio ist, und diese unterdrückt immer mehr jenes Gespinst an Interessen und setzt an die Stelle des Reichhaltigen das Einfache, an die Stelle des Feinen das Grobe und Schrille usw. Das alles entspricht eher der Tendenz des Radikalismus, und aus diesem Grund wäre es auch möglich, dass die Entwicklung in dieser Richtung fortschreitet.

V

Eine der verführerischsten Analogien, die heute das Denken bedrängt, beruht auf der Idee einer Ähnlichkeit zwischen dem Niedergang der antiken Zivilisation und unserer vielleicht bald zu Ende gehenden atlantischen Zivilisation. Betrachten wir diese Analogie genauer.

Das Ende der Antike war gekennzeichnet von einer langwierigen ökonomischen, geistigen und politischen Krise. In ökonomischer Hinsicht wurde diese Welt charakterisiert durch den Widerspruch zwischen Sklaverei und dem Willen zu einem dauerhaften Frieden, wie ihn schon das Testament des Augustus proklamierte. Sollte diese Idee eines universellen Friedens siegreich sein, so musste die Gesellschaft sozial umgebaut werden. Das bedeutete allerdings, dass die Rolle der führenden Schichten, ihre Moral und ihre »Ideologie« für die Gesellschaft in dieser neuen Situation nicht mehr maßgebend sein konnten, eine Gesellschaft, die schon die gesamte zivilisierte Welt umspannte und die aufgehört hatte, eine weitere Expansion anzustreben, weil diese eine übermäßige Belastung für ihre Einheit dargestellt und allzu große Kosten erfordert hätte: der mögliche Gewinn lohnte nicht das Risiko.

Was also bewirkte die neue Orientierung? Der Mangel an Sklaven und ihrer Arbeitskraft musste doch bewirken, dass man mit den Eroberungen fortfuhr, wenn dies trotzdem nicht geschah, so offensichtlich deshalb, weil es nicht mehr ging. Es ging aber nicht mehr, weil schlicht die Angriffslust fehlte: eine Gesellschaft, die schließlich den Unterschied von Bezwingern und Unterjochten nivellierte (oder darauf zustrebte), konnte mit den Eroberungen nicht mehr fortfahren, da sie – wie Hegel richtig erkannte – aufgehört hatte, eine

Herrenzivilisation zu sein. Die Krise der Republik war also zugleich eine Krise der römischen Unterwerfungslust. Sobald dieser Motor stotterte, wurde eine Umstrukturierung der gesamten Gesellschaft nötig. Wir wissen aber, dass das Imperium durch die Kämpfe entstand, die sich aus den Bürgerkriegen in den letzten Jahrhunderten der Republik entwickelten. Das Imperium war notwendig, wenn der Staat nicht im Streit der Parteien – und das bedeutete u.a. auch den Kampf der Klassen – zerfallen sollte. Die antike Welt ging, so könnte man dialektisch sagen, an diesem Widerspruch zugrunde: Sie konnte nicht existieren ohne das Imperium, zugleich aber ist es dieses Imperium, das sie vernichtet. Oder, um es ohne Dialektik und empirischer auszudrücken, die antike Welt konnte nur weiter existieren unter zwei Bedingungen: 1. Fortbestand des Imperiums, 2. soziale Umstrukturierung unter diesem Imperium. Als das Sklaventum offenkundig im Niedergang war und vor der Abschaffung stand, musste die Gesellschaft eine neue Arbeiterklasse finden, ebenso aber auch eine neue Oberschicht, die den Kontakt zwischen allen Teilen des Reiches hielt, sowie schließlich auch eine mächtige Mittelklasse, die das Gleichgewicht des gesellschaftlichen Ganzen garantierte. Bevor dieser Prozess abgeschlossen war und bevor sich auf dessen Grundlage eine Neuorganisation des Imperiums (das bei seiner Umstrukturierung einen großen Teil seiner Flexibilität, den Verkehr zwischen den Provinzen und überhaupt den Kontakt zu anderen Ländern verloren hatte) vollziehen konnte, unterlag es dem Ansturm von außen. Sein größter Feind, seine größte Bedrohung war also der Krieg zur unpassenden Zeit des inneren Umbaus. Wenngleich das Imperium politisch unterlag, so verschwand es dennoch keineswegs ohne soziale und kulturelle Spuren: In dieser Hinsicht überlebte es bis ins Mittelalter, ja wirkt teilweise noch bis in unsere Zeit hinein. Vielleicht hätte es auch nicht zu der politischen Katastrophe des Imperiums kommen müssen, wenn nicht der Niedergang der spätrömischen Städte begonnen hätte und wenn es geglückt wäre, die alte Gesellschaft durch die Entwicklung einer städtischen Zivilisation umzustrukturieren: zu einer Handels- und Industriegesellschaft mit einem starken Einschlag verwaltender Bürokratie, die den beständigen und ungestörten Fortgang des gesellschaftlichen Geschehens sichergestellt hätte.

Wir können nun die Analogie der heutigen Situation mit den Umständen des Untergangs der antiken Welt überblicken. Auch die heutige Welt befindet sich in einer Krise der Umgestaltung. Auch die moderne Gesellschaft steht heute vor einer ähnlichen Situation wie das Römische Imperium, als es zugleich seine innere Anarchie und die äußere Expansion bewältigen musste. Es ist dies allerdings nicht mehr vorrangig eine politische, sondern eine wirtschaftliche Expansion: In der liberalen Periode stand Europas Industrie und Handel die ganze Welt offen, was sich nach zwei Weltkriegen änderte. Diese Welt wird nun zu einer verbesserten Organisation gezwungen, zur Revision ihrer Möglichkeiten und einer Transparenz ihrer Reserven.

Die Gefahr einer Barbarisierung von innen droht diesmal nicht von einer Rückentwicklung zum primitiven Agrarleben – davor ist die moderne Zivilisation durch ihre industrielle Prägung geschützt –, sondern von einem Überschießen der technischen Zivilisation selbst, von ihrer absoluten Technisierung und totalen Planung, wo nicht mehr die instrumentell begriffene Natur, sondern der Mensch selbst zum Objekt wird, der doch ursprünglich Zweck und Subjekt sein sollte.

Wenn sie geistig als der Aufstieg des Christentums gedacht wird, bedeutet die Krise der Antike im Vergleich zu den vorhergehenden Etappen des antiken Geistes keineswegs einen Niedergang. Das Christentum wird oft als Ideologie eines neuen Kolonats präsentiert, das die Massen von Agrarsklaven ersetzt habe. Tatsächlich hat es auch ein Moment der Krise an sich, denn die Bevölkerungsschicht, die christlich fühlte, war gewiss nicht mehr fest im Universalismus des Römischen Staates verankert, sondern dachte die Erlösung als eine individuelle. Die aber begriff man so tief und in so menschlich universellem Sinne, dass kein Imperium dieser Universalität Genüge tat. Das Christentum setzt eine Tiefe des geistigen Lebens voraus, wie sie die moderne rationale Zivilisation nicht erzeugen kann. Als sie annahmen, dass der griechische Geist sich aus einer anfänglichen Offenbarung ableite, hatten die christlichen Apologeten und Kirchenväter zwar sachlich unrecht, aber mit dieser rein antiken Chiffre der Ancienität drückten sie doch eine Idee aus, die stimmig war: Denn das Christentum war in der Tat die Lösung eines Problems, das der antiken Welt inhärent war – der Frage nach dem Lebenssinn und seiner Universalität. Es war zwar die griechische Philosophie, die seit ihrem Anbeginn um das Motiv der Umschöpfung des Lebens im Aufgreifen radikaler Fragen kreiste. Die Philosophie wandte sich aber an den Intellekt der Gebildeten oder überhaupt nur an ein begrenztes Publikum. Das Problem einer universellen Lebenskonversion blieb der Religion mit ihren spezifischen Möglichkeiten und Kategorien zur Lösung vorbehalten. Schließlich verleibte sich diese Religion sogar die griechische Philosophie und Wissenschaft ein und nahm sie gleichsam als begriffliches theologisches Instrumentarium, als Alphabet des göttlichen Wortes in ihr Konzept auf.

Demgegenüber wollen wir hier zeigen, dass der vermeintliche neue Prätendent auf die Nachfolge der europäischen Zivilisation mit seiner ideellen Färbung keineswegs eine Antwort anzubieten vermag, wie das innere Problem von Wert und Sinn unseres Lebens, des menschlichen Lebens in der modernen Überzivilisation, zu lösen wäre.

Unsere moderne Situation weist also nur einige gemeinsame Züge mit der antiken Situation auf: Es ist eine Krise der Expansion, deren Schwierigkeiten in den Zwängen und dem Widerstand liegen, welche die Idee einer Umgestaltung wachruft. Eine Gefährdung besteht weiterhin dadurch, dass sich die Welt ringsherum gegenüber unserer westlichen Zivilisation in einem mächtigen Aufschwung befindet (so wie die Peripherie des Römischen Imperiums zur Kaiserzeit), während die westliche Welt eine Krise erlebt. Aber die Vertreter der radikalen Überzivilisation vermögen nicht das zu leisten, was wir in dieser Krisensituation benötigen. Sie legen zwar einen größeren Mut an den Tag und oft haben sie moralisch weniger Vergehen auf ihrem Konto als der alte Teil des *orbis terrarum*, der sie zivilisatorisch tragen sollte, aber sie verteidigen nicht die *Wahrheit* unserer Überzivilisation, sondern übertünchen mit ihrem humanistischen Optimismus deren inhärente Problematik und Fraglichkeit.[39]

---

39 Pitirim Sorokin bemüht sich in seinem Buch *The Crisis of Our Age* [1941; deutsche Übersetzung: *Die Krise unserer Zeit. Ihre Entstehung und Überwindung*, Frankfurt/M. 1950] um den Nachweis, dass die gegenwärtige westliche Zivilisation sich tatsächlich in einem *inneren* Verfall befindet. Ihm zufolge trifft dies deshalb zu, weil sie eine »sensuelle Kultur« sei, die schon erschöpft sei und imperativisch nach einem Wandel des gesamten Wertesystems verlange. Diese »Erschöpfung« zeige sich sowohl am Niedergang der Schaffenskraft wie auch an Chaotizität und mangelndem Stil, aber auch ganz direkt am inneren Zerfall, an der selbstmörderischen Tendenz unserer Zivilisation. Sorokin zeigt sehr schön die Inkompatibilität z.B. der Vertragsgesellschaft des 19. Jahrhunderts mit sensualistischen Moralvorstellungen. Zweifelsohne erfasst er damit etwas von unserer heutigen Krise. Schon in der Bezeichnung des kulturellen Systems bzw. des Typs mit Begriffen wie »sensuell«, »konzeptuell« oder »idealistisch«, die

VI

Während der Französischen Revolution teilte sich also die Überzivilisation in zwei Strömungen, die auch danach wirksam blieben: eine radikale und eine gemäßigte. Die gemäßigte bestimmte im 19. Jahrhundert das bürgerliche Europa, der Radikalismus war ursprünglich nur ein Teil in der vertikalen Struktur der Überzivilisation und trat in Erscheinung als der Versuch, die Strukturen dieser (westlichen) Gesellschaften grundlegend zu ändern. Die Montagnards, Babeuf, die englischen Radikalen oder Marx und Engels stehen für diese Art von Radikalismus. Marx und Engels stellen sich ein einziges Weltzentrum vor, von dem aus eine neue, menschliche und wahrhaft einheitliche Zivilisation auf die ganze restliche Welt übergehen wird. Für sie ist das Problem der menschlichen Gesellschaft immer noch eine Frage der europäischen, und zwar vor allem der westeuropäischen Gesellschaften:[40] »Der Engländer ihr Ökonom, der Franzose ihr Politiker, der Deutsche ihr Ideologe.«

---

alle ganz allgemein und überzeitlich definiert werden, erweist sich sein Zugang aber als unhistorisch und seine Betrachtung insgesamt als partiell und einseitig. Weder die gemäßigte noch die radikale Überzivilisation sind ihrem Wesen nach sensualistisch. Der Sensualismus ist ein Phänomen der Degeneration, das zwar ziemlich markant sein mag, den Kern der Sache jedoch eher verdeckt als offenlegt. Ganz ersichtlich falsch und auf methodische Unklarheiten verweisend, ist seine Aussage, das 20. Jahrhundert weise gegenüber dem 19. in bestimmten Zeiten eine reduzierte wissenschaftliche Erfindungskraft auf. Erfindungen und Fortschritte lassen sich übrigens nicht einfach summieren, sondern müssen auch bewertet werden hinsichtlich ihrer Kraft, die Welt zu verändern. Von solchen Erfindungen, wie sie das 20. Jahrhundert aufweist, Erfindungen, die offenkundig die Welt tiefgreifend zu ändern vermögen, finden sich im 19. nur wenige. Auffälliger ist schon, dass unsere Zivilisation keine großen Musiker und Romanciers hervorgebracht hat, aber man muss auch hinzufügen, dass Dichter wie Rilke (1926 gestorben) uns nach wie vor nahe sind und dass dergleichen Dinge ohnehin ein ganz unkalkulierbares Blühen und Gedeihen haben.

40 Vgl. auch Karl Marx, *Die künftigen Ereignisse der britischen Herrschaft in Indien* (1853) [in: Marx-Engels-Werkausgabe (MEW), Bd. 9, Berlin 1960, S. 224f.]: »Die Inder werden die Früchte der neuen Gesellschaftselemente, die die britische Bourgeoisie in ihrem Lande ausgestreut, nicht eher ernten, bis in Großbritannien selbst die heute herrschenden Klassen durch das Industrieproletariat verdrängt oder die Inder selbst stark genug geworden sind, um das englische Joch ein für alle Mal abzuwerfen. Auf jeden Fall aber können wir mit aller Bestimmtheit erwarten, in mehr oder weniger naher Zukunft Zeugen einer Erneuerung dieses großen und interessanten Landes zu sein (...)«; »Dies kann

Mit dem Auftreten Lenins und seiner Theorie des Imperialismus und der kolonialen Ausbeutung hat sich dies radikal verändert. Seine Theorie setzt einen besonderen Hintergrund und eine Perspektive voraus, die der ältere Radikalismus nicht hatte, weil die Welt noch nicht in dem Maße geeint und von der Technik durchdrungen war. Der Aufstieg der Überzivilisation vollzieht sich von bestimmten Zentren der Macht und des Kapitals, die zivilisatorisch dominieren, zugleich bedarf sie aber der Peripherie, die das Material zur Verfügung stellt und den Absatzmarkt bildet. Das heißt jedoch, dass die Überzivilisation von Beginn an auf dem Prinzip einer zivilisatorischen *Differenz* gegründet ist, die dem ihr inhärenten Prinzip der Universalität widerspricht. Die Universalität der Überzivilisation steht im Widerspruch zu ihrer europäischen (bzw. von Europa abhängigen) Lokalisierung und Zentralisierung. Europa, das die Konzeption der Überzivilisation hervorgebracht hat, überwindet und schafft sich selbst ab, insofern unweigerlich das Bestreben aufkommen muss, an dieser universellen Zivilisation gleichen Anteil zu haben und sich gegen die Privilegien Europas zu stellen. An die Spitze dieses Bestrebens stellte sich Russland, und sein erster großer Wortführer ist Lenin. Mit dem Erfolg der Revolution in Russland und ihrem einstweiligen Misserfolg im Westen wird der überzivilisatorische Radikalismus von einem ausschließlich vertikalen Prinzip auch zu einem horizontalen. Er ist nun das bestimmende, dominante Gesellschaftsmodell *neben* dem gemäßigten Prinzip.

Beide diese Strömungen beteiligen sich an dem großen Prozess eines Geschichtlichwerdens der außereuropäischen Zivilisationen, der sich durch deren Einbeziehung in den Wirkungsbereich der rationalen Überzivilisation vollzieht. Es ist aber offenkundig, dass der Radikalismus in dieser Entwicklung, in diesem Resorptionsstrom natürliche Verbündete gewinnen muss. Wenn die Überzivilisation sich ausbreitet, will jeder *gleichen* Anteil daran haben und nicht

---

umso weniger bezweifelt werden, als die britischen Behörden selbst den Hindus die besondere Fähigkeit zusprechen, sich völlig neuen Arbeitsmethoden anzupassen und die erforderliche Kenntnis der Maschine zu erwerben. Reichlich Beweise hierfür liefern die Fähigkeiten und die Tüchtigkeit der einheimischen Maschinisten in der Kalkuttaer Münze, wo sie jahrelang mit der Bedienung von Dampfmaschinen betraut waren, ferner die einheimischen Arbeiter, die an die verschiedenen Dampfmaschinen im Hardwar-Kohlenbezirk gestellt wurden, und ebenso andere Beispiele.«

VI

ein bloßes Objekt dieses Prozesses sein. Das Streben danach, zum Subjekt der Überzivilisation zu werden, erschüttert die Welt weit radikaler, als es der in ihrer gegenwärtigen Macht sich verschließenden alten Welt klar zu Bewusstsein kommt. Der überzivilisatorische Radikalismus muss den östlichen Völkern aber auch deshalb annehmbarer scheinen, weil in ihm – wie gezeigt – etwas von einem Kompromiss liegt, weil sein Wirken gewissermaßen die Mitte bildet zwischen der emotionalen und eruptiven Dynamik der Zivilisation überhaupt und dem rationalen, kontinuierlichen und kumulativen Wachstum als dem Prinzip der überzivilisatorischen Dynamik. Diese Kulturen sind auch viel weniger individualistisch: Das Individuum hat darin nicht qua Individuum einen Wert, sondern erlangt ihn erst im Hinblick auf seine Stellung in der sozialen Hierarchie. Außerdem denkt der Radikalismus auch in den menschlichen Dingen universell, nicht bloß in sachlichen Fragen, wie es im Moderantismus der Fall ist. Er kennt keine Privilegien von Klasse, Volk oder Kontinent. Der Moderantismus hingegen zählt auf diese, wie es eben durch seinen eher empirischen als systematischen Charakter vorgegeben wird. Auch der moderne Kapitalismus ist aus dem Unternehmergeist einzelner Mutiger und ihrer Erfahrungen hervorgegangen, ebenso wie die moderne Wissenschaft nicht aus einem System entstanden ist, sondern nach links und rechts tappend – dennoch schufen beide allgemeine Werte, wie die Industrialisierung und den Rationalismus, die der Universalisierung fähig waren. Der Moderantismus ist so etwas wie die erste, inventive Form, der Radikalismus deren Systematisierung. Der Moderantismus denkt »vertikal«, in Beziehungen wie »Ich – Gott«, »Ich – die Dinge«, sein Denken steht quer zu den Formen des Seienden, geht von Widerspruch zu Widerspruch; der Radikalismus denkt »horizontal«, d.h. vor allem in der Form der Beziehung von Mensch zu Mensch. Gott isoliert, oder besser gesagt: es ist eine bestimmte Konzeption, eine Seite des Göttlichen, die isoliert, und das ist die Transzendenz. Einzig der Moderantismus kann aber diese Transzendenz gelten lassen, insofern ihm das »Rationale« nicht alles ist und nicht den zentralen Lebenswert ausmacht. Im Moderantismus entstand so seinem eigenen Wesen nach, aber auch aufgrund sachlicher Zwänge und einer gewissen Angewohnheit, sich auf der Sonnenseite zu halten, ein Denken in Privilegien, ein Habitus der Isolation und Partikularität –

und diese mangelnde Universalität ist in der heutigen Weltsituation ein gewaltiger Nachteil.

Der Prozess, in dem sich die beiden Formen der Überzivilisation immer weiter trennen, sich sozial herauskristallisieren und in eine immer bewusstere Opposition treten, scheint zwei Formen anzunehmen: 1) Selbstzerstörung Europas, 2) Eintritt der bislang außergeschichtlichen Regionen in die Geschichte. Europa muss sich selbst abschaffen, damit eine wirklich universale Geschichte entsteht. Wenn aber heute Europa immer noch gleichbedeutend ist mit dem Moderantismus, dann muss es – um in diesem Prozess eine Rolle zu spielen, die seiner würdig wäre – selbst die Fähigkeit zur Universalität finden und darf sich diese nicht von außen diktieren lassen. Europa (und seinem amerikanischen Annex) droht in diesem Prozess allerdings der Verlust der wirtschaftlichen, politischen und kulturellen Hegemonie. Schon ist Russland von einem bloßen (zumindest überwiegend so verstandenen) Objekt der Überzivilisation zu deren Subjekt geworden (die Ablehnung des Marshall-Plans ist z.B. vor allem in dieser Hinsicht zu verstehen), und dieser Vorgang wird begleitet von den bekannten Aspekten überzivilisatorischen Wachstums: Bevölkerungszunahme, so dass sich der demographische Schwerpunkt weiter sichtlich außerhalb Europas und Amerikas verschiebt; Anwachsen der ökonomischen Macht, vor allem des Kapitals, und wirtschaftliche Unabhängigkeit der geographisch und demographisch größten außereuropäischen Gebiete. Wenn am Ende des Jahrhunderts die Weltbevölkerung 3,3 Milliarden statt heute 2,2 Milliarden betragen wird, dann geht dieser Zuwachs nur zu einem kleinen Teil auf das Konto Europas und seines amerikanischen Fortsatzes. Europa wird auf seine natürlichen Proportionen reduziert werden, und die sind nicht groß. Seine privilegierte Stellung verdankte es seiner Zivilisation, die ihm das Privileg der Macht verlieh, mit dem Verlust dieses Privilegs aber verliert es auch das, was es aus der übrigen Welt hervorhob. Weiter tritt der Umstand hinzu, dass die Industrialisierung, die in Europa älter ist als irgendwo sonst in der Welt, zu einer übermäßigen Erschöpfung der europäischen Rohstoffe geführt hat, der Superkapitalismus gar zu deren Verschwendung, die sich etwa im unwirtschaftlichen Verbrauch der Konsumgüter zeigt. Und schließlich kommt hinzu, dass das soziale Auswahlsystem, das in Westeuropa seit langem vorherrscht und insbesondere auch in der bürgerlichen Ära leitend war, die Völker wahrscheinlich ihres Vorrats an Talenten beraubt hat und somit in eine Sackgasse mündet, denn die Geburtenkontrolle betrifft in Europa besonders diese ausgewählten Schichten, so dass mit dem Sinken der Natalität eine »Verdummung« der westlichen Völker einhergeht.

Ein weiterer bedrohlicher Faktor für die gemäßigte Form der Überzivilisation besteht darin, dass sie ihr Gespür für die gesellschaftliche Energie und das Lebensrisiko verloren hat bzw. dass solche Organe hier nur noch verkümmerte Atavismen sind. Dies hängt zusammen mit dem Sicherheitsgefühl, das die gemäßigte, liberale Überzivilisation sich während des 19. Jahrhunderts erwarb: Ihr Monopol war nicht bedroht, die Industrialisierung neuer Länder stand erst in den Anfängen und deren Ausbeutung geschah hauptsächlich durch die Erschließung von Rohstoffquellen, nicht in Form sekundärer Produktion. Der Adel und das Militär, die traditionellen europäischen Träger der Risikofunktion, wurden in den Augen dieser Zivilisation immer deutlicher zu einem Fremdkörper. Ihren Untergang verhinderten in Großbritannien der Sinn für Tradition und die Bedürfnisse der Kolonien, in Frankreich die Bedrohung durch den Nachbarn und in Deutschland die gesellschaftliche Rückständigkeit und der Kompromisscharakter des gesamten Systems. Heute hat sich diese Funktion in vielen (darunter den entscheidenden) Ländern der gemäßigten Überzivilisation entweder vollständig aufgebraucht oder besitzt nur noch einen nachrangigen Einfluss. Damit zusammenhängend fehlt dem Leben ein Tonus, den die Verantwortlichkeit verleiht, ein Bewusstsein, dass es Dinge gibt, hier und jetzt, die man nicht dulden kann, auch wenn man dafür das Leben riskieren muss. Weil der Sieg der Überzivilisation sich vergleichsweise einfach vollzog, hat sie sich des Phänomens und des Faktums des Kampfes entwöhnt – nun steht sie ihm ratlos gegenüber. Schon einmal fügte diese fehlende Integrationskraft der gemäßigten Überzivilisation einen ersten gewaltigen Riss zu, und es ist dieses Phänomen, an dem der Moderantismus zugrunde geht: einst an seiner unorganischen Anwesenheit, heute an seiner Abwesenheit. Im überzivilisatorischen Radikalismus übernimmt eine Partei diese Funktion des Kampfes und des Risikos, eine Partei, die somit grundsätzlich verschieden ist von den »Parteien« im bürgerlichen und liberalen Sinne, den konkurrierenden Gruppierungen für die Bildung einer »öffentlichen Meinung«.

Die gemäßigte Überzivilisation richtet ihr Hauptaugenmerk auf Werte einer »bürgerlichen Gesellschaft« im Sinne Hegels, sie ist eine Zivilisation ökonomischer Werte und privater Rechte. Einige leiten daraus (nicht ganz überzeugend) ab, dass in ihr der Individualismus vorherrsche. Damit hängt auch die Aufgabe des Intellektuellen in der Gesellschaft zusammen: Er hat trotz einer Tendenz zu finanziellen, ökonomischen Wertschätzungen einen steten Sinn für die intellektuellen Werte als solche, er pflegt die Wissenschaft um der Wissenschaft willen, *ad maiorem gloriam spiritus humani*, bzw. hat für diese Sorgfalt einen bestimmten Platz, eine bestimmte Enklave. Wir beobachten auch, dass große Industrielle und Finanzmagnaten wie die Carnegies, Rockefellers etc. gerade dem künstlerischen und intellektuellen Leben mit großen Stiftungen Tribut zollen, ebenso wie die mittelalterlichen Beutemacher ihr Vermögen der Kirche vermachten. Trotz allem lebt also in ihnen ein Bewusstsein davon, dass der Sinn ihrer Tätigkeit irgendwo außerhalb ihrer selbst liegt, dass diese Aktivitäten selbst nur instrumenteller und technischer Natur sind. Dieses Bewusstsein aber ist, wie wir wissen, bezeichnend für die gemäßigte Form der Überzivilisation. Andererseits stellt dieser Wesenszug eines ungetrübten Sinnes für die Autonomie des Intellektuellen und seine Werte aber auch eine innere Belastung dar, denn der reine Intellektualismus ist ein Luxus, ein Leben in Sicherheit und in einer Erfülltheit, die sich selbst rechtfertigt und auskostet. Die Wertsetzungen des Intellektuellen richten sich auf Autonomie, auf Unabhängigkeit von der Gesellschaft und ihrem Leben. Einerseits haben wir also ein Streben zu eng umgrenzten, alltäglichen und persönlichen Zielen, welches das gesellschaftliche Ganze (in der Wirtschaft, der Politik, der bürokratischen Routine und in dem gesamten mechanischen Funktionieren) aus dem Blickfeld verliert, andererseits eine Ausrichtung an »autonomen« Werten, die dem Menschen die Aufgabe eines aktiven Lebens ebenfalls eher verschleiern und ihn bei aller Erhabenheit oftmals der eigentlichen Geschichtlichkeit berauben. Die gemäßigte Form der Überzivilisation ist weniger politisch und weniger geschichtlich als der Radikalismus.

Das alles sind Momente, die die gemäßigte Überzivilisation in ihrer *Existenz* bedrohen. Der Radikalismus hingegen ist, innerlich wie äußerlich, nicht in seiner Existenz gefährdet. Er ist anderen Bedrohungen ausgesetzt, die vor allem seine *Rationalität* betreffen. Darüber hinaus ist er in seinem *Radikalismus* fortwährend von

Widerständen bedroht, die der Anstieg des Lebensniveaus und die Trägheit der menschlichen Natur jedem radikalen Ansinnen als Hindernisse in den Weg stellen.

VII

Die gemäßigte Überzivilisation hat ihren Schwerpunkt – *grosso modo* – im Europa des 19. Jahrhunderts. Dieses Jahrhundert wird in Europa zwar nicht mehr von der christlichen Zivilisation getragen, dennoch ist die Berührung mit ihr keineswegs gänzlich abgerissen. Das Christentum verleiht dieser Zivilisation auch weiterhin überall ihren charakteristischen Zug.[41] In den angelsächsischen Ländern ist dies bis in Details der Politik und der Wirtschaft, bis in die Prägung der Wissenschaften und des sonstigen Geisteslebens hinein spürbar (Romantik, bewusstes Anknüpfen an die Tradition, überhaupt Historismus, Einfluss der Theologie und der religiösen Moral). In Italien hält sich der päpstliche Einfluss das Gleichgewicht mit der Modernität. In Frankreich ist das Jahrhundert nach der Revolution erfüllt von Rückwendungen und religiösen Zusammenstößen, und auch wenn es zu Beginn des 20. Jahrhunderts zu einer Trennung kommt, muss der Staat die Kirche nach wie vor als geistige und politische Macht respektieren. Das sind die Länder, in denen die Überzivilisation am weitesten fortgeschritten ist. In Deutschland und Österreich ist das konservative Moment, als Erbe des Feudalismus, schon viel offenkundiger. Hier geht es nicht nur um die Neuordnung von Werten im Rahmen einer schon überwiegend säkularisierten Gesellschaft, sondern um ein Gesellschaftssystem, in dem die Säkularisierung die tragenden Säulen unberührt ließ, sie

---

41 »Ja, nicht der sogenannte *christliche* Staat, der das Christentum als seine Grundlage, als Staatsreligion bekennt und sich daher ausschließlich zu anderen Religionen verhält, ist der vollendete christliche Staat, sondern vielmehr der *atheistische* Staat, der *demokratische* Staat, der Staat, der die Religion unter die übrigen Elemente verweist. (...) Er kann vielmehr von der Religion abstrahieren, weil in ihm die menschliche Grundlage der Religion auf weltliche Weise ausgeführt ist. (...) Nicht das Christentum, sondern der *menschliche Grund* des Christentums ist der Grund dieses Staates. Die Religion bleibt das ideale, unweltliche Bewusstsein seiner Glieder, weil sie die ideale Form der *menschlichen Entwicklungsstufe* ist, die in ihm durchgeführt wird.« (Karl Marx, *Zur Judenfrage*, in: Marx-Engels-Werkausgabe (MEW), Bd. 1, Berlin 1976, S. 357ff.).

aber unmerklich unterspülte. Am wenigsten erfasst davon aber ist Russland. Und in diesen drei Ländern hat die Überzivilisation einen immer schwächeren Einfluss. Sie sind es, die im System der gemäßigten Überzivilisation einen Riss erzeugen, aus dem der heutige horizontale Dualismus erwächst.

Die gemäßigte Überzivilisation scheint aus einem Kampf zu resultieren, den der moderne Mensch in seinem Ringen um absolute Autonomie führt und dabei zu einem Kompromiss findet. Die Tendenz eines radikalen Humanismus zeigte sich als »neuer europäischer Geist« erstmals gegen Ende des 17. und Anfang des 18. Jahrhunderts und wurde dann von verschiedenen verstärkenden, aber auch bremsenden Faktoren beeinflusst. Die Entwicklung des *Humanismus* setzt ein, als im 17. Jahrhundert der Versuch scheitert, noch einmal ein *christliches* System auf rationaler (mathematisch-naturwissenschaftlicher) Grundlage zu etablieren. Ein lebhafter Erfindungsreichtum verstärkt das menschliche Selbstverständnis, Herr über die Natur zu sein. Nach 1760 setzt mit der Nutzung der Dampfkraft die Industrialisierung ein, im 19. Jahrhundert folgt der Aufstieg der Eisen- und Stahlindustrie, bestärkt durch das kapitalistische Streben nach Rationalisierung und Steigerung der Produktion. Der Rationalismus, wie er sich in der kapitalistischen Wirtschaftsordnung, in der Industrialisierung und in den Zusammenhängen des Weltmarktes manifestiert, weist zweifellos eine Tendenz zur Mechanisierung des Menschen, zur Fesselung und Entmenschlichung auf, wie dies – aus je unterschiedlicher Perspektive – Marx und Weber erkannten. Marx analysierte diesen Prozess aus der Sicht des Lohnempfängers, der seine Arbeitskraft verkauft und im Arbeitsprozess ausgebeutet wird, Weber aus der Sicht des Unternehmers, der nicht nur für sein persönliches, eng begrenztes menschliches Ziel arbeitet, sondern im Dienste einer »Berufung« und eines »Unternehmens«. Das *liberale Denken* (im Sinne Russells) reagiert genau auf diese Tendenzen eines humanistisch rationalen Lebens und will ihm seine Gesetze auferlegen, die an das Christentum und den Stoizismus (*lex naturae*) anknüpfen und auf die Formulierung grundlegender Freiheiten und Menschenrechte zielen. In ihnen wird das Wesen des Menschen und seine Berufung als ein Bürger dieser Welt definiert; zugleich wird ihm damit ein gewisser Schutz gegenüber dem Druck des modernen rationalen *Staates* einerseits und der modernen rationalistischen *Wirtschaft* (Hegels bürgerliche Gesellschaft) andererseits garantiert. Dieser Kampf für die grundlegenden Menschenrechte macht besonders deutlich, dass die gemäßigte Überzivilisation nicht möglich ist ohne die Hinzufügung von etwas, das gerade nicht dem rein rationalen und instrumentellen System entstammt. Der Liberalismus ist zwar nicht die einzige Form des überzivilisatorischen Moderantismus (wir haben z.B. noch im 19. Jahrhundert feudale oder semifeudale Staaten wie Preußen, Österreich oder Russland, die unzweifelhaft zur Überzivilisation gehören, in denen aber gleichwohl nicht der Liberalismus vorherrschend ist), darf aber für ihn als durchaus charakteristisch gelten. Was den radikalen Humanismus betrifft, so stellte die Französische Revolution, im Gefolge der revolutionären Propaganda des 18. Jahrhunderts, die erste Erschütterung der bisherigen Gesellschaftssysteme dar. All ihre Etappen berufen sich – mal in individualistischer Form (1783, 1795), mal in kollektivistischer (1793) – auf liberale Grundsätze und auf die gleiche unhistorische und abstrakt rationalistische Auffassung *der* Freiheit als zugehörig zu *den* Freiheiten. Die napoleonische Diktatur führte, international gesehen, die Französische Revolution nach ihrer negativen Seite hin weiter. Darauf reagiert die Restauration im Namen des Organizismus (Edmund Burke, der von Thomas von Aquin inspiriert war, Adam Müller, Friedrich von Gentz und die Romantiker) und der Tradition, etwa mit de Maistre, Bonald und deren politischer Begründung der Religion (woraus dann Radikale wie Marx und seinesgleichen die Behauptung ableiteten, dass Religion nichts anderes als eine kollektive Ideologie sei – eine Auffassung, der insbesondere Hegel schon sehr nahe kam). Die restaurativen Systeme müssen zwar den Fortschritt in der Technik, der Wissenschaft und der Wirtschaft in Rechnung stellen, versuchen aber, in der *Politik* die Tradition geltend zu machen. Daraus entsteht ein gewaltiger politisch-religiöser Kampf, der das ganze Jahrhundert andauert, aber bei aller Radikalität doch anzeigt, wie sehr das Problem der *vollständigen* Rationalisierung und Humanisierung der Gesellschaft noch immer unbewältigt und ungelöst ist.

Es war die Ungelöstheit dieses ihr eigenen und inhärenten Problems, an dem die im 19. Jahrhundert noch vorhandene Einheitlichkeit der gemäßigten Überzivilisation während des Ersten Weltkriegs letztlich zerbrach. Der Moderantismus ist im Grunde ein Versuch, die rationale Überzivilisation auf einen bestimmten Bereich einzugrenzen und dem letzten Kern des Lebens einen Platz außerhalb dieser Domäne vorzubehalten. Als ein solcher kennt er zwei Versionen: die bürgerlich westliche, die den Staat rational-technisch auffasst, und die feudale, die ihn aus diesem technisch-rationellen Bereich herausnimmt. (Masaryk hat in seiner Philosophie des Ersten Weltkriegs eine klare Distinktion zwischen diesen beiden gezogen.[42]) Für die Staaten Mittel- und Osteuropas bedeutete dies, dass sie am Körper der europäischen Überzivilisation wie eine eigenartige Anomalie erscheinen mussten, die sich – mehr als irgendwo sonst – in einer enorm angespannten sozialen Struktur zeigte. Während England unbeschadet aus der Krise der industriellen Revolution hervorging, die z.B. noch in den vierziger Jahren einen revolutionären Umsturz hätten bewirken können, führte die Spannung zwischen der wachsenden sozialistischen Bewegung, als Repräsentant eines Dranges nach stärkerer Säkularisierung, und der feudalen Komponente der Gesellschaft (mit der sich die industrielle Bourgeoisie verband) zum Ausbruch eines Kriegsabenteuers, das die führenden Schichten begrüßten, um innere Veränderungen hinauszuzögern. Auf diese Weise opferte Deutschland das grundlegende Entwicklungsprinzip des Moderantismus – nämlich eine zunehmende Öffnung der Sozialstruktur für breite Schichten, von der die soziale und politische Geschichte des 19. Jahrhunderts in allen Ländern Europas geprägt ist – und ermöglichte den Aufstieg des Radikalismus. Seit dieser Zeit, seit der Entstehung eines mächtigen sozialistischen Staates, seit dem Niedergang der westeuropäischen Demokratien nach dem Ersten Weltkrieg und dem Erstarken der Partikularismen in Mitteleuropa, fällt dieser Radikalismus in die Geschichte ein und steigert sich von Mal zu Mal in seiner Schärfe.[43]

---

42 [Gemeint ist: *Die Welt-Revolution. Erinnerungen und Betrachtungen 1914–1918*, Berlin 1925 (die tschechische Ausgabe erschien unter dem Titel *Světová revoluce* im selben Jahr).]

43 [Die folgenden Bemerkungen sind ein Einschub des Autors, der auf einem gesonderten Blatt hinzugefügt wurde.] Hierin liegt auch die philosophische Bedeutung der sogenannten Frage nach der Kriegsschuld, die nach dem Ersten Weltkrieg so häufig erörtert wurde und die ebenso für die Entstehung und Ermöglichung des Zweiten Weltkriegs von zentraler Bedeutung ist.
Es scheint sicher, dass die Wurzeln des Ersten Weltkriegs in Bismarcks Versuch zu sehen sind, die Bedeutung und das Selbstbewusstsein der deutschen Arbeiterklasse – teils durch großzügige Sozialleistungen, teils durch Gewalt – zu brechen. Bismarck scheiterte (wie schon von Gerlach nach dessen Tode konstatierte), weil er es nicht vermochte, die soziale Frage zu lösen. Aber es war

VII

Im europäischen Westen fällt die Entwicklung der Überzivilisati-

kein Sieg des Sozialismus, der sein Scheitern herbeiführte, sondern die Allianz der sozialen Opposition mit neuen höfischen Kreisen, die sofort nach seiner Entlassung dieselben Maßnahmen mit wiederum denselben Ergebnissen fortzusetzen begannen. Ähnlich, wenn auch mit kleinen Abweichungen, war die Situation in Österreich, wo die feudalen Schichten ebenfalls immer schwerer ihre Vorherrschaft erhalten konnten. Hier erlebte man zu Beginn des Jahrhunderts nicht nur die Einführung des allgemeinen Wahlrechts, sondern auch mächtige Bergarbeiterstreiks und überhaupt starke soziale Bewegungen. Zusammen mit der Nationalitätenfrage, die die Existenz der Monarchie als solcher bedrohte, förderte dies das panische Bestreben, all dem mit einem erfolgreichen Krieg zu entkommen. Dieses Bestreben musste Ängste auslösen, dass die eigene militärische Überlegenheit nicht aufrecht zu erhalten sein würde; es begünstigte damit eine Tendenz, den Krieg möglichst bald herbeizuführen, bevor die andere Koalition die Überhand gewinnen würde. Die defensive Allianz verwandelte sich in eine offensive.
In Deutschland gelang es von Bülow im Jahre 1907, die Sozialdemokraten für eine Weile zurückzudrängen und eine mächtige konservativ-liberale Allianz zu bilden. Umso mehr musste dadurch das Bemühen der feudalen Schichten verstärkt werden, sich durch politische Manöver einerseits und durch nationale Agitation andererseits ihre gesellschaftliche Vorherrschaft zu sichern.
Keiner unter den Epigonen von Bülows begriff, dass der Schlüssel der konservativ feudalen Politik, die den Kontinent in der zweiten Hälfte des 19. Jahrhunderts beherrschte, die Einheit Deutschlands, Russlands und Österreichs war, gegen die jede Opposition von außen ziemlich schwach gewesen wäre. Diese Einheit freilich zerfiel in den neunziger Jahren in zwei Strömungen, eine österreichisch-deutsche und eine russische, die nie mehr richtig zusammenfanden. Dieses Auseinanderbrechen geschah zwangsläufig: Um den inneren Zusammenhalt zu festigen, brauchten beide Seiten äußere Erfolge, welche die gesellschaftlichen Kräfte absorbieren würden und den staatlichen Gemeinsinn aufleben ließen. Diesen Erfolg konnten vor allem Russland und Österreich zunehmend allein dadurch erzielen, dass sie sich gegeneinander wandten.
Die konservative Einheit war nur für eine Weile und nur als Plattform für eine gesellschaftliche Integration möglich, die zu einer deutlich moderaten Tendenz hätte führen müssen. Stattdessen aber riss das konservative Übergewicht die Gesellschaft zurück in den Feudalzustand wie in der Zeit vor dem Aufkommen der rationalen Überzivilisation.
Auch die Entstehung des Zweiten Weltkriegs war bedingt von der Furcht vor sozialen Verschiebungen, wie sie die Sowjetunion verkörperte. Die westlichen Demokratien hatten nicht mehr ausreichend Vertrauen in das gemäßigte Prinzip, das Masaryk in der Tschechoslowakei auch weiterhin verteidigte und aufrechterhielt. Vielleicht war es wirklich ein Fehler Masaryks, dass er dieses Zerfallsmoment falsch einschätzte, welches in den westlichen Gesellschaften die Entstehung eines Monopolkapitalismus mit seinen antiliberalen Begleiterscheinungen begünstigte, ebenso wie den Zerfall liberaler und gemäßigter Ideale und den Ausschluss des Wettstreits von Individuen und Ideen, kurzum: das Erstarken

on in die Zeit der Aufklärung, d.h. eines individualistischen Denkens, das noch eine christliche Prägung hat. Erst in Deutschland trifft sich dieses Lebensprinzip mit einem nicht mehr individualistischen, sondern im Grunde historischen und kollektivistischen Denken, wobei historisch hier im Sinne von bewusst säkular zu verstehen ist. Aber Deutschland selbst vermag diese neue Version der Überzivilisation, die es ideell vorbereitet hat, nicht zu realisieren. Dies ist einem Land vorbehalten, in dem sich der traditionelle Kollektivismus – hervorgegangen aus einem lang anhaltenden sozialen Primitivismus, einem Fehlen urbaner und aristokratischer Tradition, einem mystischen Christentum (*sobornost*) und einem bürokratischen Mechanismus – mit dem Ansturm der neuen, rein säkularen und rationalen Denkweise verband.

Überhaupt muss man gerade in dieser Frage das kontinentale Denken vom angelsächsischen unterscheiden. Ganz unzweifelhaft hat die napoleonische Epoche vom Beginn des 19. Jahrhunderts bis heute in Kontinentaleuropa ihre Spuren hinterlassen. Obschon Napoleon für die Restauration des Katholizismus steht und somit einer bestimmten Art des Moderantismus (den eher reaktionären Ideologien des 19. Jahrhunderts) den Weg bahnte, ist er eine typische Erscheinung des überzivilisatorischen Radikalismus. Er ist der erste große Experimentator der reinen Macht, und zwar in ihrer absoluten Gestalt, die nichts Außermenschliches zugesteht und nichts außer dem Herrscher kennt: Er selbst gibt allem seinen Sinn. Napoleons Einfluss nicht nur auf das französische Denken und auf die gesamte französische Mentalität, sondern auch auf die deutsche ist unübersehbar: Hegel wäre ein Beispiel, mindestens ebenso stark ist aber Nietzsches Pseudoindividualismus von ihm beeinflusst. Das gleiche in Frankreich, vor allem in der Literatur (Stendhal!), und

---

des Zentralismus. Auch in den westlichen Ländern erwies sich diese Tendenz allen Traditionen zum Trotz als so mächtig, dass die Moral geschwächt wurde und die Sensibilität abstumpfte, wodurch man die faschistischen Bestrebungen mit Gleichgültigkeit, wenn nicht mit zustimmender Sympathie betrachtete, in der Erwartung, dass sich hier endlich der energische Zug der westlichen Gesellschaft zeigen würde.

Die Schuld, welche die westliche Gesellschaft dafür trägt, belastet sie in gewisser Weise bis zum heutigen Tag, denn eine Schuld ist es zweifellos, entsprungen aus Ängsten und ideeller Stagnation. Die einzige Weise, dies zu überwinden, wäre, großzügiger und asketischer zu sein als die andere Seite – auch weitsichtiger, ohne Illusionen (größere Möglichkeiten dazu als der Osten hätte der Westen).

auch der französische Sozialismus in seiner antibritischen Stimmung wird stark durch Napoleon bestimmt. Sehr offensichtlich ist diese Prägung auch bei Fourier, ebenso bei Saint-Simon und den Saint-Simonisten, deren Position dann wiederum einen mächtigen Einfluss auf die deutschen Sozialisten hatte, besonders in der Phase nach der Enttäuschung durch den Chartismus.

Hegel, der Vater aller geschichtlich kollektiven Ideologien unserer rationalen Überzivilisation, unterschied schon in den *Wissenschaftlichen Behandlungsarten des Naturrechts* (1802/03) zwei Seiten der »sittlichen Totalität«, d.h. der Realität der Freiheit: eine universelle, als die ihm die Negation der Negation gilt (Negation einer Aufteilung der Gesellschaft oder, wie Hegel sagt, der Nation in partikulare Gruppen und Individuen), und eine spezielle, die einfache Negation, die diese Aufteilung selbst ist. Die Negation der Negation ist Unendlichkeit; die bloße Negation meint Singularität, Abgetrenntheit, Teilung. Die einfache Negation bildet das Prinzip einer bürgerlichen Gesellschaft, in der letztlich ökonomische Gesetzmäßigkeiten vorherrschen; die Unendlichkeit hingegen ist ein militantes, kämpferisches Prinzip, welches das politische Bewusstsein einer Gesellschaft in Gesamtheit repräsentiert. Diese Beobachtung Hegels darf man nicht einfach als Reflex auf die zeitgenössische Rückständigkeit der feudalen und militaristischen Gesellschaft in Deutschland verstehen. Sie artikuliert vielmehr eine vitale Notwendigkeit all jener Gesellschaften, die als nicht isolierte in einer ernsthaften politischen Konkurrenz leben und die *als Gesellschaft* nicht ihre Unabhängigkeit, ihre Entscheidungsgewalt und ihre Freiheit verlieren wollen.

Die liberalen Gesellschaften des Westens haben die Gültigkeit dieses Prinzips in weiten Teilen nicht anerkannt, und zwar aus verschiedenen Gründen: Für England ergab sich dies aus der insularen Isolation und einer militärisch-feudalen Kaste, die sich in den Kolonialkämpfen auslebte, aber doch stets zur politischen Intervention bereit war. In den Vereinigten Staaten war es die überseeische Isolation und die Entstehung aus einer Revolution, bei der alle Menschen tatsächlich vom politischen Geist der Totalität ergriffen wurden; gleiches gilt von den Sezessionskriegen. Für Frankreich schließlich sind die Gründe ähnlich – eine Revolution zu Beginn der liberalen Ära, nach der Revolution die Restauration, die sich besonders in Militärkreisen und der gesamten Tradition der Armee in den Relikten eines anderen Frankreichs fortsetzt. Dass aber

Deutschland, Österreich und Russland im 19. Jahrhundert direkt auf der Existenz einer privilegierten, politisch-militärischen Kaste errichtet sind, ist offenkundig; und ebenso offensichtlich ist, dass sie für diese Gesellschaftsschicht schwer büßen mussten, und zwar gerade nicht, weil sie ein Organ der ganzen Gesellschaft gewesen wäre, sondern – ganz im Gegenteil – weil sie partikular blieb und nicht ihre gesamtgesellschaftliche Aufgabe erfüllte. Es ist hinlänglich bekannt, dass diese Schicht eine Bedrohung für die gemäßigte Gesellschaft darstellte und dass diese schließlich an ihr zugrunde ging. Eine Gesellschaft, die nicht mehr einheitlich ist (wie es einst die Feudalgesellschaft war), sondern in eine Reihe von Schichten zerfällt, von denen sich jede als ein Ganzes mit all seinen Funktionen zu konstituieren sucht, kann die privilegierte Feudalschicht nicht länger tragen. In der Durchführung einer Revolution erweist sich, dass die nicht-feudale Schicht selbst über ein politisches Gewissen verfügt, das ausreichend universell und angriffsstark ist, und dass sie bereit ist, die Risikofunktion zu übernehmen. Wenn aber die Revolution nicht zu etwas Allgemeinem wird, wenn sie weder innerhalb der gegebenen Gesellschaft vollständig siegt, noch sich durch das Hinaustragen über die Grenzen universalisiert, dann droht die große Gefahr, dass es entweder zu einem Kompromiss kommt – dieser würde den Zusammenhalt der Gesellschaft bedrohen, und Beispiele dafür sind mehr oder weniger alle europäischen Staaten außer England im 19. Jahrhundert – oder zu einem Verfall des machtpolitischen Geistes und dessen Ersetzung durch ein rein privates Denken, das der Gesellschaft nicht mehr erlaubt, dort aktiv und ggf. sogar aggressiv zu reagieren, wo rasche Entscheidung und rechtzeitige Intervention der Macht (nicht unbedingt militärisch, sondern einfach im Bewusstsein äußerster Entschlossenheit) ein möglicherweise tragisches Schicksal abwenden könnte. Ein Beispiel hierfür sind die demokratischen Staaten nach dem Zweiten Weltkrieg (und teilweise auch schon davor – siehe das Münchener Abkommen).

In Gesellschaften wie derjenigen Frankreichs in den Jahren 1914–18 lebte noch etwas von dem gemeinsamen Impuls, wenn auch in negativer Form; in der französischen Gesellschaft der Jahre 1918–38 jedoch gibt es kein wirkliches »Programm« mehr, keinen Willen zur Behauptung und kein Wort an die Welt: eine sich verschließende Gesellschaft zerfällt ins Private und in Interessengruppen, im Moment der Bedrohung ihres ureigenen Lebensinteresses aber hat sie nichts zu sagen. Sie ist nicht in der Lage sich umzuorientieren, sich wieder zu fangen, Energien freizusetzen, und im Übrigen fehlt ihr dazu auch das entsprechende Reservoir an latenten Kräften, die sich mobilisieren ließen, um schnell den Rückstand aufzuholen und die Initiative zurückzugewinnen. So wird sie nicht nur zum Opfer des Zusammenbruchs der westlichen Welt, sondern zugleich zur Keimzelle ihres weiteren Zerfalls.

In jüngerer Zeit hatten die totalitären Staaten (Italien, Deutschland) als Organe ihres Gemeinwillens und ihrer Risikobereitschaft große politische Parteien, die sich als gefährliche Instrumente für diese Länder selbst wie auch für das Ausland erwiesen. Es waren ohne Frage die anmaßende Selbstüberschätzung, die Ungeduld, die Angst vor der Zukunft und ganz einfach die schlechte Politik jener, die diese mächtigen politischen Instrumente in den Händen hielten, wodurch sie ihre Länder ruinierten. Dass dies aber Organe waren, die *schnell, wirksam* und *aktiv* reagierten, wurde zweifelsfrei bewiesen. Genau diese Qualitäten eines schnellen, wirksamen und aktiven Eingreifens sind besonders gefordert in Zeiten eines sich beschleunigenden historischen Tempos, wo Geschehnisse von nicht zu ermessender Bedeutung, die die gesamte Konstellation der Kräfte zu ändern vermögen, sich innerhalb einiger weniger Jahre oder sogar Monate abspielen.

Das Hauptorgan des Gemeinwillens und der Risikobereitschaft in heutiger Zeit ist die kommunistische Partei, da sie den politischen Universalismus der Ziele mit einer Rationalität der technischen Mittel verknüpft. Durch ihre Vermittlung schwappt die Welle des weltweiten Rationalismus, die ursprünglich von West nach Ost lief, wieder zurück. Verknüpft mit dem modernen Kollektivismus wirkt sie so auch wieder auf die Gebiete, von denen die moderne Zivilisation einst ausging, um in der ethisch-politischen Ausgestaltung aufklärerischer Ideen die Welt zu erobern.

Unter diesem Blickwinkel können der Faschismus und der Nationalsozialismus als die ersten erfolglosen und gefährlichen Versuche einer politischen Disziplinierung des Westens und einer Abwehr des Andrangs aus dem Osten erscheinen, der das westliche Zentrum und seinen Primat bedrohte. Doch zeigten diese dilettantisch oberflächlichen Versuche nur, wie sehr es bei jeder Disziplinierung einer Gesellschaft des politischen Taktes und des Scharfsinns bedarf, damit dies nicht geradewegs in die Katastrophe mündet. Der gleiche

Dilettantismus zeigte sich übrigens auch am reaktionären, ungeduldigen und undurchdachten Verlauf dieser Versuche, die zugleich von traditionellen politischen Plänen belastet wurden. Ihre äußere und innere Brutalität raubte ihnen alle Sympathien, jede Autorität und kompromittierte auf lange Sicht hin alle Versuche einer gesellschaftlichen Disziplinierung, die ihnen auch nur entfernt ähneln. Damit lähmten sie jedwede mögliche Aktivität des Westens noch mehr, und dies in einer Phase, wo die kommunistische Seite nach einem gewonnenen Krieg sich ihren expansiven Weg nach West und Ost mit machtvoll variierten Vorstößen bahnt.

Wenn es aber überhaupt noch eine gemäßigte Form der Überzivilisation geben soll, die lebensfähig ist, wenn es zu einer Umstrukturierung der Welt und einer Universalisierung der Überzivilisation gemäßigten Typs unter Beibehaltung einer gewissen gesellschaftlichen und kulturellen Kontinuität kommen soll, dann muss die gemäßigte Form selbst sich kräftig disziplinieren. Sie muss ein Bewusstsein für das gemeinsame Schicksal gewinnen und beseelt werden vom Willen zum Opfer dergestalt, dass sie auf alle unnötigen Vorteile und Privilegien verzichtet. Sie muss das Ziel klar vor Augen haben, das darin besteht, die Welt aus einem partikularen Stadium in ein universelles zu führen, sie muss lernen, universell zu denken, nicht in Begriffen privilegierter Personen, Schichten, Völker oder Kontinente. Anders vermag sie kaum ihre Stellung zu *schützen* – nicht als Vorrang, sondern lediglich im Sinne eines Platzes an der Sonne – und sicherzustellen, dass aus ihr keine *quantité négligeable* wird. Sie muss sich des extrem paradoxen Zustandes bewusst werden, ständig die äußersten Mittel bereitzuhalten, aber zugleich in deren Verwendung sehr vorsichtig zu sein. Ihr schlichter Imperativ ruft nach einer moralischen Regeneration, zu der nur derjenige in der Lage ist, der zwischen Leben und Tod wählt, weil er gar nicht anders kann. Sie muss jeden Rest an Bequemlichkeit abwerfen und sich unverzüglich an die Lösung all der großen Fragen machen in demselben Geiste der Hingabe und der Selbstverleugnung, der am Anfang jedes zivilisatorischen Aufschwungs steht.

VIII

Die gemäßigte Überzivilisation ist im Grunde das Ergebnis einer metaphysischen Distinktion. Seit dem 16. Jahrhundert, ganz gewiss aber seit Descartes' philosophisch-wissenschaftlicher Revolution kommt es im Leben der modernen Menschheit zu einer Ersetzung der metaphysisch-christlichen Substanz durch eine moderne: »Substanz« im Sinne dessen, was wir sicher haben, womit wir fest disponieren und rechnen können. Dieser Wandel lässt zunächst ein metaphysisches System entstehen, in dem der christliche Gott statt der Achse aller Seiendheit zu einem bloßen Instrument unserer Gewissheit wird, und führt dann zum Aufkommen neuer wissenschaftlicher Disziplinen und Techniken, die mit immer größerer Systematik ein neues Lebensprinzip etablieren und ihren Anteil an der Regulierung des Lebens einfordern, während das alte Prinzip sich hauptsächlich noch *in moralibus et politicis* hält. Die Revolution und die ihr folgende Restauration sind der erste Versuch, das gestörte Gleichgewicht wiederherzustellen, und eine Folgeerscheinung der Restauration ist das 19. Jahrhundert mit seinen gegenläufigen Tendenzen einer Mäßigung in gesellschaftlich-sozialen Dingen und eines Radikalismus in den Ideen.

Der Moderantismus erscheint in dieser Hinsicht wie ein veraltetes Prinzip, das sich nur noch durch die »historische Schmiere«, die Trägheit der Gesellschaft erhält. Die metaphysische Uneinheitlichkeit des Moderantismus scheint zu zeigen, dass es sich hier um eine bloße ideologische Maske der privilegierten Klassen handelt, die die fatale gesellschaftliche Bewegung aufzuhalten versuchen.

Der Moderantismus ist aber weder für eine *bestimmte* Gesellschaftsschicht charakteristisch, noch repräsentiert er das exklusive Interesse einzelner Schichten, auch wenn er auf den ersten Blick (von der Theorie des Klassenkampfes her betrachtet) als eine Art von ängstlicher Version des Konservatismus den etablierten Klassen näher zu stehen scheint. In Wirklichkeit geht es um eine viel breitere und tiefere Strömung. Der Moderantismus ist eine mögliche Variante der Zivilisation überhaupt, Ausdruck eines zivilisatorischen Gesamtkonzepts, das in allen Gesellschaftsschichten seinen Widerhall findet. Moderantismus und Radikalismus sind die zwei Wege, die in der Entscheidung jedes Einzelnen in unserer Überzivilisation mitgegeben sind, wenn er sich nicht grundsätzlich gegen sie stellt und außerhalb ihrer positioniert. Die Entscheidung für einen der Wege kann, wie alle grundsätzlichen Entscheidungen des Menschen, von verschiedenen Bedingungen abhängen – das Klasseninteresse ist nur eine der möglichen Hypothesen, eine zweifellos simplifizierende.

Die gemäßigte Version der Überzivilisation ist weder identisch mit dem Liberalismus noch mit dem Positivismus. Beide sind bestimmte (nicht besonders gelungene) Ausdrucksformen dieser gemäßigten Version, die sich durch eine Orientierung am Endlichen, Nicht-Metaphysischen auszeichnen. Möglicherweise entsprechen sie damit auch bestimmten nationalen Temperamenten. Generell aber die gemäßigte Überzivilisation mit Liberalismus oder Positivismus gleichzusetzen, wäre oberflächlich, ungerecht und müsste zu geistigen und politischen Enttäuschungen führen.

Es zeigt sich vielmehr immer klarer der *negative Charakter* des Moderantismus, negativ aber keineswegs im Sinne eines vulgären Agnostizismus.

Was macht solche Strömungen wie den Liberalismus aus? Bei aller Betonung der Endlichkeit geht es ihm doch darum, die Rechte der Rationalität zu wahren.[44] Diese Tradition (die »progressive«) verlängert sich bis in den Positivismus des 19. und 20. Jahrhunderts; Locke wäre dabei als eine Art naturalistischer Kompromiss zu sehen. Soweit die alte moralische Substanz des Christentums noch vital ist, erwächst die Notwendigkeit, ihr gegenüber die Möglichkeiten eines Lebensbereiches zu verteidigen, welcher der Rationalität der Mittel vorbehalten ist. Daher die Abgrenzung des metaphysischen Denkens vom naturalistischen, das relative Desinteresse an ersterem, die Betonung der Praxis, die Abkehr von traditionellen Banden (zwischen Metaphysik und Staat) und damit insgesamt eine Stärkung des Individualismus. Andererseits lebt aber im *westlichen* Liberalismus immer noch ein metaphysisches Bewusstsein für die Notwendigkeit fort, gerade diese *metaphysische* Freiheit vor dem Zugriff des traditionellen staatlichen Zentralismus zu schützen.

Dieses Motiv könnte den Anknüpfungspunkt bilden für einen Sinneswandel des modernen Moderantismus. Denn die gemäßigte Form des progressiven Denkens sieht sich konfrontiert mit einer metaphysischen Gewalt neuen Typs, mit dem *humanistischen* Zentralismus der *radikalen* Überzivilisation. Der Feind der metaphysischen Freiheit steht an einem anderen Ufer, als es in der langen Entwicklung vom 17. bis zum 19. Jahrhundert traditionell der Fall war.

---

44 Die Rationalität zeigt sich im Liberalismus an der Nachdrücklichkeit, mit der die Herrschaft des Gesetzes über den Menschen behauptet wird; vgl. hierzu etwa Montesquieu, *De l'esprit des lois*, Genf 1748.

Der moderne Positivismus hat sich aus dem Empirismus entwickelt, einer Lehre, die ihre Wurzeln im Boden des Christentums hat, wie Max Weber[45] und nach ihm Michael Beresford Foster[46] betont haben. Nach Ansicht des letzteren basiert der moderne Empirismus auf zwei Prinzipien: Erstens ist die sinnliche Erkenntnis als Erkenntnis der Materie eine wirkliche Erkenntnis, zweitens impliziert alle Erkenntnis ein Element der Kontingenz, insofern sie die Erkenntnis des geschaffenen Seienden ist, d.h. eines Geschaffenen aus dem absoluten Willen Gottes. (Ähnlich wie Descartes – und wie vielleicht alle Philosophie nach dem Nominalismus – werden auch die Empiristen in ihrer Lehre von der christlichen Gottesauffassung als absolutem und autonomem Willen bestimmt.) Zwei Voraussetzungen des Rationalismus hingegen, wonach das Wesen der Dinge rational erkennbar und diese Erkenntnis des Wesens selbst von der Erkenntnis des Materiellen unabhängig sein soll, weist der Empirismus zurück.

Diese Haltung, in gewisser Weise kontingent, als empirische gegen die rationalistische Tradition gerichtet und ohne Zutrauen in die menschlichen Begriffskonstrukte, favorisierte natürlich die moderne empirische Wissenschaft.[47] Deren Entstehung ist im Grunde nur möglich durch die Verschränkung von Empirismus und Mathematismus, d.h. zweier Motive, die eigentlich gegenläufig sind, aber auf eine »unorthodoxe«, voluntaristische Weise beide im Christentum gründen.

Dieser *modernen* Linie folgt dann auch der Liberalismus mit seinem Bestreben, die geistige Substanz der Moderne vom theologischen Maximalismus der Reformation zu befreien. Es geht hier darum, eine gewisse Übereinkunft mit den Grundsätzen des modernen Lebens zu erzielen, ihnen einen bestimmten Bereich innerhalb des christlichen Konzepts vorzuhalten. Im Interagieren dieser beiden Elemente, deren Peripetien eigentlich die Geschichte des britischen Empirismus bestimmen, hat mal das eine, mal das andere

---

45 Max Weber, »Die protestantische Ethik und der ›Geist‹ des Kapitalismus«, in: *Gesammelte Aufsätze zur Religionssoziologie*, Bd. I, Tübingen ²1922.
46 Michael Beresford Foster, »The Opposition between Hegel and the Philosophy of Empiricism«, in: *Verhandlungen des 3. Hegel-Kongresses*, Tübingen 1934, S. 79–96.
47 Siehe dazu: Alfred North Whitehead, *Science and the Modern World*, Cambridge 1925.

Übergewicht, und die Theologie bildet mal den Rahmen, mal den Inhalt des Ganzen – bei Locke gibt es ein Gleichgewicht beider; bei Berkeley ein Übergewicht der Theologie, teils mit der rationalistischen Tradition der Antike verknüpft; bei Hume eine fast vollständige Zurückweisung der Theologie, wobei es jedoch bezeichnend ist, dass Gestalten wie Jacobi oder Hamann sich gerade von ihm in ihrer *christlichen* Opposition gegen Kant und den erneuerten Rationalismus inspirieren ließen.

Was man heute an der religiösen und transzendentalen Metaphysik (deren beider Einfluss auf das Leben schwindet) aufgreift, ist nicht ein bestimmter positiver Gehalt (denn dafür müsste man die konkrete Bedeutung dessen ignorieren, was ihnen zuwiderläuft), sondern der Wesenszug des Protestes gegen die rein humanistische Welt der Selbstaffirmation von Mensch und Gesellschaft, das Aufbegehren gegen das Verliebtsein in die menschliche Endlichkeit und seine Verabsolutierung. In der heutigen Welt sind die Rechte des Rationalismus (grosso modo, nicht in jedem Einzelaspekt) mehr als zureichend gesichert, worum es aber geht, das ist die andere Seite der Waagschale.

Bei der heutigen Philosophie scheint viel klarer, was sie ablehnen will (überall auf der Welt strebt man nach einer Überwindung des bloß konstatierenden Positivismus, des säkularen Pragmatismus und des ametaphysischen Humanismus), als was sie affirmativ umtreibt. Die Vorliebe für eine *Philosophie der Freiheit* ist ein Erbe des christlichen Geistes: Hegel gesehen durch Kierkegaard. Im gegenwärtigen Humanismus (z.B. Sartre) zeigt sich der Versuch einer Überwindung des traditionellen, harmonischen Humanismus: Der Mensch ist nicht unschuldig, sondern abgründig und erschreckend. Auch Marxisten vom Schlag eines Henri Lefebvre unterlagen dem Einfluss Nietzsches, der von einer Überwindung des Menschen spricht. Die Marxisten polemisieren gegen »pessimistische« humanistische Strömungen und, obwohl sie ganz genau wissen, dass es hier an die eigentliche Wurzel geht, begnügen sie sich mit ihrem »Optimismus« – ein kitschiges Happy End. Auch könnte man die Neigung zum Mystizismus in der Literatur, der Wissenschaft (etwa bei Aldous Huxley und Erwin Schrödinger)[48] oder in der Philosophie (*Dieu*

---

48 [Aldous Huxley (1894–1963), britischer Schriftsteller und Philosoph. Erwin Schrödinger (1887–1961), österreichischer Physiker.]

vivant, Bataille, Berger und viele andere)[49] anführen. Es wäre von Interesse, eine Enquete über die Religion in heutiger Zeit durchzuführen, ähnlich wie dies Masaryk im Jahr 1904/05 unternahm.[50]
Bei aller Komplementarität zwischen dem endlichen Rationalismus und seiner Negation (konkret zeigt sich diese in der Aufrechterhaltung der christlichen Tradition) muss man sich aber die Frage stellen, ob die heutige Krise nicht doch eine Schwächung, ja schließlich das gänzliche Verschwinden ebendieses Elementes gerade aus den gemäßigten westlichen Zivilisationen bewirken wird. Der Liberalismus denkt über diese Situation nicht komplementär, sondern er *neutralisiert* das oppositionelle Element gegenüber der endlichen Rationalität. Die Krise des Liberalismus, und die damit einhergehende Krise der gemäßigten Zivilisation überhaupt, hängt vielleicht damit zusammen, dass die Ratio sowohl als Lebensprinzip wie auch als Leitfaden der Verbreitung dieser Art von Zivilisation nichts von dem besitzt, was mit einer letzten Entscheidung, mit einer Beziehung auf die äußerste Grenze des Menschen, mit seiner Entschlossenheit zu tun hätte. Die Ratio kann nicht aus sich selbst existieren, und es macht gerade ihr Wesen aus, dass sie nicht hinreicht für das Leben in seiner Gänze und dass sie somit nach einer Ergänzung, einer Erfüllung verlangt. Solch eine Erfüllung kann entweder in einer Rückwendung oder durch eine Revolution erfolgen – im ersten Fall löscht man die Ratio aus, im zweiten erweitert man sie zu einem allumfassenden System, das sich dem Menschen als solchem entgegenstellt und seine objektive Gesamtheit gegen ihn wendet.

Als Beispiele für die mangelnde Vitalität und Festigkeit des liberalen Prinzips könnte man die Krise der Intellegentsia und der Intellektuellen anführen, wie sie sowohl von der nationalsozialistischen *Gleichschaltung* als auch von der Rolle des Intellektuellen in der modernen kollektivistischen Gesellschaft (reine Hilfsfunktion und Dienstbarmachung durch Einordnung in das Ganze ohne Rücksicht auf autonome Entfaltung) demonstriert wird. Die Krise des Liberalismus ist zwar auch eine Krise der gemäßigten Zivilisation, weil aber – wie wir sahen – der Liberalismus keineswegs mit dem Moder-

---

49 [*Dieu vivant: perspectives religieuses et philosophiques* war eine Zeitschrift, die 1945–1955 bei Seuil in Paris erschien. Georges Bataille (1897–1962), französischer Schriftsteller und Philosoph; Gaston Berger (1896–1960), französischer Philosoph.]
50 [Vermutlich *V boji o náboženství* (Kampf um die Religion), Prag: Laichter 1904.]

antismus identisch ist, liegt hier auch eine Möglichkeit zur Regeneration. (In diesem Sinne könnte man z.B. schon den Umschwung von der Aufklärung in die Romantik zu Teilen als ein Resultat dieses Bedürfnisses nach Komplementarität verstehen, nicht nur als eine bloße Reaktion und Rückkehr in einen Zustand *vor* der rationalen Zivilisation. Es gälte aber auch aus den Fehlern der Romantik, ihrem Humanismus, Irrationalismus und Konservatismus um jeden Preis, zu lernen.)

Liegt die Lösung vielleicht in jener negativen Wende des nicht rationalen Elementes, die wir erwähnten? Das traditionelle Christentum hat das »Transzendente« als einen eigenen, positiven Gehalt begriffen. Wir würden heute den *transcensus* als ein *Regulativ* verstehen, ohne das das Endliche in der Sinnlosigkeit ertrinkt und ohne das die menschliche Endlichkeit und Freiheit gar nicht möglich ist. Dabei ist natürlich nicht das menschliche Bedürfnis entscheidend, sondern das Appellative der transzendenten Wahrheit. Die gemäßigte Zivilisation ist nur zu erneuern (und damit zu verteidigen) durch eine Überwindung des Humanismus in seiner einstigen liberalen Bedeutung.

IX

Warum eigentlich muss die Überzivilisation das Problem des gesellschaftlichen Ausgleichs lösen? Warum jene Labilität des modernen Lebens, die keine der alten Zivilisationen kennt? Wir mögen zwar in deren Geschichte (beginnend mit dem alten Ägypten) auf Zeiten der Wirrnis treffen, dennoch aber gelang es keiner der störenden Kräfte, die Struktur der jeweiligen Gesellschaft komplett umzustürzen, die vielmehr fortbestand – mit anderen Werten, die statt Argumenten eingesetzt wurden. Jede traditionelle Gesellschaft setzte sich aus Herren und Untergebenen zusammen, deren Hierarchie ebenso selbstverständlich war wie das Faktum eines physikalischen Gleichgewichts. Die Überzivilisation hingegen konnte diesen Unterschied zwar nicht vollständig beseitigen, aber sie war zumindest in mancher Hinsicht erfolgreich in der Nivellierung solcher Differenzen und bemüht sich offenkundig um deren endgültige Abschaffung. In den traditionellen Gesellschaften sucht jeder Umsturz eine neue Herrscherschicht zu installieren, die als ihr natürliches Pendant eine Schicht der Beherrschten hat. Dies gilt auch für die mittelalterliche Gesellschaft, selbst wenn deren christliches Fundament die Gleichheit der Menschen vor Gott bedingt. Gleichwohl impliziert dieser Entwurf keinesfalls die Beseitigung des gesellschaftlichen Unterschieds von Herrschern und Beherrschten: Nicht einmal die radikalsten christlichen Sekten dachten an die völlige Abschaffung dieser Differenz, sondern – in klarer Trennung von »Welt« und Geist – lediglich an deren Zurückweisung für den Bereich des kirchlich-religiösen Lebens.

In der Überzivilisation dagegen findet sich solch eine sozial ausgleichende Tendenz von Beginn an. Schon in der ersten englischen Revolution erkennen heute manche hinter den religiös-theologischen Fassaden ein derartiges Bestreben (vgl. Harold J. Laski[51]). Als Dominante dieser Epoche erweist sich das egalitäre Bemühen im 18. Jahrhundert, und trotz beträchtlicher reaktionärer Gegenkräfte wird dieser Weg auch im 19. Jahrhundert weiter fortgesetzt. Das 20. Jahrhundert erlebt dann in den Wirtschaftsformen schon den Prozess seiner Realisierung. Es wird also sicher nicht falsch sein, wenn wir diese Tendenz zum Ausgleich im Zusammenhang mit dem eigentlichen Prinzip der Überzivilisation sehen. Die Frage lautet nur: In welchem Zusammenhang? Gründet sich der überzivilisatorische Rationalismus auf der gesellschaftlichen Tendenz zum sozialen Ausgleich, oder ist es vielmehr umgekehrt?

Gerade der Vergleich mit anderen Zivilisationen zeigt uns, dass in ihnen eine derartige Tendenz entweder überhaupt nicht zu existieren scheint oder sich zu schwach geltend macht, um zu einer Dominante zu werden. Der Universalismus (*de iure*, besser gesagt: *de spe*) der traditionellen Gesellschaften ist bloß ein horizontaler, kein vertikaler.

In der modernen Überzivilisation entsteht das Ausgleichsstreben durch die Säkularisierung der christlichen Motive von der unsterblichen menschlichen Seele, der Gleichheit vor Gott und der Freiheit des Menschen (Freiheit zur Erlösung, d.h. zur göttlichen Gnade). Doch ist das Problem mit dem Wort »Säkularisierung« nur anders bezeichnet, keineswegs gelöst. Wie kommt es, dass in der »christlichen« Zivilisation eine Säkularisierung einsetzt, die es in anderen Zivilisationen nicht gibt?

---

51 [Harold J. Laski, *The Rise of European Liberalism*, London 1936.]

Es ist verführerisch, die Effizienz der modernen Ratio dafür verantwortlich zu machen. Schon Marx und Engels haben darauf hingewiesen, dass die menschliche Ungleichheit, Untertanentum und Sklaverei angesichts der Produktivität der modernen Zivilisation vollkommen überflüssig wurden, dass somit der einzige vernünftige Grund hinfällig wird, den die ältere Zeit für die soziale Hierarchie hatte: nämlich ein höheres menschliches Leben zu ermöglichen, befreit von allen materiellen Existenznöten. Die Säkularisierung und die Tendenz zum sozialen Ausgleich allerdings mit diesem Moment zu *erklären*, wäre eine *ratiocinatio ex eventu*. Auch wenn Vorläufer des modernen Technizismus wie Bacon und Leonardo vom technischen Fortschritt träumten, so bleibt doch unklar, wie weit sie sich diesen als zugänglich für breite Gesellschaftsschichten dachten und wie sehr sie dabei die Produktivität im Sinn hatten.

Die Theorie des Klassenkampfes wiederum erklärt den Rationalismus zur Ideologie der aufsteigenden Klasse, mit der das bisherige (irrationale) Gesellschaftssystem zerfällt. Diese Erklärung vermag aber nicht zu begründen, warum es in allen Gesellschaften und Zivilisationen Klassenkämpfe gibt, einen Rationalismus und Egalitarismus aber nur in der modernen Überzivilisation.

Wie bei jeder wirklich historischen Deutung scheint sich auch die egalitäre Tendenz der rationalen Überzivilisation nicht aus einer einzigen Quelle erklären zu lassen. Es gibt in der Geschichte keinen Königsweg der eindeutigen Dialektik, wie Hegel meinte. Es verhält sich eher so, dass verschiedene Motive aneinander anknüpfen, ggf. in Konflikt geraten, und erst das Zusammenspiel von Absicht und Zufall schafft – wie Heraklits »spielendes Kind«[52] – dann ein sinnvolles Gesamtbild.

In unserem Fall scheint es ziemlich unverkennbar, dass die egalitäre Tendenz auch aus den Kämpfen der Reformation um die Freiheit des religiösen Gewissens und die Freiheit des Bekenntnisses hervorgegangen ist. Auch wenn es hier ursprünglich (in Frankreich und Deutschland) auf praktischer Ebene mehr um die Freiheit einer Schicht von Notabeln ging, so unterscheidet der Umstand, dass es *im Grundsatz* um den christlichen Menschen im Allgemeinen ging,

---

52 [Vgl. *Die Fragmente der Vorsokratiker*. Griechisch und deutsch von Hermann Diels. Neunte Auflage hg. von Walter Kranz. Weidmannsche Verlagsbuchhandlung 1960 (im Folgenden Diels/Kranz), 22 (Herakleitos) B 52.]

diese Entwicklung doch von den mittelalterlichen Adelskämpfen um eine Begrenzung der königlichen Macht oder von den Auseinandersetzungen einer städtischen Mittelschicht mit den Fürsten, Notabeln usw. In England, Holland und später in den Vereinigten Staaten führten dann untere Mittelschicht und Kleinbürgertum diese Bewegung weiter. Im Umkreis der ursprünglich religiösen Forderungen erwuchs eine umfassende Konzeption des modernen Staates, die sich auf all das stützte, was sich gegen den älteren Zentralismus ins Feld führen ließ, also auch (wie in England unter Charles II.) auf eine renitente Adelsklasse (vgl. etwa die Beziehung von Locke und Shaftesbury). Die programmatischen Ausformulierungen dieser Motive führten zu einer ganzen Philosophie der natürlichen Ratio, der natürlichen Religion, des natürlichen Rechts und der Moral, *in specie* zu einer Auffassung der Menschenrechte, deren Weiterentwicklung, Erläuterung, Ausweitung und Generalisierung trotz aller (zum Teil gewiss berechtigten) Kritik des Historismus auch im 19. und 20. Jahrhundert fortgesetzt wird. Dabei spielt – seit dem Ende des 17. Jahrhunderts, mehr aber noch seit der industriellen Revolution in der zweiten Hälfte des 18. Jahrhunderts – natürlich auch der Umstand eine wichtige Rolle, dass das egalitäre Prinzip durch das Anwachsen der Produktivität und des Reichtums gesellschaftlich möglich und somit die reine Dienstbarkeit gewisser Klassen der Gesellschaft zunehmend überflüssig wird. Immer breitere Schichten reklamieren ihren Anteil an der Überzivilisation, die freilich auch ihrerseits diese immer mehr benötigt und insofern deren Teilhabe möglich macht (im Unterschied zu den traditionellen Zivilisationen, wo jeder soziale Umsturz bald wieder nur zur Restitution der gleichen Gesellschaftsform in veränderter Besetzung führte: so war es z.B. in der Antike unter den gegebenen Bedingungen sicher nicht möglich, eine Gesellschaft ohne Sklaverei und ohne eine komplexe, ausbalancierte Hierarchie der Freien aufzubauen).

X

In den vorangehenden Kapiteln wurde die Beziehung zwischen den beiden Formen der Überzivilisation eher statisch untersucht, indem komparativ die verschiedenen Phasen und Probleme ihres wechselseitigen Verhältnisses betrachtet wurden. Die Beziehung zwischen beiden ist aber nicht nur statisch, sie ist keine bloße Juxtaposition zweier Konzeptionen, die schlicht empirisch nebeneinander vorkommen wie weiße und rote Rosen.

Die Beziehung zwischen der radikalen und der gemäßigten Überzivilisation ist ein Konflikt, der keineswegs zufällig ist. »Nicht zufällig« meint dabei allerdings auch nicht, dass zwischen ihnen eine Beziehung bestünde, die einem notwendigen, unerbittlichen logischen Fortgang folgte – wie in der historischen Dialektik Hegels. Das Gegenteil von Zufälligkeit ist hier nicht Notwendigkeit im Sinne eines Fortschreitens, das anders nicht sein könnte: kein zielgerichtet fortschreitendes dialektisches Schema »von – zu«, das entlang einer Linie des Gleichgewichts sich entfaltender Kräfte realisiert würde. Das Gegenteil von Zufälligkeit ist hier Begreifbarkeit, genauer eine Begreifbarkeit, die einer anderen Ebene zugehört als jener der bloßen objektiven Kräfte in ihrem Ausgleich.

Diese neue Ebene der Verständlichkeit ist diejenige, auf der sich das Problem der Wahrheit stellt. Die Geschichte verläuft nicht auf einer einzigen Ebene, der Ebene der objektiven Fakten und Kräfte (d.h. wo zukünftige Fakten wie gegenwärtige aufgefasst werden). In der menschlichen Geschichte geht es – insofern sie zeitlich niemals vollendet, durch irgendein reelles Millennium abgeschlossen ist – um Menschlichkeit, und d.i. letztlich um Wahrheit. Wahrheit ist keine rein »theoretische Frage«, die sich durch »objektive Methoden« und Mittel lösen ließe, die der Menschheit in Gestalt besonders begabter Menschen und Institutionen immer zur Disposition stünden. Wahrheit ist, weit ursprünglicher und tiefer, ein innerer Kampf des Menschen, ein Ringen um seine eigene Freiheit, die er als Mensch wesentlich und grundsätzlich zwar besitzt, aber keineswegs faktisch. Wahrheit meint die Frage nach der Wahrhaftigkeit des Menschen: Seiner Natur nach ist der Mensch ein Wesen, das zur Wahrheit fähig ist, dem die Sorge für die Wahrheit zugehörig ist und dem diese Sorge ermöglicht wird durch die Grenze, auf der er lebt. Der Mensch schafft nicht die Wahrheit, sie ist niemals ein Produkt oder eine Leistung des Menschen, keine Sache, die zu seiner Disposition stünde – und doch liegt es in seiner Hand, ob die Wahrheit *faktisch* existieren kann. Die menschliche Geschichte ist eine Geschichte des menschlichen Verhältnisses zur Wahrheit, eine Geschichte unserer Hellsichtigkeit oder unserer Verblendung. Nicht nur was wir wissen, sondern vor allem die Tatsache, wie wir selbst existieren, ist Bestandteil dieser Wahrheit oder Wahrhaftigkeit, Teil der menschlichen Selbsteinschätzung und des menschlichen Selbsturteils bzw., besser gesagt, des Urteils über sich selbst nach einem absoluten Maße (dem Maße der Wahrheit). In diesem Sinne, und nur in diesem Sinne, kann man das alte Wort von der Weltgeschichte als dem Weltgericht akzeptieren.

Die Wahrheit pflegt so bestimmt zu werden, wie es auch mit anderen Werten geschieht; damit wird sie dem menschlichen Schaffenswillen, und d.h. auch der Willkür, unterstellt. In Wirklichkeit jedoch hat der Mensch als Mensch nicht die Wahl, ob und welche Wahrheit er will oder nicht. Er hat keine Wahl, wenn es darum geht, *als Mensch* zu existieren, d.h. als ein geschichtliches Wesen, in dem sich das Handeln tatsächlich als ein Drama ereignet – als ein bedeutungsvolles Entscheiden, nicht als ein bloßes Geschehen, wie es die objektiven Geschehnisse sind, seien sie auch noch so mächtig und prächtig. Alles wirkliche Handeln dreht sich ausschließlich um diesen zentralen Punkt der Wahrheit, der niemals rein objektiv erklärt und begriffen werden kann (noch auch subjektiv, insofern das Subjekt eine bloße Art von Objektivität ist). Die Wahrheit kann allein im Handeln erfasst werden, und einzig ein wirklich handelndes (also nicht nur irgendein objektives Geschehen »widerspiegelndes«) Wesen kann ein Verhältnis zur Wahrheit eröffnen.

Man könnte die Frage stellen, ob dieser Bezug zur Wahrheit notwendig ein positiver sein muss. Ist es nicht eine willkürliche Auswahl, ob ich die Wahrheit oder die Lüge will? Ja, aber sobald ich mich explizit entschieden habe, kann ich all dem zum Trotz nicht mehr die Lüge für Wahrheit halten. Ich kann zwar weiter in meinem Handeln mich an der Lüge orientieren, aber ich kann nicht so tun, als ob ich nicht von ihr als Lüge wüsste: genau wie es die Maxime *veritas est norma sui et falsi* ausdrückt. Das Verhältnis zur Wahrheit ist entweder eines der Vergessenheit (Λήθη) oder eines des ausdrücklichen Sich-Beziehens – *tertium non datur*. Auch die Λήθη selbst ist nur möglich auf der Grundlage eines Bezuges zur Wahrheit, den wir uns lediglich verbergen und verdecken, daher ihr widersprüchlicher, strittiger Charakter. Gleichwohl ist es genau dieser Zustand der Λήθη, in dem der Mensch ursprünglich, »natürlich« lebt, in dem er sich durch das Gegebensein und die naturhafte Komponente seines Daseins immer vorfindet und aus dem er sich erst durch eine eigene, innere Handlung herausarbeiten muss.

Wenn dem so ist, dann kann die eigentliche Problematik einer Philosophie der Geschichte nicht darin bestehen, ein objektives Gesetz des geschichtlichen Verlaufs zu erraten oder zu enthüllen (wie dies z.B. die dialektische Philosophie – sei sie hegelsch oder materialistisch – prätendiert). Die zentrale Frage der Geschichtsphilosophie ist vielmehr der Bezug jeder einzelnen geschichtlichen Epoche zur Wahrheit: jede historische Phase hat ihre spezifischen Probleme, ihr eigenes Verhältnis zur Natur und eine besondere Form ihrer Bewältigung, ein spezifisches Modell der Gesellschaft und schließlich eine je eigene Beziehung zu dem, was über der Natur und dem Menschen steht oder was dort vermutet wird. All diese Bezüge werden großenteils durch objektive Traditionen und Lebensnotwendigkeiten biologischer und ökonomisch-sozialer Art bestimmt. Das Problem jeder Epoche besteht also darin, wie sie ein *wahrhaftiges* Verhältnis des Menschen zu all diesen Dingen etabliert.

Nur in einer wahrhaftigen Beziehung des Menschen zu den Mächten des Universums kann es zur echten Realisierung einer Epoche kommen, nur durch sie vermag der Mensch wirklich in seinem eigenen Zentrum zu sein – die Epoche und das Leben »bekommen einen Sinn«. Ohne diese Beziehung kann die Epoche niemals in sich ruhen, kann der Mensch nicht bei sich selbst zu Hause sein – was sich in Unruhe, Schmerz, Verstörung und Zerrissenheit äußern wird. Wo hingegen das Zentrum erreicht ist, wird der Mensch auch durch äußeres Unglück, Elend und Schrecken nicht erschüttert und ruht in seinem Zentrum, das man ein *centrum securitatis*[53] nennen könnte, wenn dies nicht die Vorstellung einer *weltlichen* Beruhigung hervorriefe.

Die Aufspaltung der Überzivilisation in die beiden Formen, die sich gegenseitig nicht verstehen und sich befehden, ist Ausdruck einer solchen inneren Unruhe, einer inneren Unklarheit über unser Leben oder – wenn man so will – Ausdruck einer Dialektik des Verfalls. Der Verfall ist in keiner Epoche etwas Nachrangiges und Äußeres, sondern hängt unmittelbar mit ihrem eigentlichen Prinzip zusammen. Das gilt von allen Epochen: Der Niedergang Athens ist schon zur Zeit des Perikles präsent, der Niedergang Roms schon in

---

53 [Anspielung auf das gleichnamige Werk des Jan Amos Comenius, eine seiner sogenannten Trostschriften, datiert auf 1625; eine deutsche Übersetzung von Andreas Macher erschien erstmals 1737 unter dem Titel *J. A. Comenii Centrum securitatis, oder Grund der wahren Sicherheit.*]

der Republik der Punischen Kriege und während der Regentschaft des Augustus usw. Dem Verfall lässt sich nicht durch die Anwendung von Grundsätzen einer allgemeingültigen Moral beggnen, denn gerade diese Anwendung muss *wahrhaftig* geschehen, und der Verfall besteht darin, in ebendieser Frage der Wahrheit fehlzugehen.

Wenn also der Verfall mit dem je eigenen Prinzip einer Zivilisation immer schon mitgegenwärtig ist, dann kann sich keine Zivilisation in einer einzigen Form verwirklichen und sie kann sich nicht von Beginn an über ihre ureigene Grundlage im Klaren sein. Statt geradewegs von einer solchen ausgehen zu können, muss jede Zivilisation dieses Fundament vielmehr erst gewinnen und suchen – und ebendies ist es, was den geschichtlichen Prozess ausmacht. Das Fundament ist nicht *gegeben*, sondern bildet die historische Aufgabe der Menschheit. Nur deshalb, weil sie dieses sucht, ist die Menschheit geschichtlich aktiv.

Der Grundzug der Überzivilisation scheint uns die Distinktion zu sein – dies natürlich rein hypothetisch gesprochen, denn es ist *unser* Versuch zur Lösung der gesellschaftlichen Schwierigkeiten und ihrer Wirrnisse. Jede Zivilisation kennt den Unterschied zwischen göttlich und menschlich, überrational und rational, herrschend und beherrscht, aber für die Zivilisationen der Vergangenheit gilt durchweg, dass sich diese beiden auf derselben Ebene fanden, dass sich beide Seiten durchdrangen und ineinander übergingen: Das Göttliche ist hier in unserem Menschlichen unmittelbar gegenwärtig. Die Theokratie, eine übernatürliche Herrschaftstechnik über die Natur und die Gesellschaft, ist der gemeinsame Zug aller Zivilisationen. Die hauptsächliche historische Alternative besteht darin, dass entweder der menschliche Herrscher durch seine Beziehung zum Göttlichen unendlich wird (wie z.B. in den ältesten Zivilisationen des Vorderen Orients) oder im Gegenteil das Göttliche sich verendlicht (die Griechen u.a.); selbst dann aber, wenn Gott – so wie bei den Juden – keinen menschlichen Exponenten hat, wirkt er doch in dessen unmittelbarer Nähe, ohne dem Menschen eine Autonomie der Anschauung oder des Handelns zu lassen.

Erst in der Überzivilisation wird eine Unterscheidung möglich zwischen dem, was in der Macht des endlichen menschlichen Wesens steht, was im Bereich seines positiven, sachlichen Wissens und eines darauf gegründeten rationalen Handelns liegt, und dem, was sich solchem Wissen und Agieren entzieht. Erst in der Überzivilisation ist es also auch möglich, mit aller geforderten Klarheit jenes Urfaktum der *conditio humana* zu erfahren: dass sich nämlich unser Leben nicht bloß auf einer einzigen Ebene ereignet – auf der Ebene der Macht und der Kräfte (gleichgültig ob diese magisch oder rein objektiv-wissenschaftlich aufgefasst werden), sondern dass es vielmehr auf zwei Ebenen spielt, dass die Ebene der »Mächte« objektiver Elemente und Komplexe, die vorhersehbar und berechenbar ist, von etwas durchbrochen wird (oder: werden *kann*), was sich nicht vorhersehen lässt, was nicht einfach und einförmig disponibel ist.

Dieses Urfaktum zeigt sich äußerlich daran, dass die Überzivilisation von Beginn an mit dem Problem der Individualität und des Individualismus verknüpft ist. Von ihrem ganzen Wesen her ist sie mit dem verbunden, was sich nicht objektivieren lässt, und d.h. mit dem unmittelbaren Bezug des Menschen zum Überweltlichen. Da aber das Prinzip der Zivilisation selbst mit dem Verfall einhergeht, wird verständlich, dass sich jenes Prinzip der Individualität am ursprünglichsten und markantesten ebenfalls in seiner Verfallsform zeigt – als liberaler Individualismus.

Die Individualität wird hier nicht mehr als eine unmittelbare Beziehung zum Überweltlichen verstanden, als ein Herausgehobensein aus der Ebene der objektiven Kräfte, sondern als ein weltliches Sein in Autonomie, d.h. gleichsam atomar. Das Leben dieses Atoms wird in der frühen Phase des überzivilisatorischen Denkens zum Gegenstand aller moralischen Disziplinen: Die philosophische Analyse, die Erkenntnistheorie und die Ethik befassen sich mit dem Leben dieses Atoms in psychologischer Hinsicht, mit der inneren Welt seiner Eindrücke und Gefühle, seiner Instinkte und Wünsche; um seine Bedürfnisse und egoistischen Interessen wiederum drehen sich die Gesetzmäßigkeiten der Volkswirtschaft. Dies alles gipfelt in einer Auffassung des Menschen, die diesen als ein privates Atom betrachtet, frei von allen Verbindungen mit den übrigen Atomen und dem gesellschaftlichen Ganzen. Und dieser ökonomischen Theorie entspricht tatsächlich ein Wirtschaftsleben, das nur die Akkumulation ökonomischer Macht in den Händen einzelner Individuen und deren rücksichtslose Ausnutzung in der Konkurrenz zu anderen gleichgerichteten Kräften kennt.

In Vergessenheit gerät dabei, dass der Ursprung dieser Einzelindividuen, der Ursprung der selbstbewussten Atome außerhalb einer solchen Ebene objektiver Kräfte liegt. Der Individualismus der Renaissance und des Protestantismus, auf dem letztlich die Vorstellung von den Menschenrechten beruht, ist in einer viel tieferen Dimension verankert, wo der Mensch dem Menschen nicht gleichgültig ist, wo man nicht mit dem gewöhnlichen und gewohnten Charakter des Menschen und seiner »Natürlichkeit« rechnet, sondern an die Möglichkeit und die menschliche Fähigkeit appelliert, sich gegen die vermeintliche Notwendigkeit und ihre absolute Vorherrschaft zur Wehr zu setzen.

Wenn sich nun aber zeigt, dass der ursprüngliche Optimismus des egoistischen Systems – sein Glaube an die natürliche Harmonie der privaten Interessen und an das automatische Wachstum des allgemeinen Wohlstands auf der Basis eigennützigen Kalküls – nichts weiter als eine Illusion ist, wird sich auf derselben rein objektiven Betrachtungsebene konsequenterweise die Ansicht durchsetzen, dass sich die menschlichen Nöte allein durch eine Veränderung der sozioökonomischen Verhältnisse und der gesellschaftlichen Technik überwinden lassen – und zwar definitiv. Mit diesem Wandel soll der Mensch definitiv wieder zu sich selbst kommen und endlich wahrhaft menschlich werden. Deshalb ist er auch mit einer tiefgreifenden Revolution aller Anschauungen verbunden, mit der Vernichtung säkularer Illusionen, die den Menschen vermeintlich erhöhten, tatsächlich aber aussaugten, mit einer ideologischen Kritik und einem absoluten Humanismus, der den Menschen zum Nachfolger all der überweltlichen Kräfte macht, die der Wirklichkeit ehedem Sinn verliehen. Im Namen einer säkularen, sozialen und historischen Menschheit kommt es wieder zu einer radikalen Vereinheitlichung der Welt genau wie in den alten Zivilisationen, nun allerdings auf einer rein positiven, menschlich-gesellschaftlichen Ebene. Es etabliert sich eine objektive Dialektik, welche die atomische Welt an ihren eigenen Widersprüchen zugrunde gehen lässt: an einer Konkurrenz, die das Leben aushöhlt, an der Akkumulation wirtschaftlicher Macht, die schlussendlich zur Selbstzerstörung durch Expropriation führt, da sich unter den verelendeten Massen ein siegreiches Gegengewicht bildet, an einem Wirtschaftssystem, das zu Krisen und technischer Stagnation führt. Es ist dies eine Dialektik, die unfehlbar zu einem wahrhaft harmonischen und authentischen Leben führen muss. Auf rein positive Weise, allein mit den Mitteln, die dem menschlichen Verstehen und Agieren zur Verfügung stehen, scheint es also möglich zu sein, das wesentliche Ziel der menschlichen Geschichte zu erreichen, und damit in gewissem Sinne auch deren Vollendung.

Wenn sich nun von der Gesellschaft in der Niedergangsform des Individualismus behaupten lässt, dass sie allzu zersplittert und atomisiert ist, dass in ihr letztlich alle inneren menschlichen Bezüge verschwinden, so gilt umgekehrt von der opponierenden antiindividualistischen Auffassung, dass sie zu zentralisiert und mechanisiert ist: hier fehlt jede Spontaneität, alles untersteht der Planung und kollektiven Leitung. Anstatt zu sich selbst zu kommen, verliert der Mensch sich selbst immer mehr aus dem Blick; das Leben wird weiter ausgehöhlt, weil alles dem einen Ziel der Akkumulation gesellschaftlicher Kräfte geopfert wird, das schließlich ausnahmslos über alle herrscht – über seine Verfechter und Vorantreiber ebenso wie über die, die es nicht wollen und zu seinen passiven Opfern werden. Letztlich ist diese Akkumulation natürlich dazu bestimmt, die alte egoistisch-individualistische Welt zu zerbrechen und somit den ökonomisch Unterdrückten zu helfen. Aber was solches Helfen bedeutet, was Wahrheit und Wohl, was Zweck und Ziel ist, das entscheidet mit absoluter Vorherrschaft allein diese Kraft. Alles tritt vor ihr zurück: vor ihr und außerhalb ihrer ist jede Individualität bedeutungslos. Es wird zwar ein allgemeines Glück versprochen, aber am Ende gibt es da nichts mehr, was glücklich sein könnte, weil aus den Menschen rein objektive Prozesse geworden sind, Austragungsmomente eines rücksichtslosen Geschehens, das sich ihrer nolens volens bemächtigt. Die Aufgabe aller Innerlichkeit kann hier zwar zu einer enormen Gesellschaftskonstruktion führen, in der sich jeder nur als unselbständiges Moment fühlt, aber gerade deshalb vermag auch niemand ein Gefühl von Erfülltheit und Ganzheit zu haben, was eigentlich das »Glück« ausmacht. (Glück vermag der Kollektivismus in diesem Sinn nur dann zu vermitteln, wenn der Einzelne das Ganze wie ein Organ empfindet, das den gesamten Organismus in sich enthält; dies ist aber ein Gefühl, das in den Bereich des Außerordentlichen gehört – sein alltägliches Gesicht sieht anders aus.)

Die Dialektik des Übergangs von einer bourgeoisen Ordnung zum Sozialismus ist also nicht nur eine Dialektik gesellschaftlicher Regeneration, sondern eine, die dem Niedergang selbst inhärent ist. Sie beschreibt dabei im Übrigen nicht die von ihrer Theorie vorhergesehenen Wege – die tatsächlichen Wege sind davon auf paradoxe Weise verschieden. Nirgends geht es dabei um die Folgen aus dem Widerspruch von Akkumulation und Pauperisierung. Die Revolution erweist sich vielmehr als ein weit komplexerer Prozess, der – anstatt das reife Produkt fortschrittlichster Formen der technischen Zivilisation zu sein – gerade in den zersplitterten und ökonomisch weniger fortschrittlichen Gesellschaften viel leichter Raum greift, zumindest in Gestalt eines gewaltsamen Umsturzes und einer jähen Übernahme der Macht, welche sich erst im Nachhinein ihre »wirtschaftliche Grundlage« bauen bzw. diese in wesentlichen Punkten fertigstellen muss.

Die Regeneration, die Befreiung aus dem Verfall, ist nicht bloß ein Problem des Wandels einer gesellschaftlichen Technik, d.h. der Disposition von Macht und ihrer Organisation. Die Regeneration ist eine Frage danach, ob es möglich ist, die Dialektik des Niedergangs – Atomismus, Totalitarismus, Konservatismus (also die Flucht vor der Überzivilisation im Allgemeinen) – zu durchbrechen, die gesellschaftliche Macht so zu organisieren, dass sie auf der Ebene der Macht eine zweite, tiefere Schicht des menschlichen Lebens erlauben würde. Diese zweite Ebene aber, mit der sich nicht *rechnen* lässt (darin haben die objektivistischen Soziologen recht, die mit Marx, aber auch mit Pareto u.a. meinen, dass der »Idealismus« der rein moralischen Postulate unpraktisch sei und dass sich ein umfassender Wandel der Gesellschaft damit nicht entschieden genug durchführen lasse; die Soziologie müsse vielmehr vom gewöhnlichen, durchschnittlichen und den eigenen Nutzen kalkulierenden Menschentyp ausgehen), vermag gleichwohl Geltung und Bedeutung zu erlangen, und in entscheidenden Augenblicken geschieht dies auch tatsächlich. Deshalb ist auch die Geschichte nicht jener objektiv dialektische Strom, keine Abfolge »ideeller« Epochen, die einen »Geist verkörpern« – oder besser gesagt: sie ist nicht *nur* das (wie sich das Hegel dachte). Die Geschichte besteht aus einer Reihe *wirklicher* Entscheidungen, und das bedeutet immer Entscheidungen in Fragen, die die Wahrheit (bzw. die Täuschung, den Irrtum, die Verfehlung) betreffen. Deshalb ist letztendlich auch eine Geschichtsauffassung vom Standpunkt des *hero-worship* die richtigere, wenngleich darin eine Idolatrie der Persönlichkeit mitgegeben ist, so als ob diese eine selbständige titanische Kraft sei, welche die Wahrheit nach ihrem Gesetz schafft – tatsächlich schafft der Mensch die Wahrheit jedoch nur sekundär, denn er folgt dem »Gebot« bzw. dem Ruf jenes Höheren, das ihn als ein freies Wesen erst begründet und möglich macht.

Keine soziale Technik, keine technische Organisation der objektiv-gesellschaftlichen Kräfte kann die Frage der gesellschaftlichen Dekadenz definitiv lösen. Dieses Problem deckt sich jedenfalls nicht mit der Frage einer rationalen Beherrschung aller Kräfte, die einer Gesellschaft zur Verfügung stehen, so dass es um eine Art soziale Ingenieursleistung ginge. Ganz im Gegenteil scheint es vielmehr so, dass der Hang zu einer Mechanisierung des ganzen Lebens umso größer ist, je perfekter die gesellschaftliche Macht organisiert ist, womit dann letztlich sogar eine Verstärkung der Verfallstendenzen verbunden ist.

Andererseits lässt sich daraus aber nicht ableiten, dass die liberale Gesellschaftsform die einzige sei, die eine Projektion der »anderen Ebene« in den Bereich der gesellschaftlichen Kräfte zuließe. Der liberale Ansatz führt zwangsläufig zu Verfallstendenzen, zu einer Nachlässigkeit gegenüber den Tiefendimensionen, zu einer Ignoranz gegenüber den wesentlichen Zusammenhängen zwischen dem Menschen als einer Kraft und dem Menschen als einem Exponenten des Nichtrealen. Erst wenn der liberale Ansatz auch von den Tiefenkräften befruchtet wird, muss er zu einer großzügigeren und edleren Gesellschaftstechnik führen, die zeigt, dass der Mensch dem Menschen nicht fremd ist, dass sein Leben in der Tiefe keine menschlichen Atome kennt, sondern Schöpfer, die nach Partizipation dürsten und Teilnahme fordern.

Allerdings bleibt auch der überzivilisatorische Radikalismus – anders als es einige seiner zentralen Theorien anzudeuten scheinen – nicht gänzlich ohne Berührung mit jenen tieferen Kräften. Seine innere Wahrheit beruht auf der Dringlichkeit des menschlichen Leidens, und es ist das Insistieren auf dieser Forderung, wodurch der Radikalismus zu uns spricht und worauf sich eigentlich seine großen *moralischen* Erfolge gründen, so dass wir heute zwangsläufig mit ihm als einer mächtigen realen Kraft rechnen müssen. Denn die moralische Situation lässt sich nicht reduzieren oder vereinfachen, und es ist gerade der Radikalismus, der mit seiner Forderung nach einer Kontinuität des gesellschaftlich verantwortungsvollen Bewusstseins in diese Tiefendimension hineinreicht: es ist die Forderung nach einem wachen sozialen Bewusstsein und ein Kampf gegen die Schläfrigkeit, ganz analog zu anderen Somnolenzen, wie z.B. dem Kampf gegen unsere gänzliche Eingliederung in den Bereich des Instinktiven und des Natürlichen oder der Reduktion auf objektive, objektivistische Muster – der Grundlage für alle Unwahrheit, die sich im menschlichen Wesen einnistet. Der große Kampf des überzivilisatorischen Radikalismus ist also ein Kampf für die Wachsamkeit.

Dieser Kampf aber ist sich nicht ausreichend über sich selbst im Klaren, wenn er vor allem, oder sogar ausschließlich, als eine Auseinandersetzung auf wirtschaftlicher und sozialer Ebene verstanden wird: d.h. als Klassenkampf und Auseinandersetzung um die Verteilung der ökonomischen Macht. Die Dringlichkeit des menschlichen Leidens berührt nicht nur seine physische Seite, sondern den *ganzen Menschen*. Die Dringlichkeit zu einer Veränderung der Verhältnisse spüren wir nicht angesichts von Schmerz und Hunger überhaupt – dann müssten wir die gleiche Dringlichkeit gegenüber den Tieren empfinden –, sondern angesichts von Hunger und Schmerz *menschlicher Wesen*, die als solche zu Freiheit und Wahrheit befähigt sind. Die Dringlichkeit des Schmerzes ist eine Notwendigkeit, denen zur Wahrheit zu verhelfen, für die sie aussteht, d.h. sowohl den Leidenden, die zu bloßen Dingen erniedrigt werden, als auch denen, die sich zu einer solchen Unterdrückung bereitfinden und die Stimme ihres Gewissens betäuben, die Stimme der Wahrheit in ihnen selbst. Das ist auch der Sinn jener großen Chiffre von der »klassenlosen Gesellschaft« und der »Aufhebung der Selbstentfremdung«, wie sie Karl Marx in seinen Jugendschriften propagierte.

Es findet sich bei Marx und im Marxismus anderes und Wahrhaftigeres als im reinen Hegelianismus, leider ist der Marxismus jedoch durch den Hegelianismus und seine objektivistische Dialektik der bloßen Kräfte – dies besonders in der Spätphase, die einer positivistischen Betrachtung der Realität sehr nahekommt – beinahe hoffnungslos kontaminiert. Den Kampf um die Vollendung der Geschichte betrachtet der Hegelianismus auf der Ebene eines sich ausgleichenden Willens zur Macht – das ist seine Theorie der »Anerkennung des Menschen durch den Menschen«. Marx hingegen denkt den Widerspruch von Herr und Knecht nicht bloß in solchen machtpolitischen Begriffen, sondern er kennt eine Dringlichkeit des Leidens an sich, ein Leiden, das gleichsam zum Gewissen spricht.

Solche Dringlichkeit des Leidens bekundet sich darin, dass es vor uns steht wie ein absoluter Imperativ. Der kategorische Imperativ ist nicht die Stimme einer abstrakten Vernunft, sondern eine Stimme menschlichen Leidens. Das Leiden kennt keine Verhandlungen, kennt keine andere Logik als die Logik seines innersten Wesens. Aus diesem Wesen aber geht hervor, dass es sich nicht mit einer illusorischen Antwort, sondern allein mit deren *realer* Erfüllung zufriedengeben will. Die Logik des Leidens, das ist die Logik der Realität – statt bloßer Entwürfe und Projekte ist sie deshalb auch eine Logik des Tätigseins, der *Aktion*.

Aus all dem geht deutlich hervor, wie die Logik des Leidens einen Menschen, der sich ihr nicht völlig verschließt, geradezu objektivistisch und materialistisch stimmen muss: Er will nicht reden und Projekte entwerfen, sondern er will etwas tun. Das ist die Wahrhaftigkeit der positivistisch-materialistischen Nüchternheit – sie bleibt nicht dort stehen, wo die Wahrhaftigkeit der geistigen Konzentration dem Wesen der Sache nach enden muss, nämlich bei der Wahrnehmung eines absoluten Unterschieds, bei einem Leben in diesem und aus diesem. Und vielleicht öffnet sich uns gerade hier der Blick auf eine der tiefsten Spannungen, eine der fundamentalsten Dialektiken des menschlichen Lebens.

(Heidegger sieht in der Verfallstendenz eine bloße Abkehr vom enthüllenden Sein zum enthüllten Seienden. Er erwähnt aber nicht, dass solch eine Tendenz selbst auch von *wahren*, echten Motiven herrühren kann, so wie es gerade die Hellsichtigkeit für das Leiden des Mitmenschen ist. In diesem Sinne kann der Materialismus eine Art von *Schweigen über das Wesentliche* sein, ein Schweigen, das der einzig adäquate Ausdruck dieses Wesentlichen ist. Solches Schweigen unterscheidet sich ganz grundsätzlich von dem materialistischen *Zorn*, der das Wesentliche nicht sieht oder nur teilweise sieht und davon ablenkt. Bei den russischen Materialisten des 19. Jahrhunderts, etwa bei Tschernyschewski oder einigen anderen Nihilisten, finden wir etwas von jenem Schweigen über das Wesentliche.)

Unser Bezug auf die fundamentalen Bereiche des Seienden kann grundsätzlich unter der Vorherrschaft der Authentizität oder der Täuschung stehen. Diese beiden Modi bilden erst die Voraussetzung für Wahrheit und Irrtum im logisch-theoretischen Sinne. Die Wahrhaftigkeit besteht darin, jede Region des Seienden in ihrer wesentlichen Beziehung zu dem zu sehen, was über dem Seienden »ist« (und damit zugleich: in ihrer Beziehung zum Ganzen des Seienden).

Dagegen lässt sich die unwahrhaftige Haltung so charakterisieren: In der *Beobachtung der Natur* besteht sie darin, 1) diese konfus, d.h. subjektiv, anthropomorph, mythisch, magisch zu betrachten; 2) sie als etwas Gegebenes, Unmittelbares zu nehmen, zu dem wir uns rein passiv verhalten, so wie jemand, der bloß die Augen öffnet, um sich dadurch das Universum schenken zu lassen; 3) sie »metaphysisch« zu sehen, d.h. *sub specie contradictionis*: unendliche Gegebenheit, definitive Unmittelbarkeit, endliche Totalität.

In Bezug auf die *Natur in uns selbst* besteht die Unwahrhaftigkeit in der Ignoranz gegenüber der schlichten Tatsache, dass wir in unserem ganzen Sein von der Natur berührt und durchdrungen werden. Es ist dies ein Versuch, den Instinkt in all seinen Masken und Metamorphosen zu ignorieren, eine Weigerung, die zu einem Instrument der Natur wird, um uns noch durchdringender zu bestimmen und in einen bloßen Instinkt zu verwandeln, der gesellschaftlich maskiert wird.

Unwahrhaftigkeit in Bezug auf *die anderen* besteht in der Selbstverschließung, in einem vermeintlichen Atomismus, in der Ignoranz für die Verbindung mit jedem menschlichen Schicksal und Abenteuer, im Ausblenden der gesellschaftlichen und sozialen Zusammenhänge, in denen jeder Zustand und Moment des Lebens, jedes Erlebnis steht, im Ausweichen vor der sozialen Verbindlichkeit und Schuldigkeit sowie, schließlich, in all den Selbstprojektionen und dem Illusionismus, der sich weigert, die Dinge anders als vor dem subjektiven Horizont zu sehen.

Die Unwahrhaftigkeit *im Ganzen*, die grundsätzliche Unwahrhaftigkeit, besteht darin, dass der Mensch sich nicht nur von seinem Ursprung abwendet (was normal ist, insofern uns dieser Ursprung in die Welt, unter die Dinge schickt), sondern dass er diesen seinen Ursprung vergisst und ohne ihn auszukommen meint. Der unwahrhaftige Mensch ist somit ganz grundsätzlich abgetrennt von allem Übermenschlichen und allen Kräften, die das zu Wort bringen, was kraft Macht und Willen des Menschen niemals auszusprechen, zu bezeichnen, festzuhalten ist.

Auf den ersten Blick scheint die Struktur »von der Unwahrhaftigkeit zur Wahrheit« durchaus einheitlich: wie ein Kampf gegen die Somnolenz, wie ein Appell an die Wachsamkeit für das, wovon unser Blick sich gleichsam instinktiv oder aus noch tieferen strukturellen Gründen abzuwenden neigt. Die Frage ist aber, ob diese Einheitlichkeit nicht selbst illusionär ist: Gibt es nicht vielleicht echte (wahrhaftige) Motive für unwahrhaftige Haltungen? Zweifelsohne resultieren keine wahrhaftigen Haltungen aus unwahrhaftigen Motiven; zur Wahrheit gelangt man sicher nicht durch die Unwahrheit. Aber, andersherum, es ist doch nicht ausgeschlossen, dass man durch die Wahrheit auch zur Unwahrheit gelangt – um einen solchen Fall könnte es sich z.B. bei Belinski und Tschernyschewski[54] handeln, auf die sich, richtig interpretiert, Nietzsches Diktum vom Christentum anwenden ließe: Christentum als Forderung nach absoluter Wahrhaftigkeit, die sich letztlich gegen es selbst wendet.

Eine Unwahrhaftigkeit aus unwahrhaftigen (d.h. verschließenden) Motiven muss nicht immer katastrophalere Folgen haben als eine solche aus wahrhaftigen Motiven. In beiden Fällen ist sie gleichermaßen wesentlich von Blindheit geprägt – egal, ob diese nun der Weigerung entspringt, die Schmerzlichkeit und Schwierigkeit der *condition humaine* überhaupt sehen zu wollen, oder ob wir sie zwar partiell wahrnehmen, aber aufgrund der Faszination für dieses Partielle nicht die menschliche Situation insgesamt sehen wollen.

Die Unwahrhaftigkeit aufgrund von Mutlosigkeit (Feigheit) im Angesicht des Ganzen ist eine Beschränktheit, die das ganze Leben umfasst und sich historisch in einer ganzen Reihe von Formen wie etwa Spießertum, Kleingeist, Pedanterie oder Selbstabstumpfung in der Arbeit äußern kann. Und auch jene zweite Weise der Unwahrhaftigkeit, die aus der Betonung des Partiellen anstatt des Ganzen hervorgeht, kennt verschiedene Ausformungen, die sich von den vorangehenden durch ihre besondere Intensität unterscheiden: hier hat der Fanatismus seine Wurzeln.

XI

Philosophisch verbindet sich die Entstehung der Überzivilisation mit einer tiefgreifenden Krise: Es ist dies die Krise der metaphysi-

---

54 [Wissarion Grigorjewitsch Belinski (1811–1848), russischer Philosoph, Literaturkritiker und Publizist. Nikolai Gawrilowitsch Tschernyschewski (1828–1889), russischer Schriftsteller, Literaturkritiker, Publizist und Revolutionär, bekannt vor allem durch seinen Roman *Was tun?*.]

schen Philosophie, hervorgerufen durch die Relativität der Wissenschaft, also jenes Prinzips, auf dem die Überzivilisation steht. Alle früheren Zivilisationen sind, sofern sie der Philosophie Platz gewähren, metaphysischer Natur – sie kennen weder die Relativität eines zwingend gültigen Wissens noch die rationale Technik, die sich auf dessen Grundlage entwickelt.

Die Entwicklung und das Auseinanderfallen der Überzivilisation in ihre beiden Versionen (eine radikale und eine gemäßigte) ließe sich in gewisser Hinsicht als allmähliche Abwendung von der Metaphysik beschreiben. Allmählich, denn die Metaphysik ist zäh und hat zu Beginn, in der Philosophie des 17. Jahrhunderts, eine deutliche Tendenz, die intellektuelle Herrschaft über das Prinzip des zwingend notwendigen Wissens zurückzugewinnen, das alte metaphysische System nur durch ein neues zu ersetzen. Schon das 18. Jahrhundert verwirft solche Versuche einer philosophischen Restauration, dennoch dauert es ziemlich lange, oft bis ins 20. Jahrhundert, bevor metaphysische Residuen auch in der eigentlichen Wissenschaft selbst, z.B. in der Newtonschen Physik, entlarvt werden. Auf die Restaurationsbestrebungen, Versuche zu einer neuen Dominanz, folgen Tendenzen eines Konservatismus, d.h. das Bestreben, wenigstens ein bestimmtes Minimum der Metaphysik zu retten, auch wenn sie sich nicht als neues *vorherrschendes* Prinzip etablieren lässt. Hierher gehören die negative Metaphysik und der Kritizismus des 18. und 19. Jahrhunderts. Die negative Metaphysik konzentriert ihre Zuversicht auf die Überzeugung, dass wir uns zwar nicht der *ganzen* Wirklichkeit bemächtigen können, aber doch einen absoluten Zugang zu ihr haben; Aufgabe des Wissens wäre es dann, diese Realität (über die im Vorhinein willkürlich entschieden wird) zu reproduzieren.

Ausdrucksformen der negativen Metaphysik sind zum einen der britische Empirismus, zum anderen die materialistische Metaphysik. Im negativen Charakter dieser Metaphysiken (sie kämpfen gegen das, was sie für traditionell metaphysisch halten) liegt begründet, warum sie sich bevorzugt mit dem überzivilisatorischen Radikalismus und seinem Kampf gegen die Tradition verbünden. Dabei jedoch sind sich diese Bestrebungen meistenteils gar nicht ihrer eigenen metaphysischen Prägung bewusst und vermeinen schlichte Verkünder eines neuen Prinzips – des Prinzips der Wissenschaft – zu sein.

Dieses *qui pro quo* wurde im Falle des britischen Empirismus vor allem durch den Kritizismus Kants aufgedeckt. Und auch für den dialektischen Materialismus gab es solche Versuche zur Offenlegung, die im Grunde richtig waren (die Revisionisten waren alle Kantianer), aber wenig konsequent vorgingen und den dialektischen Momenten in dieser Spielart des Materialismus kaum genügend Rechnung trugen.

Dass aber auch der dialektische Materialismus eine Variante des neometaphysischen Dogmatismus ist, geht schon daraus hervor, dass er sich bloß gegen die traditionelle Weise wendet, die Totalität zu erfassen, keineswegs jedoch gegen die Prätention als solche, die meint, diese Totalität ausschöpfen zu können. Statt auf den von Theologie und Ideenlehre diktierten Begriffen basiert die metaphysische Prätention hier auf Konzepten, die der mechanistischen Naturwissenschaft, einer objektivierten hegelschen Soziologie und einer dialektisch aufgefassten Volkswirtschaft entstammen – und all dies mit dem doppelten Anspruch auf wissenschaftliche Objektivität und metaphysische Totalität. Auch wenn diese Begriffe noch nicht in jedem Fall ausreichend genau sind, um die Wirklichkeit in ganzem Umfang einzufangen, so vermögen sie doch deren charakteristische Züge zu erfassen und zu bestimmen.

Besonders an einem wichtigen Begriff des dialektischen Materialismus, der für dessen Konzeption geradezu unentbehrlich ist, wird deutlich, wie sehr seine metaphysischen Konzepte von ihrem Ursprung her noch von den wissenschaftlichen Kategorien des alten Dogmatismus durchdrungen sind: Dies ist die sogenannte historische Notwendigkeit, wonach sich der geschichtliche Prozess mit logischer Zwangsläufigkeit und in Übereinstimmung mit den fundamentalen Gesetzen der Dialektik entwickelt. In dieser Auffassung historischer Notwendigkeit verbinden sich Hegels vermeintlich konstruktive (in Wahrheit bloß behauptete) Notwendigkeit des historischen Fortgangs und die Vorstellung eines Determinismus wie bei Laplace (eine Extrapolation des Prinzips der empirischen Determination). Nicht bloße Wahrscheinlichkeit, sondern »eiserne Notwendigkeit« im historischen Fortgang – das ist, was der dialektische Materialismus brauchte und was er weniger von Hegel als vielmehr aus dem »Fatalismus« der materialistischen Theorien des 18. Jahrhunderts, aus dem *Système de la nature*[55] und weiteren ähnlichen Metaphysiken, übernahm.

Der Humanismus dieser Metaphysik ist ein Titanismus, wie er durch die Hypostasierung der Kraft in der deutschen Literatur und Philosophie vorbereitet wurde. In der Realität ist dieser Titanismus jedoch unfähig, die Menschheit seinem heroischen Ideal zuzuführen. Ganz im Gegenteil, er bringt bloß eine gehorsame Masse von Menschen hervor, die aller Spontaneität beraubt sind und sich sogar darin gefallen, dass sie sich jeder eigenen Initiative begeben dürfen. Nur bei den wenigen herausragenden Individuen, die im Kampf um die Macht zum totalen Risiko befähigt sind und »ihre Sache auf nichts bauen«, hat dieser neue Lebensmodus überhaupt den Bereich dessen überschritten, was im Mechanismus einer Anspannung durch die Arbeit und der Befriedigung in der Erfüllung elementarer biologischer und sozialer Funktionen vorgegeben ist.

Die materialistische Metaphysik ist eine Halbheit, deren emsiges Radikalisieren keineswegs eine mangelnde Radikalität in grundsätzlichen Dingen wettzumachen vermag. Es ist äußerst schwierig, wenn nicht unmöglich, in der Geschichte Gesetze einer regelmäßigen Entwicklung aufzustellen. Doch lässt sich zumindest sagen, dass jener *ideelle Prozess*, den die Überwindung der Metaphysik für das moderne Denken darstellt, niemals zu seiner Vollendung – und damit auch zu seiner Beruhigung – gelangen wird, solange sich uns ein metaphysisches System welcher Art auch immer aufdrängt. (Wie charakteristisch die Überwindung der Metaphysik für das moderne Denken ist, zeigt sich im Übrigen neben der Entwicklung in Wissenschaft und Philosophie auch an der modernen Literatur und Kunst, die von einem immer klareren Bewusstsein ihrer Autonomie getragen werden und von der Überzeugung ausgehen, dass sie Aspekte der Wahrheit aufzuweisen vermögen, die anderen Ausdrucksformen ganz unzugänglich sind.) Die Metaphysik jedoch wird nicht überwunden, wenn sie nicht in ihrem Verhältnis zum Nihilismus gesehen wird: Die Metaphysik ist nicht die Überwindung des Nihilismus, sondern dessen eigentliche Brutstätte. Sie steht also in einer weit engeren Beziehung zum Nihilismus, als es vielleicht den An-

---

55 [Vgl. Paul-Henri Thiry d'Holbach, *Système de la nature, ou, des lois du monde physique et du monde moral*, 2 Bände, London/Amsterdam 1770 (deutsche Übersetzung 1783).]

schein hat. Und wenn sie in ihrer konkreten gesellschaftlichen Realisierung bestimmte verbindliche Ansichten vorschreibt, so sind diese doch nur eine Flucht in die objektive Verlässlichkeit, eine Flucht, die dem Bereich des Glaubens, des Entscheidens und der Entschlossenheit zu entkommen sucht. In der ideellen Armut des Liberalismus fällt diese nihilistische Tendenz ganz offenkundig ins Auge: ein Verfall, der sich nicht zu verbergen weiß. In dem undurchsichtigen und geleugneten metaphysischen Streben des Materialismus bleibt dieser Nihilismus verhüllt und wird sich seiner selbst nicht bewusst. Doch gerade deshalb wirkt der hier verborgene Nihilismus umso dämonischer.

Zu seinen dämonischen Facetten gehört auch, dass die Anhänger dieser Metaphysik niemals bewusst jenes Tiefere eingestehen können, das all ihren Bemühungen eine weit größere Rechtfertigung zu geben vermöchte, als sie selbst es mit ihrem oberflächlichen, radikal objektivistischen Denken und ihrem phantastischen Fatalismus konnten. Zwangsläufig müssen sie daher eine Art von Eschatologie und Mythologie in die Realität hineintragen, diese gewissermaßen metaphysizieren und den realen empirischen Prozess als einen solchen von absoluter Bedeutsamkeit begreifen, der ihnen gestattet, darin als unbarmherzige Richter und – dort, wo es möglich ist – auch als absolute Herren aufzutreten. Zwangsläufig müssen sie sich zur Geschichte und zur Gesellschaft mit einer sachlichen Kälte verhalten, ihr begegnen wie ein Experimentator, ohne jenes vermenschlichende Moment, das dem Bewusstsein für die Grenzen aller Schematisierungen entspringt, dem Bewusstsein, dass diese immer in den lebendigen Körper des Menschen einschneiden.

Bleibt also der Radikalismus eine bloße Etappe im Prozess der Moderne und ihrer Befreiung von der Metaphysik? Manchmal scheint es, als ob der Übergang von der positiven zur negativen Metaphysik solch eine Bedeutung haben könnte, als ob die Loslösung von der Metaphysik sich in Etappen vollziehen muss, auf einem Weg, der ausgehend vom Sichtbaren und Auffälligen hin zu einer Enthüllung des Unscheinbaren und Verborgenen, des stillschweigend Vorausgesetzten verläuft. Haben nicht auch die Vorkämpfer des dialektischen Materialismus selbst schon genau diese Erfahrung gemacht? Stand nicht genau dies zur Debatte in den Auseinandersetzungen, die sie vor allem mit den liberalen Mitstreitern aus dem

Kreis der »Berliner Freien«[56], den Linkshegelianern Bruno und Edgar Bauer, mit deren Glauben an die Kraft der Dialektik des Geistes und der Freiheit führten? Oder aber mit Stirner und seinem abstrakten Einzelnen, mit Feuerbachs abstraktem Materialismus und Humanismus? Und wissen wir nicht, dass – um ein Beispiel aus der Wissenschaft zu nehmen – die moderne Physik Überreste der alten Metaphysik in der Mechanik Newtons offengelegt hat, die mit ihrer Lehre von Zeit, Raum und Kraft prätendiert, direkt aus der gewöhnlichen Anschauung selbst den absoluten Rahmen des Naturgeschehens ablesen zu können? Sind wir nicht immer noch inmitten dieses Prozesses begriffen, der die metaphysischen Elemente in unserem vermeintlich positiven Wissen zu identifizieren sucht, und muss uns das nicht auch da zur Vorsicht mahnen, wo es nicht um die Physik und ihre Axiome geht?

Die Entwürfe einer negativen Metaphysik, die den Menschen verarmt und ihn um eine Vielzahl seiner Möglichkeiten bringt, dürfen nicht die Vollendung jenes Prozesses sein, in dem die metaphysische Form des Denkens und des Lebens in eine nicht-metaphysische übergeht. Eine Vollendung dieses Prozesses kann nur in der *Demarkation* dieser Möglichkeiten, in einer Ausmessung ihrer jeweiligen Autonomie bestehen. Die neue Gesellschaft darf nicht auf Illusionen gegründet sein, insbesondere nicht auf der Illusion, dass wir einen direkten Zugang zur Realität hätten und dass wir das Ganze (zumindest seinen Grundzügen nach) begreifen könnten. Die negative Metaphysik beruhte vor allem auf dem Versuch einer metaphysischen Begründung der Wissenschaft. Umgekehrt kann aber nun das Bestreben, die Wissenschaft von der Metaphysik zu befreien, auch nicht heißen, sie von der Realität abzutrennen, indem etwa behauptet wird, sie vermöchte die (gegenständliche) Realität überhaupt nicht zu erfassen. Sie kann diese erfassen, aber immer nur partiell und schematisch, nicht in Gänze und in einer direkten Unmittelbarkeit. Gleichwohl aber gibt es ganz unbestreitbar solche Gesamtheiten, die mehr als eine bloße Zusammenstellung von Teilen sind, und da nun unsere Schemata alle nur partiell sind, können wir niemals sicher sein, den Kern der Realität vor uns gebracht zu haben

---

56 [Als *Die Freien* bezeichnete sich ein Kreis von Junghegelianern in den vierziger Jahren des 19. Jahrhunderts.]

– auch wenn unsere Schemata in ihren praktischen Resultaten noch so erfolgreich sind.

Zivilisation und Erlösung

Die Zusammenfassung allen gesellschaftlichen Übels legt Karl Marx in den Begriff der entfremdeten Arbeit. Hier befindet sich deshalb der Schwerpunkt des Übels, weil das Wesen des Menschen Arbeit ist, wodurch entfremdete Arbeit = entfremdeter Mensch. Hegelsch gilt als das Wesen der Arbeit die Befreiung, so dass die Arbeit in ihrem Resultat = Freiheit. Freiheit ist aber der Geist, d.h. die Identität des Subjekts und des Objekts mit der Herrschaft des Subjekts über das Objekt. Arbeit = Absolutheit des Menschen, die erwacht. Entfremdung der Arbeit = Abhängigkeit (und zwar scheinbare, »fetischistische« Abhängigkeit) des Menschen.

Marxens Analyse der entfremdeten Arbeit zielt darauf ab, die historische Wurzel der Entfremdung aufzuzeigen. Diese Wurzel ist *die Arbeit als Ware*. Wenn die Arbeit eine Ware ist, d.h. ein Gegenstand, eine Sache, dann ist Entfremdung die notwendige Folge, und zwar als eine Selbstberaubung des Lebens, die vom Arbeitenden praktiziert wird. Diese Beraubung ist nicht Resultat einer äußeren Notwendigkeit, sie ist auch nichts dem Wesen des Menschen Zugehöriges, sondern ergibt sich bloß aus unserer Natur als eine wichtige, aber keineswegs unumgängliche Möglichkeit. Dort, wo der Mensch noch nicht frei ist, d.h. wo er 1) nicht ganz real, 2) nicht ganz gesellschaftlich, 3) nicht ganz »Gattungswesen« ist, wird er unvermeidlich zur Sache, d.h. zu einer entfremdeten Arbeit = zu einer sich zugunsten eines anderen entfremdenden Arbeit.

Wenn aber andererseits die Arbeit selbst eine wesentliche Seite, ja sogar die eigentliche Definition des Menschen ist, dann *muss* die nicht entfremdete Arbeit etwas sein, das für den Menschen um nichts mehr eine Belastung ist als das Sein, sie muss ihm natürlich sein, muss für ihn eine Funktion sein, deren Entwicklung zum normalen Fungieren, zur bloßen »Gesundheit« seines Wesens dazugehört wie eine jede organische Funktion, nur mit dem Unterschied natürlich, dass die Arbeit wesentlich gesellschaftlich und historisch ist, so wie es übrigens auch das Wesen des Menschen selbst anzeigt (in der Historizität liegt nämlich die Unterscheidung des Menschen von anderen Lebewesen).

Folglich hat die nicht entfremdete, die freie Arbeit bei Marx niemals einen asketischen Zug, sie hat nie mit Opfer und Selbstverleugnung zu tun. Auch wenn sie schwerfällt – und die Schwere der Arbeit leugnet Marx nicht –, wird sie letztlich mit Freude ausgeführt, gern getan. Die befreite Arbeit setzt, um sie auszuführen, weder eine *vis a tergo*, noch eine *vis a fronte* voraus. Sie wird zu einem »Bedürfnis« des Menschen.[57]

Sein philosophisches Konzept beschränkt Marx nun auf das Problem des Ausgleichs zwischen Natur und Mensch, »Vermenschlichung der Natur« = Natur, »Vernatürlichung des Menschen« = Geschichte. Da Natur und Geschichte ihm natürlicherweise »dialektisch« scheinen, d.h. als eine Entwicklung in Widersprüchen, meint er, dass er einer Logik = eines gemeinsamen Plans für beide entbehren könne. Daher die Natur als Grundlage: ein feuerbachscher Naturalismus, der zusammen mit einer objektiven Ontik und einem hegelschen Totalismus die »materialistische« Philosophie ergibt. In dem objektiv materiellen Substrat ist letztlich alles implizit enthalten, was die spätere Entwicklung expliziert. Der Gang der Geschichte ist zwangsläufig, Freiheit sein notwendiges Resultat. Da die Wissenschaft »materialistisch« ist, d.h. in ihren erfolgreichsten Teilen eine Wissenschaft letztlich beherrschbarer stofflicher Objektivitäten, spricht die Realität der modernen Welt selbst am stärksten zugunsten des gesamten Konzepts.

Die Moral wird von der Frage der Verantwortlichkeit delegiert an das Wesen der Geschichte, seine historische Verdunkelung und neuerliche Entdeckung. An die Stelle des moralischen Appells an die Verantwortlichkeit tritt so der Automatismus der Geschichte.

---

57 Selbstverständlich ist es so, dass auch die »natürlichen« Funktionen und Tätigkeiten des Menschen schmerzhaft, gefährlich und riskant sind, z.B. das Gebären. Gerade bei ihnen zeigt sich aber, dass »die Natur« diese Seite übertüncht, sie wenn möglich durch irgendein mächtiges sinnliches Lockmittel »maskiert«. Das gibt es bei der Arbeit nicht. Die Arbeit gehört eben nicht in den Bereich der Tätigkeiten und Funktionen, die ursprünglich ihren Lohn irgendwie in sich selbst hatten. Man kann sich allenfalls sekundär in die Arbeit verlieben, sie gern zu haben lernen, aber sie von Beginn an und instinktiv zu lieben, ist schwerlich möglich.

Das hat einige beachtliche Vorteile für die Doktrin, wenn sie zugleich ein Werkzeug des Handelns sein soll. 1) Nichts imponiert dem Menschen so wie Realität und Notwendigkeit: Die Menschen begeistern sich und arbeiten gern für das, was unvermeidlich ist, was notwendig geschieht, was in diesem Sinne schon real *ist*. 2) Idee, Askese, Verpflichtung sind wenig anziehende Motive, wohingegen die »natürlichen« Motive attraktiv und zugkräftig sind. Was sich natürlich verwirklicht und verwirklichen wird, beruhigt zugleich unser natürliches Begehren, so dass der Mensch dabei seine instinktive Natürlichkeit in keiner Weise unterdrückt, sondern sie im Gegenteil entwickelt. 3) Der philosophische Vorteil besteht darin, dass alle schwierigen Fragen, alle undurchsichtigen Dualismen und Disharmonien, die der Mensch tragen muss, um das Leben einigermaßen menschlich zu machen, sich zumindest in ihrer zukünftigen Form zu einer gleichermaßen wirklichen wie ersehnten Harmonie vereinfachen, die schon jetzt real ist. 4) Die praktische Haltung, die sich aus der Doktrin ergibt, ist eine Form des Glaubens mit seiner Ausrichtung auf das Zukünftige sowie einer Abhängigkeit von ihm, also praktische Askese, was das Gegenwärtige betrifft, kombiniert mit einem theoretischen Streben zum »natürlichen« Leben, das zwar heute noch nicht möglich ist, aber in der Zukunft realisiert werden wird. So werden zwei Seiten der menschlichen Natur gleichermaßen befriedigt, die »verantwortliche« und die »natürliche«, wobei der theoretische Vorrang auf die zweite fällt, der praktische auf die erste.

Marx wirft Hegel vor, dass sein Begriff der Arbeit sich letztlich in eine bloß abstrakte geistige Arbeit, d.h. in ein abstraktes philosophisches Denken verkehre, das lediglich »die Objektivität der Welt vernichtet«, ansonsten aber alles beim Alten und die konkrete Arbeit in der Entfremdung belässt.

Hegel könnte darauf antworten, dass die Arbeit als Subjekt, als das Wesen des Subjekts, ihrem tiefsten Ausdruck nach dem philosophischen Denken gleichkommt, weil das Subjekt seinem Wesen nach absolute Negativität ist. Ohne diese, ohne absolute Negativität ist aber weder eine Dialektik in hegelscher noch in marxistischer Gestalt, also eine Geschichtsdynamik der Widersprüche, möglich. Gerade wenn Natur = Mensch und Geschichte = Natur, muss auch diese Entwicklung durch den Widerspruch (von Subjekt und Objekt) gehen. Warum nämlich befreite Arbeit = Entstehung des natürlichen Menschen = Lösung der Weltfrage? Weil Arbeit = Absolutes,

Urwesen des Alls (Welt = Natur = Mensch = Arbeit). Geschichte ist nur dialektisch möglich (nur Dialektik ist wahre Dynamik), obschon Dialektik = Freiheit, nämlich Überwindung der bloßen Objekthaftigkeit; diese Überwindung = Aktivität, Praxis, Subjektivität, Menschlichkeit; befreite Arbeit ist bei Marx Ausdruck für das Absolute, für das, was im wahren Sinne frei ist, weil ihm nichts übergeordnet ist.

*

Marx' Begriff der Arbeit setzt also Hegels absolutes Bewusstsein voraus, anstatt es zu beseitigen. Befreite Arbeit ist absolutes Wissen, das praktisch wird, d.h. die tatsächliche, reale Gestalt des Menschen, seine ökonomisch-sinnliche (»natürliche«) Realität verändert. Absolutes Bewusstsein lässt *diese* Realität beiseite, überspringt sie. Der Begriff der befreiten Arbeit hingegen findet hier seine hauptsächliche Anwendung, es geht ihm nicht um ein Konstatieren des Veränderten, sondern um die Veränderung selbst.

Aber hier tritt der Doppelsinn des Wortes von der »Natur/Natürlichkeit« des Menschen hinzu. Es existiert eine »Natur« im Sinne der positiven Gattungsessenz, und es existiert Natur im Sinne der negativen Essenz, einer solchen, die wesenhaft veränderliche und leere Orte enthält. Natur im Sinne der positiven Essenz ist das, was wir nicht nicht sein können; im Sinne der negativen Essenz ist es immer nur eine *Möglichkeit*, zu der wir uns auf bestimmte Weise verhalten müssen, die wir auf die eine oder andere Weise auf uns nehmen, zu der wir uns »verantwortlich« bekennen müssen (Verantwortlichkeit – Antwort auf die Frage, nicht Unlösbarkeit).

Bei Marx endet die alte Philosophie der bloßen Kontemplation, des bloßen Konstatierens dessen, was ist, auch und gerade wenn dieses Konstatieren das Ganze berührt. Aber Marx schleppt immer noch die Metaphysik und eine von ihr abhängige Anthropologie mit sich, die im bloßen Konstatieren verankert ist: Solcherart ist der Begriff der zirkulären Geschichtsphilosophie, den er von Hegel geerbt hat, sowie alle übrigen Begriffe, die damit zusammenhängen (Arbeit, Subjekt – Objekt, Natur = Mensch).

Die Frage »warum arbeitet der Mensch eigentlich?« ist nicht nur eine Frage danach, wer und was den Menschen zum Arbeiten nötigt. Die Arbeit ist wahrscheinlich keine Erfindung des Knechtes, sondern die knechtische Arbeit war wohl zu allen Zeiten eine degenerierte Form, die zwar historisch unvermeidlich war, aber immer eine andere Form neben sich hatte.

Der Mensch arbeitet letztlich deshalb, weil er kein unmittelbares Wesen ist, sondern ein verantwortliches Wesen, und das heißt antwortend auf eine Herausforderung. Er arbeitet deshalb, weil er Sorge trägt. Er trägt Sorge, weil er zwar keine umfassende Absolutheit hat, aber eine abhängige und relative Freiheit = Verantwortlichkeit.

*

Was sind die Quellen des radikalsten aller modernen Radikalismen?

Grundlage ist ein hegelsch-feuerbachscher, pantheistisch inspirierter Humanismus: In der Ökonomie des Weltganzen rückt der Mensch auf in die Rolle des letzten Ziels, er wird zum höchsten Gut und allumfassenden Sinn des Weltgeschehens.

Zweiter Teil

Europa und Nach-Europa

Die nacheuropäische Epoche und ihre geistigen Probleme

I

Der folgende Versuch wird wahrscheinlich Historikern als unhistorisch und Philosophen als zufälligen geschichtlichen Ereignissen verhaftet erscheinen; beide werden das Konstruktive darin beanstanden. Er nimmt dieses Risiko willig in Kauf, denn seine Absicht ist es, Probleme vor Augen zu führen, die uns die Bedrängnis durch das Nächste verstellt, und Nächstes abzubauen und Fernes sichtbar zu machen erfordert Konstruktion – und sei es als Demolition.

Der Essay geht von einer Hypothese aus, die sich ihrer Gewagtheit bewusst ist. Den ganzen Gang der europäischen Geschichte um ein einziges Prinzip kreisen zu lassen oder vielmehr um eine einzige, obschon große und entscheidende Folge aus diesem Prinzip, scheint von vornherein ein unwahrscheinliches und hoffnungsloses Unternehmen zu sein. Das Wagnis wird dadurch erleichtert, dass ein großer Denker den Weg wies, auf dem so etwas wie ein Prinzip der europäischen Geistigkeit im Unterschied zu allen anderen gefunden werden kann: Wir meinen Edmund Husserl und sein der Erneuerung der Rationalität gewidmetes Werk *Die Krisis der europäischen Wissenschaften*.[58] Dass Europa der Logos und die Ratio ist, wurde freilich von jeher gesehen, auch, dass hier die Allgemeinheit und Universalität aufbricht, welche die Welt zu *einer* Welt zu machen allein imstande war. Doch was das heißt: Logos und Ratio, konnte erst klar werden, nachdem Meinung und Einsicht in ihrem Grundgefüge, in ihrer wunderbaren, früher nie untersuchten und

---

58 [Edmund Husserl, *Die Krisis der europäischen Wissenschaften und die transzendentale Phänomenologie*, hg. von Walter Biemel, Husserliana Bd. 6, The Hague 1954. Husserls letztes, unvollendet gebliebenes Werk geht auf Vorträge zurück, die er 1935 in Wien und Prag gehalten hat; die Teile I und II erschienen 1936 in Belgrad.]

durchschauten, geheimnisvollen Trivialität aufgeschlossen wurden, wie es durch diesen Denker geschehen ist. Zu den platonischen Unterscheidungen zurückkehrend, die ältesten Weichen abtastend, wo Entscheidungen über tausendjährige Bahnen der Vernunft fielen, hat Edmund Husserl Vernunftproblemen erst jene konkrete Gestalt gegeben, die sie zum Schlüssel einer geschichtlichen Fragestellung werden lässt.

Nachdem Husserl in den *Logischen Untersuchungen*[59] auf die ursprünglichen platonischen Unterscheidungen zwischen Ausdruck und Bedeutung, Meinung und Gemeintem (die in den platonischen Termini ὄνομα, λόγος, δόξα, νοῦς und ἐπιστήμη als Probleme angedeutet sind und sich am Ende einer durch Platon gestifteten Tradition befinden) zurückgegangen war und nachdem er sowohl die Tiefe der Motivation des Platonismus im Denken von Idealeinheiten als auch die Gefahren der Hypostasierung des Idealen zum metaphysischen Sein durchschaut hatte, konnte im Alterswerk zum ersten Male in der Geschichte des Denkens die grundsätzliche Gebundenheit der Episteme an die Doxa aufgezeigt werden: Die Produkte der Episteme, des aktiv-reflektierten Denkens fließen zwar in die Lebenswelt ein, formen sie um und verwandeln sie sowohl in ihren Einzelheiten als auch in ihren Grundstrukturen, können sie jedoch nie überholen und entbehrlich machen, sondern bleiben grundsätzlich auf sie bezogen und nur von ihr aus verständlich. Das Ideal einer totalen Reflexion, die mit definitiver Klarheit dasjenige, was sie *sieht*, zu unterscheiden weiß von demjenigen, was sie annimmt, meint und vermutet, ist wohl nicht realisierbar, bleibt aber als Streben nach einem Maximum an Klarheit gültig und zeichnet die Möglichkeiten, den Weg eines Lebens zur Wahrheit und in der Wahrheit vor, welcher von Philosophie und Wissenschaft beschritten wird.

Weder Demokrit noch Platon vermögen uns deshalb zu überzeugen, dass das von ihnen Erblickte das wahre Seiende sei, und nicht das durch ihre Sicht, durch ihre Meinung, ihre Doxa vermittelte Seiende. Aber auch die idealistische Zuversicht, in der Reflexion auf die denkende Meinung erfassten wir das Erfassbare rein und definitiv, hilft über den blinden Fleck in unserer Sicht nicht hinweg; denn

---

59 [Edmund Husserl, *Logische Untersuchungen* (2 Bände, zuerst erschienen 1900 und 1901), Husserliana Bd. 18 (1975), hg. von Elmar Holenstein, und Bd. 19 (1984), hg. von Ursula Panzer, The Hague.]

es ist weder beweisbar, dass die Prätention unserer Deutungen, ein Sein außerhalb der Deutung selber zu erfassen, sinnlos ist und die Deutung eigentlich eine Selbstdeutung sei, noch, dass die Deutungen erschöpfbar sind und eine in sich begreifliche Progression bilden. Um das subjektive Sein ist es nicht besser bestellt als um das Natur-, Ideen- oder Göttlichsein, weder was die Unmittelbarkeit der Erfassung des Dass und Was betrifft, noch was die Möglichkeit angeht, eine erschöpfende Totalität des Inhalts seiner Selbstansichten zu bewerkstelligen und auf diese Weise wenigstens anzudeuten, dass es sich hier um eine schöpferische, absolute Reflexion handelt.

Ist aber der Weg der Reflexion, das Verlangen des Menschen nach mehr Bewusstheit, ursprünglich in der praktischen Sphäre beheimatet, in dem Bedürfnis, im Widerspruch der Meinungen und Menschenwelten festen Boden zu gewinnen, und sind wir für die Unterscheidung dessen, was Sein und was bloße Meinung über das Sein ist, auf die gegenseitige kritische Zergliederung der philosophischen Einsichten, also auf den philosophischen Grunddialog angewiesen, dann ergeben sich folgende Thesen: Das philosophisch-wissenschaftliche Denken als ursprünglich praktisch verankertes ist keine bloße und reine *Sicht*, sondern *Weg*, und es ist eine immer wieder erfolgende Verirrung, wenn es alles auf eine metaphysische Endgültigkeit setzt. Andererseits ist aber gerade auch in dieser Praxis, und zwar in ihrer Einsichtskomponente, eine gewisse Berechtigung des Ausgreifens der Reflexion über die Anschauung des Vorgegebenen hinaus vorhanden, selbst wenn das Vorgreifende selbst nicht vollständig geklärt ist; es genügt, wenn es einsichtig verpflichtende, im Vorreflexiven angelegte Funktionen erfüllt; dann kann die Reflexion zwar nie für sich allein Quell von Erkenntnis und Wahrheit werden, aber sie hat jedenfalls *die Formung* des naiv Vorgegebenen zu vollziehen in Richtung auf Einheit und Universalität. Das Wahre ist dann zwar natürlich die Gabe einer Einsicht, aber einer Einsicht des Guten: Es ist nicht bloß da, sondern es gilt für uns, wir haben dafür einzustehen und dadurch uns selber erst zu einer Einheit, wo Eingesehenes universal gilt, zu gestalten.

So hat das Wissen als Einsicht zwei große Aufgaben übernommen: das Vorgegebene begreiflich zu machen und das Selbst zu gestalten. Beide sind untrennbar und doch in einer Spannung, die immer wieder zu einem Zerbrechen zu führen droht. Zerbrechen bedeutet aber Aufklärung über das Gegebene ohne Selbstbeherrschung einerseits, Streben zum Einen, Universalen und Ewigen unter Verachtung oder Vernachlässigung des Gegebenen auf der anderen Seite.

Der Husserlsche Gedanke, dass die Wissenschaft in jetziger Gestalt die Einsicht fahren ließ um des (theoretischen und praktischen) Erfolgs willen, weist so im Grunde in die praktische Richtung, in das Wissen als verbindliche, verantwortliche Selbstformung zurück. Und das bedeutet wiederum: Man muss, falls Europa, wie Husserl behauptet, Einsicht bedeutet, sich in diese praktische Dimension des Wissens vertiefen, um Europa zu begreifen. Wir haben den Versuch gewagt, die großen Umrisse dessen zu zeigen, was beide Arten von Metaphysik praktisch für die europäische Welt bedeuten mussten: wie die eine geholfen hat, ihre moralischen Ideale und ihre großen universalen Institutionen aufzubauen, und die andere, ihr die Naturkräfte in die Hand zu geben und damit Mittel einer kurzfristigen Weltherrschaft.

So weitet sich die Husserlsche Kritik der modernen Wissenschaft (die als Methodenhypostasierung sich eindeutig in die letztere metaphysische Linie einordnet), indem man den Husserlschen Gedanken einer verantwortlichen Haltung als Kern des Wahrheitsstrebens und des philosophischen Lebens zugrunde legt, ganz natürlich zu einer Aussicht auf das Werden der europäischen sittlichen Welt; jener Welt, wo gewaltigste äußere Katastrophen nichts gegen einen geistigen Kern, den Willen zur einsichtigen Begründung in Einheit und Allgemeinheit, vermochten und nur die Rolle des Zerbrechens des Beschränkten und Zufälligen spielten; einer Welt aber, wo das Aufgehen in der Äußerlichkeit zuerst das Streben nach grundsätzlicher Einsicht verdunkelte, die Universalität sich verflüchtigen und die Partikularität obsiegen ließ, und wo die gebändigten Naturkräfte dann mobilisiert wurden, um Europa, seine Institutionen und Lebensmächte zu sprengen und zu vernichten.

Von diesem Gesichtspunkt aus musste die merkwürdige Verbindung und Entgegensetzung von Demokrit und Platon für uns eine grundsätzliche Bedeutung gewinnen. Platon scheint uns, als Urstifter europäischer Ideale und als Begründer der philosophischen Staatslehre, der Ausgangspunkt einer wunderbaren Entfaltung. Herrschaft der Vernunft, Herrschaft des und der Geistigen, geistige Autorität, diese Kernworte Europas sind von ihm geprägt und die Grundlage des späteren Aufbaus, dessen Linien zum Teil ungemein verschlungen sind. In der neueren Zeit hat kein geringerer als Auguste Comte diese Themen als Zentrum der Geschichte (für ihn war es im Prinzip die europäische) anerkannt.

Comte hat, ohne zu erwähnen, dass er platonisches Erbgut zu erneuern sich bemühte, das Ende der metaphysischen Vernunft als Bedingung dieser Erneuerung proklamiert. Dass er vom Ende der Metaphysik keine klare Vorstellung zu gewinnen vermochte, kann durch die Analyse seiner Darstellung der Auflösung der theologischen Ordnung des Mittelalters belegt werden. Sein Gesetz von der Ablösung des theologischen durch das metaphysische Stadium und dessen wiederum durch das Positive ist eine Schreibtischkonstruktion, die vom Vernunftwerden in seiner inneren Struktur grundlegend abweicht. Weder was Metaphysik ist, noch was Theologie, ist Comte klar und mit Geschichtsverständnis analysiert. Es genügt deshalb auch nicht, in seiner großartig entworfenen, aber das Geschichtliche verkehrenden Konstruktion das Wort »theologisch« durch »mythisch« zu ersetzen, wie es oft in der späteren Zeit geschah. Es gibt kein Naturgesetz des Wachstums der Vernunft, sondern den Ein- und Durchbruch der Vernunft im geschichtlichen Prozess, in dem sie vorher nur als gebundene, nur als eine der dienenden Menschenkräfte da war, es gibt die Enthüllung ihres Vorrangs unter den Möglichkeiten des Menschen, die Enthüllung ihrer Universalität. Das und nichts anderes ist das Werk der Metaphysik gewesen, und aus diesem Grunde kann die Metaphysik niemals die Theologie ablösen, sondern nur die einzige Theologie vorbereiten, welche diesen Namen verdient, nämlich die christliche.

Vielleicht kann das Husserlsche Werk, geschrieben, um die letzte Katastrophe der europäischen Welt *zu verhüten*, zur Beleuchtung der Situation der Menschheit *nach* der Katastrophe noch dienlich sein und sogar ein Stück des Weges in die nacheuropäische Welt erhellen. Um dies tunlichst zu erreichen, müssen wir freilich unterscheiden zwischen erstens dem europäischen Prinzip (dem der vernunftgemäßen, d.h. der alles Handeln und Denken einsichtig begründenden Reflexion), zweitens Europa als einheitlicher politischer, sozialer und geistiger Wirklichkeit (in ihrer Vorbereitung, ihren faktisch-geschichtlichen Einheitsinstitutionen und ihren auch nach Auflösung zu souveränen Partikularorganismen noch Einheit bewirkenden Kräften) und drittens Europas Erbe (*das Erbe* besteht freilich in demjenigen, was alle *die Erben* von Europa übernehmen, was sie als selbstverständliches Gemeingut reklamieren: Wissenschaft, Technik, rationale Wirtschafts- und Gesellschaftsorganisation). Erst diese Übernahme des Erbes hat den Erben ermöglicht, zu sein, was sie sind. Das Ende von Europa als historischem Machtgebilde, welches die übrige Welt überragte und vergeblich nach der Herrschaft über das Erdganze griff, ist mit der Generalisierung des europäischen Erbes verbunden. *Die Erben* sind freilich recht verschiedenartig. Die einen sind Europas legitime Nachkommen, die zu planetarischer Größe gewachsenen, selbständig gewordenen Sprösslinge aus seinem Leibe; in ihnen ist zu einem Gutteil Europa weiter wirksam, wie sie ihrerseits auch auf Europa zurückgewirkt haben, nicht nur politisch, sondern auch im Geistigen. Die anderen aber sind im Grunde Voreuropäer, und zwar auf verschiedenen Stufen des Voreuropäischen: im europäischen Zeitalter entweder abseits stehend oder nur Objekte, nie Subjekte in der von Europa initiativ gehandhabten Geschichte. Europa hat zwei Wege zur Erderschließung gewiesen: einen äußeren der Welteroberung und Weltbemächtigung, an dem es zugrunde gegangen ist als historisches Einheitsgebilde; einen inneren der Erderschließung als Welterschließung, des Werdens der Lebenswelt zur Welt, und den gilt es vielleicht nach den äußeren Katastrophen und inneren Wirrnissen und Versäumnissen wiederzufinden und zu Ende zu gehen.

Unsere Betrachtung der europäischen Geschichte könnte leicht den Verdacht einer rein ideologischen Geschichtskonstruktion wecken. Wir möchten, um diesem Verdacht zu begegnen, die Husserlsche These von der Eigenart der europäischen Geschichte folgendermaßen formulieren: Die europäische Geschichte ist nicht etwa durch einen mysteriösen Vorrang der Idealfaktoren vor den sozial-wirtschaftlichen ausgezeichnet, sondern dadurch, dass hier von Anfang an der Versuch unternommen wurde, durch Einsicht in die Struktur von Natur, Seele, Gesellschaft, also durch Reflexion, die vorgegebene, d.h. erscheinende Wirklichkeit zu formen. Den Hader über den Vorrang von Real- oder Idealfaktoren in der Geschichte halten wir für unfruchtbar, den über den Vorrang des Seins vor dem Bewusstsein für schlecht formuliert. Ein Bewusstsein im Sinne einer cartesianischen, in sich selbst abgeschlossenen und reflexiv ihrer selbst gewissen Substanz gibt es allem Anschein nach nicht. Dafür ist aber jedes Interesse (und Realfaktoren von Wirtschaft, Technik, Sozialorganisation drehen sich um Interessen) auf die Weltoffenheit des Menschen angewiesen, die deshalb selber zu den Realfaktoren des Geschehens gehört. Die Idealfaktoren der ausdrücklich, aktiv erzeugten Gedanken bewegen sich von vornherein im gesellschaftlich grundsätzlich mitbestimmten Interessenfeld; dieses Interessenfeld ist aber selbst durch einen Gegensatz von »idealem« Aufschwung und Bequemlichkeit des Verfalls gekennzeichnet. Wenn man von diesem Gegensatz ausgeht, wie wir ihn hier anzudeuten versuchen, entdeckt man erst den »idealen« Kern der Entwicklung gegenüber Versuchen, ihn als *reines* Epiphänomen eines »objektiven Geschehens« zu interpretieren; es sind Idealfaktoren, die eine *eigene* Dynamik mit sich bringen, und zwar nicht nur im Verhältnis zur Natur, sondern auch zu uns selber – eine Dynamik, die nicht auf die gesellschaftliche Dynamik zurückzuführen ist. Ohne diese Ausdrücklichkeit wären all die Bezugspunkte einer Selbstsuche und Selbstfindung unentdeckt geblieben, als da sind Allgemeinheit und Individualität, Sein, Nichtsein und Seinsverminderung, Zeit und Ewigkeit, Verantwortung und Verbindlichkeit, Freiheit als Selbstbestimmung und das unendliche Ringen um all dies, kurz die Ausdrücklichkeit des ganzen Problems und Adels der Menschenseele in ihrem Streben nach einem Sich-selbst-Verstehen und nach Verwirklichung in innerer und gesellschaftlicher Gestalt. All diese Begriffsgehalte gibt es zwar nur durch ein ausdrücklich-gedankliches Verhalten und in ihm, aber eine praktische Ideengeschichte, die den Gang ihrer Ausarbeitung verfolgt, muss sich immer wieder überzeugen, wie das Ideologische nicht als abstrakter Gedanke, sondern nur in Gestalt sittlicher Einsicht Bedeutung und Gewicht auf dem Wege des Menschen zu sich selber gewinnt. Das Materielle kann sehr wohl zum Einsatz eines idealen Kampfes werden, das Ideologische kann einen tiefen Verfall zu maskieren versuchen.

II

Wir wollen unsere Reflexionen und Erwägungen an einige Publikationen der jüngeren und jüngsten Vergangenheit anlehnen. Den Ausgang nehmen wir von den Ausführungen des englischen Historikers Geoffrey Barraclough in seinem Buch über die Tendenzen der Geschichte im 20. Jahrhundert.[60] Seine These lautet: In der Zeit nach dem Zweiten Weltkrieg, in den sechziger Jahren, treten wir in eine Welt ein, die von der vorhergehenden wesentlich verschieden ist. Durch das Gestrige zwar vorbereitet, unterscheidet sie sich von ihm zumindest in dem Maße, wie die sogenannte Neuzeit, eingeleitet durch Humanismus, Reformation und die Begründung der modernen Wissenschaft, besonders der mathematischen Naturwissenschaft, sich von ihrer Vorgängerin unterscheidet. Den Auftakt dazu gab die Industrierevolution seit dem zweiten Drittel des 19. Jahrhunderts, die Europa den ausschließlichen Besitz der modernen Technik und damit Macht einbrachte, es auch auf lange sicherte und seine einzigartige Expansion ermöglichte. Hand in Hand damit geht ein demographischer Aufstieg, die Entstehung der modernen industriellen Großstädte und der industriellen Massengesellschaft. Das erzwingt einen Wandel der bisherigen politischen Strukturen, es entsteht die Massendemokratie, die Partei wird zum Träger des politischen Lebens, der Staat zum Medium des allgemeinen Wahlrechts, zum Parteistaat. Der Imperialismus bedeutet eine Übertragung der europäischen Gleichgewichtsprobleme nach außen, in die übrige Welt, und führt zur Einteilung derselben unter die europäischen Mächte. Der Imperialismus erweist sich aber als undurchführbar: Die Mächte sind unfähig, tatsächlich die Welt zu beherrschen, die gegenseitige Rivalität und die Angst um die Zukunft der jeweils eigenen Macht führt sie zum Weltkonflikt. Dieser legt das Fundament für den künftigen Dualismus der Supermächte, indem er dessen ältere Keimbildungen mächtig hervortreten lässt. Außerdem aber lässt der nachlassende Druck der imperialen Reiche die ersten Umrisse einer dritten Welt sichtbar werden. Diese nicht zu Ende geführte Problematik wird im Zweiten Weltkrieg einer Lösung nahegebracht. Während des Krieges, und nach ihm, entsteht unter dem Druck

---

60 [Geoffrey Barraclough, *An Introduction to Contemporary History*, London/New York 1964. Patočka bezieht sich auf die deutsche Übersetzung: *Tendenzen der Geschichte im 20. Jahrhundert*, übersetzt von Herbert Thiele-Fredersdorf, München 1967. Siehe auch die Ausführungen zu Barraclough in »Probleme der nacheuropäischen Epoche« im vorliegenden Band sowie in »Die geistigen Grundlagen des Lebens in unserer Zeit«, einem Vortrag von 1969, deutsch erschienen in: Jan Patočka, *Ketzerische Essais zur Philosophie der Geschichte und ergänzende Schriften*, hg. von Klaus Nellen und Jiří Němec, Stuttgart 1984, S. 353 – 378.]

der Supermächte, durch Übertragung der Massendemokratie und ihrer Organisationsprinzipien in die Emanzipationsgebiete, durch genial durchgeführte Agitation großer politischer Persönlichkeiten bei den bislang zurückgebliebenen Völkern eine postimperiale Welt, die zwar formal europäisiert, inhaltlich aber neu, nämlich nichteuropäisch ist. In dieser Welt hat Europa die entscheidende Rolle als politische und geistige Macht zu spielen aufgehört, und außer den zwei Supermächten machen sich in ihr immer mehr auch andere außereuropäische, demographische und politische Kolosse geltend. Statt des »europäischen Konzertes« ist es ihre Konstellation, sind es ihre Forderungen und Probleme, welche die Welt von heute und morgen bestimmen. Zugleich beschleunigt sich das Tempo der industriellen Revolution, sie wird zur wissenschaftlich-technischen, es wandelt sich die Struktur der Industriegesellschaft, die Techniken der Steuerung, die Kybernetik und die Automation, treten in den Vordergrund, das Atominnere öffnet sich, Kräfte werden frei, die die kosmonautische Eroberung des Raums möglich machen. Es werden Feinmechanismen konstruiert, die das dafür nötige, exakte Funktionieren ermöglichen. Dabei petrifiziert das atomare Gleichgewicht die Stellungen der Supermächte und Ideologien. Die neue Welt, die Welt der regenerierten oder ganz neu auftretenden Völker, besitzt die Chance, jene geistige Auswegslosigkeit, jene dekadente Kultur des Subjektivismus abzulösen, worin Europa und die europäisierte Welt seit Anfang des Jahrhunderts ertrinkt. Vielleicht gelingt es ihr, den energischen Lebenswillen zu äußern, von dem sie birst, und damit zugleich auch die kolossalen Eroberungen der Wissenschaft und der Technik zur Sprache zu bringen, zu denen man in Europa in unserem Jahrhundert keine positive Ausdrucksbeziehung zu finden versuchte.

Dieses für das alte Europa pessimistisch gestimmte, für die in Entstehung begriffene nacheuropäische Welt aber optimistische Bild, dieser jeder metaphysischen Komponente bare Untergang des Abendlandes, aufgezeichnet von einem empirischen Historiker, verweist auf folgende Grundzüge des gegenwärtigen Zeitalters: eine neue Stufe der Technik (Kybernetik, Autoregulation und Elektronik, Computer, ein Freiwerden von ungeheuren Kräften, von Mechanismen von nie geahnter Feinheit und Genauigkeit); es werden neue Möglichkeiten der biologischen Wissenschaften entwickelt und ihre Anwendung in der Medizin. Diese neue materielle Grundlage bedingt eine nie dagewesene Massenhaftigkeit des gesellschaftlichen und politischen Lebens, den Eintritt neuer, massiver gesellschaftlicher Kapazitäten in die Geschichte bei gleichzeitiger Hintansetzung der bisherigen europäischen.

Man könnte neben den von Barraclough angeführten noch weitere Symptome einer geistigen Auflösung des europäischen Zeitalters anführen. Das Schwinden des europäischen Bewusstseins bekundet sich im Niedergang der europäischen Sprachen – ausgenommen Englisch und Russisch –, in der, wie es scheint, definitiven Katastrophe der klassischen Sprachen, die das geistige Bindeglied allen Europäertums abgaben. Es zeigt sich außerdem im Rückgang der spezifisch europäischen Wissensgebiete wie Historie und Philosophie. Hierher gehört auch der Rückgang der Bedeutung der kleinen Staaten und Völker, deren unbequeme Stellung in der Welt der großen immer empfindlicher wird, das Bedürfnis nach Zusammenschluss bei gleichzeitiger Unfähigkeit, eine Einheitsformel zu finden. Die Ideen von Weltbedeutung, welche die Gegenwart beherrschen oder zu ihrem Gepräge beitragen, sind entweder solche, die aus der Kritik am Europa des 19. Jahrhunderts in seiner Wirtschafts-, Sozial- und Geistesverfassung hervorgegangen sind (vor allem der Marxismus und seine modernen Abwandlungen), oder sie kämpfen einen Verzweiflungskampf um ihre Glaubwürdigkeit, wie die demokratisch-liberale Tradition.

Es scheint uns, dass Barraclough übertreibt, wenn er von der Unfähigkeit der heutigen Zeit spricht, die technische Welt auszudrücken. Es gibt wenigstens einen Kunstbereich, der darin schon heute weit fortgeschritten ist, nämlich die bildende Kunst. Allerdings legt auch sie für eine nacheuropäische Periode Zeugnis ab. Betrachten wir eine Ausstellung zeitgenössischer amerikanischer Malerei,[61] weht uns von Anfang an ein ganz anderer Geist entgegen als derjenige, der bis dahin als Geist der »modernen«, der nachkubistischen Bildkunst gegolten hatte. Beinahe abwesend ist die Deformation, die Formenabwandlung, die selbständige Formen- oder Traumwelt, die Suche nach Konstruktionsgesetzlichkeiten und ähnliches mehr. Kein Sichtbarmachen des Unsichtbaren im geistigen Sinn, sondern ein-

---

61 [Patočka bezieht sich hier vermutlich auf die Wanderausstellung *Amerikanische Malerei nach 1945*, die 1969 in Prag gezeigt wurde. Ausgestellt waren u.a. die Vertreter der Pop Art wie Andy Warhol, Robert Rauschenberg, Jasper Johns, James Rosenquist, Roy Lichtenstein.]

fach: Kräfte der industriellen Produktion des neotechnischen Zeitalters, die sonst Fabrikate erzeugen, äußern sich hier unmittelbar für das Auge. Das Auge nimmt von Anfang an die Anzeichen der Generalintention wahr, die durch die Worte Automatisierung, Steuerung, Kolossalität, schlechte Unendlichkeit, unbegrenzte Vervielfältigung, Präzision, Kraft, Feld, Medium ausgedrückt werden, manchmal chaotisch, manchmal mit einer siegreichen, immer grellen und energisch durchgreifenden Kraft. Die ins Absolute projizierte Reklame, die durch sprühenden Farbenéclat wirkende Energie, die stoffgewordene Strahlung, die Geometrie der Bewegung, die nach vielen Dimensionen abwandelbare, in eine unendliche Folge individueller Formen aufgelöste Menschlichkeit, Mensch-Gesellschaft, die Mensch-Masse in Durchdringung mit Raum, Kraftlinien, Mechanismen – was wünscht man sich mehr, um die heutige Welt der »Kosmizität«, der Astronautik, der ins Unendliche sich steigernden und nichts als sich selbst als Motor und Ziel anerkennenden Produktion auszusprechen? Allerdings ist das keine europäische Welt mehr: Europa ist immer in irgendeinem Sinne subjektiv, hier aber haben wir eine beinahe vollkommen objektivierte Welt vor uns. Hat die bildende Kunst die Eigenheit nicht eingebüßt, die sie vor allen anderen Kunstgattungen immer auszeichnete, nämlich den Stil einer Geschichtsepoche, ihren gesamten geistigen Inhalt durch eine Sprache der Sichtbarkeit, durch äußere Symbole auszudrücken, dann haben wir hier ganz unleugbar Elemente eines neuen geschichtlichen Stils vor uns. Es ist kein europäischer Stil mehr.

Barraclough erinnert daran, dass die europäischen Intellektuellen der dreißiger Jahre, des letzten Jahrzehnts vor dem Sturm, in welchem Europa zugrunde ging, diese damals schon sich abzeichnende Welt der neuen Technik zurückwiesen, dass sie ahnungsvoll davor zurückschreckten. Seine Beispiele stammen natürlich vor allem aus England, es ist bei ihm von Arnold J. Toynbee, von T.S. Eliot die Rede; mit gleichem Recht könnte man Ludwig Klages, Aldous Huxley und für die Nachkriegszeit Martin Heidegger und Herbert Marcuse nennen. Heutzutage hat diese Welt in einer Weise von uns Besitz ergriffen, dass wir darin leben, atmen und sind.

Diese Stellungnahme der europäischen Intellektuellen könnte und sollte natürlich selber einer Analyse unterworfen werden. Meistens erfolgt sie aus der Position verschiedener Abwandlungen des europäischen Subjektivismus, und ihre Linie zeugt, im Unterschied zum anfänglich bloß negativ-entrüsteten Gefühl angesichts der Verwüstung der Lebenssubstanz, von einer wachsenden Ahnung von Sinn und Zusammenhang mitten in dieser Entleerung des Alten. Diese allmähliche Vertiefung ist Barraclough entgangen; jedenfalls ist diese spätere Stellungnahme gleich entfernt von einer bedingungslosen, naiven Bejahung, die sich zuweilen bei ihm findet, wie von einer unkritischen Ablehnung, aber in keinem Fall zeugt sie gegen seine These vom nacheuropäischen Zeitalter; denn auch in den neuen Reflexionen über den Menschen im technischen Zeitalter findet sich die ahnungsvolle Vision einer planetarischen, nacheuropäischen Welt. Jedenfalls sollte diesen Stimmen zugestanden werden, dass sie in dieser neuen Welt einen gigantischen, unorganischen Leib der Menschheit entstehen sehen – ungewiss ob resultierend aus einem positiven Drang nach Steigerung über das Bisherige hinaus oder vielmehr aus einem Druck unvorhergesehener Nöte heraus, dem Zusteuern auf eine noch ungeahnte Not; einen Leib, der bis zum Mond hinaufreicht und hinab bis ins Innere des Atoms. Dieser unorganische Überleib ist wie jeder Leib dazu bestimmt, sinnvolle und widersinnige Bewegungen zu vollziehen. Was die sinnvollen sein werden, wird natürlich auch hier, wie bei jedem Leib, sein Geist bestimmen. Dass diesen Geist die neuen Mächte, Kontinente und Völker artikulieren werden, ist eine Selbstverständlichkeit; dass sie fähig sein werden, diesen Koloss tatsächlich zu meistern, dort, wo das alte Europa geistig versagte, dafür ist der begreifliche Optimismus der Erben, den Barraclough anführt, nicht Grund genug.

Man könnte allerdings für diesen Optimismus mehr als die bloße Jugendfrische der erneut auftretenden oder erstmalig sich organisierenden Völker anführen. Die Jugendfrische der Unverbrauchtheit ist zwar eine der gelingenden Neuschöpfung gemäße Stimmung, aber an sich sehr formal. Die neuen Elemente, die im vierten nachchristlichen Jahrhundert das Weströmische Reich überschwemmten, auflösten und zugleich einer gesamt-europäischen Gestaltung vorarbeiteten, die sich vom Mittelmeer ablöste und dadurch ein neues Großgebiet der Geschichtskontinuität stiftete, waren gewiss auch jugendfrisch, aber sie mussten erst eine langsame Aneignung ihres Erbes durchmachen, um die neuen Aufgaben zu meistern. Um dieses neue Gebiet einer fest verwurzelten, gesellschaftlich und staatlich organisierten Menschheit zu gewinnen, war – nachdem das Einheitsreich unter Bedingungen der damaligen Technik und des Verkehrs sich lebensunfähig zeigte – eine neue, zwar weniger straffe und scheinbar weniger rationale, aber funktionierende soziale Organisation unumgänglich geworden, und im Gleichschritt damit eine überzeugende, wohlartikulierte, durch Institutionalisierung alleinherrschende Geistigkeit. Da die Entstehung der atlantisch-europäischen Welt aus der mittelmeerzentrierten die nächste geschichtliche Analogie zu unserer Epoche des Planetarismus bildet, sieht man sich unwillkürlich nach Entsprechungen um, und gewisse Analogien bieten sich dem Auge dar; nur darf man sie nicht in äußere Parallelismen ausarten lassen, sondern muss das Eigenartige der jeweiligen Lage wahren. Der Zug zu einer neuen sozialen Organisation in der heutigen Welt ist jedenfalls unverkennbar. Er machte sich schon in der sozialistischen Kritik am herrschenden westlichen Kapitalismus bemerkbar und strebte im Entstehen des neuen Systems der Sowjetunion und der östlichen Welt nach dem Zweiten Weltkrieg zur Verwirklichung. In dieser Wirklichkeitsprüfung zeigten beide klassischen Konzepte einer sozialen Ordnung, wie sie dem 19. Jahrhundert entstammten, sowohl das liberal-kapitalistische wie das marxistisch-sozialistische, ihre Lebensfähigkeit, aber auch ihre unbefriedigenden Züge und Lücken. Während der durch moderne Methoden regenerierte Kapitalismus sich im Wirtschaftswachstum als ungeheuer leistungsfähig erwies, hat er seine Unfähigkeit zur sozialen Integration nach innen und zu weltpolitischen Lösungen nach außen klar demonstriert. Das andere System wäre vielleicht unter gewissen Bedingungen für politische Lösungen besser geeignet, ist aber wirtschaftlich weniger leistungsfähig, schwerfällig und untergräbt die Initiative des Einzelnen. Der Versuch einer einheitlichen Deutung unter dem Aspekt einer Manager-Revolution zeigt heute seine Bedingtheit durch die Verhältnisse der Zwischenkriegszeit. Was in unseren Tagen viel eher in den Vordergrund tritt, ist der Strukturwandel der menschlichen Arbeit infolge der sogenannten »wissenschaftlich-technischen Revolution« des 20. Jahrhunderts, zu welcher die Manager-Ära wohl nur einen Auftakt darstellte. Der grundlegende Strukturwandel der menschlichen Arbeit muss nicht weniger tiefe gesellschaftliche Folgen nach sich ziehen, deren Vorboten sich heute schon bemerkbar machen. Die Automation, die Steuerungs- und Selbstregulierungstechnik macht weitgehend die menschliche Vermittlung zwischen einzelnen mechanisierten Arbeitsprozessen überflüssig. Während in der klassischen Arbeitsauffassung der Produktion sich der menschliche Leib mit seinen Fähigkeiten und Kräften als das unverzichtbare Relais zwischen den Naturkräften und den übrigen Produktionsmitteln zeigte, wird er in dieser Funktion immer entschiedener entbehrlich.[62] Das Wesen der Produktionsarbeit verlegt sich in die Kombination und voraussehende Regulierung der ins Werk gesetzten Elemente. Dadurch wird die Grundlast der Arbeit dem menschlichen Intellekt und seinen Trägern auferlegt, den Intellektuellen eines gewissen Typus. Das erzwingt einen quantitativen Anstieg der technischen Intelligenz, zugleich aber auch einen quantitativen Anteil der Intellektuellen aller Typen an der Gesellschaftsstruktur, weil die gesteigerte Produktivität freien Raum erfordert und Verlangen nach immer mehr Diensten weckt, die nur von Intellektuellen geleistet werden können. Dementsprechend wächst ihre Quote in der Gesamtzahl der Arbeitstätigen und überflügelt in einigen Ländern sogar die klassische Arbeiterschaft; eine ähnliche Perspektive haben alle Industriegesellschaften vor sich. Der wachsende tertiäre Sektor verlangt immer größere Mengen von Geschulten, die Hochschulen entlassen wachsende Scharen von Absolventen, die Universitäten halten nicht stand, es entstehen Studentenrevolten, die eine strukturelle Veränderung der Gesellschaft anzeigen. Die erste Etappe ist zwar chaotisch, durch Zusammenbruch von traditionellen Strukturen auf dem Gebiet des Schulwesens, der Politik, der Sozialverhältnisse charakterisiert, man darf jedoch darüber nicht die Chance übersehen, die darin liegt, dass die Interessen der Arbeit und des Intellekts erstmalig in der Geschichte zusammenfallen.[63]

Während die klassische Arbeiterschaft der kapitalistischen Länder sich in ihrer Lebensbescheidenheit relativ leicht von ihren ursprünglichen Forderungen wegleiten ließ, zeichnet sich hier die Möglichkeit einer Gemeinschaft von Arbeitenden ab, die ihr eigenstes Interesse lehrt, die Befreiung von der Bevormundung durch Inkompetenz zu schätzen, die Solidarität aller Gebiete des Geistes zu erkennen, kurz, für die kein Hiatus mehr Vernunft, Arbeit, Interesse und Wirklichkeit trennt. Dies ist, wohlgemerkt, vorläufig nur eine Chance, die wir durch das Gewirr von heutigen Aktionen, Bewegungen und Stürmen als bloße Möglichkeit hindurchscheinen sehen;[64] sie ist mit

---

62 [Randnotiz: »und Seele!«]
63 [Randnotiz: »vorsichtiger!«]
64 [Randnotiz: »eher wünschen als sehen«]

II

großen Fragezeichen behaftet, vielleicht sogar mit Widersprüchen:[65] Kann die Intelligenz als entscheidende Masse in der Massenepoche ihren Intelligenzcharakter bewahren? Aber welche Masse birgt sonst in sich eine Hoffnung auf Überwindung der Vermassung – durch Vernunft, das einzige Heilmittel gegen Anonymität und Passivität, weil doch Vernunft *aktives* Begreifen, Fragen und Antworten ist?

Hier sind wir bei unserem Problem. Die nacheuropäische Epoche steht im Zeichen einer Chance, einer großartigen Möglichkeit, welche die gesamte Menschheit in die Zukunft nicht nur des technischen Verstandes, sondern der sich verstehenden Vernunft führen könnte. Die Vernunft im Menschen, gegen die objektive Natur gewendet, heißt Verstand; in der Gesellschaft der modernen Technik lässt der Verstand die Möglichkeit durchblicken, dass er sich zur Vernunft bildet, zum Verständnis, welches nicht nur Mittel herbeischafft, sondern Ziele – nämlich ihre eigene Selbstverwirklichung – bestimmt. Aber diese Möglichkeit ist keine automatische, keine solche, auf die man warten könnte, weil etwa objektive, anonyme Kräfte sie von selber herbeizuführen vermöchten. Wenn die Geschichte dieses Jahrhunderts etwas klar gezeigt hat, dann dieses: Selbst die Programme, die auf eine Wirkung der objektiven Mächte hoffen und mit ihr als entscheidendem Faktor rechnen, sind Programme, und erst als solche wirksam. Es ist aber ein Widerspruch, Geschichte als *Menschentat* zu fassen und zu machen und dabei das Menschenbild des *objektiven Geschehens*, das Menschenbild des Technikers zu bewahren. Ohne zielbewusste Formung der Situationskomponenten, ohne eine der Lage adäquate Gesamthaltung muss auch die sich abzeichnende Chance zersplittern, muss sie in partikulären Interessen zergehen. Die jetzige Lage ist äußerlich und innerlich aus dem Untergang Europas als Weltbeherrscherin entstanden. Nur wenn die nacheuropäische Menschheit es versteht, nicht in die Fehler Europas zurückzufallen, kann sie die Möglichkeit ergreifen, ihre furchtbaren Probleme zu lösen.

Um eine Probe von solchen Problemen zu geben, bietet sich die Gelegenheit, an eine andere Publikation anzuknüpfen, welche die Gegenwartslage der gesamten Menschheit im Auge hat. Ich meine

---

65 [Randnotiz: »Kann die Intelligenz wirklich ein Bewusstsein ihrer Einheit als Sozialschicht erlangen? Wo ist die soziale Kraft, welche sie aus ihrer Entfremdung zurückholt?«]

den Band *La liberté et l'ordre social* mit den Vorträgen und Diskussionen der *Rencontres internationales de Genève* von 1969,[66] besonders ihren Kern, die Auseinandersetzung zwischen Raymond Aron[67] und Herbert Marcuse[68] über die Frage des Protestes der jungen Generation, die sich zu einer Konfrontation des liberal-demokratischen und des radikal-kritischen, revolutionären Standpunkts in Betrachtung der Weltlage ausweitete. Sowohl Aron als auch Marcuse hatten einen der Giganten der nacheuropäischen Zeit, nämlich die Vereinigten Staaten, im Blick, sie sind ja die einzige wirkliche Weltmacht, in der das Erbe der demokratisch-liberalen geistigen und politischen Tradition sich geltend macht und die bisher gewillt zu sein schien, den Weg der darin vorgezeichneten Praxis weiterzugehen. Arons Argument beruht auf der empirischen Aufgeschlossenheit des altbewährten – im Grunde alteuropäischen – liberalen Systems, auf seiner Aufnahmefähigkeit für die Kritik der Gegner, der Möglichkeit, sie durch Einbau von Forderungen in das System zu beantworten; im Verlauf dieses Prozesses sind die liberale Gesellschaft und der liberale Staat vom Verbot der Verbote, in welchem ursprünglich das Wesen der liberalen Menschenrechte bestand, zur positiven Ermöglichung der menschlichen Erfordernisse übergegangen. Die Lebenssicherheit und das erreichte Freiheitsniveau mit all ihren Errungenschaften stehen auf dem Spiel, wann immer dieses System angegriffen und verneint wird – besonders, wenn die ungeheure Geduld und Arbeit, mit denen es aufgebaut wurde, verkannt wird.

Was vom Standpunkt der liberalen Wirklichkeit als eine progressive Ausweitung ihrer Errungenschaften und Segenswirkungen erscheint, erweist sich aber bei der Ganzheitsbetrachtung der Menschheit als ein ständiger Tausch, ein Einhandeln von einzelnen Freiheiten gegen *die* Freiheit, die nur als Ganzes im Ganzen ungeschmälert bestehen kann. Freiheit als Selbstbestimmung aller ist nicht durch Ausweitung der Vorteile der schon Zufriedengestellten auf weniger Befriedigte zu erreichen, sondern nur durch ein radikales Umden-

---

66 [*La Liberté et l'ordre social*, tome XXII (1969) des Textes des conférences et des entretiens organisés par les Rencontres Internationales de Genève, Neuchâtel 1970. Digitale Version: http://classiques.uqac.ca/contemporains/RIG/textes/RIG_22_1969.pdf.]
67 [Raymond Aron, »Liberté, libérale ou libertaire?«, in: ebd., S. 67–112.]
68 [Herbert Marcuse, »La liberté et les impératifs de l'histoire«, in: ebd., S. 129–144.]

II

ken und Umorganisieren, deren wirtschaftlich-technische Möglichkeiten heute, bei der unerhörten Arbeitsproduktivität, zweifellos gegeben sind, während die Ausweitung von Vorteilen eine langwierige, immer kostspieligere Korruption darstellt, welche die modernste Industriegesellschaft in die infernale Nötigung einer unbegrenzten Steigerung der Produktion, ihrer Anreize und immer künstlicheren Motivationen einsperrt. Vom Standpunkt der nacheuropäischen Welt kann kein Zweifel daran bestehen, welche Stellungnahme der planetarischen Lage mehr entspricht. Der Liberalismus versucht einfach, die alte Strategie der Zeit des imperialen Europa methodisch fortzusetzen, was ihm immer weniger gelingt und sogar seine Nutznießer immer weniger überzeugt. Der innere Widerspruch zwischen Freiheit und Freiheiten lässt die naive Gläubigkeit an das eigene Recht, den Optimismus des Griffs auf die übrige Welt innerlich erlahmen. Der Versuch, die Suprematie der ersten Weltindustriemacht durch Gewalt zu behaupten oder wenigstens zu verteidigen, hat sich dahin verkehrt, dass die eigene Gesellschaft zum Kampfplatz wird. Kann es einen eindringlicheren Beweis dafür geben, dass eine Fortsetzung im Stil des alten Europa in der nacheuropäischen Welt zum Untergang bestimmt ist, dass sie zumindest nicht ohne fundamentale Modifikationen auskommt?

Man muss jedoch bemerken, dass es mit der Erkenntnis des liberalen Hintergedankens, mit der Enthüllung von dessen Aufgeschlossenheit und Meliorismus als Verhandlung der Freiheit gegen »Freiheiten« nicht getan ist.

Und auch der neomarxistische Versuch, die Freiheit, die gegen die liberalen Freiheiten eingehandelt werden soll, im Sinne einer Selbstbestimmung der Ausgebeuteten zu deuten, also im Rahmen des marxistischen Gedankens des kapitalistischen Imperialismus, muss als problematisch bezeichnet werden. Er gehört offenbar in die Gruppe derjenigen Deutungen, welche die Spannungen der Welt nach dem Zweiten Weltkrieg noch immer durch europäische Konfliktschemen zu erklären bestrebt sind. Vielleicht sind die radikalen Tendenzen der westlichen revolutionären Gruppen, des Kampfes der linksorientierten technischen und wissenschaftlichen Intelligenz um eine revolutionäre Wendung, der die westlichen klassischen Arbeitermassen gleichgültig gegenüberstehen, wirklich in diesem Sinne zu verstehen. Aber ist tatsächlich der ganze Weltgegensatz des heutigen Tages auf *diesen* gemeinsamen Nenner zu bringen? Ist die angestrebte »Freiheit« der Opponenten wider die Arrivierten und Reichen dieser Welt ein eindeutiger Begriff, nämlich auf den Widerstand gegen die kapitalistisch-imperialistische Ausbeutung zurückzuführen? Wir glauben, eine solche Lösung wäre trügerisch: ein typisch europäischer Selbstbetrug, dem das Faktum des weltweiten Gebrauchs (und teilweise wohl auch Missbrauchs) marxistischer Ideen in *allen* revolutionären und oppositionellen Kreisen der Welt Vorschub leistet. In Wirklichkeit setzt sich die heutige Weltopposition (wenn man von der Sowjetunion absieht, die für den amerikanischen Spitzenkapitalismus keine ernste Bedrohung mehr darstellt und von einem radikal-revolutionären Denken zu jener Kräftegruppe gerechnet wird, welche aus dem Kampf vorläufig ausgeschaltet ist) aus sehr komplexen Elementen zusammen, die ganz gewiss nicht dasselbe anstreben, von denselben Leitgedanken beseelt sind, dieselbe moralische Gestalt verkörpern. Gewiss, in allen ist die Nach-Europa-Situation spürbar, aber nicht in allen ist sie auf dieselbe Art reflektiert. Die von Marcuse gemeinten Kampfgruppen der technischen und wissenschaftlichen Intelligenz, die Studenten, die *outcasts*, die am Rande der Erfolgsgesellschaft lebenden ethnischen Gruppen stellen offenbar Elemente vor, deren radikale Aufklärungsideen sie zu negativen Zerfallsprodukten des europäischen Rationalismus stempelt; aber die östlichen, vor allem fernöstlichen Klassen, die vom Siegesbewusstsein über die technisch am höchsten entwickelte und wirtschaftlich mächtigste Zivilisation der Welt erfüllt sind, haben, ihrer moralischen Überlegenheit bewusst, freilich mit den Oppositionsgründen der vorerwähnten Gruppen inhaltlich fast nichts gemeinsam. Das Band ihres Zusammenschlusses liegt nur indirekt im Bereich der Opposition gegen kapitalistische Ausbeutung: Es liegt in einem durch säkulare Tradition eingeübten kollektiven Verhalten, das jedem Einzelnen eine Stütze und Sicherheit bietet in einer ungeheuren Gesamtheit, die sich ehemals physisch absperrte und jetzt moralisch abhebt gegen die übrige Menschheit, das Bewusstsein ihrer Überlegenheit pflegt, mit Selbstverständlichkeit die zentrale Rolle im Weltgeschehen beansprucht und in all diesen Zügen vollständig positiv und ungebrochen ist. Die Missgriffe des Kapitalismus sind nur die jüngste Schicht der grundsätzlichen Läsion, die für diese Gemeinschaft die Existenz und Präponderanz der anderen darstellt. Eine moralische Überlegenheit, das Bewusstsein unüberwindlicher Kraft, die aus den Befehlen der Kaiser Chinas noch in Zeiten der tiefsten Erniedrigung sprach, macht sich in Zeiten einer Ohnmacht der bisherigen Weltherrscher als neues Bindemittel eines ungeheuren Konsensus geltend. Eine durch Isolation gewahrte, durch Barbarenherrschaft unversehrte, in der Erniedrigung geschärfte, durch Eintritt ins Weltgeschehen in der jahrzehntelangen Revolution gestählte und in bisher unbekannter Richtung aktualisierte Energie setzt sich da durch, es spricht plötzlich eine Menschheit aus der Tiefe voreuropäischer Zeiten, ein uneroberters Ägypten, dem die Isolierung gelang und das auf seinen Augenblick wartete, um mit voller Kraft hervorzutreten. Hier spricht also eine nacheuropäische Menschheit aus einer voreuropäischen Tiefe. Und dass sie zum Teil in der Sprache aller gegenwärtigen Revolutionäre spricht, nämlich in der marxistischen Terminologie, trägt zu einer für Europa sehr naheliegenden Täuschung bei, dies als bare Münze zu nehmen: eine Täuschung, die sich darin ausprägte, dass lange Zeit von einer Weltpolarisierung gesprochen und in Termini des Dualismus der Weltsysteme gedacht wurde. Die europäische Begrifflichkeit, die ökonomische Schematik hat so über die reale Machtwirklichkeit hinwegzusehen geholfen. Dieser europäischen Täuschung leistet Marcuses Version des heutigen Weltkonflikts mächtig Vorschub, und zwar in einer beinah grotesken Weise: Sie versucht, von den Zerfallsprodukten der europäischen oder europäiden Welt aus eine Lage zu deuten, die von Faktoren ganz anderer, viel »positiverer« Art beherrscht wird, und ist sich nicht der Tatsache bewusst, dass diese Zerfallsprodukte ihre Hauptbedeutung vor allem im panischen Rückzug der vormaligen Weltbeherrscher haben.

Aber merkwürdigerweise kann man auch jenem Historiker, der den Anfang eines neuen Zeitalters aufgespürt hat, das wir das nacheuropäische nennen, einen ähnlichen Vorwurf nicht ersparen. Auch Geoffrey Barraclough sieht bei allem feinen Sinn für die Einzelheiten, die das neue Zeitalter herbeiführten, und für die Symptome des Neuen, die Lage noch mit europäischer Brille. Denn er setzt, ohne die These zu prüfen, einfach voraus, dass es die *eine* Geschichte der *einen* Menschheit gibt, die geradlinig in einem Strom verläuft. Die neue Epoche vergleicht er, was die Tiefe des Einschnitts betrifft, mit der Zäsur zwischen Mittelalter und Neuzeit. Aber Altertum, Mittelalter, Neuzeit sind typisch europäische Geschichtszäsuren; es ist wahrscheinlich, dass sie in naivem Europäismus konzipiert und einfach auf die allgemeinen Läufe des Menschheitsgeschehens übertragen wurden in einer Epoche, wo Europa noch alles war. Nicht nur die Vorgeschichte, auch die Geschichte der altorientalischen Hochkulturen gehört wahrscheinlich – wenn strenge Kriterien eines einheitlich charakterisierten Geschehensverlaufs angewandt werden – nicht zu Europa, zum Altertum in seiner archaischen Phase, wohin sie der Europazentrismus des 19. Jahrhunderts verwiesen hatte, als sie in ihrer vom europäischen Altertum nicht vermittelten Gestalt wiederentdeckt wurden. Keine einzige hat die Stufe der Mittelrationalität überschritten, keine einzige erreichte die philosophische und wissenschaftliche Reflexion, ihr Selbstverständnis blieb religiösmythisch und lebensunmittelbar. Ägyptens Geschichte währte nur wenige Jahrhunderte kürzer als die Europas, und wäre ihm die angestrebte Isolierung oder Abwehr des Äußeren gelungen, hätte es in seiner ursprünglichen Gestalt noch lange fortdauern können, ähnlich dem Chinesischen Kaiserreich. Es ist demnach wahrscheinlich, dass der Einschnitt, welchen Barraclough konstatiert, viel tiefer ist, als er voraussetzt. Der Europäer glaubt an die eine Menschheit, weil ihm Europa die Menschheit ist, und vergisst leicht, dass es bisher keine einheitliche Menschheit gibt, sondern nur Menschheiten, die einer einheitlichen Formung erst harren. Europa selbst hat dieses Phänomen der fremden Menschheiten in seiner Abgründigkeit, das Infragegestelltsein durch dies andere und seine Infragestellung dieses anderen, lange als wesentlichen Bestandteil seines eigenen Geschicks erlebt und dafür den Namen des »Barbarischen« geprägt. (Das Wort und das Phänomen sind weit davon entfernt, so harmlos zu sein, wie der Althistoriker Arno Borst in einem sonst schönen und kenntnisreichen, aber von Aufklärungsgedanken geprägten Vortrag meint.)[69] In diesem Wort und Begriff macht sich die Erfahrung mit fremden Menschheiten und ihren Lebenswelten geltend, ebenso wie die Verarbeitung und Assimilierung dieses Fremdartigen und eventuell sein wiederholter Durchbruch. Die Chinesen haben ähnliche Erfahrungen und Ausdrücke für alles, was nicht China ist.

Was gibt uns ohne Weiteres ein Recht, die Geschichte z.B. Ostasiens in ihrer jüngsten Phase von Europa aus zu deuten und ein

---

69 [Gemeint ist vermutlich: Arno Borst, »Barbaren. Geschichte eines Schlagworts«, in: *Mitteilungen der Alexander von Humboldt-Stiftung*, Bonn, Heft 23 (1972), S. 2–7.]

Phänomen wie die chinesische Revolution der Jahre 1912 und 1949 mit Selbstverständlichkeit als eine Europäisierung Chinas anzusehen, statt zu bedenken – eingedenk der eigenen Entwicklung Europas durch Katastrophen hin zu einer immer umfassenderen Neugestalt desselben Prinzips –, dass es auch um eine Sinaisierung von gewissen europäischen Kulturelementen gehen kann? Schon die Geschichte eines europäiden Gebildes wie des russischen Weltreichs bietet ein Beispiel dafür, wie europäisches Kultur- und Zivilisationsgut nicht als innerer Motor, sondern als äußeres Material von einem ihm tief fremden Lebensprinzip in Behandlung und Dienst genommen wird, das immer wieder die durchaus ernst und ehrlich gemeinten Europäisierungsversuche durchbricht und obsiegt. Die eine Menschheit ist kein Faktum, sondern ein Problem, das sich gerade heute akut stellt, und es scheint wichtig, dies in der ganzen Schwierigkeit zu sehen und nicht durch europäische Beharrungstendenzen zu verschleiern. Ist der chinesische Marxismus eine Fortsetzung des Marxschen Denkens, auf chinesisches Material angewandt, oder eine Fortsetzung des chinesischen Universismus, der Marxsche Begriffselemente als willkommenes Mittel des eigenen Sendungsbewusstseins benutzt? Viele europäische Intellektuelle waren unlängst sehr peinlich berührt, als sie hinter dem scheinbar kalt objektivistisch analysierenden Marxisten Mao eine fast titanische »Voluntaristengestalt« entdeckten.

Das Kurzsichtige in der Fernsicht Barracloughs ist in seiner Methode begründet. Die »Gegenwartsgeschichte«, die er befürwortet, ist eine Behandlungsart der Geschichte, die sich für politische Analysen der gegebenen Lage vorzüglich eignet, sie nimmt mitten im Geschehen Stellung und versucht von diesem Nullpunkt aus konzentrisch auszugreifen. Sie ist aber gerade deshalb unfähig, die Gegenwart in ihrer wesentlichen Beziehung auf das Gewesene zu sehen und zu definieren. Dass die jetzige Lage eine nacheuropäische ist, dass dieses Nach-, das Negative darin, sie zutiefst kennzeichnet, kann bei ihm deshalb nicht richtig zur Geltung kommen; dass weiter »Nach-Europa« eine Vorstellung davon voraussetzt, was Europa war, dass man die Tiefe der Trennung erst dann ermisst, wenn ein Versuch der Umreißung von Europa gemacht wird, kann bei einer solchen Methode kaum zutage treten.

So muss dem Barracloughschen Versuch einer Gegenwartsgeschichte, der die Verschiebung des Weltmachtzentrums aus Europa in Richtung auf die Außereuropäer konstatiert und so die neue Weltlage entdeckt, dreierlei entgegengehalten werden: 1. er supponiert die eine Menschheit im Sinne einer faktisch schon europäisierten; 2. er nimmt die europäische Geschichtsperiodisierung unbesehen als allgemeingeschichtliche hin, ohne die Möglichkeit und wohl Notwendigkeit zu erwägen, dass es einen voreuropäischen, europäischen (mit Altertum, Mittelalter, Neuzeit) und nacheuropäischen Geschichtsabschnitt geben kann; 3. er kann die jetzige Lage nicht wirklich umreißen, weil er dasjenige, wovon sie sich innerlich absetzt, außer Betrachtung lässt. Dies zum allgemeinen methodischen Charakter der Barracloughschen These.

Was nun speziell seinen Optimismus für die außereuropäische Entwicklung gegenüber dem europäischen subjektivistischen Verfall betrifft, so ist auf den im Obigen noch nicht erwähnten Zug des nacheuropäischen Lebens aufmerksam zu machen, der im Charakter der europäischen Auflösung selber liegt.

III

Die Vernichtung Europas war nur durch das Zusammenballen aller planetarischen wirtschaftlichen Kräfte möglich, durch welche die technisch, wirtschaftlich und militärisch mächtigsten Staaten überboten werden konnten. Der quantitative, in Termini des wirtschaftlichen Wachstums gemessene Fortschritt war für das Gesamtergebnis also maßgebend; er war schon lange vor den zwei Kriegen das große Glaubensbekenntnis von Europa, das darin seinem Ableger Nordamerika folgte, das aus diesem Grunde in beiden Weltkriegen den Ausschlag gab. Die Weltkriege und der darauf folgende Kalte Krieg, der heute mit anderen Mitteln weitergeht, haben den Planeten aber auf den Weg der Erschöpfung seiner wirtschaftlichen Quellen und der Verwüstung menschlicher Lebensmöglichkeiten geführt, der nicht bloß die europäischen, sondern auch die »neuen« Völker bis in ihre Lebensgrundlagen bedroht. Sie werden genauso wenig wie die anderen bloß den Segen des technischen Zeitalters erben, sondern sich bald davon überzeugen müssen, dass die Hoffnungen auf Wissenschaft und Technik ein Wahn sind und dass die Kräfte, die sie entfesselten, nur auf dem Wege einer von ihnen noch kaum erreichten sittlichen Einsicht (oder der ihrer Nachkommenschaft)

III

zu bändigen sind. Die neuen Völker haben keine unbegrenzten, sondern eben nur höchst problematische Lebenschancen vor sich.

So erweisen sich zwei eindrucksvolle und einflussreiche Versuche, die augenblickliche planetarische Lage zu deuten, der radikal-revolutionäre und der empirisch-gegenwartsgeschichtliche, als unzulänglich aus verwandten Gründen: Sie können die Realität Nach-Europa nicht wirklich erfassen, weil sie von der Realität Europa keine adäquate inhaltliche Vorstellung aufbieten, und zwar deshalb, weil sie noch so tief in europäischen Vorstellungen und begrifflichen Schemen stecken, dass sie keine Distanz zum Phänomen Europa zu erlangen vermögen.

Um Einblick zu gewinnen in die Lage, in der wir uns befinden und deren bloßgelegte Grundzüge uns erst wirklich erlauben würden, ihre Einzelkomponenten und Sonderphänomene richtig zu deuten, wurde hier der Versuch gewagt, Europas Geschichte als ein einheitliches, vom Husserlschen Einsichtsprinzip beherrschtes Geschehen darzustellen. Die Gründe seines so außerordentlichen Aufbaus, seiner Erfolge, aber auch seiner Schwächen, Verlockungen und Katastrophen mussten im Zusammenhang mit der Entfaltung dieses Prinzips und seiner Anwendungen in neu geschaffenen geistigen Möglichkeiten und deren Realisierungen (wie Philosophie, Wissenschaft, Theologie, Jurisprudenz), in Institutionen wie Staat, Kirche, wirtschaftlicher Organisation gesucht werden. Eine erschöpfende, in alle Verzweigungen tief eindringende Behandlung dieser Fragen übersteigt natürlich die Kompetenz und Arbeitskraft eines Einzelnen, wie auch die ihm verfügbare Lebenszeit. Wollen wir des Problems gewahr werden, dürfen einzelne Untersuchungsergebnisse nicht ausschlaggebend sein. Wie schon oben bemerkt, ist der Hauptzweck des vorliegenden Versuchs, auf das Problem überhaupt erst aufmerksam zu machen.

Er will weder dem Katastrophendenken oder periodisierenden spekulativen Geschichtsauffassungen zugezählt werden (von einer solchen Geschichtsmetaphysik setzt er sich bewusst methodisch ab), noch wird hier Prophetie und Futurologie getrieben. Der »Untergang des Abendlandes«, von welchem er spricht, ist keine düstere Vorhersage mehr, gegründet auf Vermutungen über die Periodizität der Kulturentwicklung, sondern eine empirische Tatsache, die unsere Arbeit mit Mitteln einer geistesgeschichtlichen Analyse zu erklären versucht.

Es muss weiter die Art der angewendeten Geschichtsbetrachtung ausdrücklich gemacht werden. Es wird hier keiner »idealistischen« Geschichtsauffassung das Wort gesprochen; und soweit eine »materialistische« Auffassung die Erklärung des geschichtlichen Geschehens aus Kräften anstrebt, die den gesellschaftlichen Konsensus und dadurch die konkreten Machtgestalten und auf deren Basis den Gebrauch und die Entfaltung der Macht ermöglichen, trifft sie unsererseits auf keinerlei Einwände. Die aus wirtschaftlichen Interessen erwachsende Klassenbildung ist gewiss ein zentraler machtkonstituierender Faktor. Die Macht selber jedoch ist kein wirtschaftlich-objektives, sondern ein subjektives, und zwar kollektiv-subjektives Phänomen. Sie hängt nicht nur von den wirtschaftlichen Faktoren, sondern auch vom Bewusstsein der Gesamtlage, von »moralischen« Koeffizienten grundlegend ab. Gerade dieser Umstand zieht es nach sich, dass die Macht die Mitte, das eigentliche Zentrum der Geschichtsbetrachtung ist und bleiben muss: Das bedingt auch den Vorrang des politischen Faktors in der Geschichte.

Die ökonomischen Verhältnisse und die Produktionskräfte geben nur den allgemeinen Rahmen ab, in dem sich der Machtkampf entfaltet. Es ist aber schon der hierarchische Rang nichts einfach Zufälliges, sondern, wie es bereits Hegel darstellte, durch eine sittliche Tat, durch die Todesverachtung oder Todesfurcht bedingt, also durch Überwindung oder Nichtüberwindung einer Verfallstendenz. In der Einrichtung der Sklaverei und überhaupt einer Hierarchie ist aber gerade für die Herren eine neue Verfallsgefahr vorhanden, das Ausspannen, das Sich-Verlassen und die Bequemlichkeit. Der eigentliche Sinn des Machtkampfes liegt im Spiel dieser Aufbruchs- und Verfallstendenzen, die in der Gemeinschaft da sind und ausgenutzt werden von denjenigen, die das Spiel des aktiven, politischen Lebens spielen.

Die ökonomischen Verhältnisse und Kräfte wechseln unabhängig von den Absichten der Handelnden. Was aber unverändert bleibt trotz allen Wechsels, ist der Gegensatz von Aufschwung und Verfall, die auf neuer Grundlage wiederholt werden. Es ist nun wichtig zu verstehen, dass die geschichtliche Einsicht keine »Ideen«-Erkenntnis ist, dass es in der Geschichte gar nicht um »Erkenntnisse« und ihre Anwendung geht, sondern dass es sich hier um Einsicht in diese sittlichen Grundverhältnisse von Aufschwung und Verfall, von Freiheitsmöglichkeit und deren Untergrabung handelt. Die sittliche

Einsicht ist nichts anderes als eine Sedimentierung und Kodifizierung der darin gemachten Erfahrung: Sie dreht sich um den Aufstieg und Fall der Seele des Menschen, um »gutes« Leben in seiner Zweideutigkeit: »gut« kann heißen das wachsende und mühelose Befriedigen der unmittelbaren »Bedürfnisse«, »gut« kann aber auch heißen mutiges Auftreten gegen die allgemeine Not, das Sich-in-die Schanze-Schlagen, der Versuch, die Gesamtheit, die Macht des gesellschaftlichen Ganzen in Überwindung seiner Trägheit auf diesen Rettungsweg zu bringen.

IV

Es ist verständlich, dass dieser Versuch eine Kenntnis der gesellschaftlichen Kräfte erfordert, die das menschliche Zusammensein stiften und formen, eine instinktive oder reflektierte Kenntnis, ein Sich-Auskennen oder ein durch objektivierende Methoden gewonnenes Wissen. Diese Kenntnis, ob unmittelbarer Art oder durch »wissenschaftliche Bildung« erworben, ist jedoch selbst nichts als ein Moment der sittlichen Einsicht in die Grundmöglichkeiten des menschlichen Miteinanderseins. Dabei kommt aber die ganze Zweideutigkeit des menschlichen sittlichen Handelns zum Vorschein. Die Grundvoraussetzung des »Gutseins« ist der Mut, die Möglichkeit und der Wille, der Gefahr zu trotzen, die ihrem Wesen nach Lebensgefahr ist. Diese Grundvoraussetzung ist aber auch beim Nichteinsichtigen scheinbar erfüllt, und dadurch können Pseudoheldentum und seine tragischen Verwicklungen entstehen. Der Mangel an Einsicht, an Einheit und echter durch Einsicht erzeugter Selbstlosigkeit bei äußerem energischen Gebaren kann eine Mimikry der Echtheit vortäuschen, die ganze Menschheiten mit wehenden Fahnen ins Verderben lockt. Es kann aber auch die »Einsicht« in das Getriebe der menschlichen Verfallsmaschinerie dahin führen, im Voraus jedes Fünkchen mobilisierbarer gesellschaftlicher Initiative erlöschen zu lassen und die Sozietät auf diese Weise moralisch vollkommen oder fast vollkommen zu entkräften bei einer äußerlichen, physischen Kraftentfaltung; die Furcht, die Desorientierung, die Verlockung der Bequemlichkeit, die Begünstigung angesichts des allgemeinen Mangels sind da die künstlich zusammengewobenen Motivationen.

Der Mut, für sich einzutreten, ist also zwar noch kein sittliches Kriterium, aber die Grundvoraussetzung, auf die sittliche Einsicht bauen kann und von der aus sie erst ihren Anlauf nimmt.

Nun hat Einsicht neben diesen Charakteristiken andere, viel weniger positive. Erstens ist sie schwer zu erlangen und festzuhalten; sie vermengt sich leicht mit Irrtum, ist von Pseudo-Einsicht nur mit Mühe zu unterscheiden. Sie gehört den Begabten, Scharfsinnigen, Ausdauernden, Unermüdlichen. Sie unterliegt dem Einfluss des Nichteinsichtigen, aber Dringlichen in uns, der blinden Tendenz. Sie ist in sich selbst nicht klar genug: kann nicht im Allgemeinen und von vornherein unterscheiden, wie weit sie reicht und wie weit sie mit bloßer uneinsichtiger Meinung vermengt ist. Das ständige Gespräch, in dem sie lebt und webt, hat keine im Voraus bestimmten Ziele und droht alle selbstverständlichen Gewissheiten (unter dem Titel Vorurteile) zu erschüttern, das Leben also zum Tummelplatz eines leeren, alles zergliedernden und zerlegenden Witzes zu machen. Aus all diesen Gründen ist das auf Einsicht gegründete Leben ein Wagnis. Freilich hat sich dort, wo dies Wagnis unternommen wurde, die Positivität der Einsicht insofern gezeigt, als ein bestimmtes, jeder Skepsis enthobenes Wissen, worüber immer Übereinstimmung erzielt werden kann, als gesichert gilt. Doch über die Bedeutung dieses Faktums selbst herrscht keine Einmütigkeit. Die Einsicht hat sich als philosophischer Lebenswille konsolidiert und als Wissenschaft gesichert; die Philosophie jedoch behält ihren problematischen Charakter und bleibt ein Wagnis. Es sind also Vorwürfe des Elitarismus, des Formalismus, der Gefahr des Skeptizismus, die gegen die Einsicht als Lebensdirektive ins Feld geführt werden können.

Diese Vorwürfe sind aber durch die Implikationen der Einsicht selber entkräftet. Der Elitarismus der Einsicht spielt angesichts ihrer Wiederholbarkeit über Individuen hinweg keine Rolle: Einsicht ist kein Eigentum. Der Formalismus bedeutet im Grunde, dass er ein Weg ist und kein fertiger Besitz, also dasselbe. Und auch skeptische Einsicht ist Einsicht, setzt also ein Minimum an positivem Bestand voraus und beansprucht allgemeine Anerkennung: Sie erkennt also die mit Einsicht als Lebensprinzip verbundene Dynamik, den sittlichen Kern jeder Einsicht, den einsichtigen Kern jeder Sittlichkeit an.

Es kann mithin erwartet werden, dass, wenn es unter den Menschheitstraditionen und Menschenwelten eine gibt, die ihren Lebensgang auf Einsicht gegründet hat, ihr Weg zwar keineswegs einfach und ungebrochen ist, aber doch einer nachvollziehbaren Logik unterliegen wird. Es wird auch zu erwarten sein, dass diese einen Kern hat, der gegen Katastrophen und Zusammenbrüche gefeit ist und zu immer neuen, vielleicht umfassenderen und »formaleren« Einheitsbildungen fähig. Katastrophen wären für sie vielleicht kein endgültiges Versagen; im Gegenteil, sie könnten das Zerbrechen des sklerosierten Zufälligen bedeuten, falls einsichtige, umfassendere Rahmen für neue Menschheitsformungen vorhanden sind.

V

Im Folgenden möchten wir zu zeigen versuchen, dass eine solche Menschheitstradition Europa geformt hat.

Obwohl also die archaischen Hochkulturen und das archaische Griechentum durch ihr ungebrochenes Dasein in einer Lebenswelt charakterisiert sind, die Seiendes in Unmittelbarkeit freigibt, ist in diesen Lebenswelten eine fraglose, daher episodische und bloß unausdrückliche Rationalität im Aufstieg. Diese knüpft überall vor allem an die Macht des Schriftlichen an. Durch Schriftlichkeit wird eine Aktualisierung der Vergangenheit möglich, welche Denkleistungen großen Stils ermöglicht, Berechnungen, langfristige Wirtschaftsplanungen. Einzelne Denkleistungen wie Berechnungen, medizinische Rezepte, magische Formeln können aufbewahrt und zusammengefasst werden. Was aber noch mehr bedeutet: Es entsteht ein kollektives Gedächtnis von wirklichen und phantastischen Geschichten, auch von solchen, die gemischten Charakter haben, als Ausdruck der gelebten Welt und als ihre erste Reflexion. Der Mythos bewahrt dabei zwar seinen Gegebenheitscharakter, ist eine Deutung vor jeder Frage und Fragwürdigkeit. Aber er wächst sich aus zu einer Weltverdoppelung in der Sprache, einer Verdoppelung, die erst durch Synthese in Schriftgestalt ermöglicht wird. Die Sprache zeigt erst jetzt, was sie vermag: dass sie nicht bloß eine okkasionelle, in die subjektive Weltsituation eingebettete Komponente des menschlichen Verhaltens ist, sondern ein Spiegel der Welt sein kann. Sie stellt nun Bilder vor den Betrachter hin, welche durch die Weltlage des

Menschen selbst geformt zu werden scheinen, mit so traumwandlerischer Sicherheit ist in ihnen die Größe und das Elend des endlichen Lichts des Menschen verkörpert: eines Wesens, das durch ein Klären der Welt, d.h. durch Wissen von Gut und Böse, aus dem Kosmos, der Ordnung des Ganzen ausbricht, und so durch sein ganzes Wesen ein Verschulden ist und dadurch der höchsten Beirrung ausgesetzt, die die Fundamente seiner Menschlichkeit bedroht. Ein gegen das Althergebrachte viel akuteres Todesbewusstsein ist da am Werk; mit der höheren und leidenschaftlicheren Ergebenheit in das Leben gepaart, wiederholt und vertieft es das Verständnis des Menschenlebens als Schuld und Sühne. Das höchste, wozu die Menschheit der ungebrochenen Lebenswelt sich sammeln konnte, um eine mythische, den Charakter einer Offenbarung tragende Wahrheit im Buch, im Gesang, im Spiel vorzustellen, war auf den Buchstaben gestützt. Und wer könnte an der Tatsache vorbeigehen, die von Husserl so scharf beleuchtet wurde, dass im Schriftlichen die beharrende Grundlage der Aktualisierung alles geistig Erworbenen und zugleich dessen Ablösung von der unmittelbar-persönlichen Ansprache als Grundlage für jede Bildung von Idealitäten entstanden ist? Es ist also in der Schrift erstens eine Macht der Wiederbelebung, Ent-Okkasionalisierung, Entpersönlichung und Idealisierung da, die an die Schwelle der Weltdistanz führt; dann eine Weite der Darstellung, die daher rührt, dass das Verfließen zum Stehen gebracht wurde und Zeit in eine Art Raum verwandelt; und in alledem wächst eine Weltverfremdung und ein Weltverhältnis, wie sie früher nicht möglich waren.

Der erste Schritt, der über diese Lage hinausführte, bestand darin, das Menschenbild des Mythos beim Wort zu nehmen, eine Tat, die in der Geschichte des menschlichen Geistes ihresgleichen sucht. Der Mythos ist eine Geschichtenerzählung: Er gibt, wie schon gesagt, eine Lösung vor jeder Frage, und drängt dadurch die Frage zurück. Der biblische Schöpfungsmythos, die Gilgamesch-Mythe und die Ödipus-Sage drücken alle dieselbe Auffassung vom Menschen aus: ein aus dem *Paradies der Unwissenheit* (des Nichtwissens vom Tode) durch Wissen des Guten und Bösen *verstoßenes* und in seinem Sein durch diese fundamentale und durch nichts zu tilgende *Schuld* gezeichnetes Wesen. Dies Wissen ist sein Wesenskern, sein Schicksal, seine Schuld und seine Beirrung, es wird als Geschichte, als Vergangenes und dadurch jedem Zugriff Entrücktes erzählt, was dadurch »erklärt«, dass Gegenwart vergangen *ist*, dass Gegenwart Vergangenes wiederholt. Vergangenes, d.h. die Herauslösung aus dem Ganzen, das Herausbrechen, ist nun wirklich zu wiederholen – auf einer neuen Ebene. Die mythische Erzählung ist keine gewöhnliche Menschengeschichte: Sie ist eine Offenbarung. Gott selbst teilt mit, wie Adam fehlte und mit dem Wissen um Gut und Böse die Zeit- und Todesgewissheit erworben hat, die ihn aus dem Paradies der allgemeinen unwissenden Vergänglichkeit verstieß. Ein mehr als menschliches Wissen teilt sich Enkidu und Gilgamesch im Traume mit, als die andere Seite der Heldentaten, der Hilfeleistung für den Sonnengott der Helle, nämlich die Todesgewissheit, einbricht und mit ihr die verzweifelte und vergebliche Suche nach der Unsterblichkeitspflanze und die Gewissheit vom Überleben in der Unterwelt als bloßes Bild für andere. Ebenso göttliche Eingebung war Ödipus' Antwort an die Sphinx, und ein Seher ist es, der ihm die Wahrheit über ihn verkündet und ihm die Augen öffnet für das Elend, das sein angebliches Wissen über ihn bringt, als er das Rätsel löste und die Gemeinde scheinbar von einem Albdruck befreite, nur um sie in noch tieferes Elend zu stürzen. Die Wahrheit, die Offenbarkeit ist der Anteil, die μοῖρα der Götter, der Mensch bricht in diesen Bereich beinahe unrechtmäßig ein – dies ist der Grund seiner Beirrung und seines Elends. Das Wissen ist ein Spiel auf zwei Seiten des Schachbretts, wo der Mensch in voller Überzeugung seiner Gleichberechtigung bei jedem Zug, den er tut, ans Werk geht, ohne zu merken, dass was er auch tue, schon in einen weitreichenderen Zusammenhang eingebettet ist, durchschaut und überholt von einer überlegenen Strategie; der Mensch steht an der Grenze zwischen bloßem Sein und dem Im-Lichte-Stehen, dem Erscheinen.

Wenn dem Menschen jedoch sein Überholtsein, sein Eingefügtsein in ein Überlegenes, die Weltlichkeit seines endlichen Wissens klar wird, bedeutet dies am Ende, dass *er*, der Endliche und Beirrte, in seinem endlichen Wissen beide Seiten realisieren muss: das erste, angebliche Wissen als Schein, und das Durchschauen des Scheins als Wahrheit, eine Wahrheit, die sich als der dunkle Anteil im Schein schon verbarg auf eine Weise, die zur Entbergung drängte. So spielt der Mensch auf beiden Seiten des Schachbretts, und die Offenbarung seiner Verirrung ist nichts als der Unterschied zwischen zwei Phasen seines Irrgangs. Wenn Gott oder die Götter dies enthüllen, lassen sie dann den Menschen nicht an demjenigen teilhaben, was sie ihm eigentlich vorenthalten wollten? Sind *sie* denn nicht die zum ohnmächtigen φθόνος θεῶν [Neid auf die Götter] Verurteilten? Ist der Mensch, genötigt, seine Niederlage zu bekennen, nicht zugleich der eigentliche Sieger, wenn er gelernt hat, dass Wahrheit kein schlichtes Öffnen der Augen ist, keine bloße und reine Sicht, sondern eben ein Entreißen aus der Verhüllung, ein immerwährendes Offenbaren aus Finsternis? Wodurch ist sonst die Erlösung aus der Schuld zu erreichen als dadurch, dass man den Irrgang zu Ende geht, das Beirrende des Weges immer wieder abschüttelt und unentwegt weiterschreitet?

Was ist das κατὰ τὸ χρεών [»nach der Schuldigkeit«] im Spruch des Anaximander[70] sonst als dies Überlegene, welches über all dasjenige herrscht, was seine Weile hat, sich im Licht zu sonnen, darunter auch die menschliche Sorge um sich selbst und seine Einsicht? Indem die letztere ihrer Absicht nachgeht, führt sie das Unbeabsichtigte ein. Ein nie zu Übersehendes, nie zu Überholendes, nie mit dem Blick Einzurahmendes, ein ἄπειρον [Unendliches] ist dies, was da waltet. Und das sich Eingrenzende, das sein eigenes Gesetz Verfolgende und sich darin Sichernde hält eben damit Gericht über sich selbst. Das Eigene, die ἀδικία [Ungerechtigkeit], deren schrilles Beispiel die ἰδία φρόνησις[71], das kleine Licht des Menschenwesens ist, führt selber, ohne es zu ahnen, die δίκη [Gerechtigkeit] mit sich. Und was ist sonst der Logos Heraklits[72] als diese Vervollständigung, dieses immer Umfassende und Überholende, was zu unserer verblendeten, stets einseitigen »Einsicht« die andere, wichtigere Folie hinzufügt, mit der zusammen sie erst der einheitliche, obwohl innerlich zweideutige Sinn ist, dem nichts entgeht und der auch den Un-Sinn in sich enthält? Dabei ist aber der Denker kein Sprecher der Gottheit mehr, kein Prophet und Wahrsager. Er spricht nicht im Auftrag einer höheren Macht, sondern im Namen des gedoppelten Menschen, der mit sich selber das Enthüllungsspiel, die große Schachpartie, den Dialog spielt. Er »zerteilt« alles und jedes, was ihm entgegentritt, in diese zwei Bestandteile, in dasjenige, was abgrenzt und umreißt, was sich isolieren möchte und deshalb nur sich selber berücksichtigt, was ἰδία φρόνησις ist, und dasjenige, was

---

70 [Vgl. Diels/Kranz, 12 (Anaximandros) B 1.]
71 [»eigene Einsicht«. Vgl. Diels/Kranz, 22 (Herakleitos) B 2.]
72 [Vgl. Diels/Kranz, 22 (Herakleitos), B 1.]

sogar schon darin die Macht der Entschränkung, die Auflösung der Schranke ist.

So ist dem Menschen ein neues Verhältnis und zugleich ein neuer Schlüssel zum Universum in die Hand gegeben worden, der ihm nicht nur ermöglicht, wie früher seine Furcht und Hoffnung, seine Dankbarkeit, seinen Triumph über die Gunst der Weile, sein Bangen um Zukunft und Leben auszudrücken, höhere Wesen zu bannen und auf sich aufmerksam zu machen, sondern einfach die Bestürzung über das Geheimnis, über das beredte Schweigen im Grund seines Lebens auszusprechen. Er musste sich als Frage: Wer bin ich? Was ist dies umgreifende Gesamt, worin allein ich zu sein vermag? kennenlernen und die Antwort auf die Frage von niemandem sonst als von sich – freilich von sich in einer anderen Form und Rolle – erwarten lernen: lernen, sich von sich zu distanzieren, sich über sich zu stellen, mehr in sich zu finden, als zunächst zu erwarten; er musste lernen, im ausdrücklichen Verhältnis zum Ganzen zu leben, und zwar ständig und von Grund auf – zu demjenigen, was in allem Vergänglichen das Überdauernde, in jeder Vielheit das Eine und Unzerstreute, in aller Zufälligkeit das nie Fehlende und Notwendige ist, und da dies nie Untergehende und Ewige allein es ist, was Götternamen und noch mehr verdient (es will ja und will nicht Zeus genannt werden)[73], musste er lernen, im wesenhaften und ausdrücklichen Verhältnis zum Unvergänglichen zu leben. Das bedeutete für ihn aber zugleich, in sich selber etwas zu entdecken, was zu diesem Verhältnis fähig ist und also etwas Ewiges (Göttliches).

Was bedeutet aber – im Hinblick auf die subjektive Welt, auf den Welthorizont – die neue Lage, wo das Beirrende des Wissens von Gut und Böse erfahren und nicht nur als Schicksal, sondern als Geschick, als das Aufgegebene angenommen wird? Das Beirrende ist doch die Verwechslung der »eigenen Einsicht« mit der »eigentlichen Einsicht«, welche das, was ist, so gibt, wie es ist; die Willensentscheidung in der Sonderwelt, die Grundverwechslung der Sonderwelt mit der Welt überhaupt wird aufgehoben, und sie wird diesmal nicht einfach dem Unterschied Mensch – Gott zugeordnet, sondern dem Menschen selber als sein Eigenstes überantwortet. Die Welt weitet sich also, durch die Sonderwelt hindurch beginnt *die eine Welt* zu sprechen, durch *eigenes* Gutes und Böses das Problem des *Guten*

---

73 [Vgl. Diels/Kranz, 22 (Herakleitos), B 32.]

überhaupt. Bevor das vom Denker in Auseinandersetzung mit der konkreten Erfahrung der Wirklichkeiten erarbeitete Welt*bild* sich neu gestaltet, hat also die Welt selbst sich gewandelt und spricht den Menschen anders an als in der Naivität. Es ist keine ungebrochene Welt mehr, die Seiendes unmittelbar, angepasst an die schöne Direktheit und Offenheit der Sinne, die Einbildungskraft und die Impulse, freigibt, sondern eine doppelsinnige Welt, die nicht mehr in naiver Zuversicht auf Gott und Mensch verteilt wird, sondern eben in diesem Doppelsinn vom Menschen ausgetragen werden will. Nicht als könnte ohne Vorbehalt behauptet werden, der Mensch könne der hier bezeichneten Aufgabe restlos Genüge tun, aber er kann sich ihr nicht entziehen.

Ein erneuerter, vertiefter Welthorizont, der erst das ewige, allumfassende Weltall zeigt; ein Mensch, der nicht mehr ungebrochen im Anschauen der Dinge als des Seienden aufgeht, der nicht mehr unmittelbar ist zum Sein, das ist das Ergebnis dieser Wiederholung der Mythe auf höherer Ebene. Aber das Wichtigste steht noch bevor. Mit dem einen Fuß steht der Mensch im unmittelbar Wirklichen, im Gegebenen, was aber nur dann seinen Wirklichkeitsgehalt hergibt, wenn es nicht als dasjenige genommen wird, wofür es sich gibt, sondern wenn man fähig ist, zugleich auch im Gesamt Fuß zu fassen und Grund zu gewinnen. Das nun enthüllte Universum ist der eigentliche Grund, nur dieser Grund begründet im wahren Sinn des Wortes. Nun *besitzt* ihn aber der Mensch nicht, sondern wird von ihm besessen, er weiß von ihm, ohne seiner mächtig zu sein. Wenn wir mit beiden Füßen im Wirklichen, auf dem letzten Boden des allumfassenden Alls stünden, dann würden wir nie einer Beirrung, einem vergeblichen Herumtappen im Kreise ausgesetzt sein; dann wäre unser Weg ein einheitlich-übersichtlicher, ein ständig sinnvoller, ein nie in sich zurückkehrender. Wir können *dies* jedoch nie verbürgen und erreichen. Aber wir können das Unmittelbare mit einem Fragezeichen versehen und versuchen, unseren Weg, unsere Schritte von Unmittelbarkeit zu Unmittelbarkeit, von einer Erfahrung zur anderen, von einem Gedanken zum anderen so zu gestalten, dass sie einheitlich sind und einander nicht zerstören. Sie bilden dann auch eine Art Grund, auf dem man sich bewegen kann. Der letzte Hintergrund, auf welchen hin wir erfahren und denken, d.h. menschlich *sind*, bildet so die Voraussetzung für unsere konkreten Gründe, für unsere Begründungstätigkeit. Philosophie sucht nach *Begründung*.

VI

Dieses große Ereignis hinterließ alsbald überall seine Spuren. Die echt griechische Orientierung über die gegenwärtige, aber in den Traditionen der einzelnen Völker, besonders im Gegensatz Asien – Europa verwurzelte Lage, welche die werdende hellenische Geschichtsschreibung verrät, zeigt sich in der Übersetzung des Ödipus-Motivs in die Gegenwart: Das erste Beispiel bei Herodot, an dem der große Gegensatz Europa – Asien (und in ihm der Konflikt der Lebenswelten) vorgeführt wird, ist Krösus, der durch sein »Eigenwissen«, durch seine ἰδία φρόνησις, Betörte und Irregeführte, der durch eigenen Schaden, durch Erfahrung der Hintergründigkeit des Erscheinens weise Gewordene. Das mythische Schema wird aber zu Erkundung und ständiger Selbstvergewisserung, die freilich nur zu den Göttern der Polis zurückführt, aber auf dem Weg dahin einen Umkreis des Erforschten, Erkundeten, Erfahrenen und Erfragten als scheinbares Nebenprodukt, in Wirklichkeit als Hauptwerk entstehen lässt. Die Polis, der Stadtstaat, zeigt sich da einen Augenblick im Glanze des Sieges als *die* Wahrheit. Die Erkundung, die Untersuchung hat jedoch die Fülle der Menschheiten, ihrer Welten und Gottheiten gesichtet und darin der Aufklärung und ihrem Gesetz des Tages Vorschub geleistet. Die Aufklärung wird vom Historiker nicht angestrebt, er ist im Gegenteil der ὑψίπολις, der in Frömmigkeit vor den Staatsgöttern aufgeht. Dennoch leistet er der Aufklärung Vorschub – die Aufklärung ist schließlich nichts anderes als der durch den Glanz seines Tages geblendete Ödipus, besonders aber Kreon. Die Aufklärung beginnt ja nicht mit der Sophistik und Rhetorik, die schon ihre weit fortgeschrittenen Produkte sind; die Aufklärung hebt ihren Kopf bei Denkern wie Heraklit und Dichtern wie Xenophanes, bei Persönlichkeiten, die Verfassungen entwerfen und bei Historikern, die andere Menschheiten als solche sehen und unvoreingenommen aufzunehmen versuchen. Es dauert nicht lange, bis sie die Götter und das Gute und Böse erreicht und sie nicht länger als selbstverständliche Vorgegebenheiten akzeptiert, sondern als Fragliches entdeckt.

Es wurde oben das akute Sterblichkeitsbewusstsein in den Hochkulturen erwähnt, welches sich darin kundtut, dass es neue Behandlungen des Problems des Nachlebens provoziert. Das Nachleben, in den mythischen Menschheitsformen eine Selbstverständlichkeit, ist nicht Unsterblichkeit: Unsterblichkeit ist zuerst nur dies Negative, was Götter charakterisiert, die ja nicht sterben im Unterschied zum Menschen; den Ewigkeitsbegriff führt erst die Philosophie ein mit ihrem reflektierten Verhältnis zum All. Auch ist es so, dass das Nachleben unklar schwebt zwischen dem Sein für sich selber und dem Sein für andere, mit dem Akzent auf dem zweiten. Das Überleben ist als Überleben des Bildes gefasst, oder mit dem Bilde unlöslich verknüpft. In den Mysterienreligionen entsteht so etwas wie der Gedanke einer unbegrenzten Dauer, aber er wird (gerade aus Rücksicht auf das Wiederkehren der Form, d.h. des Bildes) wieder gefasst ohne klare Unterscheidung der individuellen und der generischen Unsterblichkeit. Ein »substantielles« Überdauern ohne Personalidentität findet sich wiederum im Gedanken der Seelenwanderung, also wieder ein Überdauern für den anderen. Die schriftliche Hochkultur entwickelt den Gedanken des *Ruhms*, der in der Gemeinde den Einzelnen überdauert; der Ruhm hängt mit dem Gesang und dem Dichter zusammen, mit Fest, Denkmal und Inschrift. Der Ruhm ist vielleicht die intensivste, wirksamste Form des Überlebens in Form eines Seins für andere, welche in archaischen Hochkulturen zur Notwendigkeit wird und zu einem mächtigen Bindemittel der Polisbürger. Wenn die Polis im Zenit steht, muss auch der Ruhm den höchsten Wert bedeuten. Er belebt sogar noch die von der Aufklärung viel tiefer ergriffene spätere Stufe der Geschichtsschreibung, die des Thukydides: Das furchtbare Geschehen, in dem die eben noch siegreiche griechische Welt, die ihre Überlegenheit über das asiatische Kolossalreich bewiesen hatte, sich moralisch und physisch selbst zerstörte, wird zwar mit kühlem analytischen Sinn zergliedert und auf seine Ursachen zurückgeführt, aber die ganze Darstellung erfolgt im Hinblick auf den Gedanken des Ruhms, des Preises der Ausdauer und männlicher Entschlossenheit, mit denen das Geschick angenommen und den Schicksalsschlägen getrotzt wurde, so dass ein Bild einzigartiger Größe entsteht, von der zu berichten und über die nachzudenken sich lohnt. Und freilich ist auch hier Verblendung und durch sich selber irregeführtes Licht ein Zentralmotiv. Während dieses Niedergangs löst sich die Moral der Polis auf, Individuen werden auf sich selbst zurückgeworfen, eine grenzenlose Selbstsucht und Ehrsucht, ein ungebändigter Herrschaftstrieb wird großgezogen. Die Aufklärung stellt dazu willig ihre Hilfsquellen zur Verfügung, die Dichter sind nicht mehr, was sie früher einmal waren, Künder einer ungebrochenen, selbstverständlichen Sitte, Rhetoren bieten ihre Überredungskünste an, skrupellose, gierige Allwisser stehen ihnen zur Seite. Und trotzdem ist die scharfsinnige Klarsicht, mit welcher der Konflikt, sein Verlauf und sein Ausgang geschildert wurde, das mit dem Ruhm unlösbar verknüpfte Vermächtnis und Erbe einer Welt, die bereits weitgehend von klar analysierendem Verstand, von Einsicht in die Gründe des Geschehens bestimmt ist.

Doch erreichte der Zerfall erst in dem Augenblick seinen tiefsten Punkt, als das Mittelmäßige des Alltags der erniedrigten athenischen Macht hereinbrach, gekennzeichnet von Argwohn, Rekrimination und der Unfähigkeit, den Berg wieder zu erklimmen. Aber da bereitete das philosophische Nachdenken schon ein ganz anderes mächtiges Erbe und ein ganz anderes, viel höheres und über vorherige Katastrophen erhabenes Aufgabenbewusstsein vor.

Die Philosophie bekommt mit dem Tiefgang der Reflexion, mit dem Rückgang auf den Grund, eine veränderte Gestalt. Die volle Befreiung vom Irrgang wäre freilich nur möglich, wenn man seinen Standpunkt nicht nur im Unmittelbaren hätte, wenn man zugleich das Andere, das Universum übersähe. Dann hätte man *den* wirklichen Grund unter den Füßen. Ohne einen solchen kann man aber dennoch die unmittelbare Lage, wie sie mir gerade erscheint, zu überschreiten versuchen, indem man Gründe anführt. Es gibt Gründe, die nicht *der* Grund sind. Mit ihrer Hilfe kommt man schrittweise heraus aus dem Unmittelbaren. Das Ganze wäre das wahre Begründende. In dessen Ermangelung kann das Begründende in gewisser Hinsicht die Rolle des Ganzen spielen. Parmenides hat versucht, die vielen Zeichen, σήματα πολλά[74], des Einen Seienden als auf die Nichtexistenz des Nichtseienden aufgebaut, gegründet zu ordnen. Ähnlich hat Zenon seine indirekten Logoi, Argumente gegen die Un-Einheit und ihre Arten (darunter die Bewegung), aufgebaut. Selbst wenn der Boden nicht erreicht wird, so wird doch ein Gerüst gebaut, das steht. Hier kann das Spiel sich freilich wiederholen; aber der Weg, der gegangen wird, bleibt fest, sichtbar und immer wieder betretbar. Ein Gerüst vertritt den Grund; das Errichten des Gerüsts wird dann als Begründen angesprochen. Es geschieht

---

74 [Diels/Kranz, 28 (Parmenides), B 8; in der Übersetzung bei Diels/Kranz: »viele Merkzeichen«.]

aber dies Be-gründen in der Sprache, indem ihr Zusammenhänge anvertraut werden, die einmal als unabweisbar eingesehen wurden. Niemand kann das Sein umfassen; aber dass es, um seinen Anfang zu denken, einem undenkbaren Nichtseienden Platz machen müsste, und deshalb als ungeboren, ungeworden angesprochen werden muss, diese »Kunde von einem Weg« (μῦθος ὁδοῖο)[75] bleibt bestehen. Man kann dann auch sagen: Welt ist nicht inhaltlich zu fassen; aber dass die Negation eine innerweltliche Operation ist, die auf Welt und Sein nicht anzuwenden ist, wird klar.

Außer der Sprache gibt es noch eine andere Begründungsmitte. Auch diese hat aber eben die Philosophie erst zu entdecken und auszubilden vermocht, obwohl der in ihr waltende schöpferische Eifer, die Erfindungsgabe, nicht Sache der Philosophen war. Dies war die Mathematik. Die Mathematik ist zwar ein Sehen von Beziehungen; aber vor allem ein bewegliches, anhand von Konstruktionen, von Operationen fortschreitendes und keineswegs ruhendes Sehen. Es ist kein einfach direktes, sondern ein direkt-indirektes Sehen, also auch Begründen. Lange vor der Philosophie, in Ägypten, in Babylonien ganz besonders, hatte man solche Konstruktionen und einzelne Formeln. Dass die Beweise aber einen zusammenhängenden Weg bilden und eine Gegend vollkommen entdecken könnten, ist Menschen erst eingefallen, als der Gedanke eines letzten Bodens im wirklichen Welthorizont aufbrach.

Noch der eleatische Weg der Philosophie ist indirekt und führt keineswegs in die innerweltliche Wirklichkeit hinein; er glaubt im Gegenteil, die Unmöglichkeit eines solchen Gangs erweisen zu können. Die Mathematik zeigt den Weg zum Mannigfaltigen und Vielen, den Weg am Einen vorbei in den Weltinhalt hinein. Aber um diese Bedeutung der Mathematik zu entdecken, muss Philosophie da sein. Wenn nun die Philosophie diesen inhaltlichen Weg einschlägt, um nicht nur Aphorismen zu prägen wie bei Empedokles und Anaxagoras, dann macht sie es mit der Mathematik zusammen; dabei gewinnt die Mathematik ihre systematische Form, die Philosophie wird aber zum Einzelwissen, zur Wissenschaft, ohne freilich die Intention auf das Ganze, das durch Einzelwissen anvisiert wird, aus dem Sinn zu verlieren. Die Philosophie strengt sich an, anhand des mathematischen Begründens *zum wahren Sein* durchzudringen, den

---

75 [Vgl. Diels/Kranz, 28 (Parmenides), B 8.]

letzten Boden zu gewinnen, der ihr vom Gesamthorizont angegebenes Ziel ist.

Auf diese Weise entsteht die philosophische *Doktrin* oder vielmehr eine Anzahl von Doktrinen, durch dasselbe oder ein ähnliches Verfahren erbaut und um ein Zentrum gruppiert, das vom wahren Sein handelt und lehrt, wie das Erscheinende und Scheinende darauf »zurückzuführen«, darin zu »begründen« und dadurch »zu retten« sei. »Gerettet« ist es ja, wenn man den Anteil Wahrheit erschaut, den es vom Standpunkt der zuerst verhüllten, aber begründend-erleuchtenden und enthüllenden Wahrheit besitzt. Es wird also nicht einfach fallen gelassen, vielmehr lernt man durch diese Doppelstellung – einerseits im Schein, der *ist*, und anderseits im Sein, das man *ansetzt* und in begründeter Weise aufbaut – im Seienden zu *gehen*, sich darin zu bewegen. Dieses Zentrum hat man später Metaphysik oder Erste Philosophie genannt, als man dies Wissen vom wahren Sein und dessen Struktur, Aufbau, trennen zu müssen meinte von der Lehre der Physis, des beweglichen Seins, und von der Mathematik als der Lehre des Unbewegten. Aber im Anfang sind diese Unterscheidungen unbedeutend, treten zurück hinter der gemeinsamen Leistung von Mathematik, Physik und Logos: nämlich, eine Lehre vom wahren Sein zu schaffen, die zugleich inhaltsreich, begründend, rettend (erklärend) und dadurch überzeugend-enthüllend wirkt und einen Weg durchs Land der Dinge weist, die da sind – seine Breite, aber auch seine Höhen, seine »Anfänge« und »Ursprünge« sichtend und in Besitz nehmend.

Bei dieser Erarbeitung der Philosophie als etwas inhaltlich Lehrbarem, Begründendem und Erklärendem, was in einheitlichem Aufbau auf Prinzipien gestützt vorgeht (also Philosophie als Wissenschaft, d.h. als Urwissenschaft, Einheit, Stütze, Vorbild und Zusammenschluss aller anderen Lehrsysteme, die man später als Wissenschaften bezeichnet hat), zeigte sich sofort die Zweiseitigkeit, die, könnte man sagen, schicksalsvolle Doppelrichtung dieser Ausarbeitung. Sie wird von Anfang an durch zwei große Namen bezeichnet, welche den eigentlichen Beginn unserer Denktradition bezeichnen, auf die bei jedem Denkproblem der späteren Zeit Bezug genommen wird, offenbar, weil er genommen werden muss: Demokrit und Platon, Atomistik und Ideenlehre. Demokrit (wir rechnen auch Leukipp dazu) und Platon (in diesem Namen ist für uns auch Sokrates »aufgehoben«) haben gemeinsam, dass sie die Systematik einer Lehre vom wahren Sein entwerfen, geleitet vom selben Einfall, zur Errichtung eines Systems von Begründungen die Mathematik zu benutzen, wodurch sie das gesamte menschliche Leben zu umspannen und umzugestalten beabsichtigen. Es muss sich also die Doppelseitigkeit einer jeden Begründungsbemühung bei jedem der beiden Denker zeigen. Die Begründung hat zwei Bezugspunkte: die »erkannten« Sachen einerseits, welche ihr Verborgenes, ihre Strukturen, ihre Elemente und Gestaltungsmöglichkeiten vor Augen zu führen und preiszugeben haben; und den Menschen selbst, der durch seine begründeten Gedanken sich selbst umgestaltet, sich dadurch bindet und die ausdrückliche Geltungskraft des Einheit anstrebenden Gedankens als Macht der Eigengestaltung begreift und ausnutzt. Es zeigt sich hier gleich im Anfang zugleich die innere Spannung, die zwischen diesen zwei Aufgaben obwaltet, in dem Umstand, dass beim Begründungsvorgang keine der beiden Seiten fehlt, aber sich in einer vorzugsweise einseitigen Ausprägung der einen Seite kundgibt. Die europäische Metaphysik wird immer wieder zwischen diesen beiden Schicksalsgestalten und den damit verbundenen Begriffen ihren Weg zu suchen haben, immer wieder werden die Extreme einer fast ausschließlichen Berücksichtigung der Dinge einerseits und einer fast ebenso ausschließlichen Orientierung an den sittlich-praktischen Bemühungen des Menschen um sein Wesen andererseits die Grenzen der Metaphysik bezeichnen. Das sollte sich zwar nicht sofort als verhängnisvoll erweisen, jedoch später, als das menschliche Sachwissen sich zu unermesslichen Sammlungen von Fachkenntnissen auswuchs, welche die sittliche Tätigkeit des Menschen im Bereich des Wissens zu einer Art von amtlicher Redlichkeit nivellierten, und als der Gedanke eines Wirkungswissens dominant wurde (der erst durch die christliche Vorrangstellung des Praktischen allmählich durchdrang). Vorerst ist uns aber daran gelegen, den Anteil beider Gründungsreflexionen an der Erarbeitung des ersten Erbes, das vom Griechenland der klassischen Polis über ihren Untergang hinweg an die kommende, im Begründungsgedanken lebende Menschheit hinüberreichte, in Grundzügen zu erarbeiten.

VII

Die Atomistik geht von der allgemeinen geistigen Situation aus, die oben umrissen wurde. Auch ihr ist die grundsätzliche Beirrung des Menschen, seine Entfernung von der Wahrheit der Dinge, wie sie in sich selber sind, der Ausgangspunkt.[76] Auch für die Atomistik gilt es, das Spiel auf beiden Seiten des Schachbretts dadurch zu gewinnen, dass der Weg ins Weite des Universums, ins Ganze, gesucht und entdeckt wird, welcher dem geblendeten Auge des nichtphilosophischen, weder fragenden noch grundsätzlich begründenden Menschen verborgen ist.

Es unterscheidet sich aber die Atomistik von ihren philosophischen Vorläufern dadurch, dass hier nicht wie bei den Milesiern, Heraklit und den Eleaten vorrangig der Unterschied, die grundsätzliche Distanz der beiden Stellungen betont wird (die sich bei den Eleaten sogar zu einer gänzlichen Unüberbrückbarkeit steigert), sondern dass eine Verbindung gesucht und gefunden wird. Das Verbindende, das diese Brücke bilden soll, findet sich in der Begründung. Freilich ist es so, dass die andere Seite, als das von uns im Nachhinein begriffene »Ganze«, immer nur das Ganze von uns aus gesehen ist, es wird also zwar die vorige Position des Menschen überholt, aber keinerlei Garantie geliefert, dass die jetzige ihrerseits nicht auch überholbar ist. Das braucht jedoch die *Festigkeit des Weges* und seine *Nachvollziehbarkeit* nicht zu beeinträchtigen, und deshalb kann der Weg selbst trotzdem als der Weg des Ganzen, von uns ins Ganze und vom Ganzen zu uns, angesprochen werden. Vielleicht ist die Atomistik aber dadurch gekennzeichnet, dass sie diesen Weg, dessen Abstand vom Ziel sie im Anfang betonte, am Ende trotzdem mit dem Ziel selbst identifiziert und davon nicht zu unterscheiden vermag. (Die platonische Philosophie hält es in diesem Punkte anders – deshalb ist sie auch nie geschrieben worden.)

Man hat sich heute daran gewöhnt, die platonische und die atomistische Philosophie nicht mehr in einem absoluten Gegensatz zueinander zu sehen. Man spricht öfters von einer Überwindung der Atomistik durch Platon, die dann freilich auch eine »Aufhe-

---

76 Vgl. Diels/Kranz, 68 (Demokritos), B 6, vgl. auch B 7, B 8, B 9, B 10. [Deutsche Übersetzung bei Diels/Kranz: »Und erkennen muß der Mensch mit Hilfe der vorliegenden Regel, daß er von der Wirklichkeit (Wahrheit) entfernt ist.«]

bung« in beiderlei Sinne ist. Der platonische Gedanke integriert die Atomistik in seine Gedankengänge. Dieser Eindruck verstärkt sich im Blick auf Platons »ungeschriebene Lehre«. Auch wenn diese »ungeschriebene Lehre« einer teilweisen Aufhebung der Atomistik gleichkommt, haben wir gleichwohl das Recht zu fragen, inwieweit die in dieser Synthese verarbeiteten neuentdeckten Gedanken Platons atomistischen Ursprungs sind. Das kann nur versuchsweise, durch hypothetisches Vorgehen ausgearbeitet werden, indem man die Grundmotive von Platons »ungeschriebener Lehre« auf ihre Erklärungskraft hin durchgeht und prüft, was zum allgemeinen Zug der Atomistik passt und was sie an Erklärungen für die überlieferten Texte liefert. Die Grundgedanken scheinen uns zu sein: 1) die Mathematik als ontologisch begründendes Paradigma und Brücke zum Seienden; 2) das reduktive Verfahren und die letzte Rückführung auf zwei Ursprünge (Prinzipien); 3) eine Abstufung des Erkennens vom absolut Verständlichen und Rationalen zum relativ und teilweise Verständlichen, die parallel läuft zu der großen ontologischen Skala: Ideen – Seele – Erscheinungen, sowie zur epistemologischen Folge: ἐπιστήμη – δόξα – αἴσθησις, oder genauer: νοῦς – ἐπιστήμη – δόξα – εἰκασία.

Dass das reduktive Verfahren bei den Atomisten geübt wurde, ist eine allgemein anerkannte Tatsache. Nichts ist für die »Reduktion« so charakteristisch wie die atomistische »Verarmung des Seienden«. Es ist dies eine Reduktion von den Phänomenen auf das Seiende selbst, vom Erscheinenden auf das Ansich; ferner ist es die Reduktion vom »Sichtbaren« auf Unsichtbares, vom Ungenauen auf Exaktes. Die Reduktion ist also eindeutig atomistisches Gedankengut; nur die Weiterführung der Reduktion im Hinblick auf die Ideenlehre und die gesamtplatonische Doktrin vom Unsichtbaren als Unkörperlichem ist eindeutig platonisch. Nicht-platonisch scheint hier also auch die Opposition von ἐπιρυσμίη δόξις und ἐτεῆ γνῶσις[77] zu sein, analog zur platonischen von δόξα und ἐπιστήμη. Das Erscheinende ist demnach eine Art Verhüllung, welche die wahre Gestalt irgendwie umgibt und überzieht, sie zwar verundeutlicht, aber nicht ganz verstellt. Das ist freilich auch eine Übereinstimmung mit Platon, dem das erkenntnismäßig und ontologisch Abgeleitete doch

---

77 [Vgl. Diels/Kranz, 68 (Demokritos), B 7 und B 8.]

ein Abbild des Ursprünglichen ist und eine gewisse Struktur dieses Ursprünglicheren bewahrt.

Demokritisch ist weiter die Zwei-Prinzipien-Theorie. Diese Lehre hat bei Demokrit freilich die Gestalt, dass das positive Prinzip körperlich ist, der negative Ursprung, der leere Raum, dagegen unkörperlich; bei Platon sind beide unkörperlich und sie haben weiter die Natur von Allgemeinheiten, also von Einheiten, während die demokritischen beide individuell und (wiewohl auf verschiedene Weise) vielheitlich sind. Dass Körperliches zugleich bewegt und in der Zeit sein muss, versteht sich.

Was nun das Mathematische betrifft und die Verwendung der Mathematik als Begründungsbrücke und Hinführung zum Seienden selbst, um darüber Klarheit zu gewinnen, muss man fragen, wie die Atomistik zu ihren Prinzipien kommt, vor allem zum Raum. Der Raum ist bekanntlich, nach Cornfords Analysen,[78] die Grundentdeckung der Atomistik: Den leeren Raum, der mit Begriffen der euklidischen Geometrie beschreibbar ist, hat es vorher nicht gegeben. Wie Cornford und andere betonen, hängt das mit Demokrits Lehre von der Vielzahl der Welten in einem unendlichen Weltall zusammen, die in dieser Beziehung originär ist. Nun ist diese Entdeckung nicht nur ein philosophisches, sondern auch ein mathematisches Ereignis, für beide Disziplinen gleich wichtig. Sie zeigt, wie sehr die Geometrie damals noch der Hilfe der Philosophie bedurfte, und wie ein rein geometrischer Raumbegriff noch keineswegs vorhanden war. Jedenfalls ist der Begriff eines homogenen isotropen Raumes, worin ein starrer Körper bei der Ortsbewegung keine Modifikation seiner Form erfährt, nicht auf dem Baum der Geometrie gewachsen, sondern auf dem Boden der Lehre von der Physis, d.h. der Philosophie. Allerdings nicht ohne Hilfe der Mathematik. Denn die Bewegung des starren Körpers in strenger, d.h. idealisierter Form, ist dasjenige, was die Elementargeometrie unreflektiert und unausdrücklich als ihr Grundverfahren benutzt, um zu exakten Sätzen über Parallelen, über Winkelgleichheit, über Deckung und Ähnlichkeit von (vor allem) Flächengebilden zu gelangen. Die Bewegung ist es, die zeigt, dass ein Körper dem geometrischen Schema seiner Gestalt, und das Schema jedem anderen, mit dem es zur Deckung

---

78 [Vgl. Francis Macdonald Cornford, *The Invention of Space: Essays in honour of G. Murray*, London 1936.]

gebracht werden kann, also im Grunde auch das »Leere« dem »Vollen«, geometrisch äquivalent sei; die Bewegung starrer Körper und die auf ihrer Grundlage einsichtig werdenden Ähnlichkeitsgesetze im homogenen isotropen Raum sind es, welche die Einsicht ermöglichen, dass jede Gerade ins Unendliche verlängert werden kann und Parallelen in jedem Punkte zu jeder Gerade gezogen werden können, ohne je zusammenzufallen; kurz, der atomistische leere Raum ist nichts als das Milieu dieser geometrischen Grunderfahrung (einer freilich idealisierten Erfahrung) von der Struktur der Bewegung eines starren Körpers. Der starre Körper, idealisiert zu einer gemessenen Strecke, ist so ein grundlegender Begriff der metrischen Geometrie, denn Messen heißt Bewegen und den zu bewegenden Maßstab mit dem Gemessenen zusammenfallen lassen; und der starre Maßkörper, zum Maßstab idealisiert, stellt dann der Mathematik in Gestalt der Geometrie ihre Grundprobleme – vor allem die der Kommensurabilität. Geometrisch unterscheidet sich also der Körper nicht von dem von ihm eingenommenen Raum, deshalb kann man auch umgekehrt sagen, dass der Raum das Bewegungsschema des starren Körpers darstellt. Diese Betrachtung zeigt einerseits, dass man mit diesem Prinzip unmittelbar im Unendlichen landet, und dass es das Unendliche der Größe ist. Man kann sich dem Glauben hingeben, das Universum im Sprung erreicht zu haben; das Prinzip ist ein erstes, ein Ganzheitsprinzip. Aber die Betrachtung des geometrischen Raums führt zu Prinzipien auch *ad infra*. Denn Ähnlichkeitssätze gestatten, gesetzmäßige Strukturen einzusehen, die von der absoluten Größe unabhängig sind. Freilich geht es hier nicht unendlich nach unten, wie es rein geometrisch in Symmetrie zum unendlichen leeren Raum eigentlich sein müsste. Denn es gibt nicht nur Schemata, Zeichnungen, sondern es gibt auch Dinge; Zeichnungen im Sand können immer weggewischt, andere an ihre Stelle gesetzt werden; zwischen einer Zeichnung und ihrem »Raum« gibt es keinen anderen Unterschied als den von geschlossener und nicht geschlossener Form. Dinge dagegen sind ganz anders unterschieden; selbst wenn sie geometrisch äquivalent sind, brauchen sie es der Natur der Sache nach nicht zu sein. Dinge sind sozusagen von der Natur selbst, der Physis, dem Sein, in den Raum eingezeichnet. Jedenfalls sind sie *eingezeichnet*, haben sie Grenzen; diese sind im Sichtbaren veränderlich. Auch sind die sichtbaren Körper nicht absolut starr und nicht immer direkt geometrisch messbar; aber ist der Raum ein Bewegungsschema der starren Körper, dann kann man sich denken, auch im Unsichtbar-Kleinen gebe es starre Körper. Die Deformationen des Sichtbaren gehen vielleicht alle auf Teilung zurück; ins Unsichtbare sich begebend geht man zu den Teilen, auch muss es letzte Teile geben, und diese müssen dann starr sein. Letzte Teile muss es geben: Die unendliche Teilung würde dem Vorgang, der die Umkehrung und in gewissem Sinne auch Voraussetzung der Teilung ist, nämlich die Zusammensetzung, jeden Boden entziehen.

Diese letzten Teile sind also starre, unsichtbar kleine Körper, für die selbstverständlich die Gesetze der geometrischen Form gelten, die – modern gesagt – den Strukturen der Verschiebungsgruppe und der arithmetischen Gruppe unterworfen sind. Unendlich klein sind sie nicht, aber dennoch ist man bei ihnen über die Grenze des sinnlich Sichtbaren hinausgelangt, das gleichwohl ganz genau, exakt geometrisch zu beschreiben ist, wofür die Beziehungsgefüge der klarsten und allein über notwendige Zusammenhänge verfügenden Doktrin, nämlich der Geometrie, gelten. Nun scheint diese Doktrin zur Zeit Demokrits zwar praktisch mit einer instinktiv-exakt verfahrenden Methode bereits dagewesen zu sein, aber noch nicht ausdrücklich auf genau formulierten Grundlagen errichtet; insbesondere konnte man zwar geometrische Schlussketten bilden und auf dem Weg des Beweises weit voranschreiten, über die Natur der geometrischen Gegenstände jedoch hatte man keine klare Auffassung. Gerade dies spiegelt sich auch in Demokrits Erwägungen wider; er unterscheidet nicht klar zwischen Geometrie, Physik und Philosophie.

Demokrits Erwägungen über das Unsichtbare sind dergestalt, dass man nicht recht entscheiden kann, ob er mathematisch oder physikalisch denkt, und so wurde schon im Altertum und wird noch bis in die Gegenwart hinein darüber gestritten, ob die Atomistik physikalisch oder mathematisch gemeint ist. Jedenfalls steht fest, dass die Bestimmung der verschiedenen Atomgrößen mit diesen geometrischen Erwägungen zusammenhängen muss, da bei Demokrit eine Lehre vom Inkommensurablen belegt ist. Die untereinander inkommensurablen Größen müssen aus Unteilbaren (Atomen) verschiedener Größe zusammengesetzt sein, und bekanntlich wird die von Demokrit überlieferte Lehre von unendlich vielen Atomgrößen von maßgeblichen Gelehrten damit in Beziehung gesetzt. Jedenfalls sieht man, dass hier für die Bestimmung eines zweiten Ursprungs, die Bestimmung der Unteilbaren, mathematische Erwägungen grundlegend mitbestimmend waren und dass die Geometrie es war, welche dem Denker dazu verhalf, ins Dunkle und früher Unsichtbare vorzudringen.

Da nun all dies festzustehen scheint, könnte man versuchen, zum letzten und für uns entscheidenden Punkt vorzudringen, nämlich zu den Schemata der Intelligibilität. Die Atomistik scheint uns nicht eine Lehre der einfachen Zurückführung der »sinnlichen Mannigfaltigkeit« auf mathematische oder mathematisch mitbestimmte Erklärungsverhältnisse zu sein, sondern eine ganze Folge von Intelligibilitätsschemata, die insgesamt von einem ersten abhängig sind und eine Art Verhüllung und Verkleidung dieses Ursprünglichen darstellen. Verhüllung bedeutet zugleich Abbildung weniger bestimmter Art. So ist die atomistische Sprachtheorie, welche die Analyse bis zu den »Buchstaben« treibt und grammatische Ganzheiten aus ihnen aufbaut, offenbar ein Abbild und zugleich eine Verhüllung des atomistischen Schemas, wo Laute den Atomen, Pausen dem Leeren entsprechen; so sind die Theorien der Wahrnehmung, besonders der Gesichtswahrnehmung der Farben, wieder eine Version desselben schematischen Themas: Es werden Grundelemente angegeben, Ordnungsverhältnisse an ihnen hervorgehoben und eine nachträgliche Synthese aufgezeigt. Dies ist zwar seit langem bemerkt worden, und Hegel z.B. hat vom atomistischen Prinzip in der Gesellschafts- und Staatsauffassung gesprochen; aber es wurde bei solchen Bemerkungen das atomistische Prinzip im Unterschied zu Demokrit eben erst als eigene geistreiche Idealisierung aufgefasst. In Wirklichkeit ist, glauben wir, diese stufenartige Gliederung des atomistischen Prinzips imstande, über manche Schwierigkeiten der Doktrin vom Unteilbaren hinwegzuhelfen. Wie bei Platon ist auch bei Demokrit diesen Sekundärverhältnissen eigen, dass sie nichts Positives sind, dass ihr scheinbares Mehr eigentlich ein Weniger an Genauigkeit und Klarheit bedeutet, durch welche das Seiende in sich selbst gekennzeichnet ist. Dies scheint dann auch der eigentliche Grund der Bezeichnung von γνησίη und σκοτίη γνώμη[79], von denen die erste das Erklärungsschema des wahren Seienden bezeichnet, die zweite dagegen den empirischen Schein, der zwar nichts erklärt, aber als Erfahrungsgrundlage unentbehrlich ist. Es muss freilich die

---

79 [Vgl. Diels/Kranz, 68 (Demokritos), B 11: »Von der Erkenntnis aber gibt es zwei Formen, die echte und die dunkle (unechte)«.]

Aufgabe sein, die Sekundärschemata auf das Primäre zu verweisen und zurückzuführen, worauf wahrscheinlich, nach Theophrast zu urteilen, in Abhandlungen wie ΠΕΡΙ ΑΙΣΘΗΣΙΩΝ, ΠΕΡΙ ΧΡΟΩΝ, ΠΕΡΙ ΧΥΜΩΝ[80] die Hauptaufmerksamkeit gerichtet war. Auch hier scheint es sich also um etwas Ähnliches wie bei Platon zu handeln, wo den höchsten Seinsregionen die genauesten, total durchschaubaren Verhältnisse entsprechen, während sie sich später, und zwar nach guter und immer noch durchschaubarer Ordnung, allmählich verdunkeln und nur noch auf Umwegen bestimmbar werden. Freilich ist die platonische Auffassung vom unkörperlichen Wesen der höchsten Ursprünge von der atomistischen weit entfernt; alles, was auf die Idee und Dihairesis der Ideen hinweist, kann für Demokrit nicht existieren. Es verbleiben jedoch die zwei Seinsursprünge, die Vielheit des beweglichen Seienden und die Einheit des »Nichtseienden«, welche zusammen das immer wiederholte Schema von Verbindung und Auflösung ermöglichen; die Verbindung geschieht dann aber immer wieder und auf immer höherem Niveau, wobei die Struktur des Elementaren und der Mischung des Elementaren zu Gebilden höherer Ordnung sich wiederholt. Das erste Niveau ist das der Entstehung der »Welten«, und zwar durch Stauung der ursprünglich chaotischen Bewegung zu einer Mittelform, zum Urwirbel, der eine Bewegung mit Ruhe kombiniert und die Scheidung des Atomhaufens ermöglicht, das Anhäufen des Gleichen und dadurch die Entstehung der makroskopischen Formen. Das zweite Niveau ist die Entstehung der Qualitäten aufgrund dieser Anhäufung, des Makroskopischen: Dieses Schema kehrt immer wieder – was nicht direkt auf die zwei Ur-Ursprünge zurückgeht, wird auf gewisse Grundqualitäten zurückgeführt. Im Weiteren folgt die Entstehung der Lebewesen und des Menschen, und zuletzt das Entstehen der menschlichen Welt, von Sprache, Gemeinwesen, Künsten, kurz, der geschichtlichen Gebilde.

Das allgemeine Verständnis vom Seienden als Präzisem, durch und durch Bestimmtem ist atomistisch: das Genaue, Exakte ist das Seiende, weil ewig, unwandelbar, der Erklärung unbedürftig; alle sonstigen Strukturen, denen man begegnet, sind davon irgendwie abgeleitet und bloße Abbilder und unvollkommene Nachahmungen

---

80 [»Über die Sinne«, »Über die Farben«, »Über die Säfte«; vgl. Diels/Kranz, 68 (Demokritos), B 5 f-h.]

von ihm. Das heißt: Will man sie begreifen, muss man auf das Ursprüngliche zurückgehen, woher sie durch imperfekte, aber das Ursprüngliche doch ahnen lassende Ansammlung stammen. Stimmt unsere Vermutung, dass geometrische Ähnlichkeit der Grund ist, auf welchem fußend man ins Kleinste außerhalb des Sichtbaren eindringt, dann ist die Ähnlichkeit auch der Grund, auf dem man das Sichtbare wird deuten können. Es wird dann aber auch begreiflich sein, dass im Sichtbaren, im Großen, immer wieder Abbilder, Nachahmungen des Geschehens im Elementaren wiederkehren können, dass es hier wieder so etwas wie Grundformen, deren Kombination, Komplikation, Bildung von relativ dauerhaften Konstruktionen geben wird, und immer wieder wird die Erkenntnismethode darin bestehen, auf die Grundbausteine zurückzugehen und die Art des Kombinations- und Auflösungsvorgangs zu untersuchen. Dann wird aber auch der Grund der Unexaktheit der abgeleiteten Schemata sichtbar werden: Es ist die Art, wie das Kleinste in seiner Unzählbarkeit und Unsichtbarkeit auf alles daraus Erwachsene einwirkt, eine ständige unsichtbare und unmerkliche Auflösung, die überall wirkt, alles abstumpft, unscharf und undeutlich macht; wäre dieses ständige Fließen des Kleinsten nicht, so würde man die Ameise auf dem Firmament erblicken können.

So kommt man auf den großen Gegensatz von echter, legitimer, bis zu den wahren Anfängen durchdringenden Erkenntnisart, der γνησίη γνώμη, welche der wahre Sohn des Hauses des Seienden genannt werden könnte, und der nichtlegitimen, der Bastarderkenntnis, die zwar auch zum Hause gehört und eine Art Erkenntnis ist, aber zweiten Ranges, der ersteren zur Folgsamkeit verpflichtet. Die γνησίη γνώμη ist allein fähig, bis zum ἐτεή ὀν durchzudringen, und ist auch daran erkennbar, dass sie ins Kleinste geht. Ins Kleinste, in die Atome, gehen bedeutet, wie wir gesehen haben, zugleich ins Größte, ins Allumfassende gehen: Das vermag allein die γνησίη. Die σκοτίη γνώμη ist auf das Große und Ungenaue beschränkt. Sie ist im Prinzip dasjenige, was die Unmittelbarkeit der sinnlichen Begegnung gibt. Doch ist der Unterschied von γνησίη und σκοτίη nicht ohne Weiteres der von Sinnenerkenntnis und rein geistiger Erkenntnis durch die φρήν [Verstand].[81] Die φρήν hat die γνησίη γνώμη

---

[81] Siehe auch Galens Zitat, wo die Sinne gegen die φρήν streiten und ihr vorwerfen: »Du armer Verstand, von uns nimmst du deine Beweisstücke und willst

VII

nicht von jeher und von vornherein, sondern sie ist ebendie Kraft, das von den Sinnen Gelieferte zu durchschauen auf die Ursprünge hin, es ist die Kraft des Messens, des Maßstabs, der eingehalten wird mit Genauigkeit und dann durchdringt bis ins Kleinste. Nun kann aber auch begreiflich werden, warum das Ungenaue und das auf die Sphäre des »makroskopisch« Gelieferten beschränkte Erkennen keine Positivität im eigentlichen Sinne hat und sich umsonst mit seinen Farben, Geschmacks- und anderen Qualitäten brüstet: Im Grunde sind alle diese Dinge nur verzerrte Abbildungen des ursprünglich Elementaren, sie sind ja selber auf ihre Elemente rückführbar, sind nichts als Großprojektion der Elemente selber. Und da sie sich als solche nicht ins Elementare zurückprojizieren lassen und ihren Sinn und ihr Gebiet nur im menschlichen Bereich haben, wie Gesetz, Sitte, Sprache, technische Erkenntnisse, ist es begreiflich, dass auch von ihnen das Wort νόμῳ[82] gebraucht wird: Wie all die anderen oben genannten sind sie νόμῳ. Der νόμος ist sowohl die Markierung ihrer Distanz vom Ursprung wie auch einer gewissen Autonomie, der Eigenständigkeit ihres quasiatomischen Neuanfangs, durch welchen der wahre Anfang durchscheint.

Zusammenfassend lässt sich sagen: Die Atomistik ist es, welche die Mathematik überhaupt erst zum Organon der Philosophie erhoben hat. Nicht die Zahlenanalogien wie bei den älteren Pythagoräern, nicht die Grundeinsicht des Anaxagoras, dass die geometrische Analogie die Welt homogen macht im Kleinen wie im Großen, sondern erst die atomistische Methode hat dies vollbracht. Mit Hilfe des Mathematischen zu den ersten Ursprüngen durchzudringen, die selbst nicht mathematischer Natur sind; gestützt auf mathematische Exaktheit die ontologischen Grundlagen mit möglichster Genauigkeit zu entwerfen, als da sind die starren undurchdringlichen Atome und die Ortsbewegung; die Schemata ihres Zusammenbaus und Einwirkens mit genau solcher Genauigkeit zu entwerfen; dann aber anhand der Ableitungen, der Sekundärbildungen und ihrer Schematik durch alle Phänomene zu gehen, besonders auch die menschlichen, sie alle zuerst auf ihre eigenen Elementarbestandteile und de-

---

uns damit niederwerfen? Dein Sieg ist dein Fall!« [Vgl. Diels/Kranz, 68 (Demokritos), B 125.]

82 [Der Dativ νόμῳ bezeichnet, was dem *nomos*, also dem Gesetze nach geschieht, d.h. alles, was menschlichen Übereinkünften und Regeln folgt.]

ren Strukturen zurückzuführen, dann aber auf die allgemeinen und allerersten – all das erst ergibt ein universales Wissensprogramm, welchem nichts Ähnliches in der Geschichte des Geistes vorangeht, das nichts in der Welt vermeidet und auslässt. Und man kann hier auch sehen, warum Demokrit das Anaxagoreische ὄψις τῶν ἀδήλων τὰ φαινόμενα[83] sowohl sich aneignete als auch korrigierte. Die uneingeschränkte Einsicht ins Kleine und Unsichtbare aufgrund der mathematisch gedachten Analogie ist gewiss bei Anaxagoras besser am Platze: Da kann es dann aber weder das Kleinste geben noch darf man vom Leeren sprechen, vom Raume für sich. Und man ist dann auch zur »Homöomerie« verurteilt, eine Unendlichkeit ineinander verschachtelter Welten, die durch die demokritische Abstufung, die Kaskade von abgeleiteten, den Ursprung nachahmenden Prinzipien unterbrochen wird. Man sieht aber auch, dass Platon recht hatte, im *Sophistes* die atomistischen Teilnehmer an der Gigantomachie über das Sein als die Schrecklichen zu charakterisieren, die nur als Sein gelten lassen, was mit den Händen greifbar ist.

Denn das Widerstandleistende ist es bei Demokrit allein, was über das Geometrische hinaus, und das ist doch das Leere und Nichtseiende, den positiven Kern alles Seienden in sich fasst.

Es sind aber auch im Praktischen so weitgehende Überdeckungen mit dem platonischen Gedankengut zu konstatieren, dass es eine Unmöglichkeit ist, sie auf zufällige Gleichläufigkeit zurückzuführen; eine Gemeinsamkeit der Haltung, auf direkter Auseinandersetzung Platons entweder mit der atomistischen Überlieferung oder mit einer gemeinsamen Quelle beruhend. Vor allem ist es der platonische *Gorgias*, der diese Parallelen aufweist; da wird die philosophische Haltung gegenüber der des politischen Menschen herausgehoben, es ist dort von der Harmonie, welche die Geometrie lehrt und von der Angleichung an das All und sein regelmäßiges Gefüge die Rede, und in der wichtigen Auseinandersetzung mit Polos und Kallikles wird dann die Grundthese bewiesen, dass Unrechterleiden dem Unrechttun vorzuziehen ist.[84] Der Atomist – darin der älteren Philosophie in ihrem Streben nach Überwindung des menschlichen Irrens durch den Gang ins Ganze folgend – weiß davon, dass

---

83 [Diels/Kranz, 59 (Anaxagoras), B 21a, »Sicht des Nichtoffenbaren: das Erscheinende«]
84 [Vgl. Platon, *Gorgias*, 469c.]

die Untersuchung als neue Menschenmöglichkeit und Aufgabe den Menschen verwandelt, dass sie ihn beim Ersten, Uranfänglichen, Unwandelbaren anlangen und in der Weise des Begreifens daran teilnehmen lässt. Die ἀλήθεια der Dinge, ihre entborgene Gestalt, übt auf den Menschen einen tiefen Einfluss aus, der dadurch auch erst seine tiefere Natur entdeckt und darin eine Wahrhaftigkeit begründet sieht, die man früher nur instinktiv ausüben konnte. Diese Betonung des Wahrhaften, derjenigen Haltung, die nicht im Verhältnis zu den anderen, zu ihrem Urteil und ihren Konventionen ihre Maßstäbe sucht, sondern im Sein, wie es ist, macht sich nun beim Atomisten überall fühlbar. Er ist nicht Politiker in seinem moralischen Verhalten, er nimmt seine Maßstäbe anderswoher, aus der Auseinandersetzung mit dem Seienden selbst, und deshalb kommt es ihm nicht an auf den Schein, sondern auf das Sein. Immer wieder wird betont und erhärtet, dass man nicht bloß in den Augen des anderen, sondern für sich selbst gut und gerecht sein soll, dass es nicht bloß auf Tun, sondern auch auf den Willen und die Gesinnung ankommt, dass man real in Taten und nicht in Worten, welche die Wahrheit verhüllen, gerecht sein muss. Vor allem ist hier an Aussprüche zu erinnern, die den Vorrang des Seelischen vor dem Leiblichen betonen, die Güter der Seele als das Göttliche (Unvergängliche) gegenüber den leiblichen Gütern als menschlichen ansprechen und offenbar etwas wie die Sorge für die Seele im Blick haben. Damit hängt dann weiter zusammen der merkwürdige Spruch, welcher die demokritische Entsprechung zur sokratisch-platonischen These über Unrechttun ist, dass nämlich der Unrechttuende unglücklicher ist als der Unrechtleidende.[85] Diese These hat nur im Zusammenhang einer Sorge für die Seele Sinn und ist ein Beleg dafür, dass die Philosophie, ihre wissenschaftliche Form gewinnend, schon bei Demokrit eine Art Sorge für die Seele ist.

Diese Art Sorge für die Seele ist darauf aus, sie beim Unvergänglichen weilen zu lassen und ihr Verhältnis zum All sowie zu sich selbst ausschließlich durch die unverhüllte Wahrheit zu regeln. So ist sie einerseits ernüchternd, anderseits führt sie doch zum Göttlichen, wenn das Unvergängliche das Göttliche ist. Darum kann Demokrit – genauso wie Platon – auch sagen, dass die Götter nur das Gute

---

85 [Diels/Kranz, 68 (Demokritos) B 45: »Wer Unrecht tut ist unseliger als wem Unrecht geschieht.«]

geben.[86] Die Wirkung dieser Sorge auf die Seele geht aus von der Betrachtung, ihrer erhebend-beruhigenden und der gewöhnlichen Bekümmerung enthebenden Kraft. Die Seele landet in einer anderen Gegend des Seins, wo es die Maßstäbe des gewöhnlichen praktischen und vor allem auch bürgerlichen Lebens nicht gibt. Kein Wetteifern um Ehren und Vorrang, um Sein und Nichtsein, keinen Kampf auf Leben und Tod: Denn wo unvergängliche Dinge betrachtet und erklärt werden, da werden solche Unterschiede hinfällig. Hier hat ein Denker die unmittelbare Lebenswelt so weit hinter sich zurückgelassen, dass er sie beinahe aus den Augen verloren hat. In seiner Welt gibt es nichts mehr zu tätigen und zu besorgen, sondern nur zu betrachten und aus Gründen zu erklären. Daher kommen die Seelenruhe und das Streben nach allseitiger Wahrheit, nach Gleichmäßigkeit der Gesinnung, das Nichtachten auf den Schein, und dienen dieser allgemeinen Haltung. Die Seele darf die Schärfe ihres Wahrheitssinnes keinen Augenblick kompromittieren, sie darf sich nicht verderben, sonst ist sie für diese wahre Welt verloren, in welche sie von der philosophischen Kontemplation geführt wird. Im Übrigen wird ihr empfohlen, sich weder mit Familie noch mit bürgerlichem Ehrgeiz und politischem Unternehmungsgeist zu belasten. Eine Umkehr wird zwar auch bei Demokrit von der Seele gefordert und erwartet, aber es ist eine Umkehr ins Menschenentrückte. In der Ursprungsregion gibt es keinen Staat, keine Gemeinde, kein eigentliches Handeln. Die Seele soll zwar wachsen, aber ihr Wachstum ist ein begrenztes, ein Zeichen dafür, dass im Grunde der Weg nicht ins Freie führte, sondern in eine neue Begrenzung. Der Atomist hat seine wohlbegründete Weltsicht, die zur Überwindung der täglichen Verblendung führte, mit dem Sein überhaupt verwechselt. Er meint sich im Herzen dieses Seins, an seinem wirklichen Anfang ansiedeln zu können. Die Art und Weise, wie Demokrit am Ende seine universale Weltbetrachtung durchführt, steht im Widerspruch mit dem Anfang, wo es hieß, dass wir Menschen (ob er da die Forscher ausgenommen hat?) nichts in seiner echten Gestalt (ἐτεή) erkennen; er hat am Ende nicht Ödipus' Irrgang überwunden, sondern nur eine neue, weitere Etappe desselben Irrgangs eingeleitet.

---

86 [Vgl. Diels/Kranz, 68 (Demokritos) B 175: »Die Götter aber geben den Menschen alles Gute, wie ehedem so auch jetzt.«]

Aus diesem Grunde ist aber auch seine Sorge für die Seele nicht im Zentrum seiner Bemühungen, sondern ihre objektive Seite, das Erfahren, das begründete Wissen, das Erklären. Diese objektive Seite hat ein so eindeutiges Übergewicht, dass man sagen könnte, die Seele sei am Ende um der Welterklärung willen da, sie gehe in der Wahrheit des Universums auf, sie habe keinen anderen Zweck und Sinn als der Spiegelung des Alls zu dienen, eine Projektion ihres Grundbaus noch in eine weitere Dimension, die der *gnômê*, zu sein. Die Seele ist dann nur oder vorwiegend um der Welterkenntnis willen da, nicht ist die Welterkenntnis um der Seele und ihres Wachstums willen da.

So genommen ist aber Demokrits Weltschau und Sorge für die Seele, sein Weg zu den Ursprüngen und ins Ganze ein Unternehmen, das trotz aller weitgehenden Gemeinsamkeiten im Grunde doch dem sokratisch-platonischen Weg im Wesen entgegengesetzt ist. Anfang und Ende der Lehre Demokrits ist die begründete Erkenntnis, von ihr geht die Wirkung auf die Seele aus und diese macht sich in einem vertieften und universal-systematischen Wissen sichtbar. Dass Erkennen und Wissen ein Organon einer ursprünglichen *Tätigkeit*, einer Praxis ursprünglich sittlicher Art sein kann, dass Gutsein Wissen sein kann in einem Sinne, wo nicht Wissen Gutsein, sondern Gutsein Wissen determiniert, liegt hinter dem Horizont dieser Philosophie.

Demokrits Vorstoß, die von ihm auf allgemeine Ursprünge (Prinzipien) gestützte und nach einer möglichst exakten, wohldurchdachten Begründungsprozedur aufgebaute philosophische Welterforschung, war von einer nicht hoch genug einzuschätzenden Bedeutung für die geistige Gründung Europas. Demokrits philosophischer Stil bildet aber trotzdem nur einen Pol des anfänglich versuchten philosophischen Weltgangs. Auf den von Demokrit vorgezeichneten Wegen wird sich die Bemühung um eine Erforschung der materiellen Natur entfalten, die es, soweit wir sehen, nie zur Bewältigung des Problems des Menschen bringen wird (oder wenigstens der dazu notwendigen Methode). Demokrits Forschung entwickelte sich weit entfernt vom dramatischen Zentrum des Weltgeschehens; ihre Seelenruhe ist kein Boden, auf dem das Erbe der Polis wirklich und nicht bloß wissensbasiert-abstrakt reifen konnte. Dazu war nur Athen geeignet, der Stadtstaat, dessen Wachstum und Fall zugleich derjenige der griechischen Welt im Ganzen war. Hier erst ist eine

Art Sorge für die Seele emporgekommen, welche nicht bei der Natur, sondern bei der Seele selbst ansetzte und eine Zukunftsdimension aufriss, für die es im bisherigen hellenischen Geschichtsverlauf noch keinen Vorgänger und kein Vorbild gab.

Seit Konrad Gaisers Werk über Platons ungeschriebene Lehre[87] scheint erwiesen, dass Platons Gedanken nicht nur faktisch ihren Ausgangspunkt in der geschichtlichen Lage Athens hatten, sondern auch ausdrücklich um eine Geschichtsauffassung und ein Geschichtsbild kreisen, welche Athen zu ihrem Angelpunkt hatten. Es reifte bei Platon die Einsicht, dass mit Athen das Hellenentum steht und fällt, und dies trifft zu, weil Athen die auserwählte Stätte, die Reife der philosophischen Einsicht darstellt. (Der Husserlsche Gedanke, Europa sei gleich mit Einsicht als Kulturprinzip, ist ein Nachkomme dieses platonischen Gedankens.) Im platonischen *Menexenos*, im *Timaios* und *Kritias*, im Siebten Brief, auch sonst in zerstreuten Andeutungen macht sich die Ansicht geltend, die Stadt Athen sei die πόλις überhaupt, sie sei immer der Hort der hellenischen Freiheit und ihrer Überlegenheit gegen die Masse der Barbaren und die bloße Anhäufung der Mittel gewesen, in ihr sei auch das eigentlich und ursprünglich Menschliche zu Hause. Nicht dass Platon an ein Allgemein-Menschliches dächte; das bloß Durchschnitts-Menschliche, das jedem eigen ist, ist ihm gerade das Uneigentliche. Man merkt aber dem *Menexenos* an, wie Platon sich hier mit der Evidenz konfrontiert sieht, dass dieser Höhepunkt vorüber ist und sich die Gegenwart in einem Zustand des Niedergangs befindet, nach den furchtbaren Rückschlägen, die ihre Schatten auf seine Jugend warfen. Der *Menexenos*, dem intensiven Nachdenken über diese Lage gewidmet, ist freilich, wie die meisten Dialoge Platons, Ernst und Spiel zugleich. Aber auch ohne die Schönfärberei und öffentliche Schmeichelei besteht die Ernsthaftigkeit der Betrachtung der athenischen Geschichte unzweifelhaft in der Grundüberzeugung, ihr Mittelpunkt sei der Perserkrieg. Die Perser, die äußere Knechtschaft, abzuwehren gelang, solange die Menschen noch im nahen Kontakt mit dem Ursprünglichen lebten, mit unberührter Sitte und hoher, stabiler Lebensform gerüstet waren, und das heißt, der Obhut der

---

87 [Konrad Gaiser, *Platons ungeschriebene Lehre. Studien zur systematischen und geschichtlichen Begründung der Wissenschaften in der platonischen Schule*, Stuttgart 1963.]

Götter anvertraut, in ihr geborgen und ihr vertrauend. Aber die hellenische Welt hatte ihren gefährlicheren Feind in sich selber, den Neid und Hass auf Athen, und Athen selber unterlag am Ende dem Neid und Hass der großen Zahl gegenüber den Besten; es blieb jedoch selbst mitten in diesem Verfall seinem Wesen insofern treu, als es den Persern nie ausdrücklich die hellenische Freiheit preisgab. Am Ende dieser Geschichte stehen hier also alle Grundfaktoren in einer gemäßigten Gestalt da: die Perser mit ihrem übersteigerten Monarchismus zwar mächtig, aber die eigentliche Hellenenwelt nicht mehr bedrohend, die hellenische Welt zwar ebenfalls des athenischen Drucks ledig, aber eben deshalb auch geschwächt, denn das Freiheitsprinzip behauptet sich nicht mehr in der ursprünglich ungebrochenen, siegreichen Gestalt.

All das scheint sehr gut zum Geschichtsschema eines Sich-Zurückziehens Gottes aus der Welt und ihrer Überantwortung an sich selbst zu passen, welches im Anschluss an den *Politikos*-Mythos von Gaiser ausgearbeitet wurde.[88] Von diesem Schema aus dürfte wohl dann auch der Siebte Brief gedeutet werden, jene Erzählung vom weiteren inneren Verfall Athens und seinem neuen Aufschwung durch Sokrates und durch die Philosophie Platons. Ist die Philosophie nämlich diejenige βοήθεια [Hilfe, Beistand], die der Mensch sich selber zu bereiten fähig und gezwungen ist durch die Abwendung der Gottheit, dann ist es natürlich, dass Athen der Ort dieser Selbsthilfe ist, jene Stadt, wo das zwar nicht allgemein, aber eigentlich Menschliche, die Herrschaft der Besten und des Besten, der ἀρετή, gegen das Übergewicht der äußeren Kraftanhäufung schon zu einer Zeit, die von Philosophie nichts oder wenig wusste, »durch göttliche Obhut und Führung«[89] siegreich behauptet wurde. Denn es ist da aufgrund der natürlichen Verankerung in Sitte und Herkommen, aufgrund der traditionell-instinktiven Sittlichkeit eine Großtat gelungen, die aber nicht durch wahre Einsicht abgestützt und gefestigt war. Der Verlauf des Geschehens zeigt den Irrgang der gegenwärtigen Menschheit, der es seit jenem Augenblick der historischen Größe nicht mehr gelungen ist, die damalige Höhe zu erklimmen, und die stattdessen verfällt. Die Erfahrung dieses Irrens ist insbesondere in der Jugendgeschichte Platons enthalten,

---
88 [Gaiser, *Platons ungeschriebene Lehre*, S. 205ff.]
89 [Platon, *Politikos*, 271e.]

insofern als sie die Erzählung einer enttäuschten Hoffnung ist. Die Hoffnung auf das Wirken in einem solchen Staatswesen, welches das in der Welt kristallisierte siegreiche Gute darstellt, wird zweimal enttäuscht, und beide Male ist ein Philosoph, Sokrates, den Platon nicht zögert den gerechtesten Menschen seiner Zeit zu nennen,[90] der Maßstab, an dem die Wirklichkeit gemessen und für zu leicht befunden wird. Schon der Umstand, dass der Jüngling Platon zur Zeit der dreißig Tyrannen nicht der Einladung von Verwandten und Freunden folgt, sich unmittelbar ins tätige Leben zu stürzen, sondern sich zuerst besinnt und abwartet, ist sokratisch. Dass die Männer der neuen Verfassung Sokrates zu verderben suchen, dass diejenigen ihn innerlich zu vernichten streben, die regelmäßigen Umgang mit ihm pflegten und von denen man am ehesten das Gegenteil erwarten würde, nämlich dass sie eine Gemeinde der Gerechtigkeit, für die Sokrates steht, verwirklicht sehen möchten, ist dann der eigentliche Grund der ersten Enttäuschung. Wenn Sokrates damals dem Hass der früheren Freunde entgeht, so wohl nur, weil ihre Herrschaft nicht lange genug dauert, um sich an ihm zu rächen; allerdings bleibt er nur verschont, um von den neuen Herren bald genug physisch vernichtet zu werden. Die heimkehrenden Demokraten scheinen zwar gewillt, die Gerechtigkeit wiederherzustellen, aber gerade ihr Gebaren gegenüber Sokrates, dem Mann, der von Frömmigkeit und Gottergebenheit nicht nur spricht, sondern sie durch sein Verhalten gegenüber den damals Verfolgten (also Parteigängern der jetzigen Regierung) tätig bewiesen hat und der von ihnen nun als Gottesleugner angeklagt und verurteilt wird, dieser schreiende Widerspruch zeigt, wie tief die Verwirrung greift, welche die Männer der Gemeinde befallen hat, wie unfähig sie sind, das Wahre zu sehen, das doch so klar vor den unbestechlichen Augen derjenigen liegt, die (nicht zum Geringsten eben durch den Umgang mit Sokrates) gelernt haben, sich philosophisch zu besinnen. Die zweite Enttäuschung ist also die Fortsetzung der ersten, sie zeigt ganz klar an, dass die Gemeinde gar nicht, wie sie es meint, zur ursprünglichen Verfassung zurückgekehrt ist, sondern nur einen Schein dessen vortäuscht; der Geist der Polis ist geschwunden.

Was stellt Sokrates also in Platons Augen dar? Wie kommt er zu der Rolle, als Maßstab für die Wahrheit über die Polis zu gelten

---

90 [Platon, *Siebter Brief*, 324e.]

VII

und über ihr Sein und ihren Schein zu entscheiden? Um das zu verstehen, muss man auf die Apologie des Sokrates zurückgreifen; zeigen, wie Sokrates da vorgestellt wird. Sokrates ist der alte Athener zur Zeit des Rückzugs der Götter aus der Welt, einer, der sich gegen die gegenwärtige Verirrung des Gemeinwesens stellt. Der alte Athener ist er, weil er vor allem mannhaft, tapfer ist, weil kein unwürdiges Verhalten bei ihm vorstellbar scheint. Und der Mut ist Stütze seiner Gerechtigkeit und seiner Frömmigkeit, die ihrerseits seinen Mut stützen. Der gegenwärtige Irrgang der Polis besteht aber darin, sich einzubilden, reflexionslos ans Überkommene sich haltend zum Ursprünglichen zurückkehren zu können. Dadurch verblendet sich die Stadt selber, durch diesen falschen Wissensschein, wie einst Ödipus zur Zeit seines scheinbaren Glücks. Sokrates aber stellt das Ursprüngliche wieder her mit Hilfe rückhaltloser Reflexion. Er spielt als Mensch die Rolle der anderen Seite, ein andauernd wirkender Teiresias. Ein Teiresias, ein Gottesbeauftragter, ist er aber in der Tat dadurch, dass er zwar als Mensch immer wieder die Verblendung enthüllt, die Verblendung jener, die naiv bleiben zu können meinen in einer Zeit der erwachenden Frage und Reflexion, aber diese Ent-Täuschung nie als Wissender vornimmt, sondern nur als Widerlegender. Freilich ist Widerlegung nur aufgrund einer positiven Einsicht möglich, aber diese darf nie als mehr als ein wiederum menschlicher, wenn auch breiterer und abgestützterer Ansatz begriffen werden; nur dies Negative ist das Mehr an Weisheit, das man für sich beanspruchen darf, und doch genügt es, um die gesamte Tätigkeit der Reflexion seit den Urphilosophen gutzuheißen und mit dem Göttlichen zu versöhnen. Denn der Fragende und das Einheitliche von Leben, Meinen und Sagen Prüfende, der Philosoph, ist gerade auf diese Weise nur als Gesandter, Beauftragter Gottes zu fassen, des Gottes, welcher allein das rein Positive »weiß«. Sokrates ist, ohne dass die Mitbürger es vermuten – und darin zeigt sich gerade ihre Verblendung – der lebendige Gottes- und Göttlichkeitsbeweis: Denn einerseits muss das Positive, Ganze, das »Unverborgene« vorausgesetzt werden, wenn überhaupt eine Unterscheidung von Irrtum und Wahrheit gelten, wenn also eine Widerlegung möglich sein soll; andererseits ist ein solches dem Menschen unerreichbar, und die Widerlegung wird dadurch zum Verweis auf ein Übermenschliches. Darum ist aber die Bemühung des Sokrates nicht darauf gerichtet, sich vom Verdacht reinzuwaschen, neue Dämonien einzuführen;

denn in gewisser Beziehung besteht diese Beschuldigung zu Recht, ist ja dieser »Gottesbeweis« nur durch Philosophieren und als Philosophieren möglich. Das sokratische Daimonion ist ja nichts anderes als die Obhut dieses Göttlichen, unter welcher der Philosophierende steht, der gegen die Verblendung angeht und dadurch ständig fragend, Rede erfindend und entwickelnd und Rede stehend für die Seele sorgt. Die Sorge für die Seele ist also zugleich eine Sorge für die eigene und in der eigenen für die Seele der Gemeinde, beides voneinander untrennbar. Hinter der scheinbar einfachen Widerlegung des Anklägers Meletos steht dieser tiefere Zusammenhang: Der Mann, welcher die nun einzig mögliche Gegenwart des eigentlich Göttlichen ist und sie lebt, wird der Asebie angeklagt und nicht *ohne* Grund, sondern *aus* diesem Grund verurteilt. Die Ankläger haben schon einen Schimmer wahrer Einsicht, wenn sie meinen, entweder solle man Sokrates überhaupt nicht behelligen, oder wenn, dann dürfe er nicht mit dem Leben davonkommen. Denn die in der sokratischen Sorge neugeborene Seele lebt in einer neuen Gemeinde. Neu, weil ihr ewiges Wesen und Vorbild, die Sorge für die Seele, der Tod der Polis ist; zwischen dem alten, auf Meinung und überkommener Tradition gegründeten Leben und einem Leben, das auf Einsicht (wenn auch vor allem die negative und suchende) gegründet ist, wird es keinen Frieden mehr geben.

Sokrates ist also der Maßstab für die Polis als menschlicher Vertreter des wahrhaft Göttlichen, der die Philosophie in ihr Eigentliches einsetzt.

VIII

Das eigentlich Philosophische ist freilich die Begründung – darin haben die Denker seit Anaximander recht, wenn sie die bisherige naive Lebensweise durch eine ausdrücklich fragende und aufgrund des Fragens aus dem Grunde wissende ersetzen wollen. Sie irren aber, wenn sie glauben, das menschliche Fragen und Begründen bringe den Menschen direkt ins Zentrum des Seienden in seiner Integrität, ins Ewige und Göttliche. Nur indirekt kann davon die Rede sein, indem der Mensch sich in der Notwendigkeit des Aufbruchs auf diesen Weg des Fragens und Begründens begibt und zugleich jedes Resultat erneut in Frage stellt. Nur so, indem er auf diese Weise eine universale Begründung und Einsicht erreichen *will* und sie als Forderung aufstellt, der mit derselben Strenge immer wieder Genüge getan werden muss, hat er eine neue Beziehung zur Wahrheit erreicht. Und nur durch diese notwendige, obwohl unerfüllbare Forderung erklären sich die sokratisch-platonischen Wunderlichkeiten, als ob man z.B. nur aus einem Wissen um das Wesen der Sache über sie richtig urteilen und als ob man durch das Wissen vom Wesen des Guten und des Gutseins das Gutsein und die Trefflichkeit selber erwürbe. Gewiss kann man ohne das Wissen vom Wesen und ohne die Begriffsbestimmung der Sache richtig über sie urteilen. Aber in einem eigentlichen Wissen, das die Sache vollkommen durchdränge, wäre es anders: Da erschiene alles Einzelne als Folge aus dem Wesen, und das eigentliche Wissen um das Gute könnte kein anderes sein als das, welches das Gutsein selbst bewirken würde. Deshalb handelt es sich darum, diejenigen, die glauben, das eigentliche Wissen, das Wissen vom menschlich und bürgerlich Guten, das politische Wissen zu besitzen, ihrer Unwissenheit zu überführen, die anderen aber, die zwar *ein* Wissen haben, aber nur ein verliehenes oder spezielles, davon zu überzeugen, ihr Wissen sei nicht ihr eigen oder es sei ein uneigentliches Wissen. So ist es also falsch zu glauben, der Denker sei auf Definitionen aus; von ihnen weiß er auf dieser Stufe nicht einmal. Er ist aus auf Wesenswissen vom Guten, dessen Besitz selbst gut ist und daher gut macht. Das Denken ist also wesentlich nur aus dem Grunde, weil es als wesentliches Denken eine Handlung ist, durch die der Mensch sich selber behandelt, sich selber gewinnt, sich selbst in sein eigentliches Selbst verwandeln kann. Solches Denken ist kein bloßes Anschauen, das sich mit dem Aufnehmen begnügt. Nicht dass Denken als solches »schöpferisch« wäre. Das Denken ist auf das Wahre angewiesen, das es aufnimmt. Aber Denken geschieht in der Seele und bindet und verpflichtet sie: Das Denken ist eine Handlung der Seele auf die Seele hin, und zwar eine positive, inhaltsvolle, bestimmende und daher formgebende Handlung. Es gibt auch andere Handlungen der Seele auf sich selber hin, z.B. in Emotion und Begehrlichkeit; auch da entscheidet die Seele über sich selbst, aber nicht in einer formgebenden und bestimmenden Weise, sondern in Richtung auf Unbestimmtheit und Auflösung.

Man sorgt nicht für die Seele, damit man letzte Gründe, erste Ursachen durchdringen und einsehen kann, wie Demokrit es tut, sondern man erkennt, weil man für die Seele sorgt. Das Denken ist wichtig als Organ der positiven, bestimmenden, bereichernden Sorge für die Seele, das Organ ihres Gutseins, ihrer Vollendung, der Steigerung ihres Seins. Darum ist die Sorge für die Seele erschließend für das Sein der Seele selbst, man kann die Seele nur verstehen, ihr Wesen begreifen und sehen, wenn man für sie sorgt. Nun begreift man, dass die Seele das Zentrum der Philosophie bildet. Philosophie ist Sorge für die Seele in ihrem eigentlichen Wesen und Element.

Aus diesen Gründen glauben wir, dass die platonische Lehre eigentlich um den Seelenbegriff und um die Sorge für die Seele kreist: Die Sorge um die Seele erschließt den Seelenbegriff, der dann, auf diese Weise geklärt, den Zugang liefert zu allen anderen Dimensionen des philosophischen Denkens und Fragens. Die Sorge für die Seele geschieht überhaupt im fragenden Denken. Dieses fragende Denken hat die Form eines Redestehens im Gespräch, das zwar normalerweise auf zwei Personen verteilt ist, das aber auch im Inneren der Seele selber geschehen kann. Es ist dabei die Bereitschaft wichtig, sich stets in Frage stellen zu lassen; im Redestehen ist die Gewissheit mitenthalten, dass es keinen Abschluss gibt. Die Erfahrung, dass man immer wieder sogar das selbstverständlich Scheinende in Frage stellen kann, wird zur Forderung, dass man es tun *muss*. Nur eine vollständig klare und einheitliche, widerspruchsfreie und zusammenhängende Rede über alles und jedes würde auch eine innerlich einheitliche Seele ergeben, die durch das Verpflichtende ihrer Gedanken nicht zerrissen wird. Da wir dessen aber vorläufig nicht sicher sind und nur in der Prüfung uns dessen zu versichern streben, ergibt diese prüfende Einstellung selbst eine eigenartige Einheit: Die Stellung des ständigen Suchens ist vor dem Widerspruch und seinen seelischen Folgen gefeit. Diese Art ἐποχή ist also äußerst positiv. Der Logos, der durch Fragen und Antworten phrasiert wird, gibt kurze und bedingte, vorläufige Einsichten, die dennoch tragend sind und bei allen Korrekturen, die im weiteren Fragen angebracht werden, bestehen bleiben. So bildet sich ein Milieu der denkenden Bewegung heraus, das der früheren Philosophie, auch der demokritischen, unbekannt war: der untersuchende Logos mit seinen Vereinbarungen, überraschenden Fragen, Gegeninstanzen, mit zunächst kurzer Sicht, die aber eine Zusammenfassung und Schritt für Schritt eine weitere Aussicht ermöglicht. Freilich ist dieser Logos eine unendliche Bewegung und am Ziel ist man nur insofern, als man ihn ständig im Sinn hat, ständig bei ihm verweilt. So ist das Ziel zwar die Grundvoraussetzung, dass das Gesuchte kein leerer Schein ist, dass es nicht in Nichtigkeit zerfällt, aber man kann sich nie brüsten, es anders als in Gestalt des Weges erreicht zu haben. Auf diese Weise *ist* es aber in der suchenden Seele vorhanden, hier wirkt es in Gestalt des Funkens, der ein Licht entzündet, das sich selber nährt,[91] d.h. immer heller wird durch weitere Untersuchung, immer mehr erhellend, je weiter man vordringt. Wohin man aber vordringt, das sind die Gründe. Der Weg geht zunächst zu den Gründen, Anfängen, Quellpunkten. Da der Weg fest ist, kann man ihn immer wieder gehen, ihn nachprüfen. Nachprüfung setzt aber Festes voraus. Freilich kann man nie wissen, ob man nicht gezwungen sein wird, den Weg von neuem zu gehen, ob man das Gesehene nicht bloß als Partialsicht wird ansehen müssen, die von noch Ungeprüftem abhängt und vielleicht nichtig ist; aber jede solche Partialsicht ist nur durch eine weitere ersetzbar, und so muss die Klarheit am Ende wachsen. Die solcherart auf die ersten, beständigen und genau erfassbaren Gründe ausgerichtete Seele hat dadurch selbst eine feste und klare Gestalt erlangt, sie hat Kanten, sie weiß, was sie begründen kann und was nicht, sie weiß, was sie meint und wie die Gedanken sind, mit welchen sie arbeitet, wie ihr Aufbau ist; und dies alles, obgleich sie ihre Grunderfahrung, die Aporie, die Verlegenheit, das Nichtwissen, nie abgelegt und vergessen, sondern zum ständigen Vorzeichen des Weges selber gemacht hat. Die im Wissen des Nichtwissens ihrer selbst gewahr gewordene, sich selbst gestaltende Seele hat eine Seinserfahrung gemacht: Sie ist tapfer im Selbstinfragestellen, weise im Wissen des Nichtwissens als Untersuchung, enthaltsam und diszipliniert, indem sie ihrem Geschäft des Denkens alle sonstigen Lebensangelegenheiten unterstellt, und gerecht, indem sie das Ihre, das für sie Verbindliche tut, nichts als ihre Pflicht, ohne Anmaßung. Man hat nun einen Maßstab für das eigentliche Sein, das die Seele sich auf diese Weise gegeben hat: Es ist das Eine, das Beständige, das Genaue. Hat die Seele aber diesen Maßstab erfahren und erlangt, dann weiß sie auch, dass sowohl das gewöhnliche Leben in der Staatsgemeinde als auch der gewöhnliche Umgang mit den Dingen um uns herum diesem Maßstab nicht entspricht, dass sich hier ein

---

91 [Vgl. Platon, *Siebter Brief*, 341c/d.]

Abgrund auftut. Der gewöhnliche, »natürliche«, naive Umgang mit Menschen und Dingen ist verschwommen, ungenau, schwankend, unbewusst widerspruchsvoll und uneinheitlich. Er ist dem Schein, der δόξα, verschrieben. Die Sorge für die Seele entdeckt beide, das Eine und das Nicht-Eine, das Entzweite; das Beständige und das Fließende; das Genaue und das Verschwommene. Beide Entdeckungen sind gleich fundamental.

Die Sorge für die Seele ist also zugleich Entdeckung von zwei Grundmöglichkeiten der Seele und in ihnen von zweierlei Gegend, worin sie sich bewegt. Die Seele des täglichen Umgangs mit Dingen und Menschen im naiv hingenommenen Gemeinwesen ist die Seele der unbestimmten Unmittelbarkeit, ihre Umwelt ist eindringlich, einfangend, aber unbestimmt, zerfließend, ohne festen Umriss und Grenze schwankend: Das ist die Seele der δόξα. Dagegen ist die Seele der fragenden Untersuchung die reflektierte Seele, die beim fest Umrissenen, Reinen und Genauen verweilt. Der Grund der Unterscheidung zwischen diesen zweierlei Seienden liegt also hier, in diesen zwei Möglichkeiten, die zugleich zwei Grade des Seins der Seele sind: Denn die Seele sorgt für ihr Sein, sie hat ja im Zuge des Untersuchens begriffen, dass nicht das Mehr an Eindrücken und die Befriedigung des Begehrens die Nichtigkeit behebt (sondern steigert), und dass Aufhebung der Nichtigkeit umgekehrt zur Bestimmtheit, Umrissenheit, Genauigkeit führt und dass also in dieser Begrenzung die Seinssteigerung für die Seele besteht. Die für sich sorgende Seele ist also in Bewegung von unbestimmter Unmittelbarkeit zur begrenzenden Reflexion. In dieser Bewegung besteht die Philosophie, und diese Bewegung ist Wirklichkeit. Es wird also die Philosophie durch die Tat ergriffen und bewiesen; es gibt keinen »objektiven« Beweis der Philosophie, wie es objektive Beweise eines mathematischen Satzes gibt, die unser Sein nicht betreffen und von ihm unabhängig sind. Dagegen besteht hier, in dieser Bewegung, das eigentliche Philosophieren, und darum kann seine Sache auf nichts auf der Erde gestellt oder an nichts im Himmel gehängt werden, sondern sie geht in Gestalt des sich selbst nährenden Funkens in der Seele vor sich.[92]

---

92 [Vgl. ebd.: »Es gibt ja von mir einmal über jene Materien keine Schrift und wird auch keine geben. Denn in bestimmten sprachlichen Ausdrücken darf man sich darüber wie über andre Lerngegenstände gar nicht aussprechen, sondern aus

Man kann nun diese Sorge der Seele für sich selbst, für ihr eigenes Sein nach folgenden Hauptgesichtspunkten darstellen: 1. die *Sorge für die Seele* in ihrer allgemeinen Äußerung *als ontologischer Entwurf*; 2. die *Sorge in der Gemeinde* als Konflikt von zweierlei Lebensweisen, der Tod des Wahrhaften und Gerechten als Untergang der Polis und der Entwurf eines geistigen Staatswesens; 3. die *Sorge für die Seele als ihr inneres Leben*, ihr Verhältnis zur Körperlichkeit und Unkörperlichkeit, das Unsterblichkeitsproblem und das ewige Schicksal von Welt und Seele.

IX

Der *ontologische Entwurf*, welchen die Seele bei ihrer Selbstsorge schafft, ist für ihre Bewegung zwar wesentlich, aber mit ihr nicht identisch: Die Bewegung ist eine Wirklichkeit, der Entwurf ist ein Bild des in dieser Wirklichkeit Geschehenden, ein von dieser Bewegung zurückgelassenes Sediment, ein Dokument ihres Weges zu den Gründen und Ursprüngen, nicht diese Gründe und Ursprünge selbst.

Im ontologischen Entwurf spielt der Gedanke der Ideenwirklichkeit und in der Ausgestaltung der letzteren das Mathematische eine hochbedeutende, obwohl nicht ausschließliche Rolle. Denn der ontologische Vorrang der Idee, ihr Anrecht auf die Stellung des höchsten Wesens, ist begründet im allgemeinen Gefälle des Seins, welches nach Etappen das Niedrigere vom Höheren, das ontologisch zugleich das Stärkere und Gehaltvollere ist, abhängen lässt. Gaisers Abhandlung macht es höchst wahrscheinlich, dass die Mathematik für Platon vor allem bedeutsam ist als Paradigma des Seins, als ein zusammengefasster Entwurf des Seins im Ganzen. Auch dies hängt mit der Stellung der Seele im Ganzen des Seins zusammen. Denn ist der Seele eine Mittelstellung im Sein beschieden, von wo sie sowohl steigen als auch fallen kann und jedenfalls durch Übersicht Verständnis gewinnen muss für Höheres, Unsichtbares, wie für das

---

häufiger fortgesetzter Unterredung gerade über diesen Gegenstand sowie aus innigem Zusammenleben entspringt es plötzlich aus der Seele wie aus einem Feuerfunken das angezündete Licht und bricht sich dann selbst weiter seine Bahn.« (Übersetzung von Wilhelm Wiegand).]

Sichtbare in allen seinen Formen, dann ist ihr eine merkwürdige Stellungsähnlichkeit mit dem Mathematischen eigen.

Wir werden dieses Schema nicht detailliert untersuchen, denn es ist für uns hier nur insoweit von Interesse, als es erlaubt, entsprechend dieser ontologischen Abbildung die Verwandlung der Sorge für die Seele in die Theorie der Seele als des Sich-selbst-Bewegenden zu verfolgen. Das Mathematische mit seiner Gliederung in Überdimensionales (Zahlen), Eindimensionales (Linie), Zwei- (Flächen) und Dreidimensionales (Körper) ist ein Abbild der Seinsgliederung, ausgehend von Prinzipien (das Eine und die unbestimmte Zweiheit), durch Ideen (mit ihren Teilungsschemata als verschiedenen begreiflichen λόγοι) fortschreitend, über das Mathematische als Denkobjekt, das genau und identisch immer wieder in der Seele, dem Beweglichen, nachvollziehbar ist, und mit dem Körperlichen als Abschluss. Die Seele entspricht in diesem Schema der Linie und Fläche, die, selbst unkörperlich, doch das Körperliche abgrenzt gegen dasjenige, was es nicht ist; und ihr ureigenes gedankliches Ziel ist das Mathematische, das es eigentlich nur als Fluchtpunkt in der Seele gibt, da ja erst die Seele als das erste Bewegliche (und zwar *geregelt* Bewegliche) die Zeit kennt und mit ihr die Zahl im arithmetischen Sinne (nicht im Sinne der Idee, der ἀσύμβλητοι ἀριθμοί)[93], die Zahl, die *gezählt* werden kann, da es hier durch Wiederholung eine Unendlichkeit von Einsen gibt. Auf diese Weise wird alles, was nicht nur die gewöhnliche Wirklichkeit, sondern auch die von ihr vorausgesetzte Ideenwirklichkeit betrifft, durch das Begreifen in einheitlichem Gang nach einzelnen Niveauunterschieden der Begreiflichkeit, d.h. Bestimmtheit und Genauigkeit erfasst; der gesamte intelligible Gehalt des Universums bis zur Unbestimmtheit und schwankenden Ungenauigkeit selbst wird durchgegangen und vor Augen geführt.

Das Schema ist wichtig aus verschiedenen Gründen. Es zeigt erstens unzweifelhaft, dass es sich an den demokritischen Mathematismus und seine Reduktionsmethode anlehnt und ihn überholt; die Reduktionsmethode ist hier noch viel rigoroser durchgeführt und treibt den Gang zu den Ursprüngen, zu den ἀρχαί, über das Geometrische hinaus; andererseits zeigt sich das Verhängnis dieser Anlehnung darin, dass die Prinzipien des Seienden, wie bei Demokrit, selbst als höchstes Seiendes und Konkretum aufgefasst werden.

---

93 [»nicht operable Zahlen«; vgl. Aristoteles, *Metaphysik*, XIII, 1083a.]

Sowohl die Prinzipien als auch die Ideenwelt sind inhaltlich höchst bestimmte Konkreta auf eine Weise, die seit Aristoteles schwer nachvollziehbar geworden ist. Besonders angesichts der klar als Denkobjekte erfassten μαθηματικά [mathematische Gegenständlichkeiten] ist dieser Unterschied überdeutlich und lädt zu einem Umdenken ein. Zweitens findet sich hier ein hierarchisches Gliederungsprinzip sowohl für das Mathematische selbst als auch für das gesamte Sein, und zwar in den verschiedenen Irrationalitätstypen, in der Dosierung der Irrationalität, die noch Platz ausspart für eine andere Art von Begreiflichem; zwischen den zwei Grundprinzipien besteht kein so schroffer und unüberbrückbarer Gegensatz wie bei Demokrit, vielmehr wird auf die Überbrückung und Beherrschung dieses Gegensatzes das größte Gewicht gelegt, in ihm besteht eigentlich die Seinsordnung. Gerade dies aber bringt die Seele in eine Sonderstellung. Denn das Irrationale ist im letzten Grunde das Ungreifbare, weil formlos sich entziehend und verändernd; dies Schwankende, nicht die Demokritische ruhige Leere, ist das Aufnehmende der Schöpfung. Und das verlangt ein Prinzip der beherrschten Veränderung, einer Bewegung, die kontrolliert werden kann; gerade dies aber ist die Seele, denn sie kann sich in der Sorge für sich selbst zum formfesten Gebilde machen oder, sich vernachlässigend und jeder παιδεία [Erziehung] entsagend, sich dem Unbestimmten, Unbegrenzten der Begehrlichkeit und der Lüste überlassen. Als Bewegung, die Macht hat über sich selbst, ist die Seele zugleich das Erste und der Quell aller Bewegung. Sie kann also nicht ursprünglich als menschlich-individuelle Seele aufgefasst werden; in ihrer kosmologischen Ursprünglichkeit gehört sie dem Himmel, dem Kosmos an, und die Einzelseelen haben dann in dieser kosmischen Seele, die zwar wie der Kosmos selbst entstanden, aber unvergänglich ist, ihren Anfang und ihre Stütze. Die Weltseele legt dann freilich die ontologische Analogie Seele – Fläche noch näher: Denn sichtbar-unsichtbar umfasst sie das Sichtbare in Gestalt der fundamentalen Bewegungskreise der Himmelskugel. In der ontologisch-kosmologischen Abbildung der Wirklichkeit erscheint also die Sorge für die Seele als Bewegungstheorie, als τὸ αὐτὸ ἑαυτὸ κινοῦν des *Phaidros*.[94] Andererseits kann von hier aus die Sorge für die Seele selbst wieder in einer präziseren Formel gefasst werden: Die Seele ist das sich

---

94 [»das sich selbst Bewegende«; Platon, *Phaidros*, 245c/d.]

selbst zu ihrem Sein Bestimmende, also das, was sich entweder zum gesetzlichen Werden, einem Werden zum Sein, entscheidet, oder umgekehrt zum Verfall und Seinsverlust: Sie ist der Indikator auf der Magistrale des Seins.

Aber darin kommt dann erst recht ihre fundamentalste Rolle zum Vorschein. Die Seele ist dasjenige, wofür Gut und Böse Sinn hat. Zwar kann die Seele nur sein, wenn es das Gute gibt, denn ihre Grundbewegung verläuft zum Guten hin. Aber andererseits hat auch das Gute selbst als Ziel und Strebepunkt von allem nur Sinn, wenn es eine solche Bewegung gibt. Nur wenn es etwas gibt, was an Sein gewinnen kann, wenn es sich zum Guten hinbewegt, ist das Gute wirksam, d.h. *ist* es. Dadurch ermöglicht die Seele nicht nur eine Auffassung der gesamten Seinshierarchie im Sinne des Guten, eine teleologische Auffassung, sondern ist sie zugleich die Rechtfertigung des Guten, gibt die Antwort auf die (ausdrücklich erst von Nietzsche gestellte) Frage, warum das Gute und nicht das Böse wählen, warum Wahrheit und nicht (da vielleicht zweckmäßiger) Schein.[95]

Damit kehrt aber die philosophische Konstruktion, das unendliche Fragen und Weiterentwickeln von Fraglichkeiten, wieder zur Konkretion des Lebens zurück, welches in der Selbstbewegung der Seele besteht. Das Wichtigste an der philosophischen Arbeit ist, dass sie in Bewegung bleibt und nie zum Definitiven einer Antwort gerinnt. Platon hat in Verfolgung seiner Einsicht vom philosophischen Leben eine der großartigsten Systematiken entworfen, die es überhaupt gibt, und hat dadurch das Fundament einer bis auf den heutigen Tag ungebrochenen philosophischen Tradition gelegt. Und das Eigenartigste und Einzigartige an diesem Tun ist *der gleichzeitige Verzicht*, den er in diese Grundlage einbeschrieben hat: den Verzicht dieses Systems auf den Wahrheitsanspruch, begründet durch den Charakter des Weges, der gegangen wird: Nicht als ebenbürtig und es durchschauend steht der Mensch dem Sein gegenüber, sondern nur auf einem Wege, der freilich viel Widersprüchliches durchläuft, kann sich ihm etwas wie menschliche Einsicht in das Sein öffnen. Aber indem er auf dem Wege bleibt, ist ihm diese Einsicht eine hinreichende Stütze, um das bisherige, einsichtslos irrende Leben aus den Angeln zu heben. Die Sorge für die Seele hat die Naivität endgültig abgelegt, den Menschen auf die Suche nach dem Guten

---

95 [Vgl. z.B. Friedrich Nietzsche, *Die fröhliche Wissenschaft*, § 344.]

geschickt und nach einsichtiger Klarheit über alles, was er denkt, sagt und tut. Damit sind wir beim *zweiten Hauptpunkt* der Sorge für die Seele, beim Wirken des Philosophen in der Polis und seinem Konflikt mit ihr. Nicht auf Metaphysik ist die Ethik gebaut, sondern allenfalls beruht umgekehrt Metaphysik als ein Fragen auf sittlicher Einsicht.

X

Da allein der für die Seele sorgende Philosoph die menschliche Einsicht in das Gute (verbunden mit dem Nichtwissen) besitzt, während die anderen sie für sich naiv und unreflektiert in Anspruch nehmen und sich dadurch seinem Elenchus, der Überführung ihrer eigenen Nichtigkeit preisgegeben sehen, ist der Konflikt unvermeidlich: Der einzige Wahrhafte und Gerechte *muss* als der Übeltäter überhaupt erscheinen, während seine Gegner sich leicht den Anschein vom Gegenteil geben. Die Sorge für die Seele ist also für den Philosophen lebensgefährlich; lebensgefährlich ist sie sogar, wenn er sich aus der Öffentlichkeit zurückzieht. Er untergräbt die Selbstgewissheit und das Selbstvertrauen, welche die Gemeinschaft zum alltäglichen Funktionieren braucht. Er entdeckt bei den Demokraten die versteckte Tyrannengesinnung, welche die meisten ehrgeizigen Bürger, die »besten« unter den heutigen beseelt, legt sie in ihren Lehrern und in ihnen selbst bloß und fördert ihre Grundverfassung zu Tage. Selbst wenn er also nur sein Bürgerrecht auf freie Muße in Anspruch nimmt, greift er schon an, und die Gemeinde glaubt, sich bloß zu verteidigen, wenn sie sich dieses verdorbenen Mitglieds entledigt. So bringt er es so weit, die Lage Wirklichkeit werden zu lassen, die im Anfang des zweiten Buches der *Politeia* konstruiert wird, um den Gerechten in seiner echten, vom Äußeren, von den Umständen unabhängigen Gestalt darzustellen, dessen Trefflichkeit ganz innerlich ist und nur auf der gut besorgten Seele beruht. Der Nichtswürdigste kann ihn ungestraft vor Gericht schleppen und verurteilen lassen; er kann sich des Ausgangs nicht erwehren, kann sich nicht helfen, oder vielmehr, kann seinen echtesten Schülern nur das Vermächtnis einer rein philosophischen Hilfe, einer *boêtheia*, hinterlassen – nämlich eine neue Gemeinde zu schaffen, eine Gemeinde der Geistigen, die in der Sorge für die Seele erbaut ist und auf der wahrhaft entdeckten Struktur der Seele beruht. Denn im grundlegenden Unterschied zu Demokrit sieht Platon die Sorge für die Seele nie als eine Angelegenheit des isolierten Einzelnen, des für sich abseits stehenden Forschers. Die Gemeinde ist ja selber beseelt durch die Seelenbewegung ihrer Mitglieder; und sie ist sogar ein ausgezeichneter Fall, an dem man die im Einzelnen schwer entzifferbare Struktur der Seele mit Hilfe einer Abwandlung des berühmten ὄψις τῶν ἀδήλων τὰ φαινόμενα[96] ablesen kann. Wie Demokrit durch geometrische Analogie von dem mit dem Auge Gesehenen zur unsichtbaren Form durchdringt, so dringt das Auge des die Gemeinde in ihrer idealen Genesis auf ihre Struktur hin Durchschauenden zur Einzelseele und ihrer Gliederung, zu ihren Grundspannungen, Konflikten, kurz, zur konkreten Gestalt vor, auf deren Grund ihre Bewegung sich vollzieht.

Doch dies berührt schon das geistige Nachleben, den in Platon neu zum Leben erwachten und verjüngten Sokrates, welchen die *Apologie* verspricht; vorderhand ist aber noch für einen Augenblick das Schicksal des Sokrates selbst ins Auge zu fassen. Die Gemeinde der Irrenden verurteilt und tötet ihn; doch ist das wahre Geschehen ein anderes. War ja Sokrates der Gottbeauftragte, und indem er in gottlosester Weise, unter Vorschützen von Gottesfurcht, dem Tode geweiht wurde, hat die Gemeinde das Gericht und den Zorn Gottes auf sich geladen – in ihrem Urteil hat sie sich selbst verurteilt. Die Welt der Polis, und das heißt, die gesamte bisherige Welt, über die sich ja die Polis erhoben hat, ist dadurch dem Zorn Gottes preisgegeben und wird untergehen; nur das lautere Erbe von Sokrates kann überdauern – also nur eine in seinem Geist erneuerte Gemeinde. Für den Gerechten und Wahrhaften der Tod durch Marter, am Kreuze, aber ein Wiederaufleben in einer wiederhergestellten Gemeinde; für den Gegenspieler ein augenblicklicher Triumph, der aber die höchste Ironie darstellt, weil seine Sache ja verloren ist. Die Auferstehung des Wahrhaftigen und Gerechten ist aber nicht mehr Sache des Gottbeauftragten, sondern seiner Erben, und ihre Sorge für die Seele gewinnt eben dadurch Gestalt, dass sich ihre Aufgabe durch die geometrische Analogie zwischen der Gemeinde und der Einzelseele, zwischen den Bedürfnissen und den Vorzügen der einzelnen

---

96 [Vgl. Fußnote 83.]

Seelenmomente erhellt: An der Gemeinde lernt man seine eigene Seelenstruktur und die durch sie ermöglichte Gesamtbewegung kennen, aus der eigenen Seelenausrichtung auf das gemeinsame Ganze soll die Umgestaltung des Gemeinwesens erfolgen. Die Erben haben nicht mehr für die Philosophie, für die Sorge um die Seele und für die neue Gemeinde zu sterben, sie haben die Aufgabe, die neue Gemeinde vor allem vor ihrem geistigen Blick und dann in der Wirklichkeit entstehen zu lassen.

Was leistet dieser Vergleich mit dem Gemeinwesen, die Betrachtung der Analogie von Staat und Seele, für die Sorge um die Seele? Diese war in Sokrates' Untersuchung die von der viereinigen ἀρετή, der Vortrefflichkeit, erfüllte Bewegung. Die wichtigste Leistung des Vergleichs ist zu zeigen, dass die Seele ein kunstvoller Bau ist, ein Ständiges, das Teile, d.h. Momente hat, die entgegen- oder zusammenwirken: dass Grundspannungen da sind, welche als Grundkräfte die Seele in Bewegung bringen und trotz Gegensätzlichkeit sie nicht zerreißen, weil sie ihre eigenen Grundmöglichkeiten darstellen; dass diese Spannungen in Funktionen kanalisiert werden, die zum Funktionieren des Ganzen unentbehrlich sind. Denn die Gemeinschaft – darin liegt ihre Sichtbarkeit – ist Austausch gegenseitiger Hilfe, und die Hilfe ist nur möglich dadurch, dass jeder Teilnehmer vor allem ganz dasjenige tut, was seiner Funktion entspricht; die Frage ist nur, *wann* er dies Eigene tut und ist.

(Freilich soll er nur das Seine tun, aber heißt das, er soll sich nach eigenem Drang ins Grenzenlose entfalten, oder ist da eine andere Regelung am Platz? Das große Bild zeigt Teilung von Funktionen und Regelung durch das Ganze. Es ist also keine arithmetische Teilung, die in der Gemeinde obwaltet, sondern eine viel künstlichere und kompliziertere; die Bestandteile und Funktionen sind nicht gleichwertig und dürfen nicht einfach zusammengezählt werden, um vom Ganzen dann einfach den gleichen Anteil zurückzubekommen, denn so ist es nur in der »primitiv-gesunden« Gemeinde möglich, die weder Krieg noch Überfluss oder Ausschmückung des Lebens kennt. Es gibt eine Tendenz im Gemeinwesen, die auf ein unbestimmtes Wachstum aus ist, und sie bringt es mit sich, dass dies zahlenmäßige Fortschreiten auch in der Gegenseitigkeit der Leistungen Verwirrung stiftet: Die Herrschenden, die im Gemeinsamen, Allgemeinen leben und dafür Verantwortung tragen, wollen auch Gold und Reichtümer besitzen, ein Privatleben führen; die Erwerbenden, die für kein eigentlich Allgemeines Sinn haben können, da ihr Blick von lauter Privatem fasziniert ist, wollen Anteil an der Macht und, als Krieger, an der Verantwortung. Wirft dies nicht ein Licht auf die Verhältnisse in der Einzelseele, wo auch das Einsichtig-Verantwortliche begehrlich wird und sich in den Dienst des Begehrlichen begibt, während das Begehrliche immer weiter ins Unbegrenzte sich auswächst, alles überflutet und dabei sich einbildet, das wahre Lebensverständnis zu gewähren?)[97]

Der Vorteil des großen, sichtbaren Bildes der Gemeinde ist, dass es unsichtbare Seelentendenzen und -kräfte in Gestalt äußerer Stände und Klassen zeigt. Das große Bild bringt Klarheit ins Innere, indem es zeigt: Auch im Inneren gibt es eine Vielheit von Momenten, die untereinander in Widerspruch und Spannung stehen und um Beherrschung des Ganzen kämpfen. Aber noch wichtiger ist das Umgekehrte, die Bedeutung der Sorge für die Seele für den Entwurf einer neuen Gemeinde, der Gemeinde der Gerechtigkeit. Denn nur das Unsichtbare, die Sorge für die Seele, zeigt an, was der Sinn der Spannung und Bewegung ist, was die Lösung des Problems bringt: dass das Verantwortliche und Einsichtige die Begrenzung, das Bestehen auf Umriss, Form und Genauigkeit ist und in der Suche des ganzen Lebens besteht, also nicht Sache eines jeden ist, dass dagegen Lust und Begehrlichkeit in feste Grenzen eingehegt werden müssen und nur zur Seinssteigerung beitragen, insofern sie sich in reine Freude verwandeln lassen. Ist ein neues Leben durch die Sorge für die Seele und durch die in ihr getätigte sittliche Einsicht möglich, dann muss auch die neue Gemeinde möglich sein. So handelt es sich darum, diese fundamentale Einsicht der Sorge für die Seele umgekehrt ins Gemeinwesen zu projizieren, und das ist dann die Konstruktion des Staates der Gerechtigkeit und Erziehung. Die Struktur der gerechten Seele erscheint in einem solchen Staate sichtbar als Ständestruktur, wo Verantwortung nur Einsicht pflegt und keinen Reichtum erbt, wo aber auch Reichtum in seiner Wachstumstendenz gebremst wird und sich zu bescheiden weiß im Hinblick auf das Ganze, wo also die Herrschaft der Verantwortung sich auch in einer entsprechenden Begehrlichkeit fühlbar macht; und wo nie autonome und auf sich gestellte, sondern nur durch höchste Einsichtsfähigkeit gestiftete und kontrollierte Gewaltverfügung zwi-

---

97 [Im Manuskript vom Autor eingeklammert.]

schen den beiden Extremen zu vermitteln fähig ist. Damit sind freilich die Probleme noch nicht gelöst, sondern erst neu gestellt. Denn in diesem Stande der gefährlich lebenden, der dem Tod geweihten und Tod gebenden Geistigen sind eigentlich alle Probleme des geistigen Staatswesens zusammengefasst. Der Krieg, das Militärwesen ist dasjenige, wodurch das Staatswesen des Überschusses sich von einem »natürlichen« und »gesunden« unterscheidet; in ihm liegt also die Wendung dieses Überschusses zum Guten oder Bösen, zum Gedeihen oder Verfall beschlossen. Aber ist eine Klasse von Mutigen möglich, die nie zu bloßen Exekutivmechanismen eines blinden Gehorsams entarten, sondern freie Verantwortung, *inneren* Mut und selbstverständliche Selbstaufgabe üben, die nie zu verdachtssüchtigen Spähern werden, andererseits auch nie faules kaserniertes, diszipliniertes Muskelvolk sind, sondern ständig geistig auf dem Sprung? Vielleicht könnte man das Problem der platonischen Wächter formulieren, indem man sagt, der geistig-verantwortliche, in seiner eigenen Bildung begriffene Mensch solle sich ständig auf einem Schlachtfeld fühlen, wo von ihm jede Minute der Einsatz seines Lebens verlangt werden kann, statt in bürokratischer Behaglichkeit und mechanischer Subordination Bequemlichkeit zu suchen. Zwar stellt Platon den inneren Konflikt und die Schwierigkeit der Stellung dieser geistigen Wächter vor allem so dar, dass die Freundlichkeit den Eigenen gegenüber mit Zorn gegen den Feind zu verbinden ist; aber diese doppelte Bereitschaft bedeutet doch vor allem das innere Engagement des Wächters, das Gegenteil jener kühl distanzierten Verachtung, womit der etablierte Polizeibeamte seinen Mitmenschen begegnet. Vor allem ist aber der Umstand wichtig, dass die Geistigen in ihrem Werdegang die Mutigen sein müssen, dass sich ihr Leben in dieser Sphäre der Tapferkeit und des Sich-in-die-Schanze-Schlagens abspielen muss und keineswegs vorwiegend auf einer Schulbank ohne Einsatz ihrer Person.

Von der *Politeia* (insbesondere Buch 1) bis zum *Politikos* ist Platons staatstheoretischer Gedanke von zwei Grundmotiven beherrscht und bestimmt: Das Äußere, Sichtbare, die Organisation ist eine Projektion der seelischen Verhältnisse, des Inneren; ihre Eintracht und Zwietracht ist ein Spiegel, eine Analogie im wörtlichen Sinne des inneren Gefügezustands; am Sichtbaren wird das Innere für jedermann anschaulich (Eintracht der Verbrecher, Zusammenhalten als Macht, unbeschränkte Pleonexie als Unglück), im inneren

Handeln durch Einsicht aber wird über Wahrheit, Sein und Nichtsein gedanklich entschieden. Also entscheidet die echte Sorge für die Seele darüber, was der Staat sein soll und ist. Das andere Motiv betrifft die Geistigen als Mitte, um die sich der Staat dreht, als Mitte, von wo aus erst der Aufstieg möglich und der Verfall zu bekämpfen und zu vermeiden ist. Aber die Geistigen sind nicht einfach da, sie müssen zu Geistigen, zu den Hütern des Geistes erst werden in einer Bewegung, die παιδεία heißt. Diese Bewegung ist aber der Geist selbst, Geist ist Werden des Geistes: Das ist auch der Sinn der Einsicht, dass die wichtigste, ja eigentlich alleinige Gesetzgebung des Staates die Erziehung zu betreffen hat. Eine ständige Prüfung, Auswahl, Untersuchung, kritische Siebung findet im Staat der Geistigen statt, nicht durch Willkür, sondern durch Einsicht geleitet; und die Mitte, von der diese Bewegung ausgeht, ist zwar selber nicht Einsicht, aber die Fähigkeit und Möglichkeit, ihr zu folgen, der mutige Zorn, gleich ob gegen sich selber, gegen das Schwächliche der eigenen »Natur«, oder gegen die äußeren Vertreter von Niedrigkeit und Verkommenheit. Die beiden Motive sind so eng verwoben, dass man kaum das eine ohne das andere erklären kann; denn der Geistige ist der Allgemeine, der allein das Ganze einzusehen zu lernen hat, und zwar lebenslang und auf eine verantwortliche Weise, für welche Tat und Einsicht nicht zweierlei sind. Die Geistigen projizieren ihre Seelsorge in den Staat hinaus, und ihre innere Verfassung, die die äußersten Gegensätze zu überbrücken hat, ist das Schwierigste von allem, das eigentliche Problem des Staates. Ihr Mut, ihre Tapferkeit, ihre Regsamkeit, ihre Sympathie für die Brüderlichkeit in der Stadt, aber auch ihre Härte gegen sich selbst, gegen die Verfallstendenzen in ihrem eigenen Wesen und im Gemeinwesen sind die Grundlage von allem; ihr Mut ist wesentlich nicht nur äußerer Mut, sondern dieses Sich-selbst-prüfen-Wollen und die Wachsamkeit über sich selbst.

Von Grund auf, vom Anfang des Lebens und vom Kleinsten und scheinbar Unbedeutendsten angefangen, steht dies furchtbare Grundproblem der Geistigen, die zugleich die Mutigen sind, im Zentrum des Entwurfs der guten Gemeinde, der Gemeinde des Guten. Es gibt ja keine Einzelheit, die keine Entsprechung im Ganzen, keinen Zug der Seele, der sich nicht ins Staatsleben projizieren würde. So muss aber die Sorge für die Seele eben zu den Lebensanfängen gehen und die Art und Weise der Aufnahme der künftigen Bürger in die Gemeinde, ihr geistiges Jünglingsalter unter ihren Schutz nehmen. Es muss da das Zarteste mit dem Größten und Tiefsten auf den ersten Anhieb zusammengestellt werden: das Kind mit Gott in Gestalt des Mythos, des Kindermärchens. Das Weltverständnis der Dichter wird ja ins Kindermärchen projiziert; um keinen Preis also darf das Kindermärchen bagatellisiert werden; die neue Gemeinde verlangt neue Märchen, aber eben deshalb auch einen neuen Mythos und neue Dichtung. Das größte, die Religion des Guten, wie sie noch nie auf der Welt konzipiert wurde, wird bei Gelegenheit der Kindermärchen, der ersten Geistesnahrung, entwickelt. Dass wir als Erwachsene eine grundverfälschte Seelenverfassung haben, ist die Projektion unserer falschen Aufnahme ins Weltverständnis und vermittelt durch unsere Mythendarstellungen, die das Werk unserer Dichter sind. Wer sich gedankenlos angewöhnt hat sich vorzustellen, Gott könne anderes als das Gute wollen und schaffen, wird wohl kaum je erfassen können, dass die Welt ein Werk des Guten an sich ist. Und genauso verhält es sich mit den Mustern des Menschenlebens: Wollen wir mutige und geistige Menschen haben, dann darf für sie das Heroische nie unbeherrscht, nie übermütig, nie gottlos, nie habgierig und niedrig erscheinen. Und aus dem Inhalt der Mythen stammt die Form, die Darstellungsart, der Rhythmus und der Ton, und die letzteren sind dasjenige, was am tiefsten in die Seele eindringt und einerseits den Charakter der Seelen ausdrückt, anderseits formt. In dieser ersten Phase ist die Sorge für die Seele um eine Stiftung fester Vorlieben für das Selbstverständliche, für die Korrespondenzen zwischen Ethos, Diktion, Melos, für das Schlicht-Harmonische der Umgebung, der Erzeugnisse, der Arbeitsleistungen bemüht, um die Schaffung eines Stilgefühls im Leben; es geht um die Herausbildung eines schlicht-mutigen Lebensstils, einer Lebensart, welche die unverweichlichten, aber harmoniebedürftigen Tapferen auszeichnet – unpathetisch, leidenschafts- und emotionsscheu, doch den Mannhaften in Not und Lebensgefahr stets im Auge behaltend und sich und ihn im Gespräch formend. Demselben Ziel wird dann aber auch die Gymnastik dienen: Nicht einer Sorge für den Leib als solchen, nicht dem körperlichen Wohlsein und der körperlichen Leistung um ihrer selber willen, sondern schlicht, praktisch, zur Kriegsertüchtigung dienlich soll sie sein, denn der Mutige muss leiblichen Gefahren gewachsen sein, *am Leibe* ist man mutig, wenn auch mit der Seele. Der einfache, den Mut fördernde Lebensstil macht aber das verweichlichte Krankenwesen sowie das pervertierte Gerichtswesen überflüssig;[98] beide gehören zu einer verkehrten Lebensweise, die sich mit dem Gemeinwesen der Gerechtigkeit, wo jeder das Seine *wirklich tut*, nicht verträgt; das Halbdasein, das Dahinvegetieren, das Anderen-zur-Last-Fallen ist hier unstatthaft; und jeder Dienst am Leibe, welcher der Seele nicht zugutekommt, ist mit der Sorge um die Seele unverträglich. Zur Sorge für die Seele gehört die Sorge für den Leib, für den gesunden wie für den kranken, da man ja mit gesunder Seele für den kranken Leib sorgt, und der kranke Leib sogar der richtigen Sorge förderlich ist; während nur eine gesunde Seele als wahrer Richter auftreten kann. Freilich wird auch die Funktion des wahren Richters in der Gemeinde eine von der gängigen tief verschiedene sein. Sie wird nicht dem Schlichten von Streitigkeiten zwischen sich gegenseitig verdächtigenden Schlechten gewidmet sein, die, unfähig, das Gute zu sehen, sich nur mit der Bezichtigung anderer und mit den eigenen Ausflüchten befassen. Sie wird mit einer viel wichtigeren, erhabeneren Funktion zusammenhängen, die die Erziehung der Geistigen, der Wächter betrifft: mit dem Streit in ihrer Seele. Vom Wächter wird verlangt, Gegensätze in sich zu vereinigen, die Spannung zwischen Freundlichkeit, welche die Einsicht, schließlich also die Vernunft und Philosophie verleiht, und dem zornigen Mut, der von vornherein sich allem entgegenwirft und alles angreift, was die eigene Person und ihre Belange herausfordert; das Freundliche und das Feindliche, das Sich-Öffnen und das Abweisen – beides muss in ihm zu einer Synthese gelangen. An der Stelle, wo das Problem zum ersten Male angesprochen wird, wird am Beispiel des Rassehundes gezeigt, dass eine solche Synthese nicht unmöglich ist, sondern schon der Natur gelingt.[99]

Nun ist das Problem aber beim Geistigen viel schwieriger zu lösen; denn es ist eine solche Synthese bei ihm von einem Maß abhängig, das einzuhalten schwer ist. Es ist ja das Musikalisch-Philosophische in uns zwar fähig, das wilde Element zu zähmen, aber wenn das Maß nicht eingehalten wird, dann wird man weichlich und mutlos und verliert am Ende nicht weniger das Geistige als derjenige, der sich durch den Mut instinktiv zur Rohheit ziehen lässt. Die Gefahr der »Intellektualisierung« ist nicht weniger groß als

---

98 [Vgl. hierzu und im Folgenden insbes. Platons *Politeia*, Buch III, 408d]
99 [Platon, *Politeia*, II, 375a-376b.]

die des Amusisch-Werdens. So ist es Sache der höchsten Einsicht, hier das Richtige zu treffen, den Menschen zum tapferen Geistigen zu formen, und dies ist durch eine Temperierung der Leibes- und Geisteserziehung zu erreichen. Dass dies aber der junge, in Erziehung Begriffene selbst nicht vermag, ist klar; hier liegt dann eben die eigentliche Rolle des wahren Richters, des Erziehers, des Einsichtigen, der nicht nur, wie die jungen, aus natürlicher Verfassung zum Guten tendiert und dessen Vorbild in der Seele hat, sondern der durch lange äußere Erfahrung auch das Schlechte kennengelernt hat und es philosophisch zu beurteilen und zu behandeln weiß – er hat den Ursprung des Bösen in den Verfallstendenzen der Menschennatur kennengelernt und kann deshalb selbst den Maßstab setzen, welcher vonnöten ist. So wird er der große Richter sein, der nicht die kleinlichen Prozesse der heutigen Zeit schlichtet, sondern sie überflüssig macht, nachdem die Schlechten überhaupt beseitigt wurden. Der große Richter ist selbst durch strengste Auswahl und schwerste Prüfungen gegangen, die keine Mandarinprüfungen sind, sondern ihn als gegen die fahrlässige oder bewusste Vernachlässigung der Interessen der Gemeinde, des Allgemeinen, gefeit zeigen.

Der große Konflikt, den er in der Einzelseele zu schlichten hat, ist zugleich die Schicksalsfrage der neuen Gemeinde selber. Er ist im Wesen des θυμός, des mittleren Seelenteils, konzentriert. Was ist eigentlich der θυμός? Warum muss dieses »Moment« des Daseins überhaupt vorausgesetzt werden, und was ist an ihm (und auf seinem Grunde in der Gemeinde) so problematisch? Der θυμός ist kein Begehren von ..., es ist in ihm kein Hunger, kein Durst, kein Verlangen zu stillen. Er ist aber trotzdem, wie die Begierde, eine wirksame Spannung, freilich nicht nach etwas Sachlichem. Das sachliche Begehren ist entweder unmittelbar-sinnlich oder intelligibel. Was ist die Funktion des θυμός, wenn er keine äußere Bestimmung, kein »Objekt« hat? Der θυμός ist gewiss, wie die anderen Seelenmomente, das Begehrende und das λογιστικόν, das Beziehende, Grund einer Bewegung: aber nicht einer Bewegung, die nach außen geht und das Äußere ins Innere einbezieht. Zugleich ist der θυμός auch kein einfacher Affekt wie Leid oder Schmerz, Staunen, Furcht oder Hoffnung. Man setzt ihn zwar mit dem Zorn in eine enge Beziehung, das kleine Kind hat schon θυμός und ist »zornig«, noch bevor es Vernunft hat. Der θυμός ist heftig, er kann den Menschen unüberwindlich machen, lässt ihn sich unbedingt einsetzen. Er kann in rohe Gewalttätigkeit ausarten, zum Austoben in körperlichen Glanzleistungen und Kraftproben führen, wo er sich in kleiner Münze verausgabt. Seine »Ausrichtung« ist aber nicht ursprünglich horizontal nach außen, sondern vertikal – nach oben und unten. Dem θυμός ist eine *Abwehr* eigen, ein Schutz. Er schützt das Eigene und Eigentliche, falls wir im θυμός auf etwas gerichtet sind, dann auf uns selbst, und zwar in Gestalt einer *aggressiven Abwehr*. Die Abwehr zielt durch das Abgewehrte und Feindliche auf uns selbst und setzt ein gewisses Selbstverständnis voraus. Dieses Selbstverständnis des θυμός kann variieren, je nach dem, was in diesem Schützen als unser Eigentliches erfahren wird. Jedenfalls ist aber die aggressive Abwehr etwas ganz anderes als bloß passive Anziehung oder feige Flucht. Und sie ist auch nicht, wie selbst beim königlichen Tier (obwohl es sich dem menschlichen θυμός nähert), eine bloße Ausstrahlung physischer Kraft. Der θυμός und seine Tendenz zur Überwindung setzen etwas Nicht-Unmittelbares voraus, wofür es sich lohnt, sich zu überwinden, d.h. *sich der Gefahr auszusetzen*. Es liegt in ihm eine natürliche Überwindung des Erhaltungsinstinktes um jeden Preis, eine Lebensüberwindung. Das macht am θυμός die Ausrichtung nach oben aus. Das Selbstgefühl, das sich gegen jedes Nahetreten wehrt und durch den Einsatz seiner selbst sich legitimiert: das ist der θυμός.

Obwohl er also in einem Sinne als eine Sonderkraft des Menschen betrachtet werden kann, da er in dieser Abwehrfunktion weder vom Begehren noch von der Einsicht ins Seiende vertreten werden kann, sieht man leicht, dass durch ihn eigentlich die ganze Seele zusammenhängt und in ihm versammelt ist. Das Sinnliche ist im Sicheinsetzen als überwunden da; das Einsichtige aber ist die Bestätigung und einleuchtende Legitimierung der Überwindungstendenz des θυμός. Er ist keine Einzelkraft, sondern die Existenz als zusammengefasste und eingefaltete, auf der Suche nach Durchsichtigkeit.

Was ist nun am θυμός problematisch? Er treibt die innere Spannung zwischen dem Begehrenden und der das wahre Sein verfolgenden Vernunfteinsicht in eine Steigerung, in einen inneren Kampf, er macht sie pathetisch. Er bäumt sich gegen das Niedrige in uns auf, er ist der eigentliche Ort des Konfliktes in uns selbst. Dieser Widerspruch – das Schützende, das zerreißt – wird dann aber auch in die Gemeinde projiziert. Die Wächter haben selbstverständlich eine Tendenz zum Hierarchischen, der Staat wird durch sie zu einer

Gemeinschaft, die ihnen gehört, wie Adeimantos ganz unbefangen ausspricht,[100] und doch soll die neue Gemeinde zugleich die einheitlichste sein, die denkbar ist! Es genügt dann nicht, die Existenz des Staates auf die institutionelle Askese der Beschützer zu stellen, welche ihnen jeden Grund zur Vergewaltigung der arbeitleistenden Bürger entzieht, da sie ja weder Privatbesitz, noch Privatfamilie haben und selbst für die Nachkommenschaft keine Privatsorge tragen. Es wird von ihnen verlangt, dass sie *alle* Bürger als Brüder betrachten, sich also auch innerlich zähmen und an ein Dogma des gemeinsamen Ursprungs glauben, welches gegen ihre Natur und Funktion läuft. Und selbst wenn das alles gelingen sollte, fragt es sich, ob all die Maßnahmen überhaupt den Zweck erfüllen können, wofür sie ausgedacht wurden; ob der Privatreichtum der Erwerbenden eine angemessene Kompensation darstellt für den Verlust des θυμός und damit der darin gründenden Menschenwürde und Ehre, ob gerade in diesem Punkte eine Spezialisierung möglich ist. Freilich ist der Zweck des Ursprungsmythos zugleich zu bewirken, dass die faktisch Untergeordneten dies nicht als Herabwürdigung empfinden, sondern auf den Zufall des Menschenloses schieben; in ihrer Nachkommenschaft kann ja Gold wieder zum Vorschein kommen. Aber da sie doch am Allgemeinen nur durch ihre Arbeitstätigkeit teilnehmen, ist es schwer zu vermeiden, dass sie sich nicht als Unmündige fühlen, für die zwar gut, aber eben von außen gesorgt wird. Aristoteles hat klar gesehen, dass Maßnahmen wie die Gruppenfamilie bei den Wächtern die Einheit der Gemeinde nicht fördern, sondern vollständig zerreißen würden,[101] denn dadurch wären ja faktisch zwei entgegengesetzte Gemeinden ineinander verschachtelt und miteinander zu leben gezwungen, die vollständig gegeneinander abgeschlossen wären, sich innerlich fremd durch Lebensauffassung und Lebenswelt. Hier wird die Grenze des Ähnlichkeitsverhältnisses von Einzelseele und Gemeinde sichtbar, und man muss dem Zweifel stattgeben, ob es wahr ist, dass, wenn die wahre Sorge für die Einzelseele zu einer hierarchischen Unterordnung des Vitalen und Instinktiven unter das Mutige und Geistige führt, daraus auch eine ähnliche Ordnung für die Gemeinde folgen muss.

---

100 [Platon, *Politeia*, IV, 419a, [»da ihnen das Gemeinwesen in Wahrheit gehört«]
101 [Vgl. Aristoteles, *Politik*, II, 2, 1261a.]

Vielleicht wäre aber noch eine andere Deutung der Stellung der mutigen Geistigen im Staate möglich, die zwar nicht ausdrücklich aus dem Text Platons geschöpft ist, aber in der Konsequenz des Geistes seines Werkes liegt. Es gibt zweierlei παιδεία im Staate, die eine ist die ausdrücklich institutionalisierte παιδεία der Wächter, die eigentlich ihr ganzes Leben in Anspruch nimmt: die Bildung zur Einsicht, aber zugleich Weckung des Muts. Es ist die Erziehung ihrer Existenz zum letzten Einsatz, zur vollständigen Selbstkontrolle und Selbstaufgabe, oder eher: Selbstgewinnung im wahren Sinne durch Aufgabe des scheinbar Selbstverständlichen, von Reichtum, Besitz, Genuss, physischem Fortleben nach dem Tode in Gestalt eigener Nachkommenschaft. Die eigentliche Einsicht der *Politeia* bestünde dann darin, dass ohne diese ständige Umkehr der mutigen Geistigen ein wirklich, wesenhaft menschliches Staatswesen unmöglich ist. Nur ein solches Beispiel unbedingter Umkehr kann auch unter den anderen Bürgern eine Umkehr einleiten, zu einer παιδεία im weiteren Sinn werden. Erst sie kann glaubhaft machen, dass es sich nicht um Trug, sondern um wesentliche menschliche Wahrheit handelt, wesentliche Reflexion der Endlichen auf einem unendlichen Wege. Und das Resultat mag dann die σωφροσύνη sein, die auch bei den übrigen Bürgern einkehrt, das Bewusstsein, dass sie nicht herabgewürdigt werden, sondern es auch ihnen wenigstens in einer Hinsicht einfach leichter gemacht wird.

Es ist jetzt aber daran zu erinnern, dass die Aufgabe des wahren Richters nicht darin besteht, die zufälligen, einer schlechten Staatsverfassungen entspringenden Streitigkeiten zu schlichten, sondern den inneren Konflikt der Seele selber. Er ist hier der wahre Nomothet, der seine Aufgabe mit einem mythologischen und einem psychologisch-erzieherischen Mittel erfüllt. Das mythologische, den Ursprungsmythos, kennen wir schon und haben versucht, seinen Gehalt und seine Bedeutung tiefer zu ergründen. Das psychologische Mittel setzt voraus, dass sowohl das höhere λογιστικόν in uns wie auch die eigentliche Mitte der Existenz, der θυμός, je zwei Zustände aufweisen, je nachdem, ob sie sich in energischer Tätigkeit oder in ruhigem Selbstgenuss befinden. Die dem wahren Sein zugewandte Seele ist in energischer Tätigkeit, wenn sie sich dem λόγος ergibt, im Selbstgenuss ist sie den Harmonien der Musik zugewandt; die reine Freude dieser Harmonien haben aber die merkwürdige Wirkung, dass sie den θυμός fesseln und zahm machen wie Orpheus' Gesang das Wilde der Natur, während die energische Tätigkeit des θυμός durch den Leib geht und auf Übung des Leibes aus ist, was, wenn sie ihm einmal ergeben ist und alles Sonstige abgeschnitten hat, die Seele verrohen lässt, wie es bei den nördlichen Barbaren im Allgemeinen der Fall ist und man es auch bei den Hellenen zuweilen konstatieren kann. Das Richtige beim θυμός ist nun, ihn in Ruhe zu wiegen, ohne ihn erschlaffen oder verschwinden zu lassen. Dies kann durch eine gute Temperierung von Musik und Gymnastik als Erziehungsmaßnahmen erzielt werden, und den großen Nomotheten liegt deshalb auch vorzüglich die Sorge für die Seele in diesem Sinne ob; in dieser Harmonie wird die neue Gemeinde innerlich gegründet.

Platon ist auf dieses Problem im *Politikos* nochmals zurückgekommen, wo, anders als in den *Nomoi*, von einem besonderen Wächterstand keine ausdrückliche Erwähnung zu finden ist. Das Grundproblem ist aber dasselbe geblieben, und das zeigt, dass *hier* der eigentliche Sinn der neuen Gemeinde liegt: in der Vereinigung der geistigen Distanz und des mutigen Einsatzes. Aus diesen beiden Bürgertugenden bereitet der Gottbegnadete (der beinahe selbst ein göttliches Wesen ist, an das die meisten nicht zu glauben wagen, ein Vorbild des prophetischen Mittlers), welcher die politische, gebietende Wissenschaft besitzt, das ungeheure Gewebe des Staates als ein Abbild des Guten und dessen, was aus ihm hervorgeht. Der beinah göttliche Politiker ist freilich diesmal weder Nomothet noch Richter. Er braucht keine geschriebenen Gesetze, denn seine lebendige, ins individuelle Detail dringende Wissenschaft ist diesen voraus; und er ist kein Richter, denn Richteramt und Rechtswissenschaft sind nur Hilfswissen für ihn. Aber auch ihm schweben zwei Maßnahmen vor, wie dem Nomotheten der *Politeia*, eine rein geistige und eine mehr irdische, womit er sein sprödes Material erst für den Webevorgang geeignet macht. Die irdische ist leicht einzusehen: Es ist in den Heiratsregeln auf die rechte Mischung von ἀνδρεία und σωφροσύνη, des Energischen und des Geistigen (von θυμός und λογιστικόν ist hier nicht mehr die Rede) in der Charakteranlage zu sehen.[102] Über die geistige Maßnahme drückt sich Platon dichterisch und orakelhaft aus; er spricht davon, dass der von Ewigkeit geborene Seelenteil beider Charaktere durch ein göttliches Band vereint wer-

---

102 [Platon, *Politikos*, 310b und folgende.]

den müsse, und verdeutlicht dann, es sei erst dieses Band, die durch Bekräftigung gewonnene wahre Vorstellung über das Gute, Gerechte und Schöne und dessen Gegensätze, dazu in der Lage, sie beide zusammenzustimmen.[103] Dies ist vielleicht so zu verstehen wie oben angedeutet: Die Selbstüberwindung der Kräftigen, diese ihre höchste Kraftprobe, ist die βεβαίωσις [Bestätigung], welcher es bedarf, um auch die anderen, die nicht Energischen, ob sie geistig oder erwerbsmäßig ausgerichtet sind, von einem Geist der Diensterfüllung, der Begeisterung in Selbstvergessenheit zu erfüllen.

XI

Die Sorge um die Seele greift in der geschilderten Weise erstens auf das Ganze des Seins über, zweitens auf den Staat und bedingt dessen Umgestaltung, drittens ist sie aber eine Selbsterkenntnis, Selbstvertiefung, Selbstbemächtigung. Jeder dieser drei Aspekte setzt die beiden anderen voraus, sie stützen sich gegenseitig. Wir haben nun noch von dem dritten Aspekt zu sprechen.

Die Kosmologie hat gezeigt, wo die Seele im Ganzen des Seins steht, dass sie den Anfang der Bewegung in sich trägt und nur von der Bewegung her zu fassen ist. Die Staatslehre hat sie als eine Struktur, eine Vielheit von gleichzeitigen Momenten vorgestellt, die in Spannung zueinander stehen. Was ist nun das Wesen der Seele im Ganzen? Was lässt die Sorge um die Seele von ihrem Wesen erkennen? Wie steht sie zum Körper, zum Leib, zum unkörperlichen Sein, das unbeweglich ist?

Die Seele ist nur dann zu begreifen, wenn es ein Sein gibt, das nicht »physisch«, nicht körperlich, nicht die Welt der Dinge und Geschehnisse um uns herum ist. Dieses Sein entdeckt sie selbst, es ist nur durch ihre eigene Bewegung, durch ihr denkendes Selbstbestimmen und ihre Besinnung darauf zugänglich. Es ist das Reich der Gründe und Ursprünge. Das Reich der Ursprünge ist aber zugleich das der Ursachen und ihrer Ordnung. Das wahre Sein lässt erfahren, woraus Dinge entspringen, statt nach ihren bloßen zeitlichen Beziehungen zu fahnden. Man findet die Seele nicht, indem man nach dem Funktionieren des Lebens im Menschen fragt; man

---

103 [Ebd., 309c.]

kann die Seele in ihrer wahren Gestalt nur dann entdecken, wenn man zugesteht, dass es nicht nur die Ebene der »Realität« gibt, wenn man also das gewöhnliche Feld des Wirkens, das Verbinden und Trennen, Verdichten und Verdünnen, Durchdringen und Scheiden, verlässt und sich auf die Ebene der immer gleichbleibenden Einheiten mit ihrer komplizierten, aber durchsichtig komponierten Struktur begibt. Erst diese leitet dann zu den wahren Ursachen, d.h. den Gründen, die zu früheren Anfangsgründen hinführen. Denn die Ideengründe sind das Wahre, und die Seele ist dasjenige, wodurch und wofür es das Wahre gibt, wofür das Wahre erscheint und dann abgebildet und ausgesprochen wird. Dies, dass es nicht nur Sein gibt, sondern dass es auch erscheint, ist die Seele – dass es eine eigene, auf nichts Sonstiges zurückzuführende feste Struktur des Erscheinens, Abbildens und Sagens gibt und somit natürlich auch einen Bezug des Erscheinens auf sich selber.

Die Erfahrung der Seele besteht darin, zu entdecken, dass es eine Tiefe des Seins gibt, die man erst entdeckt, wenn man sich gegen den Strom und die allgemeine Neigung zu Realität und Dinglichkeit stellt. Dieses Entgegenstellen ist zwar in der Realität selber vorhanden und durch ihre kompliziert gegenstrebige Struktur bedingt; aber die Seele in ihrer Eigenbewegung ist es, welche diese Andeutung ergreift und über die Realität hinaus vordringt, ohne sich von ihr beirren zu lassen. Da die Seele aber selbst an die Realität, an die Dinglichkeit gebunden ist und ein Teil von ihr ist, so muss sie in dieser Gegenwendung auch ihre eigene Realität in dem Sinne überwinden, dass sie dem Tod nicht nur ins Auge sieht, sondern den lebendigen Tod in ihrem eigenen Leben willkommen heißt und zum Vehikel ihres Seinsverständnisses macht.

Wir können dazu anmerken, dass man diese Gegenwendung auch von der Realität aus interpretieren kann, als Re-aktion gegen die Zeit und gegen den drohenden Untergang des Lebewesens. Doch selbst wenn sie nur als Traumobjekt des endlichen Lebewesens da wäre, so ist sie in diesem doch da, und zwar nicht aus Willkür, sondern mit Notwendigkeit. Und gerade dies: dass das reale Sein sich selbst überschreitet darin, dass es erscheint, ist die Erfahrung der Seele. Und dass dies Überschreiten keine schwache Illusion ist, sondern dass zu ihrer Entfaltung die ganze Kraft des sittlichen Schwungs gehört, welche im Menschen lebt, das zeigt gerade der Blick auf das Endliche, den Tod und das Nichts, in dem das eigene Leben verschlungen wird – denn es handelt sich hier nicht um eine endliche Illusion, die in einer Verhärtung der endlichen Eigenwilligkeit begründet wäre. Dass das Leben endliche Illusionen produziert, ist noch kein Beweis dagegen, dass es selber an etwas hängt, was nicht realer und endlicher Natur ist und sowohl Wahrheit wie Illusion ermöglicht. (Was dies freilich ist, sein wahres Wesen und seine Natur, das ist die seit Platon gestellte metaphysische Grundfrage.) Die endlichen Illusionen beweisen nicht, dass die Grund-»Illusion« eine ist. Im Herzen der Welt, könnte man metaphorisch sagen, muss es etwas geben, das, obschon auf verschiedene Weise, sowohl Realität, Dinglichkeit, wie auch Wahrheit bestimmt, so dass Realität zwar Wahrheit gebären, aber sie nie begründen und bestimmen kann, während die Wahrheit zwar die Realität durchdringt, aber nicht in Gestalt einer realen »Kraft«, eines zeitlich Bewegenden und Bestimmenden.

Wem sich nun diese Zusammenhänge einigermaßen zu erschließen beginnen, bei dem bahnt sich eine Lebensumkehr an. Sein Leben ist nicht mehr ein Am-Leben-Kleben, ein illusionäres Sich-vor-dem-Tod-Verstecken, denn er hat im Tode die allgemeine Tendenz der Realität zu Nichtigkeit und Zunichtemachen durchschaut. Damit erwacht aber in ihm noch keineswegs (wie in den orientalischen Seelsorgen und Religionen) ein Verwerfen der Realität als solcher und ein Streben, sich aus ihr zurückzuziehen, sondern nur eine Distanz und zugleich Verantwortung ihr gegenüber. Es ist ja auch seine Einsicht nicht primär auf das Menschenleben, sein Leid und Schmerzenswesen, sein Jammertal und dessen Ursprung gerichtet, es soll keine barmherzige Euthanasie in die Wege geleitet werden, das Leben nicht entkräftet, sondern im Gegenteil in der Sorge für die Seele zur extremsten Steigerung der Lebens-(Seelen-)Bewegung gebracht werden. Es soll nun aber die Sorge für die Seele nach einer bisher noch nicht eigens ins Auge gefassten Seite betrachtet werden, nämlich *in ihrem Verhältnis zum Leibe und zum leiblichen Leben*. Das Leibliche wird insofern betrachtet, als es im Verkehr mit dem Dinglichen mitempfunden und miterfahren wird; und es zeigt sich dabei als Dingliches dem Dinglichen verwandt und zugewandt, d.h. dem Unbestimmten und Unbegrenzten in ihm. Das Unbestimmt-Unbegrenzte des Leiblichen zeigt sich in Bezug auf die Seele im widersprüchlichen Verbundensein von Lust und Unlust – von Begehren / Sättigung einerseits und Abweisung / Abwehr andererseits, im Immerwieder der Begierde und in ihrem Verlangen nach Steigerung und Verlängerung, das grenzenlos ist. Die Verfallstendenz des Lebens, seine Selbstverstrickung in diese eintönige Endlosigkeit ist umso auffälliger, je intensiver die Anlockung der Lust und die Bedrängnis durch den Schmerz werden. Zwar nicht das Leibliche überhaupt, aber das leibliche Lust- und Schmerzleben, diese Fesselung an die unmittelbare Befriedigung, ist, in seinem Wesen betrachtet, der Verfall selber. Dieses Unterlegensein, diese Passivität, diese ständige Verlockung und Bedrohung kann man nur mit dem leiblichen Leben selber loswerden. Das Streben hin zu einer Befreiung vom Leiblichen, und damit zum Tod, macht den Sinn der philosophischen Sorge für die Seele aus. Der Philosoph strebt eine körperlose Seele an, die nicht mehr gegen dieses innere Verfallen anzugehen braucht. Dies ist ein paradoxes Streben. Die ganze Unmittelbarkeit, und mit ihr die Dingwelt, sollten verschwinden; er fühlt sie in ihren Grundfesten wanken. Deshalb ist auch die Stimmung im Gefängnis am Tag der Hinrichtung so feierlich-zweideutig; es ist keine reine Freude am philosophischen Gespräch mehr, selbst diese reine Lust will nicht sich mehr einstellen, alles Präsente und Gegenwärtige rückt in die Ferne beim Gedanken an diesen einmaligen Weggang, der Schmerz hat aber trotzdem einen unbegreiflichen Kern von Freude in sich. Das Angehen gegen die Leiblichkeit, der Wille zur Körperlosigkeit ist kein bloßes metaphysisches Hirngespinst, sondern hat eine erlebnismäßige Grundlage, die als solche unbestritten und unbestreitbar ist. Es ist die Grundstimmung der Freiheit – Freiheit vom Realen, vom Weltinhalt überhaupt, die Stimmung, welche trotzdem nicht die des Nichts, sondern des Seins ist, und die, an der Grenze des Realen, sowohl »positiv« wie »negativ« ist.

Die eigentlichen »Unsterblichkeitsbeweise« hängen mit diesem An-der-Grenze-Sein der Seele zusammen, mit ihrem dem Nichtrealen Verhaftetsein, das deshalb freilich noch kein Nichtseiendes ist, sondern das immer Seiende, Unvergängliche, das uns von Grund, schon vorgebürtig Bestimmende. Wenn es im Bereich des Seins diese grundlegende Komponente gibt, die eine wesentliche Beziehung zur Seele hat, dann ist die Seele davon in ihrem innersten Wesen durchstimmt und bestimmt, und das kann man auch als ihre Unsterblichkeit auslegen. Dass dieses Unvergänglichkeitsgerüst des Seins mit dem Guten in untrennbarer Verbindung steht, da ja das Wahre ohne das Gute gar nicht möglich ist, da ja das Wahre das

Erscheinende ist und nichts erscheinen kann, ohne für jemanden Sinn zu haben, für ihn gut oder ungut zu sein, ist dann nur eine weitere Entfaltung derselben Einsicht. Freilich kann dies dazu verleiten, die Unsterblichkeit und ihre Folgen zu massiv auszulegen: Das Unsterbliche und Lebendige ist das immer Bewegende, und das immer Bewegende hat am Himmel, am οὐρανός seinen Sitz; die Seele, das Sich-Bewegende, ist zugleich das Allbewegende, und auch das Gute, das ihr Gutes ist, ist deshalb zugleich das Gute des gesamten Seins, sowohl des Unvordenklichen als des Realen, und die vordergründige Kausalität des Umgebenden wird vollständig abgelehnt und aufgehoben zugunsten der Gründungskausalität. Es muss dann freilich auch die Frage nach dem Schicksal der Seele vor der Geburt und nach dem Tode viel dringlicher werden als je zuvor. Die Seele, ihr Ursprung aus einer beinahe göttlichen, jedenfalls himmlischen Quelle, ihre Rückkehr dahin, die Wechselwirkung des Menschlichen und Göttlichen, man könnte sagen: das Fleischwerden des Göttlichen, drängt sich auf.

Das Wichtigste scheint aber Folgendes zu sein: Bei allen früheren, mythologischen Vorstellungen vom Vor- oder Nachleben (des Menschen, der Menschen»seele«) war das Vor- und Nachlebende eigentlich ein Sein-für-Anderes, es hatte die Seele nur die Gestalt des In-Verkehr-Seins mit anderen, dessen, was man im gängigen gegenseitigen Austausch und gegenseitigen Sich-Erfahren ist. Nun ist zum ersten Mal in Form der Sorge für die Seele das Sein der Seele für und in sich selber ausdrücklich geworden: ihre Bewegung nach oben hin oder ihr Sich-gehen-Lassen, ihr inneres Gespräch, ihr Streben nach Einheit, ihre Beziehung zum scheinbaren und zum wahren Sein: kurz, hier hat die Seele ein wirkliches, wesentliches Eigenleben als Innenleben, sie hat Innerlichkeit bekommen, der Mensch ist dadurch innerlich geworden. Die »Unsterblichkeit« hat einen Inhalt gewonnen, sie ist keineswegs mehr eine illusorische Fortsetzung des gewöhnlichen Lebens in einer anderen, phantastischen Gegend und auf die erwünscht äußere Weise. Sie ist in eine fest begründete Beziehung getreten zur wesentlichen Seelenbewegung und dadurch zum Guten und Bösen, zu Vergeltung und Strafe im wesentlichen Sinn, zum Seinsgewinn und zur Verzweiflung des Seinsverlustes; das innere Geschehen hat eine umrissene Gestalt und Geschichte bekommen, eine Klarheit darüber, woher und wohin die Seele geht, wie ihre Schritte, wie ihr Wandel ist. So hat die Seele nicht nur an

– ob vermeintlicher oder wirklicher – Selbsterkenntnis gewonnen, sondern vor allem einen Reichtum des inneren Lebens erworben, der früher ungeahnt war: dies alles aus der Selbstbestimmung des inneren Menschen zum Sein oder Nichtsein, zum Schein-Sein, zum Guten und Bösen, alles also aus dem Selbstverständnis als Freiheit, als sich-selbst-bewegendes Wesen. Das menschliche Unterwegssein hat seine Meilensteine, seine σήματα bekommen und in diesem Zusammenhang haben gängige Erlebnistitel wie Lust und Schmerz, Wahrnehmung, Denken, Erinnerung, Zustände wie Traum und Wachen, Funktionen wie Begehrlichkeit, Liebe, Zorn und Mut, Einsicht mit ihrem vorbereitenden Organ, dem Logos, eine ganz neue Bedeutung und Tiefe erreicht, ebenso wie die Spannungen zwischen den verschiedenen Ebenen und Funktionen der Seele und die Möglichkeit ihrer Harmonisierung. Kein Wunder, dass sogar jede Bewegung seit dieser Zeit in ein wesentliches Verhältnis zur Seele gebracht wurde und dass das Wesen der Bewegung von hier aus, von diesem Zug nach »oben« gedeutet wurde.

XII

Im Denken Demokrits, Platons und Aristoteles' ist für die geschichtliche Nachkommenschaft ein Erbe der Polis aufgearbeitet worden, das uns eine geistige Einheit festzustellen erlaubt und auch gesellschaftliche Umbildungen größten Ausmaßes mit einem einigenden Band umspannt. Es sind Denkformen und Möglichkeiten geschaffen, welche es gestatten, die neuen Realitäten zu denken, Fragen sittlicher Einsicht daran zu richten und dadurch die Einheit eines Lebens zu stiften, das den Stil dieser Einsicht, dieser in der Sorge für ihr Sein lebenden Seele trägt. Denn die ursprüngliche griechische Reflexion, die auf den Menschen im Feld des Guten und Bösen ging, um sich über seine Lebensmöglichkeiten klar zu werden, ließ ihn nicht mehr mit leeren Händen dastehen wie die Erzählung vom Urverbrechen der Erkenntnis. Dieses griechische Vorspringen enthält gewaltige Schritte der Reflexion. Hinter der fraglos selbstverständlichen Welt der Griechen tauchte das Universum des Seins auf. Und von diesem Auftauchen des zunächst Selbstverständlichen, in der Tat aber Erstaunlichsten, wurde der alte Menschenmythos gedeutet und gewann einen neuen Sinn, den Sinn eines Weges. Der Weg ins Sein zeigte sich zwar zunächst als Sprung, dieser hatte jedoch den Sinn, den Grund zu erreichen. So wurde um den Grund gerungen und der Begründungsweg ins Ganze des Universums versucht. Was dabei vorschwebte, war das Sein, das Ewige, Nichtentstandene und Nichtvergehende, und zu diesem ein für das Menschenwesen essentielles Verhältnis zu entdecken und zu sichern, war das Hauptbestreben. So wird der Mensch ganz wesentlich zur Seele in einem neuen Sinn: zur »unsterblichen« Seele, die in einem Seinsverhältnis zum Nieversinkenden steht. Die ursprüngliche Frage nach dem Menschen im Feld von Gut und Böse wird zur Sorge für die Seele. Diese Sorge hat bald zwei Gestalten angenommen: Man sorgt für die Seele, um in der Erkenntnis beim Ganzen verweilen zu können (Demokrit), oder man sucht zu erkennen, man fragt und untersucht, um der Seele ihr höchstes oder zumindest höheres Sein zu gewährleisten (Sokrates – Platon). In der Verfolgung des ersten Zieles entsteht ein Entwurf der Philosophie als Universalwissenschaft; das zweite Unterfangen aber, ohne dies erste Ziel zu verleugnen, sondern es integrierend, geht darüber hinaus im Entwurf eines inneren Lebens, nämlich der Seele im eigentlichen Sinne des Wortes in ihrem Aufschwung und Verfall, in ihrer Selbstbewegung (nicht nur in ihren »psychologischen Funktionen«, aber auch darin im Zusammenhang mit dem ersten Konzept), im Fragen nach ihrem nicht nur irdischen, sondern ewigen Schicksal, und weiter noch im Entwurf einer neuen menschlichen Gemeinde, einer Gemeinde der ἀρετή und vor allem der Gerechtigkeit.

Dritter Teil

Die nacheuropäische Epoche und ihre geistigen Probleme

[...]¹⁰⁴

Der Liberalismus versucht einfach, die alte Strategie der Zeit des imperialen Europa methodisch fortzusetzen, was ihm immer weniger gelingt und sogar seine Nutznießer immer weniger überzeugt. Der innere Widerspruch zwischen Freiheit und Freiheiten lässt die naive Gläubigkeit an das eigene Recht, den Optimismus des Griffs auf die übrige Welt innerlich erlahmen. Der Versuch, die Suprematie der ersten Weltindustriemacht durch Gewalt zu behaupten oder wenigstens zu verteidigen, hat sich dahin verkehrt, dass die eigene Gesellschaft zum Kampfplatz wird. Kann es einen eindringlicheren Beweis dafür geben, dass eine Fortsetzung im Stil des alten Europa in der nacheuropäischen Welt zum Untergang bestimmt ist, dass sie wenigstens nicht ohne fundamentale Modifikationen auskommt?

Man muss jedoch bemerken, dass es mit der Erkenntnis des liberalen Hintergedankens, mit der Enthüllung von dessen Aufgeschlossenheit und Meliorismus als Verhandlung der Freiheit gegen »Freiheiten« nicht getan ist.¹⁰⁵ Dieses Einhandeln und das darin enthaltene Trügerische sind das eine, etwas ganz anderes aber ist die grundsätzliche Missachtung und Geringschätzung von Freiheiten, welche in Form einer unbewussten Verwechslung der Begriffe damit oft einhergeht und nicht bloß die Sympathien für das Liberale transzendiert, sondern geradezu anti-liberalen Gesinnungen Vorschub leistet. Es wird zwar erkannt, dass die Freiheit als Realisierung der Vernunft zu fassen ist, auch wird von einer Umstrukturierung des

---

104 [Die ersten Seiten dieses Textes wurden von Patočka wortgetreu in den zweiten Abschnitt von »Europa und Nach-Europa« übernommen und werden hier ausgelassen. Um aber den gedanklichen Zusammenhang herzustellen, geben wir hier die letzten Sätze vor dem Abweichen der beiden Versionen wieder.]
105 [Von hier an weicht der Text von »Europa und Nach-Europa« ab.]

Intellekts und der Sensibilität gesprochen, aber was an Versuchen zu einer solchen Erfüllung des Autonomiegedankens geleistet wird, ist vorwiegend negativ. Denn wenn die umstrukturierte Sensitivität ihren Hauptinhalt aus der Beseitigung sexueller Verdrängungen beziehen soll, wenn der Inhalt der Vernunft im wohlgemeinten Rat bestehen soll, jeder möge auf seine Weise selig werden und sich ansonsten nicht in der Verfolgung seiner Hobbies behindern lassen, dann ist das Ziel des geschichtlichen Kampfes seinem Ernst unangemessen. Die heute so beliebte Kombination von Freud mit Marx, von Schopenhauers blindem Lebenswillen mit einem um die Geistdimension amputierten Hegel ist unfähig, konkrete geschichtliche Probleme ernst zu nehmen oder sie überhaupt in Erwägung zu ziehen. Natürlich ist das nächste Problem, das immer bedrohlicher heraufzieht, um alles Sonstige zu überschatten, die drohende Verelendung der Entwicklungsgebiete und der Welthunger. Aber es gibt auch Probleme anderer Art, die auf die Dauer nicht zu vermeiden sind.[106]

Die neu erwachenden oder sich erstmals zu kolossalen politischen Formationen entwickelnden Gemeinschaften sind zwar, wie gesagt, formal europäisiert, da sie die europäische Technik, Produktion und Organisationsform fraglos übernehmen, aber sie sind der geistigen Substanz Europas noch innerlich fremd. Ja, manchmal stehen sie zu ihr in einer Spannung und sogar im Widerspruch. Europa und seine nächsten gigantischen Erben, die Vereinigten Staaten und die Sowjetunion, haben sich zwar auch zum größten Teil dieser Substanz, der Antike und dem Christentum, entfremdet, aber sie leben noch immer zumindest aus Elementen, welche die Dialektik der Auflösung dieser Substanz erzeugte, denn der moderne, aktive Nichtglaube und der säkulare Humanismus mit seinem Fortschrittsgedanken usw. schöpfen natürlich aus dieser Wurzel ihre Lebenskraft, sie sind Ersatzleistungen, deren Aktivitätsdrang und geschichtliches Weltverständnis im Christentum wurzeln und deren Rationalismus seinen geschichtlichen Ursprung in der Antike hat. Ihre selbstverständlichen Voraussetzungen – Selbstwert der Person und Respekt vor dem Menschenleben, die wenigstens formale Verbeugung vor der Freiheit

---

106 [Die folgende Passage bis »wo der Hauptknoten der Lage zu suchen ist« findet sich weitgehend wörtlich im Manuskript von »Probleme der nacheuropäischen Epoche« wieder (siehe Anm. 132), wo sie daher weggelassen wurde.]

der Autonomie des Menschen – stammen aus Quellen, die sie in der Zeit der Kolossalkonflikte merkwürdig heimatlos erscheinen lassen. Die Produkte der dialektischen Auflösung der christlichen Substanz, vor allem der Marxismus in seinen modernen Um- und Überformungen als Leninismus, Stalinismus, Maoismus, scheinen zwar in den nacheuropäischen Kolossen zu einer neuen Substanz geworden zu sein und drängen jetzt und bestimmt auch weiterhin vor. Aber man sieht schon in der angeführten Reihe: Marx, Lenin, Stalin, Mao, eine ganz eigenartige Abwandlung: Nicht nur nach der augenblicklichen, geschichtlichen Lage, sondern in Übereinstimmung mit einheimischen Traditionen und Motiven, die den betreffenden Gesellschaftskomplexen eigen und geläufig sind, werden diese Gedankenbildungen assimiliert. Ist es nicht klar, dass die Umformung einer kritischen Gesellschaftslehre zu einer Weltanschauungsbibel, dass die immer wachsende Betonung des Bündnisses des Proletariats mit dem Bauerntum, das sogar in der chinesischen Version dann das erstere vollkommen überwuchert, keineswegs nur der gegebenen gesellschaftlich-politischen Lage entstammt, in welcher man an das Werk der Revolution herangeht? Diese Umformung weist offenbar zurück auf die spezifische Weise, wie man zuerst in Russlands gebildeten Intellektuellenkreisen, dann in der entfernten und brutal unterdrückten Provinz und schließlich in einem vollständig europafremden Land mit einer großen Tradition des gesellschaftlichen Denkens die Rolle der Doktrinen im Leben begriff, nämlich auf eine sehr von der Marxschen Art abweichende Auffassung des Verhältnisses von Individuen und Gesellschaft.

Unlängst hat der Publizist François Fejtö[107] in seiner Analyse der chinesischen Kulturrevolution die große Enttäuschung der europäischen Betrachter zum Ausdruck gebracht, die sich genötigt sahen, hinter dem objektivistisch gesinnten Marxisten Mao plötzlich eine fast titanisch anmutende Voluntaristenfigur zu erblicken; es fragt sich aber, ob da nicht eher im modernen Gewand der alte chinesische »Universismus« durchblickt, welcher im Herrscher die Allmacht verkörpert sah, weil er zwischen Himmel und Erde vermittelte. Dieses Beispiel soll hier nur Probleme andeuten, die sich zwangsläufig aus der neuen Lage ergeben werden. Die neuen Gigan-

---

107 [François Fejtö, *Histoire des démocraties populaires*, Bd. 2: *Après Staline*, Paris 1969.]

ten sind keine im 20. Jahrhundert Neugeborenen, sondern blicken auf Traditionen zurück, wenngleich diese teilweise unbewusst, nicht rationalisiert, vorgeschichtlich sein mögen. Traditionen sind kein Nichts, selbst wenn sie anonym sind; man kann nicht anders, als in und aus ihnen leben. Die neuen Völker werden die Revolution in ihre Traditionen einlassen und sie auf ihrer Grundlage stilisieren. Husserl hat einmal die europäische Tradition gegenüber den übrigen zufälligen als die im ausgezeichneten Sinn menschliche bezeichnet, weil allein durch die Idee der rationalen, alle in derselben Weise verbindenden, universalen Wahrheit geleitet.

Allerdings war es europäisch und naheliegend, den Vorrangsanspruch Europas auf sein Spezifikum, die rationale Lebensformung, zu gründen, denn der um sich greifende Irrationalismus im Zwischenkriegseuropa war ja schon dessen Abdankung. Aber es scheint, dass auch in Europa, genau wie in allen übrigen Traditionen, Irrationales lebt; wer würde es heute noch wagen, das Christentum als Erlösungsglauben auf eine Vernunftreligion zurückzuschrauben? Jedenfalls ist der geläufige Begriff von *ratio* als Verstand, der sich in Wissenschaft und Technik betätigt, für das Verständnis geschichtlicher Geistigkeit unzureichend; will man ihn zur Vernunft erweitern, die sich im sittlichen Leben, in Dichtung, Kunst und Religion äußert, dann ist nicht einzusehen, warum nicht auch ganz andersartige Traditionen als unsere europäische sich mit anerkanntermaßen verstandesmäßig-rationalen Motiven verbinden könnten zu einer Einheit, die auf ein Lebensverständnis aus wäre und in diesem Sinn vernünftig genannt werden könnte. Wir werden diesen Phänomenen eines In-Erscheinung-Tretens von manchmal ganz archaischen Motiven in Verarbeitung des europäisch-rationellen Gedankengutes bestimmt in steigendem Maße in der nacheuropäischen Welt begegnen. Es werden Gedankenkomplexe und Motive neues Leben gewinnen können, die man als Kuriositäten, als längst abgetanes, verschüttetes Geschichtsgut betrachtete. Man tut deshalb gut daran, sich einmal klarzumachen, welche traditionellen Gedankenreservoirs die neu sich formierende, nacheuropäische Menschheit bisher bestimmt haben, um gewisse Elemente einer möglichen künftigen Geistigkeit zu eruieren.

Die heutigen lebendigen Traditionen heißen Christentum in seinen verschiedenen Formen (Westeuropa, die Vereinigten Staaten, Lateinamerika, Afrika und als Diaspora in der übrigen Welt), Judentum, Islam (arabische Welt, Kleinasien, Persien, Indien, Indonesien, Teile der UdSSR, Afrika), Marxismus-Leninismus (Sowjetunion und die Volksdemokratien, China, aber mit archaischer, universistischer Unterströmung), Astrobiologie (China, Japan, hinduistisches Indien), Buddhismus (Teile von Indien, China, Südostasien, Japan usw.), neolithisch-vorkolumbianische Traditionen (Lateinamerika), afrikanische Traditionskomplexe, zum Teil auch zum Neolithikum zurückreichend. Es ist zu erwarten, dass alle diese Traditionen sich, direkt oder indirekt, im bewussten Rückgriff oder in elementarer Spontaneität geltend machen werden, dass es Renaissancen geben wird von Dingen, an die kein Europäer dachte, dass Legierungen der modernen Rationalität mit Unerwartetem entstehen werden. Und dabei ist dafür zu sorgen, dass dieses ungeheure Spektrum von geistigen Lebensmotiven der Menschheit nicht zum Unheil, sondern zu Segen und Bereicherung wird, dass nicht die Möglichkeiten von Spannung und Trennung, Ideologisierung und ideologischer Ausnutzung, die da bereit liegen, ergriffen werden, sondern dass dieses Spektrum im Gegenteil zur Anreicherung, zum Anreiz des gegenseitigen Verständnisses wird. In gewissem Sinne ist Europas Untergang seine Generalisierung. Falls Europa, wie Husserl glaubte, Rationalität bedeutet, Rationalität aber gleich Universalität ist, dann war es ein Widerspruch, die Rationalität als ausschließlichen Besitz für Europa zu reklamieren und zu reservieren. Vielleicht ist der Sinn von Europas Untergang positiv. Vielleicht ist durch die europäische, einheitsbildende Rationalität erst eine Brücke gewonnen, die uns zum Ernstnehmen und gleichgesinnten Denken auch des Entlegensten zwingt. Für alle diese Neubildungen wird sich akut ein Problem stellen, das Karl Löwith in einer Studie über Japan[108] darstellte: nicht in eine geistige Schizophrenie zu geraten, indem man das übernommene (europäische) Gedankengut und die dazugehörige rationale Lebensform in einem festen Kompartiment des Verhaltens ansiedelt und abwechselnd in zwei Welten wohnt. Solange das der Fall ist, wird eines der beiden nicht wirklich ernst genommen, man zögert und »hält sich an die Fakten«, ohne an eine Lösung, an eine geistige Tat heranzutreten. Wenn aber dieser Positivismus überwunden wird,

---

108 [Karl Löwith, »Unzulängliche Bemerkungen zum Unterschied von Orient und Okzident«, in: *Die Gegenwart der Griechen im neueren Denken. Festschrift für Hans-Georg Gadamer zum 60. Geburtstag*, Tübingen 1960, S. 141–170.]

Ideen und Bewegungen entstehen, welche auf neuem Grund entlegene Traditionen wiederholen, tritt eine neue Gefahr auf: die Verhärtung von geistigen Lagern, Ideologisierung der faktisch-divergenten Gruppeninteressen, Aufspaltung der nacheuropäischen Menschheit mit all den Gefahren, die eine solche Entwicklung mit sich bringen muss.

Um also diese innere und äußere Spannung zu vermeiden, gibt es kein anderes Mittel, als den Grund der Rationalität tiefer zu legen, als es im Europa der europäischen Geschichtsepoche je gelungen ist. Die nachfolgenden Erwägungen erheben nicht den Anspruch, diese ungeheuren Aufgaben tatsächlich einer Lösung näherzubringen; es soll genügen, auf gewisse Grundbedingungen einer Lösung aufmerksam zu machen. Man kann Europa nicht generalisieren durch einfache Verpflanzung und Übernahme von Ergebnissen, wie es bislang geschehen ist, sondern nur so, wie es bislang immer bei einem Tieferlegen des Grundes geschehen ist: indem man sich auf Voraussetzungen besinnt, welche die Beschränktheit der bisherigen Rationalität mit sich gebracht haben. Es scheint mir aber die noch unerschöpfte Bedeutung des Husserlschen unvollendeten Werkes über die *Krisis der europäischen Wissenschaften* darin zu liegen, dass hier noch vor Ende der europäischen Epoche auf die dringende Aufgabe einer Tieferlegung des Grundes der europäischen Rationalität hingewiesen wurde, die erst eine wirkliche Auseinandersetzung mit allen lebendigen Traditionen der konkreten Welt (der Lebenswelt *in concreto*) ermöglichen könnte. Und auch das Scheitern der Lösung dieser Aufgabe bei Husserl scheint klar zu zeigen, wo der Hauptknoten der Lage zu suchen ist.[109]

Husserl versuchte angesichts des Positivismus und Physikalismus der gängigen europäischen Rationalität, wie sie sich in Wissenschaft und Technik manifestierte, eine tiefere Rationalität aufzubauen, welche die andere sowohl fundieren als auch überhöhen würde. Sein Vorstoß stützte sich dabei auf Grundgedanken des modernen Subjektivismus seit Descartes, die er neuartig zu radikalisieren und auf diesem Wege fruchtbar zu machen versuchte. Für eine mögliche Lebenseinheit, die schon im damaligen und noch immer bestehenden Europa von Schizophrenie bedroht war, sollten sie fruchtbar ge-

---

109 [An dieser Stelle schließt wahrscheinlich das im Nachfolgenden wiedergegebene Manuskript »Eine europäische Selbstbesinnung« an.]

macht werden, indem zwischen der Lebenswelt und der mathematisch-naturwissenschaftlichen, »physikalistischen« Rationalität eine nicht überbrückte Kluft aufgewiesen wurde. Diese Kluft aufgewiesen zu haben und die Wurzeln jener Rationalität in der Lebenswelt entdeckt zu haben, die vor der ausdrücklich-aktiven Rationalität liegt, ist eines der großen Verdienste des Werkes. Die Phänomenologie als eine eigenartige Synthese von Platonismus, Cartesianismus und Empirismus wollte darangehen, aufgrund einer radikalisierten Reflexionsmethode die Lebenswelt einer neuartigen Rationalisierung zugänglich zu machen. Es sollte der Weg zu einem absoluten Grund aller rationalen Objektivität in der objektiv zu fassenden Nicht-Objektivität, genannt transzendentale Intersubjektivität, gefunden werden. Das Werk blieb unvollendet, vermutlich durch den Tod Husserls. Aber es fragt sich, ob nur dieser äußere Grund, dieser Eingriff des Schicksals, das Scheitern erklärt. Denn mitten durch das Werk geht ein Bruch. Die Radikalisierung des Subjektivismus bis hin zur Besinnung auf die Lebenswelt ließ plötzlich den subjektiven Grund, welcher in der reflexiven Innenwendung gefasst werden sollte, immer mehr schwinden zugunsten einer ganz andersartigen »Subjektivität«, die in dieser Welt und ihrer Weltlichkeit selber bestand. Und wir sollten uns darauf besinnen, ob hier nicht ein tiefgreifendes Umlernen stattfinden muss, das sich auch für unser Problem fruchtbar auswirken könnte.

Besteht das Unheil, die Schizophrenie des Physikalismus darin, dass er die tieferliegende transzendentale Subjektivität zu befragen unterlässt, dass er zugunsten der objektiven Endlichkeiten die subjektive Unendlichkeit aus den Augen verliert und dadurch die Menschheit und ihre Erfahrung verengt und verarmt? Oder ist umgekehrt die Prätention einer Subjektivität, die alles in sich fassen, von allem der Grund sein will, die »absolut sein will«, ein »freies«, von allem abgelöstes Fundament jeglichen Seins – ist nicht diese Subjektivität der eigentliche Grund der Krise? Ist der Physikalismus eigentlich in seinem Wesen von einer solchen subjektiven Grundlegung verschieden? Husserls Analysen tendieren selbst dazu, im Physikalismus eine sekundäre Rationalisierung der als zufällig sich erweisenden Welterfahrung zu sehen. Das Mathematische der Naturwissenschaft und derjenigen Wissenschaften, die es ihr nachmachen, besteht eben darin, die Idealisierungen, mit denen die Mathematik deduktiv umzugehen verstanden hat, in immerfort nur durch

Die nacheuropäische Epoche und ihre geistigen Probleme

genau solche Idealisierungen korrigierbare Wirklichkeitshypothesen umzumünzen. Husserl zeigt also, dass der Positivismus dort, wo er reine Fakten vorschützt, in Wirklichkeit die Welt in ein Produkt der Subjektivität verwandelt, und er will diesen Weg dann noch bis zum Ende gehen, nämlich auch die vorwissenschaftliche Erfahrung als subjektive Konstruktion erweisen, die ganze Welt also schließlich aus dem Subjekt herausziehen, herausschrauben. Dadurch tut er nichts anderes, als dass er noch einmal das Unternehmen des modernen Europa in Erinnerung bringt, das auf allen Gebieten, nicht nur dem der Wissenschaft, sondern auch der Praxis, sowohl der einzelnen als auch der gesellschaftlich-politischen, dieselbe Auffassung von einer Absolutheit des Subjekts zu verwirklichen sucht. Es wird diese Auffassung unentwegt in Europa ins Werk gesetzt – ungeachtet der Husserlschen Skepsis, ungeachtet der Warnung Kants, der auf einer notwendigen Grenze dieser Rationalität bestand – über Fichte zu Hegel, der die natürliche Vollendung dieses Weges ist. Die Hegelsche Staatsphilosophie ist der tiefste Ausdruck der europäischen politischen Wirklichkeit des 19. Jahrhunderts. Die Hegelsche Idee der Staatssouveränität, in welcher der Staat als die konkrete Gestalt der Freiheit gesehen wird, wo nichts von Wert außerhalb, sondern nur in seinem Innern, in seinem Rahmen sich abspielen kann, der Staat als irdischer Gott, ist der politische Abschluss des europäischen Strebens, der europäischen Auffassung von der Absolutheit des Subjekts. Die Zufälligkeit, die Irrationalität hat sich dann in die Pluralität der Staatenwirklichkeit Europas geflüchtet und von dort aus jene imperiale Dialektik ausgelöst, welche mit innerer Konsequenz zu jener faktischen Auflösung Europas geführt hat, die von Geoffrey Barraclough so einfach, durchsichtig geschildert, wenngleich nicht bis zu ihrem Grund durchleuchtet wurde.

Ist dadurch die »Krise der europäischen Wissenschaften« nicht als Krise des europäischen Bewusstseins erwiesen, jenes Bewusstseins, das man als ein durch Unendlichkeit in sich abgeschlossenes bezeichnen könnte? Das Selbstabschließen durch Absolutsetzen, darin läge dann das europäische πρῶτον ψεῦδος [erste falsche Prämisse]. Da müsste man umlernen, den Grund tiefer legen. Eine neue Fassung der menschlichen »Subjektivität« ist notwendig; nicht so wie im Positivismus, wo sie als lästiger Rest schließlich hinausgeworfen wird, da man im völlig rationalisierten, vollständig objektivierten Weltbild keinen ihr eigentümlichen Ort finden kann, während sie gerade als die unbewusst verabsolutierte Ratio allgegenwärtig geworden ist.

Das Umlernen muss gründlicher vorgehen. Es sind ja bei Philosophen der neueren Zeit oft Anläufe dazu dagewesen, die Eigenart der Menschenseele, die menschliche Lebenswirklichkeit im Gegensatz zur Tradition zu fassen; Bergsons Lehre von der *conscience – main ouverte*, Schelers daran anknüpfende Lehre vom transzendierenden geistigen Akt, Sartres Lehre vom Menschensubjekt als etwas rein Negativem sind jeweils radikalere Vorstöße in diese Richtung. Es ist hier nicht der Ort, im Einzelnen zu erklären, warum die bisherigen Versuche nicht radikal genug sind und ihre Aufgabe nur halbwegs erfüllen. Meist fassen sie die menschliche Angewiesenheit auf anderes, auf Nichteigenes, zu kurz. Die beiden erstgenannten Denker glauben, die Angewiesenheit der Menschlichkeit auf anderes als äußere Angewiesenheit, Angewiesenheit des »Bewusstseins« auf transsubjektive Qualitäten, Bilder, Daten, Realitäten erklären zu können. Sartre weiß, dass diese Angewiesenheit einen inneren Grund hat, aber er vermag – wie von Alphonse de Waelhens aufgezeigt wurde[110] –, keinen bestimmten Unterschied zwischen Sein des Bewusstseins und Sein des Erkennens anzugeben, und fällt damit in den Cartesianismus mit seiner unbewussten Übernahme einer dinglichen Ontologie zurück. Aber die menschliche Angewiesenheit – oder Endlichkeit – reicht so tief, dass sie sogar das ursprüngliche Element derjenigen Helle, kraft deren man überhaupt vom menschlichen Bewusstsein spricht, nämlich das Seinsverständnis, durchzieht, das Verständnis dessen, dass es eine Welt gibt, worin ich selber auch bin und zu der ich gehöre. Wir brauchen nicht nur einen neuen Begriff vom menschlichen Sein, sondern dazu korrelativ auch einen Begriff des Phänomens, der von Husserls transzendentalistischem ganz verschieden ist: einen Begriff des Phänomens als des Sich-Zeigenden in seinem autonomen, ich-unabhängigen Sich-Zeigen. Es ist zwar natürlich zu sagen, die Dinge vermöchten sich uns nicht zu zeigen, wenn wir keine Auffassungsformen für sie aufbrächten, aber die Auffassungs- und Verständnisformen würden andererseits nichts nützen, wenn dasjenige, was ist, sich von sich aus nicht zu zeigen vermöchte, in sich selbst nicht auf das Sich-Zeigen angelegt wäre.

---

110 [Alphonse de Waelhens, »Une philosophie de l'ambiguïté«, Vorwort zu: Maurice Merleau-Ponty, *La Structure du Comportement*, Paris 1942.]

Vor allem gilt das aber für die Grundlage allen Bewusst-Seins, nämlich für das Sein: Natürlich vermag es sich nur einem Endlichen zu zeigen, das durch die Fessel des Interesses am eigenen Sein an sich selber gebunden und auf diese Weise in sich zurückgebogen ist; aber nicht solch ein Endliches kann das Sein, die Helle, die Bedingung jeder Manifestation, aus sich selbst *bilden*, sondern dieses Endliche bietet nur den Boden dafür, dass ein Universum des Seienden sich manifestiert, dass es als Helle, als über das Ganze ergossene Sein uns gegenüber sich ausspricht. Wir wollen hier aber nicht bei diesen Problemen verweilen; dies ist nicht der Ort, sie ausdrücklich aufzurollen; wir wollen nur darauf verweisen, dass die Art und Weise dieser Helle, in welcher das Universum sich dem Menschen gegenüber zeigt, selber geschichtlich ist, ein Geschehen, das allem Menschendasein und seinen Traditionen zugrunde liegt; dass also die durch die Generalisierung Europas aufgescheuchte Traditionalität jetzt zu einer erneuten Stellung des Problems der Geschichtlichkeit und des Historismus zwingt.

Nur eine Auffassung von der »offenen Seele«, von einer Endlichkeit, die zugleich die unüberwindliche Armut und der alleinige Besitz des Menschen ist, vermag eine Gesinnung auszubilden, die den Boden für die Lösung des Problems einer nacheuropäischen Menschheit, will sagen: für eine Menschlichkeit der nacheuropäischen Geschichte zu bilden fähig wäre. Nur wenn eine Mentalität ausgebildet wird, die alle Traditionalitäten als Glieder einer notwendig einseitigen, immer endlichen Enthüllung des Seins des Ganzen zu fassen fähig ist, wird den Gefahren der Ideologisierung der verhärteten Traditionsmassen im Zeitalter der Giganten, welche die neue Epoche gestalten werden, entgegengearbeitet werden können, und zwar in einem entsprechend planetarischen, wirklich menschlichen Geist.

Dass solche Gefahren bestehen, ersehen wir aus der heutigen, faktischen Lage, nicht nur aus den obigen abstrakten Möglichkeitserwägungen. Die Zeit der Generalisierung Europas vor der Entstehung einer wirklich planetarischen Menschengesinnung ist ein Zeitalter des Schreckens und der zynischsten Verleugnung all dessen, was je als menschlich im spezifischen Sinn erschaut und ausgearbeitet wurde. Nur eine Auffassung von der »offenen Seele« vermag es aber, dem Menschen vorzuführen, dass er sein Dasein nicht als Ding, gleich welcher Art, ansehen und behandeln darf, denn sie macht ihm das Grundfaktum seines Daseins greifbar, menschliches Sein nicht als etwas Vorliegendes und einfach zu Konstatierendes zu nehmen, sondern als zu *Tragendes* und zu *Verwendendes*, als etwas, was *aufzugeben* und *auszugeben* ist.

[Eine europäische Selbstbesinnung][111]

Es ist eine bis heute unerfüllte Aufgabe, die Husserlsche Wissenschaftskritik in der nach dem Zweiten Weltkrieg entstandenen Gesamtlage neu zu durchdenken. Denn Husserl versuchte, vielleicht als einziger unter den philosophischen Zeitgenossen, den Lebensnerv des modernen Europa durch eine Wiedergewinnung seines Fundaments, des wissenschaftlichen Einsichtsprinzips, zu erneuern und dabei dessen Unumgänglichkeit für jede universale Menschheit, also für die sich abzeichnende künftige Menschengemeinschaft, darzutun. Die Wissenschaft als Organ der Ratio wurde zugleich als Wesen der europäischen Haltung durchschaut, in ihrer verfallenden Gestalt enthüllt und dieser Dekadenz zugleich ein Heilmittel dargebracht, das zur Wiederherstellung des gesunden, normalen Zustandes gereichen könnte.

Aus diesem Grunde ist eine Auseinandersetzung mit Husserls großem letzten Versuch in der *Krisis der europäischen Wissenschaften* für die Probleme einer nacheuropäischen Menschheit von grundsätzlicher Bedeutung. Ist Husserls Konzept einer tiefer gelegten europäischen Rationalität befähigt, die Menschheit auf neue Wege zu führen, die durch beide Kriege hinlänglich belegte Krise des europäischen Prinzips zu überwinden und trotzdem eine Suprematie des geläuterten europäischen Geistes auch für die Zukunft zu begründen?

Was aber bedeutet es – für die europäische Rationalität einen tieferen Grund legen? Zunächst natürlich nichts, als durch Rückbesinnung auf die ursprünglichen Quellen der europäischen Ratio all

---

111 [Diese Studie ist wahrscheinlich in Anknüpfung an die vorherige konzipiert. Die Paginierung des Manuskripts legt nahe, dass sie als eine Fortführung an der im vorherigen Text markierten Stelle gedacht war (vgl. Anm. 109; für den Hinweis danken die Herausgeber Erika Abrams). Dementsprechend trägt das Manuskript keinen eigenen Titel. Die Überschrift stammt von den Herausgebern und orientiert sich an einer gleichlautenden Formulierung des Autors am Ende des Manuskripts.]

das in die Erinnerung zurückzurufen, was ihr den anfänglichen Impuls gab, welcher sich mit der Zeit in Routine und bloße Technik verwandelte, und den Punkt festzustellen, an dem die Lähmung des ursprünglichen Aufschwungs einsetzte. Aber es bedeutet auch, die Stelle zu bestimmen, die die Ratio ursprünglich und welche sie in ausgebildeter Gestalt im gesamten Lebensrahmen einnimmt und einzunehmen befähigt ist. Denn die Ratio ist selbstverständlich als ausdrücklich aktives Verhalten des Menschen zum Weltinhalt, zu Dingen und Vorgängen als Objekten auf einem Grunde aufgebaut, der selbst keiner Aktivität dieser Art entstammt, und die Ratio verstehen bedeutet, sie bis zu diesem ihrem Pflanzboden zu verfolgen.

Diesen Weg wollte also Husserl gehen. Eine seiner tiefgehenden Erwägungen, schon im Anfang seiner Laufbahn, entsprang der Entdeckung, dass die modernen Wissenschaften, so wie sie faktisch betrieben werden, technisch erfolgreiche Verfahrensweisen sind, verbunden mit der unausgewiesenen und positiv unausweisbaren Prätention, das Wesen der Dinge, ihr An-sich, zu erfassen. Während nun der zeitgenössische positivistisch-pragmatische Geist, von derselben Beobachtung ausgehend, auf den prinzipiell praktisch-erfolgsorientierten Charakter der wissenschaftlichen Erkenntnis schloss, betrat Husserl den Weg einer phänomenologisch-analytischen Aufklärung der Erkenntnis, die das Phänomen einer Ausweisung ihrer Modalitäten, ihrer letzten Grundlagen einer radikalen *Einsicht* zugänglich zu machen strebte. In diesem Sinne ist die Phänomenologie eine kritische Philosophie, welche grundsätzlich *scheiden* will zwischen demjenigen, was einsichtig und was bloße Einsichtsprätention ist.

Die Sachlichkeit als Prinzip wurde von Husserl in den Fundamenten der Wissenschaft gefunden. Der Erfolg als solcher kann hier nicht das einzige Kriterium sein, sondern dieser ist erst nach Einsicht und durch sie zu bewerten. Der Erfolg leistet globalen, ungeprüften Meinungen Vorschub, die sich einer wirklichen Durchleuchtung widersetzen und zu Vorurteilen werden. Gegen Vorurteile gibt es nur ein Mittel: Einsicht. Einsicht wird aber von der Sache selbst gewährt, die sich von sich aus dem Blick stellt und zeigt. Jede Meinung ist ihrer Natur nach auf Einsicht, auf Erfüllung (oder ihre privative Form, nämlich Enttäuschung) aus. So wird Sachlichkeit für Husserl das höchste Kriterium, wodurch er Wissenschaft begreift und prüft und dem er auch als Philosoph grundsätzlich treu zu bleiben gedenkt.

Aus *diesem* Grunde ist aber für Husserl auch das Sich-dem-Blick-darbieten-Können, Anschaubarkeit, der Grundcharakter des Seins. Auf dieses, die echte Sachlichkeit garantierende Prinzip will er auch die Philosophie verpflichten. Sie soll dadurch Wissenschaft werden, dass sie auf alle traditionellen Probleme des Seins und Erkennens dieses Sachlichkeits-, d.h. Einsichtsprinzip anwendet.

Wir wollen aber vor allem die Resultate der Sachlichkeitskritik verfolgen, die durch Sichtung nach dem Prinzip der Einsicht auf dem Felde der modernen Wissenschaft, wie sie faktisch ist und arbeitet, entstanden sind. Husserls Interesse wandte sich da der großen Erscheinung der modernen Welt, der mathematischen Physik, zu, die in weltgeschichtlicher Bedeutung für alle anderen Wissenschaften allmählich zum methodischen Muster wurde und sie sich insgesamt auf die eine oder andere Weise einzuverleiben strebt.

Da zeigte sich alsbald, dass die ganze Gegenstandswelt der modernen Physik in ihrer An-sich-Prätention dem Prinzip der Ursprünglichkeit der Erfahrung, der ursprünglichen Einsicht, die in der Anschauung der Sache selbst gründet, nicht entspricht und prinzipiell nicht entsprechen kann. Das ursprünglich-anschauliche Ding der Außenwelt, auf dessen direkte Erfahrung alles Wissen von Natur und Naturdingen zurückgehen muss, ist das *Wahrnehmungsding*. Das Ding der Wissenschaft kann aber nie direkt wahrgenommen werden. Andererseits ist das Wahrnehmungsding nie isoliert in Erfahrung, sondern immer schon in einem Kontext, einer in Korrekturen sich durchhaltenden Erfahrungswelt eingebettet. Diese Welt ist also der wissenschaftlichen vorgeordnet; sie ist von ihr in ihrer Geltung unabhängig, während das Umgekehrte nicht der Fall ist.

Die Leistungen der Physik und anderer auf ihr aufgebauten sowie nach ihrem Muster vorgehenden Wissenschaften sind also gar nicht zu verstehen, solange man, wie man es seit dem Anfang der modernen Wissenschaftsentwicklung und der parallel mit ihr verlaufenden philosophischen Reflexion immer tut, diese ursprüngliche Grundlage überspringt, auf welcher die Wissenschaft aufbaut. Wie geht dieser Aufbau vor sich? Husserl hat versucht, Grundstücke dieses Aufbaus darzustellen unter dem Titel einer hypothetisch vorgehenden mathematischen Ontologie der Natur. Die Hypothese ist von einer Art, die nie in eine evidente Selbstgebung übergehen, aber ins Unendliche weiter ausgebaut, durch Korrekturen gleichen Sinns in Funktion und Geltung erhalten werden kann. Mit Hilfe von verschiedenartigen Idealisierungen der praktisch-anschaulich zugänglichen Gegebenheiten und mit Hilfe einer extrem formalisierten Mathematik kommt man dazu, der ursprünglich anschaulichen Naturwelt eine hypothetische Welt »an sich« zu substruieren. Das Vergessen ihres Fundaments bringt es mit sich, dass diese substruierte Welt als das an sich Reale, als das wahre Wesen der Dinge angesprochen wird. Die Konklusion des Denkers muss lauten: »Die neuzeitliche Philosophie in ihren objektiven Wissenschaften ist, darüber dürfen wir nie hinwegsehen, geleitet von einem konstruktiven Begriff einer an sich wahren Welt, einer mindestens hinsichtlich der Natur in mathematischer Form substruierten. Ihr Begriff einer apriorischen Wissenschaft, schließlich einer universalen Mathematik (Logik, Logistik), kann daher nicht die Dignität einer wirklichen Evidenz, d.i. einer aus einer direkten Selbstgebung (erfahrenden Anschauung) geschöpften Wesenseinsicht haben, die sie gern für sich in Anspruch nehmen möchte.«[112]

Nicht nur das Selbstverständliche, sondern das zugleich Fundamentale und Einsicht Bringende kann also in Vergessenheit geraten und eine tiefe Unklarheit stiften, die eine Krise der Rationalität, ihr fundamentales Zweideutigwerden mit sich bringen und die Wissenschaft über ihre wahre Bestimmung täuschen muss. Wissenschaft wird nicht mehr als eine Funktion der menschlichen Selbstverantwortung, sondern als reines Erfolgsphänomen, als Kraftakkumulator gedeutet, und, nach Husserl, missdeutet. Kein Weltverständnis kann daraus resultieren, sondern nur ein faktisches Beherrschen des faktisch Vorkommenden. »Bloße Tatsachenwissenschaften«, sagt Husserl, »machen bloße Tatsachenmenschen«[113] Damit finden wir uns in genau der Lage, in welcher das Vorkriegs-Europa sich befand: eine Machtgesellschaft, die in ihrer inneren Zerrissenheit im Begriff ist, ihre eigene Existenz im Machtspiel aufs Spiel zu setzen und ein für alle Mal ihre Vormachtstellung gegenüber der übrigen Welt zu verlieren. Unwillkürlich wird man an das Nietzsche-Wort aus der Einleitung zum sogenannten *Willen zur Macht* erinnert, wo man mit Staunen liest: »Unsere ganze europäische Cultur bewegt sich seit

---

112 [Husserl, *Krisis*, a.a.O., S. 177.]
113 [Ebd., S. 4.]

langem schon mit einer Tortur der Spannung, die von Jahrzehnt zu Jahrzehnt wächst, wie auf eine Katastrophe los: unruhig, gewaltsam, überstürzt; wie ein Strom, der *ans Ende* will, der sich nicht mehr besinnt, der Furcht davor hat, sich zu besinnen.«[114] War denn nicht eben die Wissenschaft das Zentrum dieser »Kultur«?

Worin besteht nun, konkret aufgezeigt, die Selbstvergessenheit der modernen Universalwissenschaft der Physik? Nichts weniger ist vergessen als ihr ganzes Fundament, ihre Anschauungsgrundlage, die Möglichkeit, ihre Sätze, Theoreme und Theorien in eine leibhafte Gegenwart des Sich-Gebenden zu überführen. Diese Möglichkeit kann die Physik nicht aus ihren eigenen Einsichten schöpfen, wie es sich der Rationalismus des 17. Jahrhunderts (bei Descartes und seinen Nachfolgern) einst dachte und Hume im 18. als ein Ding der Unmöglichkeit nachwies. Diese Anschauungsgrundlage bieten aber auch keineswegs jene »Impressionen«, auf die der Empirismus rekurrierte. Die Anschauungsgrundlage ist kein Staub von grundsätzlich zusammenhanglosen Eindrücken, die nachträglich von subjektiven Funktionen zusammengeschweißt werden, sondern ist ein Kosmos, selbst schon eine Welt. Es ist diejenige Welt, in der jeder von uns aufgewachsen ist, in der er sich im praktischen Leben und all seinen Geschäften hält, mit seinesgleichen verkehrt, mit Dingen, Lebewesen und Nächsten umgeht und sich durch natürliche Sprache verständigt. Diese Lebenswelt »ist ein Reich ursprünglicher Evidenzen«[115], d.h. der prinzipiellen Anschaubarkeiten, während die Konstruktionen der mathematischen Naturwissenschaft nur auf dem Umwege über die primäre Anschaubarkeit der Lebensweltobjekte erfahrbar, d.h. eigentlich gar nicht erfahrbar (anschaubar) sind. »Das Objektive ist eben als es selbst nie erfahrbar«.[116]

Nun ist aber diese Lebenswelt gegenüber der »objektiven« Welt des Naturwissenschaftlers, die so aufgebaut ist, dass darin – ideal genommen – lauter »Sätze an sich«, d.h. rein meinungsidentische Bedeutungsgebilde vorkommen, subjektiv, d.h. standpunkt-, situations-, ichgebunden und ichzentriert. Vielleicht wäre sie dann in einer spezifischen objektiven Wissenschaft, der Psychologie, zu behandeln? Doch das ist offenbar nicht der Fall, denn die Psychologie

---

114 [Friedrich Nietzsche, *Nachgelassene Fragmente. November 1887 – März 1888*, Kritische Studienausgabe 13, S. 189f.]
115 [Husserl, *Krisis*, a.a.O., S. 130.]
116 [Ebd., S. 131.]

sieht ihre wissenschaftliche Aufgabe doch darin, das sogenannte Erleben im kausalen Rahmen, in Wechselwirkung mit der naturwissenschaftlich aufgefaßten, also unerfahrbaren objektiven Natur darzustellen, und das Erleben selbst ist deshalb in ihr schon immer auf eine Weise apperzipiert, die seine Auffassung als letzten Boden jeglicher Evidenz prinzipiell ausschließt. Das zeigt sich auch an der Entwicklung der zeitgenössischen Psychologie, welche das Erleben als solches möglichst zugunsten einer objektiven Beobachtung des Verhaltens und seiner Erklärung nach naturwissenschaftlicher Art, durch objektive, mathematisch – besonders auf statistischem Wege – ermittelbare Gesetzmäßigkeiten und Strukturen, zurückstellt. Somit spielt sich in der Psychologie der Vorgang einer noch tieferen Vergessenheit der eigenen Grundlage ab als in den übrigen objektiven Wissenschaften.

Die Absicht der Husserlschen Entdeckung der Lebenswelt ist aber keineswegs, der Wissenschaft eine *wahre Welt*, eine Welt der ursprünglicheren Sachwahrheiten entgegenzustellen. Es handelt sich nicht darum, Wissenschaft durch anderes *zu ersetzen*, sondern sie über sie selbst aufzuklären. Dazu ist nach Husserls Überzeugung eine *neue Wissenschaft* notwendig, eine Wissenschaft neuer Art, die Wissenschaft von der Lebenswelt. Diese Wissenschaft kann nicht eine objektive Wissenschaft im mathematisch-naturwissenschaftlichen Sinne sein, ihr Absehen geht nicht auf Wahrheiten über Prozesse und Dinge, die in der Welt sich abspielen, sondern auf die Art ihrer Erscheinung und, in diesem Rahmen, auf den Grundmodus der Gegebenheit. Es wird also nicht mehr die objektive Welt, sondern ihr Erscheinen, die Erscheinung als solche studiert. Da aber das Erscheinen als solches eingestandenermaßen etwas Subjektives ist, kann man auch sagen, dass ein Studium der Lebenswelt eine ursprüngliche Erfahrung der Subjektivität als Erscheinungsboden ist. Diese Subjektivität gibt für die gesamte objektive Welt und ihre Wahrheiten den Rahmen ab, ohne den sie keinen Sinn haben, und in dieser Beziehung ist hier also für die Aufklärung der Wissenschaftlichkeit, der *ratio* im universalen Sinn, der letzte Boden erreicht. Dieser letzte Boden ist selber in reiner Anschaulichkeit zugänglich und keine Konstruktion. Die letzte selbstaufklärende Wissenschaft entdeckt also die Subjektivität, und zwar nicht die psychologische, sondern eine über die Weltvorgegebenheit hinausgreifende, »transzendentale« Subjektivität, als den zutiefst verborgenen, »vergessenen« Aufklärungsboden der Rationalität.

Das Neue und das Traditionelle in dieser Lösung liegt klar zutage. Sie ist typisch europäisch: Wissenschaft in ihrer Objektivität als der letzte Maßstab von Wahrheit, Sein und Wert, ihre Objektivität durch eine »Subjektivität« eigenen Sinnes, eine immer verfügbare und anschaubare, gewährleistet, die schließlich alles Seiende als ihr Objekt umfasst und in diesem Sinne eine unendliche ist. Das Neue ist die Abweisung der Konstruktion, der Hinweis auf ursprünglichere Erfahrungsquellen, die in ihrer Eigenwesentlichkeit von Vorurteilen verdeckt und systematisch verkannt werden können. Auf einem neuen Wege, welcher der empiristischen Version der cartesianischen Bewusstseinsthematisierung, der sogenannten »inneren Wahrnehmung« ähnlich sieht, wird hier dasselbe angestrebt, was in Hegels *Phänomenologie des Geistes* als »Weg der Seele« bezeichnet wird, »dass sie sich zum Geiste läutere, indem sie durch die vollständige Erfahrung ihrer selbst zur Kenntnis desjenigen gelangt, was sie an sich selbst ist«[117].

Nun gehört aber die Husserlsche Selbstbesinnung der Wissenschaft noch in einen ganz anderen Zusammenhang als denjenigen, den sie ausdrücklich vor Augen führt. Indem sie die Wissenschaft und ihr Absehen herauswindet aus der Blickrichtung auf den Erfolg, die Technisierung, steht sie selber nicht im leeren Raum, sondern befindet sich unausdrücklich in einer anderen Perspektive, nämlich der Wissenschaft als Selbstbesinnung. Das ganze Husserlsche Vorhaben ist auf den Gedanken der Selbstverantwortung des Wissens gegründet. Mit anderen Worten ist das einsichtige Wissen auf ein Selbstverständnis und dieses auf ein *Selbstverhältnis* des Wissenden gegründet. Das Wissen der Einsicht entspringt einem »inneren Handeln«, das die eigene Verantwortlichkeit verwirklichen will. In diesem Sinne ist die Idee der Philosophie als Wissenschaft, die ihre ersten Ursprünge selbst in Einsicht erforscht, keine voraussetzungslose. Die Selbstverantwortung des Denkers, der sich zu sich selbst verhält, ist ihre Voraussetzung. Der Wille zur Selbstverantwortung hätte aber keinen Sinn, wenn es nicht auch eine Möglichkeit von Verantwortungslosigkeit gäbe, wie sie sich z.B. in der rein techni-

---

117 [Georg Wilhelm Friedrich Hegel, *Phänomenologie des Geistes*, hg. von Georg Lasson, Leipzig 1907, S. 53.]

schen Auffassung der Wissenschaft bekundet. Diese Tendenz ist aber nicht etwas rein Feststellbares, sondern indem man sie feststellt, hat man schon gehandelt und entschieden. Hier ist die Einsicht nicht ein Etwas, das *vor* dem inneren Auge auftaucht, sondern was das Auge in seinem Sehenwollen selbst aufhellt. Und *diese* Dimension der Verantwortung ist auf dem Wege eines »inneren Wahrnehmens« gar nicht einzuholen. Die Seele lebt in einem Vorverständnis ihrer eigenen inneren Krisis, die gerade aus dem Grunde nicht »konstatierbar« ist, weil man ihr entweder schon unterlegen ist und darum sich schon die Sichtmöglichkeit entzogen hat, oder in einer Möglichkeit schwebt, die als solche kein Präsentes und deshalb Konstatierbares ist. Das bedeutet nicht, dass es hier überhaupt keine Sichtmöglichkeiten gibt. Es sind aber keine Sichtmöglichkeiten, wie Dinge sie gewähren, welche sich im Blick einstellen können. Auf indirektem, oft kompliziertem Wege ist hier vorzugehen und jedenfalls ist das direkte Sehen von Angesicht zu Angesicht der Seele in ihrem Eigensein schon aus dem Grunde versagt, weil diese Dimension in ihrer »echten« Gestalt nicht *vor*liegt. Gerade um die Echtheit handelte es sich aber in Husserls Kampf gegen die sinnentleerte Wissenschaft. Zeigt nicht diese Schwierigkeit, dass die Wissenschaftskrise auf rein wissenschaftlich-erfahrungsmäßigem Wege nicht zu beheben ist, und deshalb auch nicht die Menschheitskrise, deren Symptom die erstere zu sein scheint?

Ist überhaupt der Gedankengang, auf welchem Husserl seine These von der absoluten transzendentalen Subjektivität aufbaut, schlüssig? Husserl hat sich den Weg zur absoluten, transzendentalen Subjektivität auf dem Wege der Reflexion auf zweierlei Weise zu sichern versucht. Die eine Weise war die sogenannte cartesianische: Die Reflexion wird auf eine Gegebenheitsweise festgelegt, die im Unterschied zur Gegenstandsgegebenheit nie perspektivisch-unendlich fortschreitet, sondern ihr Gegenständliches in schlichter, apodiktischer Selbstgegebenheit liefert. So ist Reflexion ein Zugang zum absoluten Sein. Da jedoch die Analyse gewisse Grundschwierigkeiten dieser Gegebenheitsweise aufdeckte – den Umstand, dass der cartesianische Weg ein reduktiver und abstraktiver ist, somit das absolute Bewusstsein als ein Residuum darstellt, dass er weiterhin nicht fähig ist, zur Leibessubjektivität vorzudringen, schließlich, dass er nicht fähig ist, einen Inhalt der apodiktischen Selbstgegebenheit zu garantieren –, begann Husserl später andere Wege zu gehen, von welchen der über die Ontologie oder präziser über die Ontologie der Lebenswelt derjenige ist, bei dem er es schließlich bewenden ließ. Der Weg über die Ontologie ist kein Abstraktionsweg; da wird einfach Welt in ihrer erfahrenen Konkretionsfülle genommen, nicht als Erfahrungshorizont, sondern als Erfahrungsphänomen; nicht die Welt in ihrer sachlichen Struktur wird untersucht, sondern in ihrer Gegebenheitsweise, und auf diesem Wege wird dann das Universum der Gegebenheitsweisen und ihre innere Verkettung erreicht und als transzendentale Subjektivität studiert.

Nun stellen sich aber beim Betrachter folgende Bedenken ein. Bei dem cartesianischen Weg, dem Weg der Reduktion auf ..., dem Wege zur »reinen Immanenz«, wird als Endziel das Auffinden eines Bodens des »absoluten Seins« angestrebt; dass man hier den Weltglauben, die Thesen der »natürlichen Einstellung« suspendiert, in Klammern setzt, um zur neuartigen »Quasi-These« eines rein immanenten, *absoluten, der Weltvorgegebenheit nicht unterworfenen* Bewusstseins zu kommen, ist natürlich und konsequent. Beim Weg über die Ontologie wird aber nicht von Thesensuspension, sondern nur von ihrer Nichtverwendung und einer anderen *Interessenrichtung* gesprochen. Man kann aber schwerlich Thesen nicht verwenden und einer neuartigen Interessenrichtung folgen, *ohne* den Weltglauben aufzuheben. Man kann die Welterscheinung, die Welt als Erscheinungsrahmen untersuchen, *ohne* die Suspension des Weltglaubens zu vollziehen im Sinne des cartesischen Weges. Die Untersuchung der Welt als Erscheinung ist dann allerdings nicht *reduktiv* zu nennen. Husserl supponiert aber auch für den zweiten Weg als Ziel ein absolutes Bewusstsein, für das in diesem zweiten Weg keinerlei Motivation besteht. Die Erscheinung qua Erscheinung bleibt, was sie ist, ob derjenige, dem Dinge erscheinen, den Weltglauben vollzieht oder nicht, und das Thematisieren des unthematischen Erscheinens ist von einer Suspension des Weltglaubens unabhängig, ja sogar mit einer solchen vielleicht unverträglich, insofern als der Erscheinungsträger selber erscheinen muss, und zwar als Seiendes unter anderem Seienden in der Welt, und somit in die Welt zurückgekehrt sein muss, sobald er sich selber erscheint. Husserl spricht zwar von einer »Selbstobjektivation der transzendentalen Subjektivität«, doch es ist nicht einzusehen, wie eine solche Selbstobjektivation vor sich gehen sollte. Denn jede Objektivation, die wir erfahrungsmäßig vollziehen, ist Konstitution synthetischer Einheit, hier aber soll die Objektivation nicht durch intentionale Synthesis geschehen, sondern durch Apperzeption. Die *Selbst*objektivation bedeutet jedoch eine Art Identität. Wenn hier nicht die Kontinuität der Synthesis grundlegend sein soll, sieht man aber keinen Grund einer solchen Identität. Husserl deutet an, es handle sich um die Selbstapperzeption als etwas, das im Leibe waltet. Nun fragt sich allerdings, ob dies Walten in Kinästhesen, das gewiss nicht ohne eine These auskommt, von der Icherfahrung überhaupt verschieden ist, ob ein vollständig leibloses Ich überhaupt vorstellbar ist (falls man den Leib eben als subjektiven Leib auffasst, als einen wirklich erlebend erlebten).

Trotzdem ist das Studium der Erscheinung in ihrem Erscheinen kein Studium eines irgendwie Realen (Wirklichen oder Wirklichkeitsindifferenten), denn das Erscheinen als solches kann unter den Realitäten keine Stelle einnehmen, soll es tatsächlich Reales zum Erscheinen bringen. Nur ein Wesen, dem Erscheinendes erscheint, ist real, dies aber nur unter der Bedingung einer Beziehung, die ins Nichtreale führt, die es mit einer Ordnung konfrontiert, die das Eigensein des Realen überschreitet. Sobald man aber die Ordnung der Erscheinung mit einem Seienden identifiziert, das erscheint, und sei es auch eine zirkelhafte, sich selbst erfassende Subjektivität, verwechselt man die Ordnung des Seienden mit der Ordnung seines Erscheinens, welche ermöglicht, dass man sagen kann, dass Dinge, Prozesse usw. *sind*. Ein Wesen, das aber im Bezug zu dieser Sphäre möglicher Erscheinung existiert, kann gerade in diesem Zug seines Wesens nie wie ein Vorliegendes sich zeigen. Deshalb führt das Studium desjenigen Seienden, dem Dinge, Menschen und Welt erscheinen, wiederum aus dem Rahmen des Schemas des Sich-leiblich-Zeigenden hinaus. Husserl spricht zwar von der Verwandlung der Welt ins Weltphänomen, des real Seienden in irreale Phänomene, aber behandelt diese Phänomene wie ein Reales, das in seiner Realität, in seiner leiblichen Präsenz sich zeigen kann.

Die Sphäre des Erscheinens braucht nicht durch eine *epoché* eigens irrealisiert werden, falls der Grundzug der Erscheinung qua Erscheinung keine Wirklichkeit, sondern eine Möglichkeit, ein wesentlich die Wirklichkeit Übersteigendes und ihr Vorentworfenes ist. Die Erscheinung als Erscheinung thematisieren bedeutet keineswegs, die These des erscheinenden Dinges nicht mitzumachen, sondern das erscheinende Ding im Verhältnis zu sonst unthematischen Charakteren zu betrachten, die es in ein Verhältnis zu demjenigen setzen, *wem* es erscheint. Dies aber bedeutet keineswegs eine Wendung »ins Innere«, sondern eben in ein extrem »Äußeres«, welches als ein Umkreis von Möglichkeiten durch das aktuell Erscheinende nie einzuholen ist. Dieses Übersteigende macht das Erscheinende zu demjenigen, als was es erscheint, ohne seinerseits anders als durch dies Erscheinende selbst und an ihm in Erscheinung zu treten. Es hat alles erfahrungsmäßig Seiende im Voraus schon so verständlich gemacht, dass außerhalb seines Umkreises, der also etwas in sich einheitlich-sinnvoll Geschlossenes ist, nichts auftreten kann. Das Erscheinen in ihm selbst studieren bedeutet also an erster Stelle, das Erscheinende im Rahmen dieses Ganzen zu studieren. Dies Ganze ist es nun, welches seit je zwar bekannt, aber in seinem Eigenwesen nie erkannt, als Welt bezeichnet werden kann. Welt in dieser Weise auffassen bedeutet zugleich, ein Problem seiner Lösung näherzubringen, das seit Kant als eines der großen Vernunftprobleme gilt, nämlich die sogenannte kosmologische Antinomie. Die Erfahrung setzt in ihrem ungestört-einheitlichen Fortgang nicht nur einen sich durchhaltenden Gesetzmäßigkeitsstil des Begegnens von Einzelnem, immer weiter Bedingtem voraus, sondern zugleich ein »unbedingtes« Ganzes, in welchem jede Erfahrung sich abspielt und von ihm dirigiert wird, da sie ja nichts anderes ist als eine fortwährende Ausfaltung dieses Gesamthorizonts. Das All der Dinge vermögen wir freilich nie »leiblich« zu erfahren, und auch nie unproblematisch zu denken, denn eine Totalität in Raum und Zeit bietet unentscheidbare Probleme für die Vernunft, solange man sie als eine gegenständlich-sachliche auffasst. Eine Totalität des Seienden übersteigt jede mögliche Erfahrung und ist ein durchaus problematischer Begriff, der aber erst als Problem auftreten kann, nachdem eben Einzelseiendes in Erscheinung getreten ist; aber ein *Ganzes des Verständnisses* ist in jeder Erfahrung a priori vorausgesetzt und macht sie erst im starken Sinne des Wortes möglich, weil es eben die Möglichkeiten des Erscheinens als solchen eröffnet.

Husserl kennt die Welt in zweierlei Sinn. Einmal ist sie ihm der Inbegriff des erfahrbaren Seienden, das Universum von allem, was es gibt. Als dieser Inbegriff ist die Welt selber nie originär erfahrbar. Sie ist bewusst nur als Horizont jeder Einzelerfahrung, in dem Sinne, dass jede solche den Sinn hat (und also unausdrücklich, implizit voraussetzt), sich in diesem Rahmen des Alls des Seienden abzuspielen.

[Eine europäische Selbstbesinnung]

Nachdem der Horizont zunächst als implizite Sinnvoraussetzung gilt (so sagt Husserl z.B. einmal, dass die reale Welt kein Horizont für die Arithmetik ist), wird später für jedes explizite Aktbewusstsein ein vielfach gegliedertes Horizontbewusstsein statuiert. Der umfassendste Horizont, der Horizont der Horizonte wird dann aber als *die Welt selbst* bezeichnet; das bedeutet nichts anderes als eine nie adäquat, aber in jeder Einzelerfahrung sich explizierende Totalitäts*intention*, eine Prätension, eine Meinung, die alles schon Erfahrene im (mehr oder weniger) ausdrücklichen Griff als Habitualität behält und zu Erwartendes im Voraus entwirft, freilich mit dem Akzent auf dem Ursprung aus dem Schon-Erfahrenen. So kann dann Husserl in der *Krisis* schließlich sagen, die Welt sei kein Seiendes, sondern ein allumfassender Horizont, einzig in einer unvergleichbaren Einzigkeit, für die der Plural sinnlos ist, um dann ruhig von der Welt im gewöhnlichen Sinne als Zusammenfassung, Totalität alles Seienden zu sprechen; denn Welt als Universalsumme ist nie anders denn als Intention erfahrbar, und eine Intention, die sich erfüllt, indem sich zugleich ein Teil des Erfüllenden wieder implikativ verhüllt, heißt Horizont.

Husserl hat also das Phänomen der Ganzheit, welche die Totalität des Seienden aus sich entlässt, ohne sie zu einem aktuell-adäquaten Erfahrungsgegenstand zu machen, tatsächlich erblickt, er fragt sich aber, ob ihm seine ständige Sorge um die *Gegebenheit* (schließlich Selbstgegebenheit in leibhafter Anwesenheit), die sich prinzipiell in der Korrelation: Welt als Universum des Gegenständlichen – Weltbewusstsein als Horizonthaftes äußert, nicht im Wege steht, die Weltstruktur differenziert und in ihrem Eigenwesen zu erfassen. Ist es nicht so, dass in dieser Korrelation Welt wieder auf Gegenständliches zurückgeführt wird – Horizont und Selbstgegebenheit als schließlich verschiedene Bewusstseinsmodi desselben, d.h. des Gegenständlichen, des Alls der seienden Dinge – und dadurch in ihrer Eigentümlichkeit verloren geht?

Ist es nicht vielleicht so, dass Welt als das Erfahrung Ermöglichende durch eine Begrifflichkeit, die für Erfahrungsgegenstände objektiver oder subjektiver Natur geprägt ist, nicht charakterisiert werden kann? Welt ist weder Gegenstand noch Vorstellung; Welt und Weltvorstellung sind zweierlei, Weltvorstellung ist ein Akt des Subjekts, Welt ist keiner. Auch ist sie kein Akt- oder Vorstellungskorrelat, denn sie ist kein Objekt, kein Individualgegenstand. Sie kann nie in einem Anschauungsakte thematisch werden. Als Totalität von Verhaltensmöglichkeiten ist sie weder wirklich, noch an sich selbst gegenständlich. Sie ist aus demselben Grunde keine Möglichkeits*vorstellung*, sondern das Gefüge der Möglichkeiten *selbst*. Das Feld von Möglichkeiten nicht als vorgestellten, sondern als faktisch die aktuellen Erfahrungen, den Umgang mit Dingen und Menschen durch Sinngebung regelnden ist primär die Welt. Deshalb ist Welt aber im Grunde nur zeitlich zu fassen, jedoch nicht von der objektivierten Weltzeit her, sondern von der Zeitlichkeit; Welt hat ursprünglich Zukunftscharakter, deshalb ist sie unwirklich. Andererseits ist sie das Gefüge der auch *mich* ansprechenden Möglichkeiten, auch *meiner* Zukunft, deshalb wesentlich un-dinglich, un-real. Und falls das Psychisch-Subjektive eine Innerlichkeit, ein Ichliches, vom Ich ausgehendes und getragenes Verhalten in seiner Kontinuität ist, dann ist Welt keineswegs ein Bestandteil dieser Innerlichkeit, sondern ein äußerstes Draußen, das jedem Äußeren, jedem Räumlichen und dem Raum selbst erst seinen Rahmen bietet.

Erst dadurch, dass Welt einem Wesen, das *schon* da ist, ein Möglichkeitsgefüge bietet, und zwar in einer Situation, in der es sich mit anderem und anderen auseinandersetzen muss, wird die Welt zum universalen Rahmen jeder Erfahrung. Dinge sind in der Welt, weil ich sie erfasse, verstehe als dasjenige, was sie sind: mögliche Mittel, die mir sich bietenden, an mich appellierenden Möglichkeiten zu ergreifen und zu realisieren, Mittel, auf die ich in meinem Leben angewiesen bin. Falls man aber diesen Ursprungssinn der Möglichkeit und damit der Zukunft nicht eigens ergreifen sollte, geht der ursprüngliche Charakter von Welt verloren, und das geschieht notwendig, wenn man vor allem den *Gegebenheits*charakter des Erscheinenden ins Auge fasst; dann kann die Welt selber als richtungs- und zeitigungsindifferenter »Horizont«, wie es bei Husserl der Fall ist, als Horizont„intentionalität« interpretiert werden; Welt wird dadurch subjektiviert und auf eine präsente Antizipation nivelliert.

Es fragt sich sehr, ob der Weltbegriff durch *den* Horizont oder umgekehrt der Horizont durch *den* Weltbegriff geklärt wird. Es gibt allerlei Horizonte: Der Innenhorizont des Dinges ist ein gutes Beispiel dafür, was ein Horizont ist, und könnte als Präsumption der höheren Allgemeinheit und dadurch als Index größerer Ursprünglichkeit des Horizontbegriffs benutzt werden. Man überzeugt sich aber leicht, dass auch für den Innenhorizont der Weltbegriff entscheidend ist, denn nur im Rahmen der Welt ist die fortlaufend synthetisierende, erfüllend-verhüllende Explikation des implikativ Vorgezeichneten möglich. Auch das Hineingehen in den Vergangenheitshorizont zeigt dieselbe Bewegung an. Die Horizonterfahrung ist nichts als eine konkrete Gestalt der verhüllenden Enthüllung, welche die Welt als Erfahrungsermöglichung realisiert. Das Sein in der Welt ist ständig enthüllender Entzug und entziehende Enthüllung, und die Welt selber ist das äußerste Worin dieser Bewegung, die ihre Grenze am Rande unseres möglichen Verständnisses des Erscheinenden findet. Das Vorstehende scheint uns für das Husserlsche Problem einer Lebenswelt weitreichende Folgen zu haben.

Die Lebenswelt (oder natürliche Welt) ist ein sekundärer Weltbegriff, bei aller anschaulichen Konkretion, die sie in sich zu konzentrieren prätendiert. Sie ist der universale Bezirk des anschaulich erscheinen-könnenden Seienden, das sich leibhaftig in Präsenz einstellt. Als solche hat Husserl sie richtig als die Welt der *doxa*, des Scheins erkannt und trotzdem als Grundlage der nie zu erfüllenden Hypothese der modernen mathematisierenden Ratio durchschaut.

Was fehlt der Husserlschen Lebenswelt zur Ursprünglichkeit? Gewiss nichts Präsentes und Leiblich-Gegenwärtiges. Solange dies, das präsente Seiende, als das Sein selbst gefasst wird, kann außerhalb der Lebenswelt eigentlich nichts vorkommen. Dasselbe haben schon lange die Positivisten behauptet, die in merkwürdiger, biologisch stilisierter Wiederholung Humescher Auffassungen das Problem eines »natürlichen Weltbegriffs« als erste formulierten. Was der Husserlschen Lebenswelt fehlt, ist nichts »Positives«, sondern *die primärentworfene Welt selber*, die sich hinter der *doxa* verborgen hält. Im Grunde gibt es keine natürliche Welt, keine Lebenswelt, trotz der Behauptung einer sich in allen Lebensumwelten durchhaltenden Wesensstruktur. Historisch gesehen gibt es nur Lebens*welten*, die immer eine ungreifbare Komponente haben, die *keine doxa* ist, sondern erst von der *doxa* her als eine Hyper-*doxa* interpretiert wird. Diese ungreifbare Komponente ist das Weltgeheimnis, das jede bislang gegebene historische Welt als Ganzes umgibt und durchzieht und das sogar unsere moderne wissenschaftlich-technische und immer mehr technisierte Welt gerade in Gestalt des sich nie als leiblich-präsent Gebenden, sondern immer nur von ihr aus als Präsentes zu Projizierenden von Grund auf bestimmt. Die »primitiven« Kulturen bzw. ihre »Welten« geben dem Geheimnis die Form eines Mythos, der von unserer nüchtern-präsenten, »empiristischen« Einstellung aus als »anthropomorphe Phantasiegebilde« interpretiert werden. Den Ton dazu gab Humes Religionstheorie. Unwesentliche Züge des rituell-mythischen Verhaltens der fremden Menschheitswelten mag diese Auffassung zur Beruhigung der Empiristen treffend charakterisieren, aber nicht den Kern des Problems. Diese fremden Welten, so »primitiv« sie anmuten, haben etwas bewahrt, das wir systematisch *bekämpfen*, indem wir es in Präsenz verwandeln – wo es nicht anders geht, durch Hypothesen, deren hypothetischer Charakter vergessen wird, wie es gerade in der mathematischen Weltsubstruktion geschieht. Und diese Bekämpfung ist nichts als eine negative, unfruchtbare Bezeugung einer paradoxen, abwesenden Gegenwart des Mythos.[118]

III[119]

Vom hier entwickelten Standpunkt aufgefasst, stellt die Husserlsche Lebenswelttheorie wohl eines der letzten Glieder in der Kette der typisch europäischen Perspektiven auf fremde Kulturen und ihre Welten dar. Das Europäische wird hier aus einer scheinbar »objektiven« Warte, aufgrund seiner »allgemeinen Rationalität« allen übrigen Auffassungen übergeordnet, seine höhere Geltung, seine Notwendigkeit gegenüber den Zufälligkeiten der sonstigen Menschheitsentwicklungen wird naiv supponiert statt bewiesen zu werden. Auf *dieser* Grundlage ist keine Verständigung zwischen Menschenwelten, kein universaler menschlicher Kontakt zu erreichen, sondern nur eine Zerstörung der fundamentalen Menschlichkeiten durch eine generalisierte Entleerung des Weltgeheimnisses.

---

118 [An dieser Stelle ist im Manuskript ein nicht nummeriertes Blatt mit folgendem Text eingelegt: »Im Sinne Husserls könnte es eigentlich keine Lebenswelt, sondern ausschließlich verschiedene Lebenswelten geben, jeweilige subjektbezogene, historisch abgewandelte Gegenstandsstrukturen. Welt als einheitliches gemeinschaftliches Möglichkeitsfeld, wo es wegen des Möglichkeitscharakters keinen Sinn hat, von einem subjektiv-privaten Charakter zu sprechen, gibt es bei Husserl nicht.«]
119 [Die Nummerierung folgt dem Manuskript. Die Kapitel III und IV sind deutlich bezeichnet. Hingegen fehlen die Kennzeichnungen für die Kapitel I und II.]

[Eine europäische Selbstbesinnung]

Dass dieser Vorgang zum Wesen des modernen Europas grundsätzlich gehört, davon legen selbst so tiefsinnige Untersuchungen wie diejenige Husserls ein indirektes Zeugnis ab. Wir versuchten darzutun, wie die Vorstellung von einer Lebenswelt zustande kam und selber ein Niederschlag dieser europäischen Grundtendenz ist; allerdings ein solcher, an welchem der Durchbruch eines ganz anderen Verständnisses beinah zum Greifen nah ist.

Die in Husserls Auffassung von den beiden Welten, in denen wir leben, sich bekundende Sinnentleerung kann in konkreter Gestalt an Phänomenen des modernen Lebens im europäischen Stil auf frischer Tat ertappt werden, die alle derselben fundamentalen Tendenz entstammen. Wir werden hier eine Auswahl dieser Phänomene rasch durchgehen, ohne eine Systematik oder erschöpfende Analyse anzustreben, die eine viel eingehendere Darstellung erheischen würden.

An erster Stelle wollen wir der *enttäuschenden Realisierung uralter Menschheitsträume* gedenken, wie sie in unseren Tagen vor sich geht. Seit unvordenklichen Zeiten, durch Sagen und Kunstdarstellungen bezeugt, hat der Mensch von der *Luftbeherrschung*[120] geträumt, einer ähnlichen Beherrschung, wie sie ihm schon vor Jahrtausenden in Bezug aufs Wasser durch die Schifffahrt zuteilwurde. Diesem Traum als solchen ist, genauso wie dem Baconschen vom *regnum hominis* (dessen Bestandteil er ist), ursprünglich ein »atmosphärisches« Element beigemischt: Durch Luftbeherrschung soll der Mensch erhöht, befreit, über den Frondienst der Erdfessel erhoben werden. Dass der Traum in der »Natur« des menschlichen Daseins gründet, das immer »unterwegs« ist, das a priori den Raum »überfliegend« existiert, sei nur nebenbei bemerkt. Die Realisierung des Traumes resultiert nicht in einer Befreiung des Menschen zu einer »höheren« Seinssphäre, sondern führt zur Ausbreitung der »irdischen« Fesselungen in neue Bereiche. Der in der Luft schwebende Vogel hängt von einem System verwickelter Bedingungen ab, die ihn mit unsichtbarer Hand durch die Atmosphäre dirigieren, angefangen von der Maschinen- und Treibstoffproduktion über Fragen von Test, Personal und Schulung bis zum internationalen Signal-

---

120 [Hier und im Folgenden sind die im Einzelnen von Patočka erwähnten Menschheitsträume der besseren Übersichtlichkeit halber von den Herausgebern kursiviert hervorgehoben.]

netz. Der moderne Ikarus ist etwas höchst Nüchternes, und nach einer heroischen Phase, die alle Züge des modern-erschöpfenden Konkurrenzkampfes mit Einsatz aller Seelen- und Leibeskräfte bis einschließlich des Lebens aufwies, vermag er dem zeitgenössischen Nutznießer immer weniger das *Gefühl* des Fluges zu geben, da die Flughöhe und die Geschwindigkeit den Flug selber als Vorgang immer kürzer und unsichtbarer gestalten und eigentlich ausschalten.

Der *Traum vom regnum hominis*, dem Bacon im 17. Jahrhundert einen so beredten und im Grunde merkwürdig modernen Ausdruck gab, befindet sich auch heute noch mitten in seiner Realisierung, deren enttäuschender Charakter vielleicht noch markanter geworden ist. »Einem beliebigen Substrat eine beliebige Form einzuprägen«, wie Bacon es formuliert hatte, oder aus allem alles zu machen, dazu ist die moderne physikalische Chemie beinahe übergegangen. Vor allem hat die technisch ausgerichtete Wissenschaft uns gelehrt, ungeheure, vom Zufall der faktischen Vorhandenheit unabhängige, stets verfügbare Kraftmengen bereitzustellen, welche zu diesen Verwandlungszwecken, deren prinzipielle Möglichkeit immer mehr durchschaut wird, mobilisiert werden müssen. Zum Baconschen Traum gehört aber eine weltbeherrschende Weisheit, ein *Templum Salomonis*, den es in der nüchternen Wirklichkeit nicht gibt. Der Mensch selbst hat kein *regnum* und ist kein *regnum*. Die ungeheuren Möglichkeiten werden in den Bahnen einer kurzsichtig-faktischen Organisation des Lebensbetriebs gebraucht und verbraucht. Das Resultat ist eine massenhafte Produktion an Menschenleben als fundamentalster Kraftakkumulator. Dieser Faktor gewinnt so ungeheure Ausmaße, dass er mit den bisher als praktisch unerschöpflich betrachteten Ressourcenvorkommen des Planeten in gleichgewichtsstörende Beziehungen zu geraten droht. Die Energieakkumulation geht elementar vor sich und nutzt die Spannungen unter Menschengruppen aus, um noch intensiver gespeichert und geballt zu werden. Es hat im Ganzen den Anschein, als ob das *regnum hominis* ein *regimen hominum* im Sinne des Genitivus obiectivus geworden sei, wo die Energieakkumulation selber der unbeherrschbare Herrscher ist.

Dass aber auch die *Kosmonautik* in die Reihe dieser enttäuschenden Realisierungen von Weltträumen gehört, wird zusehends klarer. Die fieberhafte Energieakkumulation, die den unbeherrschten Akkumulator und seine durch Zwiespalt wachsende Bedrohung zu weiterer Steigerung benutzt, greift schon über den Planeten in den

»kosmischen« Raum hinaus, ohne vor der Öde der sich eröffnenden Perspektive zurückzuschrecken und in der Hoffnung auf weitere Energieballung. Der Mensch kann sich im ersten Anhieb kaum einer Anwandlung von Stolz erwehren, der sich aber selbst als Lockmittel der Akkumulation entpuppt angesichts einer immer mächtigeren Anonymität, die hinter den Kollektiven, Apparaturen, und Programmen steht, sie alle in ihren Dienst zwingend und keine Gnade noch Frist anerkennend. Die innere Leere, rücklings aufs Geheimnis gestützt, verleibt sich immer neue Gebiete von Öde ein, um der weiteren Verödung der noch waltenden Physis Vorschub zu leisten, und benutzt dazu die höchste Genialität der besten Köpfe mit ihrer Energie des Kalküls und der Kombination.

Dass den *sozialen Utopien* der ursprüngliche Menschheitstraum von einem Reich Gottes auf Erden, von einer Wiederkehr des goldenen Zeitalters usw. zugrunde liegt, braucht nur nebenbei erwähnt zu werden. Jede Sammlung entsprechender Stellen aus den Werken sozialistischer Autoren sowohl der utopischen, als auch der wissenschaftlichen Richtung legt ein beredtes Zeugnis davon ab, wie hoch noch im vorigen Jahrhundert die Wogen der Hoffnung auf ein Zukunftsreich des höheren Menschen schlugen, in dem dieser endlich befreit sein würde von der Not, die durch eine dem allgemeinen Bedürfnis der Menschen nicht entsprechende Organisation der Produktionsverhältnisse verursacht wird. Dass die ungeheure Wirkung der Ereignisse des Jahres 1917 vor allem den geradezu apokalyptisch aufgewühlten Menschenmassen zu verdanken war, die angesichts des langjährigen Massenmordes einen radikalen Neuanfang ersehnten und diesen Hoffnungen eine noch unerschöpfte Triebkraft gaben, dass diese Ereignisse also im Grunde moralischer Natur waren und die erwähnte Traumenergie mobilisierten, ist eine einleuchtende Vermutung. Dass aber dieser Traum von einer Menschheit, die sich selber in Autonomie besitzt, zu einer Wirklichkeit der Gesellschaft wird, die sich selber in allen Details kontrolliert und den Mächten der Kontrolle beinah götzendienerisch ergeben ist, und zwar im fanatischen Bestreben, dem Traum seine Verwirklichung zu sichern, gehört zu den enttäuschendsten Traumrealisierungen, welche die Geschichte kennt. Es verschlägt hier gar nichts zu beweisen, dass die Realisierung mit dem ursprünglichen Konzept nichts oder nur eine Nomenklatur gemeinsam hat, die beinahe das Gegenteil des Ursprünglichen beschreibt. Dass dieser Versuch trotz Entartung

III

tatsächlich die Verwirklichung jenes Traumes bezweckte und noch immer daran festhält, ja sogar jeden Versuch einer Ernüchterung mit dem schwersten gesellschaftlichen Bann belegt, stellt ein geschichtliches Faktum dar, das von nun an zu den großen, bestimmenden Faktoren des geschichtlichen Ganges geworden ist.

In dieser Beziehung wäre die Rolle zu erwähnen, die eine ursprünglich kritisch-wissenschaftliche Doktrin zu spielen anfängt, wenn sie als Anlass und Leitfaden einer neuen gesellschaftlichen Realität genommen wird. Die Marxsche Lehre stellte schon an und für sich einen Versuch dar, eine Metaphysik, d.h. eine Deutung des Weltgeheimnisses durch konkrete Strukturen des Seienden, in empirisch überprüfbare gesellschaftlich-geschichtliche Ereignisse umzugestalten, und kann deshalb mit gewissem Recht als Doktrin einer Aufhebung der Philosophie durch Realisierung, als ein großes Beispiel für die Tendenz einer Ersetzung des Geheimnisses durch präsente und beherrschbare Wirklichkeitsstrukturen aufgefasst werden. In dieser Hinsicht ist sie typisch europäisch; sie stellt den einer anderen metaphysischen Tradition (nämlich dem deutschen Idealismus) entstammenden, aber dem stärker empiristisch bestimmten Versuch Husserls weitgehend parallelen Versuch dar, der europäischen Vernunft ihre weltbeherrschende Aufgabe und Rolle zu sichern. Es besteht auch eine weitgehende Parallele in der Art und Weise, wie Marx das menschliche Wissen, die rationale Wissenschaft auf gesellschaftlich-politischer Praxis und Husserl auf lebensweltlicher, ebenfalls weitgehend praktischer, Grundlage errichten will; beide versuchen vormalig übersprungene Lebensgrundlagen der Ratio ins Bewusstsein zu heben, und bei beiden ist diese Ratio das für die Weltgeschichte schließlich sinngebende Prinzip; nur ist natürlich der Marxschen Konzeption durch ihre Verbindung mit der weltrevolutionären Bewegung eine ungleich breitere praktische Wirkung zuteilgeworden. Der Parallelismus beider Versuche zur Tieferlegung des Grundes der Ratio musste auch zu dem Gedanken einer möglichen Synthese beider führen, welche die Lücken des einen Konzepts durch Ausarbeitung des anderen vervollständigen würde, da ja im Marxschen eine Theorie der subjektiven Erfahrung, im Husserlschen eine konkrete Gesellschaftstheorie fehlt. In unserem Zusammenhang ist es von Interesse, dass der Marxismus den europäischen Kulturkreis überschritten hat als diejenige typisch europäische Doktrin, die von nacheuropäischen Gesellschaftsformationen spontan

[Eine europäische Selbstbesinnung]

übernommen wurde, aus dem einfachen Grunde, dass er die traditionellen weltbeherrschenden Strukturen und Maßnahmen des kapitalistischen Europa kritisiert und ihr dialektisches Ende herannahen sieht, was auch die Emanzipation der bislang ausgebeuteten kolonialen und halbkolonialen Menschenmassen impliziert. Es war also nicht ohne Grund, dass der Gedenke an eine solche gemeinsame Begründung des Humanismus zum Arsenal mancher der edelsten Geister der Nachkriegszeit gehörte und in verschiedenen Aspekten und Dosierungen noch immer gehört (die Annäherungsversuche der französischen so tief von Husserl beeindruckten Existentialisten an den Marxismus gehören hierher, sind jedoch nicht die einzigen). Inzwischen hat die enttäuschende Realisierung des Wunschtraums von einer menschlichen Emanzipation aufgrund der Dialektik der kapitalistischen Produktion diesem Konzept, aber auch seinen phänomenologischen Legierungen, fast jede praktische Grundlage entzogen und zwingt aufgrund einer dem 19. Jahrhundert unbekannten und von dort aus unvorhersehbaren technischen und gesellschaftlichen Lage zu einer Überprüfung der gesellschaftlichen Dialektik.

Der Marxismus hat übrigens in der Frage einer Kritik Europas eine Position vorgezeichnet, die ihn dazu vorbestimmte, europäische Mentalität zu den Nichteuropäern (und Nacheuropäern im Gefolge nichteuropäischer Traditionen) zu verpflanzen und unter ihnen zu verbreiten.

Marx selbst hat sich mit der Kolonialfrage nicht mit der ihm sonst eigenen Ausführlichkeit beschäftigt, aber seine Vorstellung, nach der das Netz einer anonym-kapitalistischen zentralisierten Ausbeutung sich des ganzen Erdballs bemächtigt und alle traditionellen Gesellschaftsstrukturen umstürzt, hat das allgemeine Denkschema bereitgestellt, in welches die späteren Auffassungen Hilferdings und Lenins über den Imperialismus sich zwanglos einfügen ließen. Die bürgerlich-kapitalistische Revolution, die z.B. die Gesellschaft Indiens von Grund auf zerstört hat, schafft erst die Grundlage für eine befreite einheimische Gesellschaft, und Marx sieht mit einem vielleicht allzu optimistischen Blick die einzelnen Phasen dieses Prozesses sich schon abzeichnen. Die Beseitigung der indischen Immobilität, die ihre vieltausendjährigen Wurzeln in der Dorfgesellschaft hat, ist erst durch die kapitalistische Zerstörung möglich geworden; der Neuaufbau kann beginnen, er kann allerdings wiederum nur mit der Beseitigung des kapitalistischen Systems vollendet werden.

III

Dieses einfache Schema mag die rationalistisch Gesinnten begeistern, wenn man bei der Ausbildung zu einer modern-europäischen technischen Zivilisation absieht vom ungeheuren Problem eines Umbruchs von tausendjährigen Traditionen, die ein uraltes Land auch ökonomisch und ökologisch formierten und ein höchst schwieriges Gleichgewicht zwischen Menschenleben und Naturgegebenheiten schufen. Das Schema erlaubt, Stellung zu beziehen gegen das Macht- und Kapitalmonopol Europas und der europäisierten Mächte und zugleich die europäische Lebensauffassung zu ergreifen. Die Abwehr der europäischen Ausbeutung und die innere Übernahme des europäischen Denkens und seiner Suprematie sind hier zu einem einzigen Konzept zusammengegossen. Es ist nicht nur begreiflich, sondern war sogar notwendig, dass diese Gedanken in den erwachenden Riesengesellschaften, die das Erbe Europas in der nachkolonialen Zeit antraten, zu Leitmotiven der Weiterentwicklung geworden sind. Nur mit europäischen Mitteln von Wissenschaft, Technik und Organisation kann man dem Zugriff der westlichen Produktionsgesellschaft auf den Planeten Einhalt gebieten. Die Abwehr muss sich also in dieser Einkleidung vollziehen. Sie muss dann allerdings diejenigen Seiten der einheimischen Traditionen in den Vordergrund rücken, die mit diesem europäischen Vorgehen harmonieren: das Massenhafte, den Kollektivismus ungeheuren Ausmaßes, die extremen, Europa unbekannten sozialen Ungleichheiten und das entsprechende rücksichtslose Handeln, den vollständigen Mangel eines Sinnes für das Individuum und für seine Freiheiten. So entsteht ein merkwürdiges, nie dagewesenes Amalgam von Europa und Außereuropäischem, in dem all das, was menschliche Manipulation betrifft, in ungeheuren Ausmaßen und ohne die in Europa noch üblichen Verschleierungen betrieben und zu einer nie zuvor gesehenen Vollkommenheit geführt wird, unter welcher die einheimische Geistigkeit ganz zu versinken droht.

Ein andersartiges Beispiel ist der *Menschheitstraum vom Glück*. Die Realisierung säkularer Träume, die sich in überraschend schnellem Tempo vor unseren Augen abspielt, spiegelt das fieberhafte Drängen nach Neuem, nach immer weiterer Ferne, Unzugänglichkeit und bisher Unerreichtem, wo im Hintergrund das unbefriedigte Leergefühl lauert, das die heutige Menschheit mit ihrer ganzen Energie in der einzigen ihr offenen Dimension auf die Bahn des Suchens ausschickt, auf der es noch Überraschendes, Erstaunliches, ein mögliches Herausspringen aus dem Gängigen und Nivellierten geben könnte. Die enttäuschende Realisierung besteht darin, dass man einsehen muss, dass es mit den Träumen »eigentlich nichts war«. Was in ihnen angestrebt wurde, hat sich eigentlich nicht erfüllt – die Erhebung in eine neue Sphäre, die Verwandlung des menschlichen Daseins in seinen Wesenskern, ein kosmischer Feiertag, all das ist nicht eingetreten. Es gibt andere Fälle, wo das Phänomen selbst so abgeblendet und eingeschränkt in Erscheinung tritt, dass es sich dadurch der Tendenz einer äußerlichen Verfügbarkeit zu beugen scheint. Es erfolgt keine direkte Desillusionierung, sondern eine Verwechslung, die vor Enttäuschung schützt, indem sie den Zauber, das Atmosphärische, das Ungreifbare, die »Illusion« gar nicht erst aufkommen lässt. – Das Glück, die τύχη, bedeutet einmal unbeabsichtigte Zweckmäßigkeit, die ohne Regel sich einstellt; dann aber eine vollständige positive Erfüllung aller Tendenzen und Wünschbarkeiten, eine vollkommene Positivität. Da ein solcher oder ein auf ihn hin sich annähernder Zustand nur durch unbeabsichtigte, unregelmäßige Zweckmäßigkeit sich einstellen kann, hängen beide Bedeutungen zwar lose, aber doch verständlich zusammen. Ob eine solche vollkommene Erfüllung nicht widersprüchlich ist, steht hier außer Frage; eine solche *Idee* ist aber nicht nur möglicher-, sondern notwendigerweise mehr als ein *zufälliger* Traum. Sie ist ein notwendig sich einstellender Traum: umso *notwendiger*, als das Menschenwesen durchweg Mangelwesen ist, und umso notwendiger ein *Traum*, als die Erfüllung in einer Beziehung sich der Erfüllung in anderer Beziehung widersetzt oder sie unterdrückt. Der *Inhalt* des Glückstraums hängt aber mit demjenigen zusammen, was das *Unglück* des Menschen genannt werden könnte, dass nämlich der Anfang unserer Existenz mit seinem Versorgtsein durch andere, durch unser Akzeptiertwerden am ehesten an eine vollkommene Befriedigung heranreicht, eine Totalbefriedigung, die alle Seiten und Dimensionen des Menschenwesens umfasst und keine beiseitelässt. Dieses Glück des totalen Akzeptiertseins, eine Befriedigung, die nicht einmal einen Wunsch aufkommen lassen kann, erweist sich aber als Kehrseite der grundsätzlichen Ungeborgenheit und Ausgesetztheit des eigenen Wesens, die die menschliche Grundbefindlichkeit ausmachen; in ihr gründet der tiefe Wunsch, in einem rauschhaften Selbstvergessen diese Grundlast loszuwerden in einer Akzeptation unseres ganzen Wesens seitens eines anderen, der dieses rauschhafte Verlangen entfacht und aufrechterhält, was er nur dann vermag, wenn er seinerseits dasselbe eigene Verlangen in der Akzeptierung durch uns geborgen findet. Aus diesem Grunde ist der Eros die einzige, der Grundbefindlichkeit ebenbürtige Überwindung der Weltlast, wodurch der andere zum Garanten und Zentrum des eigenen Glücks und Lebenssinns wird. Dies ist kein heimtückischer Angriff auf die Freiheit des anderen, kein Wille zur Selbsteinverleibung, kein Widerspruch zur Freiheitsermächtigung, kein Missbrauch des anderen zum eigenen Zweck, sondern ein Versuch, durch Tragen getragen zu werden, im Glücknehmen Glück zu geben, in der Mischung und im Austausch von Glück die Last in Erfüllung zu verwandeln. Es ist also ein Vorgang, der das ganze Dasein und das ganze Menschenwesen mit seiner zutiefst und spezifisch leiblichen Seite in sich befasst, nichts beiseitelassend und die Totalität des Lebens zuvorderst betreffend.

Ein solcher, das ganze Lebens- und Weltverhältnis der Menschen umfassender Vorgang birgt physische Rauschmechanismen in sich, welchen er erst den eigentlichen Sinn des Glücks oder möglichen Glücks aufdrückt. Nicht der Rausch selber oder seine verfügbare Möglichkeit ist aber das Glück, sondern dass das Leben ein getragenes, im anderen geborgenes geworden ist, dass es seinen Schwerpunkt außerhalb und zugleich innerhalb seiner gefunden hat. Nun werden aber im Sinne der heutigen Abblendung des Lebensverständnisses auf das Gegenwärtig-Verfügbare gerade die Rauschmechanismen und -vorgänge isoliert und aus dem Zusammenhang herausgerissen, die an sich nichts als eine beliebige Wiederholung derselben Kadenz darstellen. Die lange gesellschaftlich tabuisierte Erotik wird durch eine objektivierende Sexualitätsauffassung zwar beseitigt, aber statt eine neue Sensibilität zu stiften, entweicht damit das Glück, das nicht mit verfügbarer Lust verwechselt werden darf. Die Sexualität ist nichts als ein Rauschgift unter anderen, und als Sucht entleert sie das Leben, während der Glückstraum einer totalen Lebenserfüllung galt, die sich nur in der Geborgenheit des Angenommenwerdens, also in einem Ganzheitlich-Persönlichen, abspielen kann. Die enttabuisierte Sexualität, die wie eine ungeheure Welle besonders die westliche Welt ergreift und in offener oder verklausulierter Form den Alltag prägt, legt ein unzweideutiges Zeugnis ab von der Intensität eines Verlangens, das dadurch, dass ihm ein Surrogat geboten wird, noch weiter angestachelt wird.

[Eine europäische Selbstbesinnung]

Ein prägnantes Beispiel eines unstillbaren – und daher zu Selbstbetrug führenden – Wunsches zeigt sich in unserem Verhalten zum Tod. Auch der *Traum vom ewigen Leben,* von der Unsterblichkeit gehört gewiss zu den Urträumen, in diesem Fall aber ist der Traum wahrscheinlich tatsächlich unrealisierbar – trotz der Behauptung zeitgenössischer Biologen, lebendigem Gewebe Unsterblichkeit zu verleihen, sei keine Unmöglichkeit. Die altbewährte Todesabwehr besteht bekanntlich in einer einfachen Maßnahme: Da das soziale Ich, welches ursprünglich und zumeist das unsrige ist, nicht stirbt, sich ihm vollständig in die Arme zu werfen. Pascal sah darin eine Abart des *divertissement,* des Nichthinsehens, das durch Ablenkung bewerkstelligt wird. Im nichthinsehenden Ablenken ist jedoch dasjenige, was nicht gesehen werden soll, umso aufdringlicher gegenwärtig. Die Ablenkung hat eine »augenblickliche« Struktur, sie ist immer Ablenkung auf Zeit, und zwar auf eine kurze. Dadurch entsteht eine Atomisierung des Lebens in möglichst kurze und bunt einander ablösende Abschnitte, deren Abfolge durch Verlockung geregelt wird. Starke Augenblicksimpulse lassen keine Kontinuität, also auch keine Einheitlichkeit der Absichten und kein vergleichendes Abwägen der Motivation aufkommen. Wie jedes Grundgeschehen des heutigen Menschen wird dies aber organisiert und ausgenutzt. Die billige und überall verbreitete Ablenkungsproduktion durch Presse, Kino, Fernsehen, Rundfunk ist die indirekte Bezeugung der latenten, überall verbreiteten Todesangst oder besser Todesängstlichkeit; in gleicher Richtung gehen die Massenablenkungen durch Sport und andere Vergnügen, die »Erleichterungscharakter« haben.

Die medizinische Wissenschaft kennt nur das soziale Ich, dessen unerschütterlicher Schutz ihr als das selbstverständliche humane Verhalten dem Kranken gegenüber gilt, für den sein Tod nicht da sein darf. Der Tod in der Medizin ist immer fremder Tod, was vom Standpunkt der objektiven Wissenschaft konsequent ist; sie kann nicht in Dinge hineinsprechen, die nur vom Einzelnen mit sich selber ausgemacht werden können. Das Schlimme beginnt dort, wo sie das Aufkommen einer inneren Auseinandersetzung mit dem Ernst der Lage aktiv behindert und wo sie auch das natürliche Wachstum eines Todestriebes dort unterbindet, wo es sich als die einzige Maßnahme einer barmherzigen Natur empfehlen würde. Dadurch erweist sich die Todesängstlichkeit als eine beherrschende Instanz auch in der Wissenschaft; der Arzt steht selber unter der Faszination des Todes und befindet sich zugleich auf der Flucht vor ihm.

Doch nicht nur die medizinische Wissenschaft allein kennt das soziale Ich, also das Äußere, und bekundet damit die überall präsente Faszination des Nichts. Das Todestabu hat verschiedene Formen. Es verwundert nicht, in den Wissenschaften vom Menschen dasselbe vorzufinden; es ist sozusagen der Triumph des Soziologischen, die innere Kontinuität nicht als Tatsache vorzufinden und als das »letzte Refugium einer transzendentalen Menschheit« zu denunzieren. Trotz einer etwas dogmatischen Verhärtung hat diese Haltung etwas Echtes. Sie wehrt den Gedanken ab, dass man das Eigentliche irgendwo im Weltgehalt in konstatierend-analytischer Weise vorgehend ausfindig machen könne. Trotzdem scheint uns das hartnäckige Behandeln und Handhaben von Strukturen, die schließlich die Alleinherrschaft des Äußeren erweisen, eine Präsenz des Abgewiesenen gerade in seinem Negativ zu bezeugen.

Eine merkwürdige Bestätigung des Echten in dieser Haltung könnte sich bei Betrachtung der Art und Weise ergeben, wie gewisse Philosophen das Todesproblem in der Gegenwart behandeln. Mit der ihm eigenen Offenheit und Ehrlichkeit hat Husserl die hier gemeinte Haltung entwickelt und zum Ausdruck gebracht. Eben die transzendentale Betrachtung, welche das Äußere schließlich ganz ins Innere wendet und darin auflöst, scheint ihm zu zeigen, dass es für die reine Innenhaltung den Tod nicht gibt. Der Tod ist eine Erscheinung, die den Menschen als innerweltliches Seiendes betrifft; in der Erfahrung vom Menschen, von Geburt, Altern, Krankheit, Zerstörung des Leiblichen gibt es Entstehung und Vernichtung; aber »jedes Menschen-Ich birgt in sich in gewisser Weise sein transzendentales Ich, und das stirbt nicht und entsteht nicht, es ist ein ewiges Sein im Werden«[121]. Das scheint für Husserl aus der innerlich erlebten Kontinuität des inneren Zeitstroms zu folgen, wo jede Gegenwart eine Verwandlung aus der Zukunft in die Vergangenheit durchmacht und keine Gegenwart ohne Zukunft und Vergangenheit sein kann; so kann es zwar leere Zeit, besinnungslosen Schlaf in Vergangenheit und Zukunft geben, doch keine wirkliche Vernich-

---

121 [Edmund Husserl, *Analysen zur passiven Synthesis. Aus Vorlesungs- und Forschungsmanuskripten, 1918–1926*, hg. von Margot Fleischer, Husserliana Bd. 11, The Hague 1966, S. 380.]

tung. Aber bei dieser Auffassung ist die Gegenwart, das Jetzt, zum Zentrum der Zeiterfahrung erhoben, und die innere Kontinuität ist wie bei Bergson das Zugleich des Verschiedenen, das eine feste Wandlungsform besitzt. Ein innerer Vorgang wird da vorausgesetzt – vielleicht sollte man besser sagen: konstruiert –, der unthematisch und deshalb verborgen verläuft und den der Phänomenologe aus der Latenz herauszuheben prätendiert. Aber ist das Zeitlich-Sein des menschlichen Lebens tatsächlich ein inneres Mitfließen im heraklitischen Strom? Ist nicht die »innere Kontinuität« eine merkwürdige »Erstreckung«, Spannung, die ihren Sinn nicht so sehr von der ständig fliehenden Gegenwart als von den Grenzpunkten bekommt, die ihren Horizont spannen? Das Zeitlich-Sein geht dem Zeitfluss und seiner Stetigkeit voraus. Dann sind aber die Grenzposten, die der Zeit ihren Sinn geben, das in ihr Vorausgesetzte, und damit das für die Zukunft bürgende Nochnichtsein des Todes, zu welchem hin der Lebensbogen sich spannt.

Der Husserlsche »Unsterblichkeitsbeweis« des transzendentalen Ich, das zwar ewig schlafen kann, aber jederzeit wieder aufwachen, beruht auf der Auffassung des subjektiven Seins als eines zwar nicht ausdrücklich, aber doch latent ständig sich selbst Gegenwärtigen, sich selbst reflektieren Könnenden, um durch inneren Blick Zeuge seiner selbst zu werden. Auch das »Innere« wird dadurch zum »Äußeren«, Konstatierbaren, während das eigentlich *kritische* Sein des menschlichen Daseins darin zu beruhen scheint, dass es sich aus seiner eigentlichen Aufgabe zum Konstatierbaren flüchtet, um ihr auszuweichen. Wir stehen in dieser Frage vor derselben Situation wie in der Lebensweltfrage: Die wissenschaftliche Objektivität gründet im gewissenhaften, prinzipiell transobjektiven Sein des Wissenschaftlers, aber die wissenschaftliche Objektivität der Seinsauffassung schlägt auf das Selbstverständnis des Wissenschaftlers zurück, und zwar auf zweierlei Weise: Entweder findet er unter den Weltobjekten überhaupt nichts, was als »Subjekt« anzusprechen wäre, sondern lauter verschiedene Objektstrukturen, und das ist die Lösung des Positivismus (auch in der strukturalistischen Version wie z.B. bei Levi-Strauss), oder es gilt ein Idealismus der »inneren Erfahrung«, der innere Objekte konstruiert.

Besonders gefährlich ist diese Blindheit des modernen Menschen für die Struktur des menschlichen Daseins und die Welt im eigentlichen Sinn dort, wo es sich um moralische Phänomene und ihre

Stellung im Rahmen unserer Erfahrung handelt. Das äußert sich in zwei weit verbreiteten Standpunkten, die selbst bei höchst edelmütigen Forschern, Erziehern, Männern der Praxis vorkommen: dem Intellektualismus und der Betonung des Sozialen als Wesen des Moralischen. Das einzige Beispiel für viele, das ich hier nennen will, ist eine Auffassung vom moralischen Problem, die bei manchen der hervorragendsten Psychoanalytiker hervortritt, z.B. in Mitscherlichs so überaus tiefschöpfendem und aufklärendem Werk über die »Unfähigkeit zu trauern«.[122] In diesem Werk wird bekanntlich die Massenpsychologie als ein vorzügliches Applikationsgebiet der psychoanalytischen Methode entwickelt, und es werden Einsichten grundlegender Art in das Wesen geschichtlicher Vorgänge in unserem Jahrhundert explizit und implizit erzielt, welche das bisher auf diesem Felde Geleistete weit übertreffen. Die Rolle, die der in Kollektividealen fixierte und stereotypisierte Triebüberschuss und sein perennierendes Wiederaufleben in den Völkerkatastrophen der jüngsten Gegenwart spielte, wurde wohl nirgends sonst so überzeugend dargetan wie hier. Aber wenn es an das Problem der Moral in der Gegenwart geht und ihre Grundlagen untersucht werden, kommt eine erstaunliche Tendenz zum Vorschein, Moral aus einer intellektuell erzeugten Distanz dem eigenen Triebleben gegenüber zu deuten und das Gewissensphänomen im primären, grundsätzlichen Sinne mit seinen sozialen Ersatzleistungen zu vermengen. Die intellektuelle Selbstbeherrschung braucht erstens überhaupt nicht moralischer Natur zu sein, sondern kann einer klugen Berechnung entstammen; und intellektuelle Sachlichkeit entwickelt sich schon als solche auf einem Gewissensboden. So sind Mitscherlichs Bemühungen um eine »Relativierung der Moral« *in concreto* zwar positiv zu werten, da sie sich ja gegen erstarrte sozialisierte Idealbildungen wenden, aber sie riskieren, aus einer Abwehrposition prinzipielle Unklarheit über das Wesen derjenigen Leistungen hervorzurufen, welche die Triebkontrolle erst möglich machen.

---

122 [Alexander und Margarete Mitscherlich, *Die Unfähigkeit zu trauern. Grundlagen kollektiven Verhaltens*, München 1967.]

[Eine europäische Selbstbesinnung]

IV

In allen vorstehenden Phänomenen wird der heutige europäische Weltverlust sichtbar, der Verlust des ursprünglichen Bodens, auf dem das menschliche Dasein sich bewegt. Der Verlust wird nicht als ein solcher gesehen oder empfunden, sondern gebärdet sich positiv, weist Leistungen, Fortschritte, Lebensförderungen auf, und es soll gar nicht geleugnet werden, dass diese Behauptungen stimmen; es wird vieles gefunden, aber nie dasjenige, was gesucht wird und weshalb man sucht. Die Flucht zu Dingen und Strukturen ist die negative Bezeugung der Gegenwart des Geheimnisses, vor dem man flieht. Das aber ist zugleich der seit drei Jahrhunderten auf den Weg zur Weltherrschaft aufgebrochene europäische Geist, der Dinge aus Dingen weltlos verstehen und beherrschen will, und in diesem Punkte unterscheidet er sich grundsätzlich von allen anderen Menschheitskulturen. Seine Eigenart zu umreißen ist also möglich; seine Suprematie aufgrund dieser Eigenart zu beweisen unmöglich.

Der Fluch des europäischen Geistes ist, dass er zu Dingen flieht, aber zu ihnen nicht findet; dass er in sich selbst verstrickt ist dort, wo er glaubt, ins Freie gekommen zu sein; dass er, von sich selbst erfüllt, die anderen nicht verstehen kann und deshalb auch sich selber nicht. Mittel zur Weltbemächtigung hat er viele und wirksame gefunden, aber sie dienten ihm, wie wir nach Europas Untergang sehen, unter anderem zur Selbstzerstörung. Europa als weltbeherrschende Macht gibt es nicht mehr; aber der Geist, der im Glauben, Positives zu leisten, so viel Zerstörung schuf, dauert weiter und sucht sich die ganze Menschheit zu unterwerfen. Die Generalisierung dieses Geistes birgt allgemeine Gefahren in sich, deren anschauliches Spezimen die jüngste Geschichte Europas bietet. Sie ist heute ein Faktum, das unumkehrbar scheint. Die außereuropäischen Völker scheinen alle begierig nach diesem Geist zu greifen in der Hoffnung, in ihrer Armut, ihren Entbehrungen und Nöten bei ihm Hilfe zu finden. Ist es möglich, seine Wohltaten anzunehmen, ohne der schlimmsten Not, die in massive Erdrückung und Zerstörung des Lebens mündet, zu verfallen? Um der Mittel zum Leben willen das Leben selbst sich entleeren zu lassen?

Die vorliegenden Erwägungen sind keine konstruktive Geschichtsphilosophie. Sie wollen nichts sein als eine europäische Selbstbesinnung. Auf diesem Wege haben sie sich durch eine der

IV

letzten großen Selbstbesinnungen des europäischen Geistes leiten lassen, durch die Reflexionen Husserls in seinem Krisis-Buch. Es soll aber nicht, wie bei Husserl noch, eine generelle Lösung des Problems geboten, sondern nur nach einer möglichen Chance geforscht werden.

Husserls Versuch einer Tieferlegung des Grundes der Wissenschaftsrationalität hat uns zur Problematik der Lebenswelt geführt. Wir entdeckten aber in kritischer Besinnung, dass die Lebenswelt im Sinne Husserls noch immer eine von der Sonderfunktion der Wissenschaft geleitete Abstraktion ist, dass es keine Welt ist im eigentlichen Sinne, dass sie die Welt als eigentliche Phänomenalebene entbehrt, nicht thematisiert, vergessen hat. Wir richten gegen die Lebensweltproblematik dieselbe Kritik, welche Husserl selbst gegen die naturwissenschaftliche »wahre Welt« richtet: dass sie ihre Grundlage vergessen hat. Solange diese den verschiedenartigsten Menschheitsausformungen gemeinsame Grundlage nicht ausgegraben wird aus langer Vergessenheit, ist aber kein wirklicher Dialog zwischen »Kulturen« und »Menschheiten« möglich, denn statt auf das Gemeinsame wird im »Gespräch« vom Eigenspezifischen ausgegangen und dies für das Allgemeine ausgegeben. Wir haben gesehen, dass Husserl selbst dieser Gefahr erlegen ist, dass er das Ideal der europäischen Ratio für die allgemeine Menschheitsentelechie ausgab.

Europas Generalisierung muss notwendig zu einer Auseinandersetzung und dadurch zu einer erneuten Wertschätzung der als unbedeutend und tot geltenden Kulturtraditionen führen, die den europäischen Gedanken eine unbedingt notwendige faktische Unterlage darbieten: Denn nirgends trifft Europa auf eine reine Tafel, überall ist schon vorgearbeitet, überall ist schon eine auch aktiv geformte Welt. Sie ist zwar nicht in reflexiv-begrifflicher Gestalt gefasst; aber sie ist auch noch nicht zum Kleingeld der dinglichen Erfahrungen geworden. Überall lebt hier noch Sinn für das Weltgeheimnis, überall lebt das Bewusstsein der Polydimensionalität des einfachen, aber unerschöpflichen Lebens. Es gilt nun, einen Geist, eine Menschenauffassung zu begründen, die geeignet wäre, diese Originalität, diesen »Selbstwert«, diese Eigenständigkeit des bisher Vergessenen nun durch die Generalisierung eines in seiner Selbstherrlichkeit erschütterten Europa wirksam werden zu lassen.

[Eine europäische Selbstbesinnung]

Dass dies Verständnis für die Wichtigkeit des Aufrechterhaltens der Originalität jener außereuropäischen Traditionen sich zu regen anfängt, dafür legt die Tätigkeit mancher modernen Ethnologen und Ethnosoziologen ein beredtes Zeugnis ab. Man braucht nur Lévi-Strauss für viele andere anzuführen. Allerdings ist die strukturalistische Soziologie weit davon entfernt, die Grundstruktur des europäischen Geistes kritisch anzugehen, wie wir es hier versuchen, und zielt auf eine Rechtfertigung der außereuropäischen Eigenständigkeit vom europäischen Fortschrittsgedanken aus. Die Möglichkeit einer kulturellen Kumulation der Leistungen hängt wesentlich von Kontakten unter *verschieden*artigen Traditionen ab, und die Wahrscheinlichkeit einer Kumulation setzt die Erhaltung dieser Mannigfaltigkeit von Grundgesichtspunkten voraus, unter welchen Menschen ihr Leben, ihre Lebensgeschichte gestalten. Dieser Gedanke ist ein kluger und billiger, er setzt aber voraus, dass man diese entfernten Traditionen mit ihrer prinzipiellen Nicht-Objektivität – die keineswegs eine Sacherkenntnis ausschließt – in ihrem eigenständigen Lebenszentrum anzuerkennen vermag.

Was Anlass zu einem solchen Vorgehen gibt und die Formulierung dieses Problems möglich macht, war ganz allein eine kritische Besinnung auf Husserls Lebensweltauffassung.

Nachdenken über Europa

Europa wurde errichtet in Jahrtausenden – und vernichtet in dreißig Jahren, zeitlich begrenzt von den beiden Weltkriegen, die eigentlich ein einziger Krieg waren. Dieses Machtgebilde beherrschte den ganzen Planeten, konnte sich aber nicht auf dem Gipfel halten. Es trat ab in Form eines Niedergangs, der beispiellos ist; der Fall Europas ist das größte Ereignis in der Weltgeschichte. Heute erleben wir den Anfang vom Ende, und dieses Ende ist das leitende Thema unserer Betrachtung. Wir wollen hier einige Überlegungen anstellen, Tatsachen und Angaben vorbringen, die keine Vollständigkeit beanspruchen, sondern zum Nachdenken über diese grundlegenden Fragen anregen sollen. Der Verfasser beschäftigt sich damit schon längere Zeit, und was folgen wird, ist der Versuch einer Art von Resümee.

Die erste Frage lautet: Was ist dieses Europa, von dem wir sprechen? Hegel erklärt in seinem Werk über *Die Verfassung Deutschlands*, dass es eine Zeit gab, zu der Europa die Religion als Fundament des Staates empfand, nicht nur die Koalition.[123] Diese unvollendete Jugendschrift, die zu seinen Lebzeiten nicht veröffentlicht wurde, reflektiert unter dem unmittelbaren Eindruck des Zusammenbruchs des Heiligen Römischen Reichs darüber, was denn eigentlich dieses Deutschland ist. Europa, behauptet Hegel, war einmal ein Staat. Aus seiner Sicht ist der Staat eine gesellschaftliche Organisation, die dazu bestimmt ist, mit vereinter Macht zu verteidigen, was ihr gemeinsames Gut ist. Gemeint ist hier das westliche Europa, das geeint wurde in den Kreuzzügen gegen den Islam ebenso wie im vierten Krieg gegen Byzanz. Die Einheit festigte sich im Krieg, und sie war gegeben in dem Bewusstsein, dass auf diese Weise all das irgendwie zusammengehört. Am geistigen Ursprung dieser Einheit gibt es zur Zeit Hegels keinerlei Zweifel, und zwar berechtigterweise, obwohl vielleicht anders, als sich Hegel vorstellte. Die Dualität von geistiger und weltlicher Macht, bei einer gewissen

---

123 [Vgl. Hegel, *Werke*, Bd. 1: *Frühe Schriften*, a.a.O., S. 478.]

Suprematie der geistigen, ist eine Version der Idee des *sacrum imperium*, welche die Menschheit in der Zeit des zerfallenden Römischen Reiches ergriff und die sich in drei Gestalten ausbildete.

Die erste dieser drei Gestalten steht in der Kontinuität des Römischen Reiches, gegeben durch die konstantinische Reform. Sie wird getragen von dem Gedanken, dass das Römische Imperium auf einer Einheit des Sakralen und des Weltlichen gegründet ist; ausgebildet wird sie im Oströmischen Reich. Die zweite Gestalt berief sich auf die arabische Prophetie, und von den arabischen Philosophen wurde sie in enge Beziehung zu Platons *Politikos* gesetzt. Die dritte Gestalt, die uns hier vordringlich interessiert, benötigte die längste Zeit und kristallisierte sich im europäischen Westen heraus. Sie entstand aus dem anfänglichen Chaos auf dem Boden des Weströmischen Reiches, aus dem allmählich ein neues Imperium, letztlich das der fränkischen Nation, hervorging. Hinzu trat die Idee einer geistigen Macht, einer sehr weit reichenden Macht, die im weltlichen Sinne zwar Vasall des Imperiums blieb, jedoch in geistiger Hinsicht vollkommen unabhängig und ausgestattet mit einer wachsenden Suprematie über all das, was als Imperium bezeichnet wird. Aber was war dieses Imperium denn eigentlich? Wurde hier der Staat im modernen Sinne geboren? Nein, eher so etwas wie eine internationale Organisation von Völkern (*gentes*, ἔθνη) verschiedenster Traditionen und Entwicklungsstufen. Es gab also eine Koexistenz von drei verschiedenen Versionen derselben Idee, dass nämlich die Menschheit auf der Grundlage einer letzten, höchsten Wahrheit zu organisieren ist, die nicht von dieser Welt ist und allein deshalb herrscht, weil sie die Wahrheit ist, nicht aber eine irdische Macht. Diese Koexistenz bestimmte die Weltgeschichte, nämlich die mediterrane Welt des 4. bis 13. Jahrhunderts. Die Ausweitung über den Bereich der Geschichte der römischen Welt hinaus und die Ausdehnung auf das, was wir Europa nennen, ereignete sich gerade deshalb, weil es diese drei Versionen gab. Die Araber zwangen Europa zu einer Verlagerung, im Norden bis an den Ebro, im Osten bis nach Böhmen, Sachsen und Pannonien. Damit erweiterte sich der Schauplatz auf bemerkenswerte Weise, worauf schon vor 40 Jahren der Historiker und Philosoph Alois Dempf hinwies.[124] Damals jedoch

---

124 [Vgl. Alois Dempf, *Sacrum imperium. Geschichts- und Staatsphilosophie des Mittelalters und der politischen Renaissance*, München/Berlin 1929.]

war die Situation eine ganz andere: Heute denken wir *nach* der Katastrophe Europas. Warum *sacrum imperium*? Weil vorher etwas zugrunde gegangen war, ein Imperium, das nicht »sacrum« war, obschon es sich – als eine gleichermaßen religiöse wie weltliche Institution, die nicht nur der Macht diente, sondern auch eine geistige Gestalt war – für ein solches hielt. Es ist dies das Scheitern einer erstaunlichen und ungeheuer erfolgreichen politischen Institution, das Scheitern einer bestimmten Geistesgestalt, eines bestimmten Planes. Das Römische Imperium erlag der Entfremdung zwischen imperialer Macht und Öffentlichkeit. Es war angewiesen auf die moralische Kraft seiner Bevölkerung. Woher nahm man das ideelle Programm des Römischen Reiches? Wiederum aus einem Erbe, dem Erbe, das Griechenland und die griechische Philosophie hinterlassen hatten, insbesondere von der Stoa, die es sich zur Aufgabe gemacht hatte, die Gedanken der klassischen griechischen Philosophie (Sokrates, Platon, Aristoteles) zu realisieren, die Überzeugung also, dass das menschliche Leben auf Weisheit, Tapferkeit, Disziplin und Gerechtigkeit beruhen sollte. Und darauf beruht dann der Staat, der ein Staat der Gerechtigkeit ist. Die griechischen Philosophen erdachten einen Staat, der niemals existierte. Die Stoiker allerdings hatten den Mut zu sagen, dass sich mit dieser Idee das faktische Reich von Blut und Gewalt untermauern ließe. Aber war der Römische Staat überhaupt in der Lage, dieses griechische Ferment in sich aufzunehmen? Der Römische Staat ist ein Staat der bedingungslosen Herrschaft. Es liegt ihm nichts an ethnischer Zusammensetzung, an Territorium, Religion oder Herrschaftsform, sondern allein daran, dass die Herrschaft als solche erfolgreich ist. Das Herrschen selbst ist der Wert, der alles entscheidet, und Herrschaft ist selbstverständlich und untrennbar verknüpft mit dem Besitz des Bürgertums, was die Grundlage aller Herrschaft bildet. Herrschen heißt haben. Dem gegenüber steht der griechische Gedanke, dass der Staat ein Staat von Recht und Gerechtigkeit sein soll, ein Staat der drei waltenden Tugenden[125], damit der gerechte Mensch, der sich von all dem Rechenschaft zu geben hat, in einem solchen leben kann. Es ist dies ein Streben nach Rechtmäßigkeit, gegen die Despotien des Orients. Das Schwanken zwischen beiden Idealen bewirkte ein Schwinden

---

125 [Besonnenheit, Tapferkeit und Weisheit.]

der Solidarität der Bürger zu ihrem Staat, was zum Niedergang des Römischen Reichs führte.

Woher aber stammt dieses griechische Erbe? Das griechische Denken entstand als Reflexion großer Denker über das Schicksal der bedeutenden griechischen Gemeinden, namentlich Athens, jener großen Polis, die als erste die griechische Suprematie über die persische Macht demonstrierte, jedoch durch innere Zwistigkeiten und Zufälle vernichtet wurde. Platon reflektiert darüber auf eine Weise, die sich nicht vergleichen lässt mit irgendeiner anderen Ideenleistung. Im Nachdenken über diese Katastrophe zeigte sich ihm, dass der griechische Mensch in seinem Bestreben, wahrhaftig zu leben – d.h. so, dass alles, was er denkt und schafft, begründet und einsichtig ist, dass er also aus der Einsicht lebt –, auch einen Staat haben muss, in dem er denken und handeln kann, ohne unausweichlich in Konflikt zu geraten mit einem faktischen Staat, der ihn vernichtet. Aus der Einsicht leben heißt, für die Seele zu sorgen. Daraus erwächst die Idee des platonischen Staates, daraus erwächst auch das stoische Konzept, das man in das Römische Imperium hineinlegen wollte. Die Idee des *sacrum imperium* ist also nur eine Rückkehr zu dieser Überzeugung, dass das menschliche Leben auf der Grundlage einer letzten, höchsten Wahrheit errichtet werden muss.

Vor diesem Hintergrund sind die geschichtlichen Katastrophen und deren Erbschaften zu betrachten: Erstens die Katastrophe der Polis und ihr Erbe der Sorge für die Seele, des Weiteren die Katastrophe des Römischen Imperiums und das griechische Erbe, das es nicht in seine Realität zu inkorporieren vermochte. Zweitens die Idee des *sacrum imperium*. Jede Katastrophe ist zugleich ein Tor zur Generalisierung. Um welchen Konflikt es dabei geht, hat Platon ebenso realistisch wie dramatisch in seinem gesamten Werk geschildert – der Konflikt des Menschen, der wahrhaftig leben will in einem Staat, der nur den Anschein von Gerechtigkeit hat. Das Gericht der Welt über den Philosophen und das Gericht des Philosophen über die Welt. Aus diesem Erbe erwuchs Europa, und aus diesem Erbe wächst es bis ins 15. Jahrhundert. In dieser Zeit kam es zu einem besonderen Wandel: Wieder tritt das Prinzip des Herrschens und Habens an die Oberfläche. Von der Idee des *sacrum imperium* war dieses Prinzip eher verdeckt als überwunden worden. Henri Pirenne hat die Überlegung ausgesprochen, dass das Römische Reich nicht durch den Ansturm der Barbaren aus dem Norden vernichtet wurde, sondern durch den Andrang der Araber über das Mittelmeer im 7. Jahrhundert.[126] Sobald das Mittelmeer zum »arabischen Teich« geworden war, verlor der vom Oströmischen Reich erhobene Anspruch auf Weltherrschaft seinen realen Grund. So entstand das westliche Reich. Das westliche Europa benötigte viele Jahrhunderte, bevor es erstarkte und sich in den Kreuzzügen des Mittelmeers bemächtigte, was weit wichtiger war als Jerusalem. Im gleichen Zusammenhang machte der mächtige Andrang der Kolonisierung auch aus den böhmischen Ländern einen Kulturboden, und das binnen eines einzigen Jahrhunderts. Im Westen wird der arabische Ansturm zurückgeworfen. Mit den freiwerdenden Kräften kommt es zum Sprung über den Ozean – zum Sprung auf die Reichtümer und zur Begegnung mit dem vorkolumbischen Menschen. Europa wird zum Besitzer oder eher zum Räuber des Reichtums der Welt – das ist der Übergang vom Spätmittelalter zur Renaissance und Reformation, welcher bislang in seiner Dialektik nicht durchschaut ist.[127] Wir beschränken uns hier auf die Feststellung, dass sich in dieser Zeit alles veränderte, und es veränderte sich auch das, was den Menschen der Sorge für die Seele zuwandte (nämlich die Fähigkeit zu Einsicht und Wahrheit). Weisheit, Tapferkeit und Disziplin (also das Höchste, das Fundamentalste und das, was vermittelt) werden ersetzt durch ein Prinzip des Habens und Herrschens. Schon in Rom ist dieses Prinzip bekannt, aber die Gesellschaft schämt sich seiner und schützt höhere Interessen vor. Im Augenblick des großen Sprunges, des Sprunges auf den Reichtum der Welt öffnet sich auch das Tor für die Herausbildung einer neuen Vorstellung. Sie verlangte ungeheure Anstrengungen, die wir *Aufklärung* nennen. Der Staat ist nicht mehr länger eine Institution, die auf absoluter Wahrheit gegründet ist; er wird zu dem, wovon Hegel spricht: einer Institution zur Verteidigung des gemeinsamen Besitzes. Unser Wissen wird Effizienzwissen, es ist ein Wissen, das etwas erreichen will und sich konzentriert auf die Idee der Wirksamkeit. Was in der Antike allein für

---

126 [Vgl. Henri Pirenne, *Mahomet und Karl der Große. Untergang der Antike am Mittelmeer und Aufstieg des germanischen Mittelalters*, übersetzt von P. E. Hübinger, Frankfurt a.M. 1963 (Originaltitel: *Mahomet et Charlemagne*, Paris 1937).]

127 [Patočka fügt in Klammern hinzu: »Theologische und ethische Motivation im Zusammenhang mit dem Wandel des Lebens«.]

den Bereich des Herstellens galt, gilt nun genauso für das Wissen. Unser Wissen gerät in enge Beziehung zum persönlichen Erfolg oder Misserfolg. Die Aufklärung brachte Europa das Besitzmonopol von Wissenschaft und Technik. Darin liegt etwas Großes und Imposantes: die Möglichkeit eines menschenwürdigen Lebens für die große Masse der Menschen – das ist die Kraft der Aufklärung. Bis dahin war die Welt immer eine hierarchische Welt, und das menschliche Leben beschränkte sich in seinen Möglichkeiten nur auf einen engen Umkreis. Es ist eine Frage, ob die Überwindung dieses Hierarchischen eine praktische ist, in jedem Fall geht es hier um etwas Neues. Die Idee ist eine amerikanische, und durchgesetzt wird sie von Siedlern im äußersten Annex Europas. Dieser Annex erweiterte die bekannte Welt, somit auch die politische Welt. Er veränderte Europa und verschob sein Zentrum – der Organismus, der »Heiliges Römisches Reich Deutscher Nation« genannt wurde, rutschte mit einem Schlag vom Zentrum in den Osten. Zum Zentrum wird Frankreich – es will dort sein, wo früher Deutschland war. Es wird zum Zentrum der aufklärerischen Bewegung, die aus Amerika stammt. Hier also kommt es zur ersten Amerikanisierung Europas. Zugleich erhält Europa auch im Osten eine scharfe Grenze. Das Moskauer Fürstentum, später das Zarentum, erbt jenes zweite Konzept von geistiger Macht, das konstantinische und byzantinische, aber ohne die Dualität der beiden Mächte. Im Laufe eines Jahrhunderts dehnt es seine Macht aus bis an die Grenzen Chinas. So wird das alte über-nationale »Europa« eingezwängt zwischen zwei Riesenreiche, zwei Schwergewichte, die einst aus seinem Sprung auf die Reichtümer entstanden waren. Im dreißigjährigen Krieg verliert das alte Reich den Großteil seiner Macht, und der Nachfolger des »zweiten Europa« drängt es systematisch zurück (Polen, Schweden, Preußen). Zugleich entsteht dort ein bemerkenswertes System des absoluten Zentralismus, in dem alles gelenkt wird von einem einzigen Zentrum, das sich stützt auf Millionen von Bajonetten (Acton).[128] Russland formt, in Zusammenarbeit mit Preußen, die weitere europäische Geschichte. Als es zum ersten Mal – und zwar auf europäischem Boden – zum Zusammentreffen Russlands und Amerikas kommt, beginnt man

---

128 [Vgl. John Emerich Edward Dalberg-Acton, *Lectures on Modern History* (Kapitel XVII: »Peter the Great and the Rise of Prussia«), hg. v. J. N. Figgis und R. V. Laurence, London 1906.]

vom Ende Europas zu sprechen und davon, wer sein Nachfolger sein wird. Es scheint, dass das allgemeine revolutionäre Prinzip dabei eine wichtige Rolle spielen wird. Zu der Zeit, als Napoleon den letzten Überrest des Römischen Reichs vernichtet, spielt sich etwas Eigenartiges ab: In Deutschland kommt es zur dichterischen und philosophischen Reflexion über die Aufklärung. Es ist aber schon zu spät. Das Denken kann die Grenzen der Aufklärung aufweisen (Kant), am Ende aber wird es selbst zu einem Instrument, das dieser dient. Kants laute Warnung, den Weg der Abwendung von der Sorge für die Seele zu revidieren, wird letztlich zu einer Waffe für die Bemächtigung der Welt. Die deutsche Philosophie formulierte die Idee einer doppelten Reflexion, der Dialektik, die schließlich dem revolutionären Kampf diente: Sie schuf die Idee einer Reflexion des Universums, aus der das 19. Jahrhundert ein Instrument des Nationalstolzes machte. Hegel versuchte eine Erneuerung des Staatsgedankens, verankert in einer letzten Wahrheit – und es entstand daraus die Überzeugung, dass es nichts Höheres gibt als den Staat.

Das *sacrum imperium* schied dahin in einem großartigen Tod, aber nicht als Europa. Schon das 19. Jahrhundert löste nur noch »Fragen«, die den Überresten galten: die deutsche Frage. (Man muss sich bewusst machen, dass Deutschland die ganze Energie seiner tausendjährigen Existenz auf die Bildung des *sacrum imperium* verwandte, es war das Land, das als letztes in den Wettbewerb der Nationen eintrat. Es bildete das letzte universalistische Element in Europa – abgesehen von residualen Organisationsformen wie Österreich oder die römische Kirche.) Am Ende des 19. Jahrhunderts steht Europa an der Schwelle des Zusammenbruchs, und seine Erben warten schon auf die Beute (Preußen, Russland). Der europäische Mensch wird sich bewusst, dass eine moralische Fundierung der Wahrheit ihm fremd ist. Dostojewskis Raskolnikow sagt: »Alles ist erlaubt.« Ganz ähnlich Nietzsche, der tiefste Denker dieser Epoche (ein Aufklärer!).

Über Jahrzehnte hinweg stürzt dieses Europa seinem Untergang zu wie ein Strom, der sich nicht besinnt, der sich nicht besinnen kann. Es ist nämlich die Aufklärung, die mit der Macht auch die Macht zur Selbstvernichtung verleiht, nicht aber die Wahrheitsauffassung zu begründen vermag. Das wusste schon Hume, und das weiß auch Friedrich Nietzsche. Deshalb fragt er radikal: »Warum Wahrheit? Warum nicht eine wirksame Lüge? Die Wahrheit ist eine wirksame Lüge unseres Seins und dessen, wie wir uns dieses Seins bemächtigen.«[129] Der Sinn? Wir müssen uns bewusst werden, dass es keinen Sinn gibt und ihn in der ewigen Wiederkehr des Gleichen suchen. Demgegenüber Dostojewski: »Werde demütig, stolzer Mensch, lass dich brechen vom Leiden, das macht dich besser.«[130] Nietzsche spricht von der Idee der ewigen Wiederkehr des Gleichen, die der neue Mensch auszuhalten vermag, von der Idee einer Sorge für die Seele aber wird dieser Mensch nicht mehr bestimmt.

Müsste das Nachdenken nicht vielmehr dem gelten, woraus Europa erwachsen ist – der Sorge für die Seele?

---

129 [Paraphrase von Betrachtungen Nietzsches zu Wahrheit und Lüge, die sich in ähnlicher Form an verschiedenen Stellen seines Werkes finden, vgl. etwa: *Die fröhliche Wissenschaft*, § 344.]
130 [Wahrscheinlich sinngemäß zitiert – ähnliche Gedanken finden sich in Dostojewskis Rede zur Puschkinfeier formuliert. Dort referiert Dostojewski die »russische Lösung« (»nach dem Rechtsempfinden und der Vernunft des Volkes«) der Frage nach der Weltharmonie: »Bezähme dich, stolzer Mensch, und zerbrich erst einmal deinen Hochmut. Demütige dich, müßiger Mensch, und arbeite erst einmal auf deinem heimatlichen Acker.« Vgl. Fjodor M. Dostojewski, *Tagebuch eines Schriftstellers*, aus dem Russischen von E. K. Rahsin, München 1992, S. 489.]

[Probleme der nacheuropäischen Epoche]

Man kann zu den oben angedeuteten[131] Problemen der heutigen Geschichtsepoche gar nicht vordringen, ohne den Versuch einer radikalen Distanzierung von den europäisch-traditionellen Weisen der Weltgeschichtsbetrachtung zu unternehmen. An Barracloughs Gegenwartsgeschichte, an Marcuses Abweisung des liberalen Rezepts, die Welt solle auf die allmähliche Generalisierung der Errungenschaften der Reichen warten, ist der Versuch zu begrüßen, Distanz gegenüber dem Europäismus zu gewinnen. Es fragt sich aber, ob sowohl Barraclough wie auch Marcuse in verschiedenen Hinsichten nicht ihrerseits noch einem Europäismus verpflichtet sind.

Die selbstverständliche Voraussetzung Marcuses, die er vom marxistischen Gesichtspunkt im Hinblick auf Fragen des Kolonialismus und Imperialismus übernommen hat, besteht darin, das Problem der heutigen Welt im Prinzip für genau dasselbe zu erachten, worum der Emanzipationskampf des europäischen Proletariats gegen seine Ausbeuter ging. Damit wird stillschweigend vorausgesetzt, dass die Welt im Grunde nicht nur schon europäisch geworden ist, sondern die Menschheit dies allerorts auch so begriffen hat, was keineswegs selbstverständlich ist. Ist es denn ausgemacht, dass der Emanzipationskampf der Nichteuropäer im Grunde derselbe ist wie jener der europäischen Unterschichten? Besonders nachdem Europa und die Europäiden ihr Machtmonopol eingebüßt haben? Der Materialismus der modernen Welt- und Gesellschaftsauffassung hat geistige Voraussetzungen, deren man sich nicht überall bewusst ist; nicht jeder Emanzipationskampf beruht auf dem Verständnis der Bewegung einer als objektiv vorgestellten gesellschaftlichen Struktur. Die praktische Einübung in modern-technisches Behaviour kann archaische Gesinnungen unberührt bestehen lassen, wie man es am Fall Japans vor dem Zweiten Weltkrieg studieren kann. Das europäische Proletariat war zur Aufnahme eines materialistischen

---

131 [Bezug nicht rekonstruierbar.]

[Probleme der nacheuropäischen Epoche]

Objektivismus über lange Zeit vorbereitet durch die europäisch immanente Geistesentwicklung, durch jene schleichende Krise der metaphysischen Vernunft, die Europa seit den Anfängen der modernen Wissenschaftsentwicklung säkular modellierte. Es war dies eine Krise, die alle Gesellschaftsschichten, und die oberen voran, ergriffen hatte. Es ist jedoch keineswegs gesagt, dass man überall auf dieselbe Situation treffen muss. Wo es die europäische Metaphysik nicht gibt, aber z.T. viel Archaischeres, muss gerade das reflektiert, ausdrücklich erkannt und mit europäischen Prinzipien konfrontiert werden. Praktisch setzt das aber eine Intellektuellenschicht voraus, die das Problem sieht, es für sich gelöst hat und den übrigen Gesellschaftsgruppen verständlich machen kann. Man sollte im Auge behalten, dass wir heute, in dem Augenblick, wo die Menschheiten zur Menschheit werden, vorerst weder eine gemeinsame Welt, noch eine gemeinsame Sprache besitzen und dass dies zu schaffen eben die Hauptaufgabe ist.

Aus diesem Grunde aber gibt es keine andere Aufgabe, die ihr vorgeordnet wäre. Die Opposition Liberalismus – marxistischer Sozialismus, die in der Epoche der Polarisierung unter den ersten, am mächtigsten auftretenden Erben Europas, die man auch Europäiden nennen könnte, den Rang als allbeherrschendes Weltproblem einnimmt, müsste deshalb überwunden werden. Nötig wäre, dass die bisher Streitenden ihre Überzeugungen einer *epoché* unterwerfen, weil diese schon als etwas Partikulares erkannt wurden, um den Möglichkeiten des Entstehens einer wirklich allgemeinen, universalen, planetarischen Gesellschaftsschicht nicht im Wege zu stehen.

Eine kritische Gesellschaftsdoktrin, die zum politischen Programm wird, hat immer die Tendenz, intolerant zu werden. Dagegen ist aber, wie wir glauben, äußerste Toleranz das Grundinteresse der allgemeinen Schicht, das, wodurch sie als solche gestiftet und verbunden wird – soweit sie nicht mit dem politisch-moralischen Grundziel des Schaffens der einen Welt im Widerstreit liegt. Wir werden diese Andeutungen weiter unten ausführlicher entwickeln.

Die Weltpolarisierung ist bereits heute eine antiquierte Situation, bei deren Betrachtung man sich beinahe wundert, dass sie so lange überzeugend wirken konnte, sogar bei Denkern und Historikern wie Marcuse und Barraclough. Auch darin steckt ein gutes Stück Europäismus. Das Ende Europas und der Erbschaftsantritt entweder durch Russland oder die Vereinigten Staaten wurde in Europa seit der zweiten Hälfte des 18. Jahrhunderts besonders aus geographisch-demographischen Gründen oft erwogen, und diese Betrachtungen zogen sich beinahe bis in unsere Gegenwart hin. Niemand ist aber vor Eintritt der Situation auf den Gedanken einer Welttriade oder einer anderen Konstellation gekommen, wo Außereuropäisches bestimmend werden könnte.

Die marxistische Interpretation des heutigen weltgeschichtlichen Problems nach dem Muster und im Zusammenhang mit dem Emanzipationskampf des europäischen Proletariats setzt voraus, dass die eine Welt der einen Menschheit schon da ist, dass sie in den objektiv-gesellschaftlichen Grundstrukturen schon fertig vorliegt, welche allein real sind, und zwar wären das die Strukturen der europäischen oder europäiden kapitalistischen Welt. Da jedoch China als der dritte große Bewerber um das Erbe der europäischen Hegemonie eine Revolution vollbrachte, die sich offenbar großenteils oder sogar gänzlich außerhalb dieser Strukturen bewegte, und weil es darin augenscheinlich die Wege eigener Traditionen geht, scheint durch dieses Faktum die Deutung des Eintritts Chinas in die gemeinsame, eine Weltgeschichte (das vielleicht weltgeschichtlichste Ereignis seit der Entstehung Europas) in den Termini des Marxschen Klassenkampfes in Frage gestellt.

Die Kritik an Barracloughs Europäismus muss die Grundlage seiner Fragestellung selbst beanstanden, d.h. sowohl seinen Geschichtsbegriff als auch sein Periodisierungsprinzip, bzw. den Mangel an einem solchen. In beidem erweist sich sein Denken als europagebunden.

Mit einer Selbstverständlichkeit, die verwundern muss bei einem Denker, der den grundsätzlichen Strukturwandel der Weltgeschichte nachweisen will, geht Barraclough vom üblichen Begriff einer Weltgeschichte als Menschheitsgeschichte aus, welche einen einzigen, in einer objektiven Zeit sich erstreckenden Prozess ausmacht und die dementsprechend dann auch universale, dies ganze Geschehen einheitlich betreffende Einschnitte aufweist. Gerade dieser Ausgangspunkt ist aber fraglich und gehört zu jenen europäischen Konzeptionen, die aus der Säkularisierung der christlich-theologischen Geschichtsauffassung hervorgingen, deren Besonderheit darin bestand, das geschichtliche Geschehen als Ganzes gedanklich zu überfliegen, sich über den Strom zu stellen, um die Gliederung dieses Ganzen auf ein Ziel hin konstatieren zu können. Mag sein, dass es wirklich

[Probleme der nacheuropäischen Epoche]

nicht mehr angeht, die Geschichte anders anzusehen als so, dass jede Phase in ihr anderes vorbereitet und in strukturell Verschiedenes übergeht, dass Geschichte also im Wesen Geschichte dieser Veränderungen darstellt; aber die Frage ist, ob diese Auffassung ihr unzweifelhaftes Recht nicht dann überschreitet, wenn sie die Strukturveränderungen einem Strom eingliedert, den sie als zentral auffasst und den sie den anderen vorhandenen Strömen aufzwingt.

Die Voraussetzung der einen Menschheit, die eine einzige Geschichte hat, ist bei Barraclough nicht in Frage gestellt. Desgleichen nicht die Voraussetzung der einen Welt, in der sich Geschichte abspielt, und der einen Geschichtszeit, in welcher sie abrollt. Man darf natürlich all diese Begriffe nicht einfach streichen, aber muss sich dessen bewusst sein, dass man von der einen Menschheit erst dann sprechen kann, wenn sie im Begriff ist, sich zu konstituieren, dass die Welt im Sinne des letzten Rahmens alles Realen zwar einzig ist und immer war, aber uns nur aufgrund unserer je eigenen Lebenswelten zugänglich, und dass die Lebenswelt erst zur *einen* Welt *wird*, nicht schon immer war, und dass desgleichen die geschichtliche Zeit nicht immer die Gestalt besaß, die der Forscher heute voraussetzt.

Aus dieser Voraussetzung folgt bei Barraclough, dass er die Frage des Strukturwandels im Gegenwartsgeschehen unterschätzt. Es soll sich dabei um einen zwar tiefen, aber prinzipiell den anderen vormaligen Meilensteinen der Weltgeschichte gleichrangigen Einschnitt handeln. Kann man aber tatsächlich einen Geschichtsabschnitt, in welchem verschiedene, bislang im Wesentlichen selbständige und sich nur äußerlich berührende Menschheiten, mit ihren eigenen Geschehensverläufen, eigenen Lebenswelten, ihrer eigener Zeitauffassung, innerlich eins zu werden streben – kann man diesen Abschnitt parallelisieren mit dem vorherigen, im Grunde einströmigen europäischen Geschichtsverlauf, periodisiert in Altertum, Mittelalter, Neuzeit? Handelt es sich wirklich um eine Zäsur, die etwa dem Übergang vom Mittelalter zur Moderne durch Renaissance, Reformation, Entstehung der neuen Wissenschaft gleichzustellen wäre?

Die bisherige sogenannte Periodisierung der Weltgeschichte ist vielleicht ein unsauberes Amalgam aus einer Gliederung der europäischen Eigengeschichte mit ihrer altorientalischen Vorgeschichte. Die Zusammenfassung der heute erst wieder erschlossenen, in der klassischen Zeit Europas zum größten Teil verschollenen und vergessenen altorientalischen Geschichtsverläufe zum Gesamttitel »Altertum« ist irreführend. Sie stammt eher aus der europäischen Einstellung, die alles und jedes auf Europa zu beziehen gewöhnt war – nicht nur auf seine gedanklichen Prinzipien, sondern auf Europa als geschichtlich-weltpolitische Realität. In Wirklichkeit sind da andere Menschheiten mit ihren Eigenwelten durch Jahrtausende wirksam gewesen; dass unter anderen Umständen, wenn z.B. Ägypten eine Isolierung gelungen wäre wie China, ihre Weiterdauer neben dem Europäischen nicht ausgeschlossen gewesen wäre, davon ist eben das chinesische Reich ein Beleg.

Heute, da die Geschichte Europas als weltüberragendes Machtgebilde abgeschlossen ist, sollte man sich tiefer besinnen. Die europäische Geschichte ist keine Geschichte der Menschheit, wofür man sie in Europa lange gehalten hat: Sie ist aber eine Geschichte, welche eine allgemeine Menschengeschichte vorbereitete und die Bedingungen für sie schuf. Sie ist keine Geschichte der Menschheit, sondern einer von vielen Menschheiten, und gerade dies wird durch Europas einzigartiges Machtstrebens bezeugt, wodurch es in Gegensatz und Konflikt zu den übrigen Menschheiten geriet. In diesem Konflikt ist ein Teil der bisherigen Menschheiten unterlegen und verschwunden; ein Teil hat dieses schwierige Kap umschifft und den Untergang der europäischen Stellung erlebt, wobei es sich um Menschheiten sehr verschiedenen Gepräges handelt: solche, die den voreuropäischen Hochkulturen beiseitezustellen sind wie China und z.T. Indien, Menschheiten mit eigenem ausdrücklichen Weltverhältnis, durchgearbeiteter Gesellschaftsorganisation für Großraumdimensionen und einem Geschichtsverständnis, das sich in eigenständiger Historiographie ausprägt; solche, die vor dieser Durcharbeitung ihrer Welt stehen und kein zusammenhängendes Gedächtnis ihrer Vergangenheit besitzen; und solche endlich, die aufgrund des neuen rationalen Wissens ihre verlorengegangene Eigenständigkeit eruieren und erneuern.

Europa hat freilich unter den bisherigen Menschheiten eine Auszeichnung: Seine Partikularität ist die Allgemeinheit. Sie ist das Allgemein-Verständliche, welches sich auf alles und jedes auszustrecken strebt, das nichts aus seinem Bereich auslässt und das ganze Leben durch eine Reflexion gehen lässt, die es auf das Durchsichtige und Nachvollziehbare in ihm durchsiebt. Das in diesem Sinn aufgefasste Rationale ist die grundlegende Auszeichnung, dasjenige, was seit den Griechen als der Logos gilt, der in allgemeiner Kommunikation geteilte Sinn. Nun stellt aber der Logos ein eminent auf die Geschichte bezogenes Element dar, gerade weil er ein aktiv zu vollziehendes, kein passiv vorgegebenes ist. Erst der Durchgang durch die Reflexion lässt uns erfahren, was ist; dieser Durchgang ist eine Umkehr, eine Bewegung, die eigens zu vollziehen ist und beim Gegebenen, Einzelnen, Situativen anfangend zum Ganzen strebt, aber nicht darin steht. So treibt der Logos zum Fortschreiten in Kontinuität, hat aber zugleich eine Diskontinuität in sich, einen Bruch mit dem vorherigen Leben; und es gehört wohl zum Schicksal einer zum Logos berufenen, durch ihn originell gekennzeichneten Menschheit, dass auch ihre Geschichte durch die Gegensätze der Bewegung des Logos geprägt wird. Zumindest wurde in der Trias von Altertum, Mittelalter, Neuzeit immer dunkel so etwas wie der Anfang beim Gegebenen, der Natur, der Überschritt des Irdischen und die Rückkehr zu diesem gespürt; dem kann gar nicht anders sein, wenn die Gliederung eine eigentümlich europäische ist. Und wir werden zu zeigen versuchen, dass sie sich sogar in Gestalt der europäischen Machtinstitutionalisierung ausprägt, da ja die Vollendung des Logos darin besteht, die faktische Grundbedingung des Menschendaseins, die Organisation der Gesellschaft zu alles erfassenden Institutionen von Staat und Kirche, durch die anspruchsvollste Reflexion artikulieren zu lassen. Die Einzigartigkeit der europäischen Geschichte besteht m.E. eben darin, dass hier versucht wurde, eine bestimmte Logos-Auffassung als geistige Macht und Autorität tatsächlich zu verwirklichen; dass diese Auffassung eine Menschheit mitsamt allen ihren Betätigungen, Traditionen, Institutionen prägte und dadurch geschichtliche Realität wurde, welche sich dann aus inneren Gründen auflöste; aber dass noch in dieser Auflösung und durch sie hindurch ihr Prinzip wirklich bleibt, und dass es die Möglichkeit einer einheitlichen Menschheit in einer einzigen Welt, die nicht mehr bloße Lebenswelt ist, entwirft und offenhält.

So glauben wir, Barracloughs Auffassung aus hauptsächlich zwei Gründen widersprechen zu müssen: erstens weil er nicht zu sehen scheint, dass die bisherige Periodisierung der Weltgeschichte eine europäische ist und durch eine andere, nämlich das voreuropäische, das europäische und das nacheuropäische Zeitalter, ersetzt werden sollte; zweitens weil er die Gründe der einzigartigen Geschichtskatastrophe, die der Untergang von Europas Weltmacht bedeutet, im

[Probleme der nacheuropäischen Epoche]

Grunde als äußerlich ansieht und sich nicht um das innere Geschehen kümmert, das da im Gange war.[132]

*

1. Es wäre gegen Barracloughs Auffassung vor allem einzuwenden, dass ihre Revision der geschichtlichen Periodisierung nicht radikal genug und nicht konsequent ist. Einerseits spricht sie von Nach-Europa, von einer nacheuropäischen Zeitperiode, anderseits hält sie sich an die typisch europäische Geschichtsgliederung in Altertum, Mittelalter und Neuzeit, welche selbstverständlich insgesamt europazentriert ist. Es wird also zwar behauptet, der in den fünfziger bis sechziger Jahren dieses Jahrhunderts anbrechende Zeitabschnitt sei *mindestens* so tief wie die Zäsur zwischen Mittelalter und Neuzeit, aber gerade dies zeugt davon, dass hier die Bedeutung der neuen Entwicklung noch immer nicht in ihrem Wesen begriffen wird.

Die Gliederung in Altertum, Mittelalter, Neuzeit hat nur für Europa einen Sinn. Nur da gibt es eine Kontinuität durch Wandel hindurch, wo man nach einer Abkehr zum Anfang wiederkehrt. Nur Europa ist durch diese merkwürdige Bewegung charakterisiert. Wovon geht diese Bewegung aus, wohin kehrt sie wieder zurück? Das Altertum kann von sich als Altertum nicht wissen, auch das Mittelalter nicht. Die Gliederung ist eine im modernen europäischen Bewusstsein geformte, das sich zur Welteroberung anschickte, da es vom Himmel zur Erde sich kehrte. Diese Wendung bedeutete zugleich Welterschließung und Welteroberung. Weder Indien noch China haben die Welt erschlossen, was eine Vorbedingung der Welteroberung ist. Auch hat der Orient keineswegs eine Geschichte in unserem Sinn, es gibt dort keine Fülle der Zeiten, keinen grundsätzlichen Umbruch des Geschehens, wie es der Einbruch des Christentums in der antiken Welt oder die Reformation waren, der Dreißigjährige Krieg und die Aufklärung, die Entstehung des modernen Kapitalismus und der modernen mathematischen Naturwissenschaft. Seit der Jaspersschen »Achsenzeit«[133] ist dort die geistige Substanz ruhig und im Grunde unverändert geblieben, bis auf das Eindringen des Islam, und das ist eine von Europa abhängige Episode.

---

132 [Hier wurde die Passage weggelassen, die sich fast wörtlich in »Die nacheuropäische Epoche und ihre geistigen Probleme« findet, s. Anm. 106.]
133 [Vgl. Karl Jaspers, *Vom Ursprung und Ziel der Geschichte*, München 1949.]

[Probleme der nacheuropäischen Epoche]

Das bedeutet aber: Das nacheuropäische Zeitalter ist in die Gliederung der Zeiten in Altertum usw. gar nicht aufzunehmen. Was da endet, ist diese *ganze* Entwicklung, wenigstens vom Entstehen der antiken Machtgebilde an. Wir stehen am Ende dieses europäischen Zeitalters als Ganzen: Die Sonderstellung Europas, seine Weltbeherrschung ist zu Ende. Der heutige Einschnitt ist nicht dem Beginn der Neuzeit an die Seite zu stellen, sondern der ganzen bisherigen Geschichte, soweit sie an Europa und seiner Machtstellung baut.

Es muss eine *ganz neue* Periodisierung der Geschichte vorgenommen werden – wir stehen im Anfang einer nacheuropäischen Epoche, die der europäischen folgt, die selbst wiederum eine voreuropäische Geschichtsphase fortsetzte.

2. Damit hängt ein Zweites zusammen. Europas Katastrophe ist zugleich der Aufstieg von etwas Neuem. Dieses Neue ist zum Teil von der gesamten geistigen Konstruktion Europas, seinem Aufstieg und Niedergang, weitgehend unberührt und übernimmt von ihm nur unhistorisch gesehene und verstandene Elemente. (Auf diese Weise wird z.B. europäische Technik überall aufgefasst und erweist sich unter Bedingungen einer hervorragenden gesellschaftlichen Diszipliniertheit als verpflanzbar und gedeihend.) Die Weltkomponenten, die bisher von der europäischen Geschichtsentwicklung abgeschnitten waren oder sie nur in Gestalt eines imperialen Machtgriffs erfahren haben, also nicht als organische Entwicklung, sondern als hemmende Kraft, stehen da in einem anderen Verhältnis zur europäischen Katastrophe als diejenigen, welche organisch aus dieser Entwicklung hervorgingen.

Da Barraclough sich vor allem auf diese Weltkomponenten bezieht, die historisch wesentlich auf voreuropäischem Boden stehen, ist seine Sicht der Probleme einseitig optimistisch, aufsteigend gestimmt. Es kann aber sein, dass diese Sicht des europäischen z.B. technischen Erbes sich als oberflächlich und täuschend erweist. Barraclough stellt der europäischen subjektivistischen Individualkultur, die den ungeheuren Fortschritt der zeitgenössischen Wissenschaft und Technik nicht richtig einzuschätzen vermag, die gegenteilige Haltung dieser neuen Weltelemente entgegen. Das heißt aber eine Voreingenommenheit gegen die andere ausspielen. Nur wenn man die Analyse der Gründe für die Katastrophe Europas einbezieht, kann man hoffen, hier zu einer tieferen Sicht zu kommen und dem Problem der Technik gerecht zu werden. Dies ist bei Barraclough aber nicht geschehen. Denn er entwickelt vor allem die Kontinuität, hat es auf Keime des Neuen im Alten abgesehen, das Trennende aber, die Katastrophe, scheint ihn weniger zu interessieren. Der Weltzustand von heute ist aber durch *beides*, Katastrophe und Aufstieg, in einer untrennbaren Einheit bedingt.

3. Das Vorstehende zeigt wiederum, wie wichtig für das Verständnis des Geschehens die Frage der Periodisierung ist. In ihr verbirgt sich nämlich ein viel tieferes Problem als das der didaktisch zweckmäßigen Einschnitte im Geschehen. Die Geschichte ist ja die eigene Selbstformung des Menschen, ein Ergebnis dessen, was der Mensch als Gemeinschaftswesen mit sich anzufangen vermag, welche Lebenszielsetzungen sich bei ihm als realisierbar durchsetzen. Es handelt sich also bei diesen Einschnitten um solche der wesenhaften kollektiven Formung des Menschen. Hinter der Periodisierung steht Geschichtsphilosophie.

Die Geschichtsphilosophie wurde früher, noch im Anfang des vorigen Jahrhunderts, als Geschichtsmetaphysik betrieben. Die Geschichtsmetaphysik von Augustinus bis Hegel und Dilthey ist aber eine europäische Geschichtsmetaphysik. Ihre Voraussetzungen – die Objektivität des Geschichtsgeschehens, die gespannt-lineare Zeit des Endziels, die einheitliche Menschheit, welche das Medium des Geschichtsgeschehens abgibt, die Realität des Geistes als immanentes Telos des menschlich-gesellschaftlichen Lebens – sind von der spezifisch europäischen Thematik untrennbar, mit ihr steht und fällt sie.[134] Man kann die Probleme der nacheuropäischen Zeit gar nicht im Rahmen dieser europäischen Geschichtsmetaphysik formulieren und entwickeln. Deshalb brauchen wir eine neue, kritische Geschichtsphilosophie, welche die Enge und den Partikularismus der europäischen vermeidet.

Die bisherige Geschichtsmetaphysik ist ihrerseits eine spezifisch europäische Geistmetaphysik, die mit der europäischen Philosophie als Metaphysik überhaupt zusammenhängt. Ihre Revision ist deshalb eine Revision dieser Metaphysik überhaupt, wahrscheinlich ihre Destruktion.

---

134 Siehe dazu Gueroults Betrachtungen in den Akten des XIV. Internationalen Kongresses für Philosophie. [Martial Gueroult, »Les Postulats de la philosophie de l'histoire«, in: *Proceedings of the XVIth International Congress of Philosophy*, 1. Bd.: *Spirit, World and History*, Wien 1968, S. 5–9]

[Probleme der nacheuropäischen Epoche]

Die bisherige Geschichtsmetaphysik ist europäisch vor allem in zweierlei Hinsicht: Sie definiert die Menschheit durch ihre Geschichte und die Geschichte durch ein immanentes Ziel, ein ihr von Anfang an eingeprägtes Telos. Die naiv anmutende Selbstverständlichkeit, womit das diesem Ziel Unterstellte als das Menschliche angesprochen wird, ist nicht so harmlos, wie es auf den ersten Blick aussieht: In ihr verbirgt sich im Grunde das europäische Superioritätsgefühl. In ihrem Namen geschah die erste Begegnung Europas mit andersartigen Menschheiten – zunächst immer aus einer Position der Überlegenheit heraus, die erst allmählich in eine Reflexion und Epoché gegenüber den eigenen Prinzipien überging. Diese Begegnung war immer Kampf, Kampf um Besitz und Dasein, Kampf um die Seele, Kampf innerhalb des europäischen Geistes selber. In diesem Ringen ist die europäische, verpflanzte Menschheit meist siegreich vorgedrungen, obwohl der Ausgang auf großen Abschnitten der planetarischen Front immer ungewiss ist; Europa als weltbeherrschende Macht ist darin zugrunde gegangen und die europäische Geschichtsmetaphysik hat sich vollends als unzulänglich erwiesen.

Es gibt keine einheitliche Weltgeschichte der Menschheit und keinen einheitlichen Geschichtssinn. Eine einheitliche Sinnlinie gibt es wohl innerhalb der zeitlichen Dauer einzelner Menschheiten. Mit einer neuen Menschheit muss auch eine prinzipielle Revision der Sinnfrage entstehen, sie muss neu gestellt werden. Das ist wohl der Wahrheitskern in der Fragestellung derjenigen Historiker und Denker, die eine Theorie der geschlossenen Kulturzyklen vertraten, von Spengler zu Toynbee. Die Zirkularität ist fragwürdig, der Versuch, sich von der traditionellen Geschichtsmetaphysik der linearen Zeitauffassung zu befreien, ist zu begrüßen.

Diesem Unbehagen an der Linearität darf aber nicht in der Weise Genüge getan werden, dass man von Linearität wieder zur uralten Zirkularität zurückkehrt, zu derjenigen Zeitauffassung, die dem Mythos und den alten Völkern eigen ist, der griechischen Antike vor allem. Weder die ältere Geschichtsphilosophie noch die eigentliche Wissenschaft der Geschichte brauchten nach der eigentlichen Struktur der geschichtlichen Zeit zu fragen, sie war ihnen in Form des Erlebens des eigenen gesellschaftlichen Daseins vorgegeben. Vielleicht muss aber die Geschichtsbetrachtung einer Zeit, in der viele bisher aneinander vorbeilebende Menschheiten sich erstmalig auszugleichen und eine neuartige Einheit aufzubauen genötigt sind, sich diesem Problem neu stellen.

Denn sowohl die antike Zirkularität als auch die europäische Linearität sind Objektivierungen, Projektionen einer eigenen Geschichtszeit auf die Ebene des objektiv-naturalen Zeitprozesses. Die Zeit der Geschichte ist aber weder zirkulär noch eine unendliche Linie, sondern hat eine Eigenstruktur qualitativer Art, in welcher sowohl Weiterlauf als auch Rückkehr gründen und welche Weiterbau, Fortschreiten ebenso wie Erschöpfung und Erneuerung ermöglicht.

Der Mensch ist wesentlich geschichtlich, aber das bedeutet nicht, dass jede Menschheit, jede in Einheit eines generativ-traditionalen Zusammenhangs dauernde Sozietät Geschichte hat. Jede Menschheit lebt zeitlich, aber nicht jede hat eine geschichtliche Zeit. Die Geschichtlichkeit des Menschen gründet in seiner Nichtgleichgültigkeit seinem Sein oder Nichtsein gegenüber. Diese Nichtgleichgültigkeit ist nur durch Antizipation seines Nichtseins, durch ständige Präsenz des Nichtseins in seinem Wesen möglich. Deshalb ist menschliches Sein immer nur als Ereignis aufzufassen, ist endlich-zeitlich, d.h. sich zur Zeit verhaltend, während außermenschliches Sein, obwohl in der Zeit, selbst nie zeitlich, nie innerlich ausdrücklich auf die Zeit bezogen ist (das Leben ist zwar zeitlich, aber nur »an sich«, es hat eine Zeitgestalt, Anfang, Reife, Verharren in reifer Form, Ende, aber um sie zu haben, braucht es sich gar nicht zu antizipieren oder gar zur Zeit selbst zu verhalten). Freilich lebt auch der Mensch die meiste Zeit in einem Halbschatten, selbst- und zeitvergessen, in einer anonymen Traditionalität, die automatisch funktioniert, den Tagesablauf regelt, jedes eigene Verhalten im Voraus geregelt und ausgeschaltet hat. Aber selbst in Sozietäten, wo eine solche anonyme Traditionalität allbeherrschend ist und dem Leben jedes Einzelnen die Form beinah eines Naturverlaufs aufdrückt, gibt es die Unterscheidung von gewichtigen und gewöhnlichen Zeiten, gibt es die Feier, das Fest im Unterschied zum Alltag. Das Geschichtliche des Menschendaseins äußert sich in dieser Gliederung nicht als historische, sondern als mythische Zeit. Die mythische Zeit braucht keine bestimmten Bezugspunkte in einer Vergangenheit, die ein früheres, abgetanes Heute wäre, weil sie in den abgehobenen festlichen Ereig-

[Probleme der nacheuropäischen Epoche]

nissen das Entscheidende, Gewichtige, Ursprüngliche und Stiftende selbst zurückkommen sieht und es auf diese Weise erlebt...[135]

*

Das beinhaltet: 1. die Antizipation des Nichtseins, das eigene Nichts kann gegenwärtig werden, »das« Nichts kann erfahren werden; 2. diese Ausdrücklichkeit des Nichts ist die Ausdrücklichkeit des Verhaltens zu seinem eigenen Sein; 3. man kann dieser Grunderfahrung ausweichen und das eigene Sein vergessen oder eventuell zu vergessen suchen; in diesem Fall wird die Grunderfahrung entweder a) zur Unterordnung unter ein äußeres Nichtgleichgültiges oder b) zum Suchen nach einem äußeren Halt, welcher aber nie ausreicht und deshalb immer wieder verlassen, ausgewechselt wird und unbeständig bleibt; 4. es gibt in unserem Sein selber etwas, was dieser Tendenz im Voraus Vorschub leistet, weil es die Nichtgleichgültigkeit zwar in sich hat, aber nur »an sich«, ohne sich ausdrücklich antizipativ zu diesem ihrem Sein verhalten zu können, also die Nichtgleichgültigkeit praktiziert, aber ihr ausdrückliches Verhalten,

---

135 [Der hier folgende Absatz ist im Manuskript gestrichen:] »Die geschichtliche Zeit ist keineswegs mit der Zeitlichkeit, der zeitlichen Struktur des menschlichen Daseins identisch. Die Zeitlichkeit und die in ihr gründenden Strukturen der Zeitigung der Daseinsmodalitäten sind zwar die Grundlage, von welcher man beim Problem der historischen Zeit auszugehen hat, denn die Zeitlichkeit ist diejenige Bedingung, unter der der Mensch nicht bloß *in der Zeit* ist, sondern auch *zeitlich*, d.h. sich zur Zeit verhaltend, existiert. Es scheint aber die Zeitlichkeit zwar eine fundamentale Struktur zu sein, die geschichtlichen Zeit zugrunde liegt, aber selber noch keine Seite des konkreten Geschehens bildet. Die historische Zeit, die Zeit des Geschehens, in das unser individuelles Dasein verständnisvoll eingebettet ist, gehört wesentlich der Intersubjektivität, der Sozialität, dem Überindividuellen an. Die Zeitlichkeit ist Bedingung der Historizität des Menschen. Die Historizität besteht darin, für etwas wie ein Geschehnis, ein entscheidend vom gewöhnlichen Lebenslauf sich Abhebendes, offen zu sein. Das setzt die Zeitgliederung in Alltäglichkeit und gewichtige Zeit voraus. Diese Gliederung setzt aber ihrerseits die Unterscheidung voraus zwischen etwas grundsätzlich Gewichtigem und etwas grundsätzlich Gleichgültigem; das Nichtgleichgültige kann es nur deshalb sein, weil es 1. selber in der Krisis von Sein und Nichtsein steht und 2. ihm a) am Sein im Unterschied zu Nichtsein, b) an diesem Unterschiedensein (Nichtgleichgültigsein) im Unterschied zum Gleichgültigsein gelegen ist. Dass diese ganze Gliederung nur durch eigene Zeitlichkeit, d.h. durch die Grundstruktur der Antizipation des eigenen Nichtseins möglich ist, erhellt von selbst.«

[Probleme der nacheuropäischen Epoche]

wenn ein solches überhaupt da ist, nur auf das Gleichgültige geht. In diesem Vegetativen sich zu bewegen, in ihm geborgen dahinzuvegetieren, ist eine Möglichkeit, die sich in uns immer wieder durchsetzt, der *faktische* Abfall vom Existieren in Form eines Selbst, eines Nichtgleichgültigen. Es ist aber dies Vegetative, Gleichgültige im Menschen nur eine Grenzmöglichkeit, die im Grunde bedeutet, von sich selbst abzufallen und gespalten zu sein. Das bloße Leben ist beim Menschen nie harmlos und unschuldig, sondern eben durch ein Vorwissen um die Nichtgleichgültigkeit berührt und schuldig *geworden*. Wir sind und fühlen uns als ein Grenzfall von Leben und dies bedeutet die subtilste Gefahr in uns und für uns.

Die Nichtgleichgültigkeit des eigenen Seins ist die Grundvoraussetzung der Geschichte, nur auf ihrem Grunde kann etwas *geschehen*, d.h. nicht gleichgültig sein, es kann uns angehen, *ob es ist oder nicht*, es kann uns daran gelegen sein.

Nichtgleichgültigkeit des Seins (d.h. das Interesse am Sein, das zum Unterschied von Sein und Nichtsein sich ausdrücklich verhält) ist unterschieden von Nichtgleichgültigkeit des Lebensinhalts, die sich z.B. im Unterschied von Lust und Unlust, Freude und Trauer usw. ausdrückt. In der Lust-Unlust-Polarität ist zwar die Antizipation von Nichtsein enthalten. Zugleich ist sie aber etwas, was an Dinge, Äußeres, Unmittelbares bindet, das mit Lust verbunden ist, und das eigene *Sein in der Krisis* tritt dagegen zurück. Erst reflektierte Lust wird in diesem Zusammenhang wichtig, die Lust als eigens angestrebte, als Lebensziel. Die Leidenschaft ist das Resultat dieser Lustreflexion.

*

Kritik an Gueroult.

Objektivität der Geschichte: Wenn es ein Einwand gegen diese sein sollte, dass die Vergangenheit nicht existiert, dass allein die noch gegenwärtigen Spuren existieren, anhand deren wir eine *Vorstellung* der Vergangenheit rekonstruieren, so muss man konzedieren, dass dasselbe auch für die Naturgeschichte, die Geologie, die Geschichte des Kosmos, die Paläontologie, die Evolutionstheorie gilt.

Was nun die *Identität* angeht, die Möglichkeit einer Identifikation – so gilt auch hier, dass sich der intentionale Gegenstand, durch den uns das identische Objekt als ein Aspekt unseres gegenwärtigen Auffassens und Wahrnehmens erscheint, fortlaufend ändert während der Zeit, die seine wissenschaftliche Erkenntnis durchläuft.

Vom wissenschaftlichen Standpunkt wird jeder Gegenstand, auch der natürliche, durch eine Serie von objektiven (hypothetischen) Aspekten identifiziert, die meistens endlos ist. Diese Serie von Aspekten hat selbst den Charakter von Etappen, deren jede objektiv identifiziert werden kann und die gesetzmäßig (durch Identifikation) aufeinander folgen.

Dagegen stellt das historische Objekt ein komplexeres Problem dar, weil es nicht bloß dadurch konstituiert wird, dass es ein Stück der Vergangenheit ist, sondern aufgrund seiner *Bedeutsamkeit* im Hinblick auf Ziele, für die wir uns entscheiden. Tutanchamuns Frühstück, seine Jagdpartien oder seine freien Stunden sind keine historischen Fakten, noch weniger sind es dieselben Dinge und Lebensumstände bei irgendeinem der Fellachen seiner Zeit. Und gleiches gilt für das Leben der Völker im Neolithikum oder Paläolithikum. Für eine historische Tatsache müssen wir demgegenüber die Entstehung der Kunst im Paläolithikum nehmen, oder die Entstehung und den jähen Umschlag des Lebens vom Paläolithikum zum Neolithikum usw., also Geschehnisse, die ersichtlich bis in die heutige Zeit hineinwirken, so dass unsere Zeit auf ihnen basiert. Wie ist es mit abgetrennten, parallelen Regionen von Geschehnissen, die keinen Einfluss aufeinander haben? Wie etwa dem Lauf der Dinge in Amerika vor Kolumbus oder, in geringerem Maße, China? Das alles bildet nur insofern *eine* Geschichte, als es in *eine* chronologische und objektive Zeit eingeordnet wird, die linear aufgefasst wird: in der Antike durch das Ignorieren sich wiederholender Perioden, die zu lang für die menschliche Erinnerung waren; in der modernen Auffassung durch das Eingliedern in die naturwissenschaftliche Zeit, deren eindeutige Gerichtetheit nicht mehr durch ein einheitliches Ziel – vom Fall zur Erlösung – angezeigt wird, sondern durch die Degradation der Energie, durch das Wachsen der Entropie. Die *Bedeutsamkeit* zeigt an, dass eine universale Geschichte vor solch einem Kontakt nicht existiert, dass sich eine einheitliche Geschichte allein durch die Einheit der Kausalität bildet, die aber wiederum auf die Teleologie einer gegebenen Menschheit bezogen ist.

Wir haben also: 1. ein Objekt der Vergangenheit, dessen Kausalität uns interessiert mit Blick auf die Gegenwart; Vergangenheit ist vergangene Gegenwart, Anwesenheit, die nicht mehr hier, nicht mehr gegenwärtig ist, ohne aber abwesend zu sein, etwas wie eine phantastische Quasi-Gegenwart; 2. den Umstand, dass weitere intentionale Aspekte zu diesem Objekt hinzutreten durch a) immer weitere Folgerungen, b) neue Methoden und Erkenntnisgesichtspunkte, c) neue Interessenperspektiven, was zusammengenommen stets neue Aspekte und Hürden für die Identifikation bedeutet.

Geschichte – angesiedelt in einer objektiven naturwissenschaftlichen Zeit? Welchen Sinn hat das? Die objektive naturwissenschaftliche Zeit gibt für die Geschichte *allein den Sinn eines einheitlichen chronologischen Rahmens* ab, Probleme, die vom physikalischen Gesichtspunkt aus höchste Bedeutsamkeit haben, wie etwa die Relativität oder die Pluralität von Zeiten, haben keinen Sinn für die Geschichte. Wichtig ist hier einzig der einheitliche Rahmen – die planetarische Zeit, bezogen auf den Menschen und die Entwicklung der menschlichen Tätigkeit und Arbeit – Tag und Jahr, der Kalender; die kosmische Dimension der Zeit hat hier ebenso wenig Sinn wie Sekundenbruchteile usw.

Die antike Historie ist insofern eine solche der Gegenwärtigkeit, als sie keinen *Gesamt*rahmen, keine universale Zeit hat, sondern auf die Gegenwart der griechischen oder römischen Gesellschaft bezogen ist und *deren* unmittelbare Vergangenheit behandelt. Ähnlich die chinesische, die ägyptische. Anders die biblische Geschichte – sie hat einen *universalen zeitlichen Rahmen* für die Menschheit im Ganzen, obschon sie die Mehrheit der Menschheit als *Heiden ohne Gesetz* ignoriert. Wir haben einen Gesamtrahmen, den die objektive historische Zeit liefert; dieser Rahmen ergibt sich aus der christlichen Linearität in ihrer Abgrenzung von einer Auffassung des Fortschritts bis ins Unendliche, der sich überlagert mit der objektiven Zeit als Medium der universalen Entwicklung. Wir unterscheiden deshalb 1. die gegenwartsorientierte Historie einer gegebenen, jeweiligen Menschheit, 2. eine mythologische Historie der Menschheit, 3. eine objektive Historie einzelner Menschheiten, 4. eine objektive Historie der Menschheit. Eine objektive Geschichte der Menschheit entsteht erst dadurch, dass verschiedene Menschheiten miteinander in Kontakt treten, *eine* Menschheit ausbilden.

Aber eine Geschichtsschreibung, die das Geschehen auf einer objektiven zeitlichen Linie platziert, objektiviert selbst das historische Geschehen, das sich in einer historischen, d.h. in der von einer gewissen Tradition bestimmten Zeit abspielt, indem sie es einer bestimmten Zielsetzung unterwirft, die sich aus dem Herauswachsen aus dieser Tradition und ihrem Hineinwachsen in eine unbestimmte Zukunft ergibt, d.h. in der konfrontierenden Auseinandersetzung, dem Kampf zwischen der Tradition und einer durch diese Zielsetzung bestimmten Gegenwart.

Die historische Zeit ist nicht einfach *die persönliche Zeit*, wenngleich das persönliche Leben natürlich ein zeitliches Leben ist: Die historische Zeit ist nicht endlich wie die persönliche Zeit – meine Zeit ist gegeben dadurch, dass sie ein Intervall zwischen Geburt und Tod ist, nicht so die historische Zeit, die dadurch bestimmt ist, dass sie beide Grenzen überschreitet.

Die Historie als Lehre und Wissen bezieht sich auf die Geschichte als ein Geschehen, das gegenwärtig ist in Gestalt des Widerstreits zwischen Zukunft und Tradition; sie erzählt die vergangenen, d.h. schon nicht mehr wirklichen Gegenwarten, die Auseinandersetzungen einer vergangenen Traditionalität mit einer vergangenen Zukünftigkeit aus dem Blickwinkel eines *zeitgenössischen Konflikts*, d.h. eines Widerstreits zwischen unserer Traditionalität und unserer Zukunft. Wenn wir diesen Widerstreit als die Historizität menschlichen Geschehens bezeichnen, dann ist diese Historizität menschlichen Geschehens die Voraussetzung, auf der die Geschichte als objektivierende Forschung und Erzählung steht.

[Was Europa ist. Sechs Fragmente]

[1]

Was Europa ist, kann zwar auf die Formel »Einsicht als führende Lebensdirektive« gebracht werden, aber einen konkreten Inhalt bekommt diese Formel erst, indem man aufzeigt, wie Europa wurde. Unsere Aufgabe muss also sein, einen kurzen Abriss dessen zu geben, was der Werdegang Europas war.

Wir glauben, diese Frage beantworten zu können, indem wir zeigen, wie die Griechen auf die Eigenart ihrer Lebenswelt reflektierten, die darin in Gestalt von Mitteln gebundene Einsicht verselbständigten und immer radikaler zum ausschließlichen Lebensprinzip erhoben. Der oft in der Geschichte sich wiederholende Vorgang, dass ein anfängliches Mittel wichtiger wird als die Zwecke, denen es ursprünglich diente, brachte hier ein Lebensmuster hervor, das gänzlich die Tradition überstieg und sich so von allen anderen Lebensformen unterscheidet.

Das griechische Altertum und Mittelalter standen im Schatten der vorderasiatischen, über Kreta nach Mykene verpflanzten vorderasiatischen Stadtkulturen. Diese ersten Hochkulturen der Geschichte waren sozial reich gegliederte Gebilde, beherrscht von kriegerischen Adelsgruppen und gestützt auf eine spezialisierte, schriftkundige Beamtenschaft, die im Wirtschaftlichen und Politischen eine bisher unbekannte Zweck-Mittel-Rationalität und Kontinuität ermöglichte – trotz jener ständigen Unruhe und Bedrohung, welche die Offenheit der Länder und die Anziehungskraft ihres Reichtums für immer neue Eroberergruppen mit sich brachte. Ungeachtet solch einer Errungenschaft und hochbedeutender geistiger Leistungen blieb aber das Selbstverständnis dieser Kulturen mythisch und ihre Gesamtzielgebung an das Faktische und Traditionelle gebunden, wie in den früheren neolithischen Bauern- und Hirtenkulturen.

Das menschliche Verständnis der umgebenden Dinge und Wesen ist strukturell und lässt sich nie aus Einzelkontakten erklären; ähnlich steht es um das menschliche Verhalten im Bereich des Verstandenen. Die Begegnung mit Einzelnem ist immer mit dem allgemein-strukturellen Vorentwurf einer möglichen Fortsetzung verbunden, dem nichts entgeht, was in Erfahrung treten kann; zugleich wird aber das Erfahrene grundsätzlich im Griff behalten und ein Feld von Erfahrungsmöglichkeiten ausgebildet, das sich prinzipiell auf alles erstreckt, was es gibt, in seiner allumfassenden Gesamtheit. Das drücken wir aus, indem wir sagen, dass der Mensch *in einer Welt* lebt. Die Welt bedeutet also zweierlei: einen vorentworfenen Stil des Verständnisses, in welchem sich unser orientiertes Handeln bewegt, und das Gesamt der Dinge, zu denen es sich verhält und verhalten kann.

Die Welt hat somit zwei Seiten und Grundbedeutungen: Sie ist vorentworfener Erfahrungsstil und das Gesamt, mit dem wir dadurch in Beziehung treten. Das zweite ist nur im Durchgang durch das erste zugänglich, dafür aber nicht von ihm zu trennen. Die Erfahrung mag so sachfern und indirekt wie möglich sein, immer muss sie ins Freie führen und ins Ganze, und sei es auch nur im Modus des Dunklen und Verschlossenen.

Welt im Sinne des Erfahrungsstils mag also als ein Feld bezeichnet werden, im dem das Gesamt all dessen, was es gibt, uns erscheint und unser Verhalten zum Einzelnen (und eventuell auch zum Ganzen) provoziert. Diese Welterfahrungsstruktur als Werk eines »Subjekts« zu bezeichnen ist nur dann nicht missverständlich, wenn man dies Subjekt von demjenigen zu unterscheiden weiß, das sich in der Welt selber als dasjenige findet, woran vermittels dieses Erfahrungsstils das Gesamt mit seinen Bestandteilen appelliert, um auf Erscheinendes hin zu handeln.

So gibt es »das Subjekt« in zweierlei Weise: als »unthematisches« Worin, welches antizipatorisch den Erfahrungsstil beherrscht und zum Realen in Form von Einzelnen und schließlich auch dem Gesamt den Zugang öffnet, sowie als das erfahrende Subjekt, das zwischen den anderen Weltrealitäten die merkwürdige Auszeichnung besitzt, sich vom Erfahrenen angesprochen und aufgefordert zu fühlen, durch als ihm selbst zugehörig empfundene Handlungen verschiedener Art darauf einzugehen. Das Subjektive im ersten Sinne »befindet« sich keineswegs »im« Subjekt der anderen Bedeutung, sondern es verhält sich gerade andersherum: Das zweite Subjekt

»befindet sich« im ersten, wie alle erfahrenen Realitäten, Wirklichkeiten und Möglichkeiten.

Andererseits muss auch bemerkt werden, dass Welt als Subjekt im ersten Sinne zwar jedes Erfahrungsding »übersteigt«, weil es als Stilphänomen von allgemeinstruktureller Bedeutung ist, andererseits aber selber in der letzten Gesamtheit enthalten sein muss und auch enthalten ist, weshalb es von diesem Gesamt immer auch auf eine Weise überholt ist, die von einem in der Welt befindlichen Wesen nie ausgeglichen werden kann.

Die Welt als Feld des Erfahrungsstils kann Horizont genannt werden. Horizonte sind also in dem genannten Sinne subjektiv. Dass sie subjektiver Natur sind, ist außerdem daran abzulesen, dass sie es sind, die für das Subjekt als Weltrealität dasjenige angeben, was von den Dingen das Subjekt angeht, d.h. was »gut« und »schlecht«, erstrebenswert oder nicht (in verschiedenen Modalitäten) für es ist. Da die Welt im ersten Sinne »unthematisch« ist, d.h. gegen das in der Welt Erfahrene zurücktritt, weiß der in der Welt Erfahrende nichts von ihrem subjektiven Charakter, »übersieht« ihn, d.h. sieht durch ihn hindurch direkt auf Dinge und »Werke«, die ihm in naiver Direktheit als »an sich« gelten. Dies »an sich« ist also unbewusst subjektiv wie die ganze ursprüngliche Welterfahrung und das ist zugleich der Grund, weshalb wir die notwendige Formierung der Welterfahrungsstruktur zu »Sonderwelten« nicht bemerken. Es gibt traditionalisierte, zu sozialen Rollen (z.B. Berufen) gehörige Willensentscheidungen, welche die Lebensziele und damit zugleich dasjenige bestimmen, was vom Gesichtspunkt der jeweiligen Rolle Gut und Böse bedeutet. Sie funktionieren sonderweltlich stiftend; dadurch wird die Lebensführung in eine ganz bestimmte Richtung geleitet und alles, was es sonst an Erfahrungsmöglichkeiten geben mag, übersehen. (So gibt es, um triviale Beispiele zu nennen, die Welt des Försters, des Bauern, des Berufssoldaten usw.) Besonders wichtig ist, dass die Welt, und das bedeutet auch besonders das Gute einer bestimmenden Sozialgruppe, zum bestimmenden Weltschlüssel einer gewissen geschlossenen Gesellschaft, einer »Menschheit« *sui generis* wird. Sie erlebt dann ihr Gut und Böse, das über die ihr zugehörigen Sonderwelten und Sonderwillen entscheidet und in ihnen waltet, als selbstverständlich gegeben und vorausgesetzt. Sowohl inhaltlich als auch im Menschheitsbezug erscheint dann das Gut und Böse konfligierender Menschheiten selber als konfligierend und auf diese Art wird erfahren, dass die (subjektiven) Sonderwelten selbst im Gegensatz zueinander stehen.

Das »Objektive« der ursprünglich lebensweltlichen Willensentscheidungen tritt nämlich darin in Erscheinung, dass sie als selbst in der Welt auftretende Gestalten und Mächte aufgefasst werden. Das ist der Grund des mythischen Selbstverständnisses der ursprünglichen Menschheitsgruppen; die ursprüngliche Lebenswelt, soweit in ihr ein Selbstverständnis als ein Gewahren der bestimmenden Willensentscheidungen lebt, *muss* unumgänglich mythisch sein. Noch unreflektiertes, die Welt als solche, als Subjektives, als Horizont noch nicht erfassendes Leben ist lebensweltlich-mythisch, und die in einer solchen Lebenswelt daseiende Menschheit ist sich gerade aus diesem Grunde der Subjektivität ihrer Welt nicht bewusst. Die Konflikte solcher Menschheiten werden als Götterkämpfe erlebt und aufgefasst; »Wertkonflikte« werden durch diese Kämpfe gelöst.

[2]

Das bedeutet keineswegs, dass innerhalb der Lebenswelt kein ausdrückliches Verhalten zur Welt als Ganzem stattfindet. Im kultisch-rituellen Verhalten haben wir im Gegenteil ein typisch lebensweltliches vor uns, das sich freilich weiter in mythischen Erzählungen ausdrückt und fortsetzt. Der Mythus ist so der direkte Ausdruck einer Stimmung, welche ein unausdrückliches Ganzheitsverständnis ist, d.h. die mythische Erzählung sucht die Stimmung in sprachlich ausgedrückten lebensweltlichen Vorgängen zu verkörpern, die von ihr durchtränkt sind, sucht sich also ganz in sie einzuschließen, statt Distanz zu gewinnen und sie *vor sich* zu bringen.

In der griechischen Philosophie wird aber nicht nur ein Verhalten dieser Art, ein Verhalten ohne Distanz geübt, sondern es wird eben eine Distanz angestrebt: Die Welt, das Sein im Ganzen sind befremdlich und es muss ausdrücklich nach ihnen *gefragt* werden. In der griechischen Geometrie geht es Gegenstände, die vollständig situationsentbunden und nur aufgrund eines speziellen Limesverfahrens erreichbar sind, welches der Erfahrung der Messung mit ihrer wesentlichen Nicht-Exaktheit Rechnung trägt und sich über diese Nicht-Exaktheit hinwegsetzt. Die griechische Aufklärung, deren chronologische Grenzen schwer festzustellen sind, wendet dasselbe

Verfahren auf das Gesellschaftlich-Moralische an, auf Gut und Böse als Maßstäbe, die in ihrer gängigen schwankenden, unbestimmten, ungenauen Art den Ansprüchen eines mit sich übereinstimmenden Lebens nicht genügen. Die griechische kosmographisch-historische Erkundung versucht, das Verschiedenartige der Menschheiten einheitlich zu erfassen in Gemeinsamkeiten und Differenzen, im Gefühl einer Verschiedenheit der Lebenswelten.

Alle diese Leistungen deuten zwar eine Überschreitung der Lebenswelten auf die eine gemeinsame Welt hin an, sind aber mit einer solchen Überschreitung nicht identisch. Selbst die unvergleichliche Leistung des Eleatismus, dem Weltinhalt in seiner Mannigfaltigkeit, diese [...][136]

[3]

Es hängt mit dieser Eigenart der Lebenswelt zusammen, dass alles, was in ihr von Belang ist, zunächst als vorgegeben erscheint, sowohl Dingliches wie Nichtdingliches, Erde und Landschaft, Umgebung und was darin ist, Sachen, Lebendiges und Mitmenschen, Mächte, Götter, Gutes und Böses, und zwar in allen ihren Erscheinungscharakteren und ihren Abwandlungen. Der in einer derart vorgegebenen praktischen Umwelt sich Betätigende muss freilich aus Umgang und Lehre, aus Tradition also, das angemessene Verhalten erwerben und betätigen; im Verlauf der Verwendung dieser Fertigkeit kann er seine Initiative, sein Ingenium und seine Einsicht spielen lassen und weitgehend den bisherigen Spielraum des Traditionsfähigen erweitern. Aber dabei bleibt doch die prinzipielle Bindung an das dunkel zielsetzende Leben erhalten. Sprachliche Artikulation, Auslegung, Einsicht, Fertigkeit bleiben in diesen Grenzen eingeschlossen, d.h. situationsgebunden, ohne von dieser Gebundenheit zu wissen und sich zu ihr verhalten zu können. Sein ist mit dem lebensweltlich Vorgegebenen identisch, subjektiv und situationsgebunden, ohne dass man sich dessen bewusst wäre.

Die Subjektivität und Situationsgebundenheit der Lebenswelt drückt sich als Pluralität der Lebenswelten aus, als ihre Zuordnung zu einer Vielheit von Gemeinschaften in ihrer Traditionalität. Aus

---

136 [Fortsetzung in den Manuskripten nicht auffindbar.]

[Was Europa ist. Sechs Fragmente]

dem faktischen Bestand der jeweilgen Gemeinschaft, aus ihrem kontingenten Erfahrungsumkreis in Vergangenheit und Gegenwart stammt dasjenige, mittels dessen die einzelnen Mitglieder der gegebenen Lebenswelt sich verständigen: vor allem ihre Sprache, in der sich die Artikulation dieser Welt sedimentiert, fixiert und auf sie zurückwirkt. Die Sprache existiert hier in Gestalt von ständiger Sinnartikulation und als konkreter Sprechakt; beides ist situationsgebunden, traditionsgetränkt von einer unentwirrbaren, ihrer selbst nicht bewussten Kontingenz erfüllt. Das Sachlich-Gemeinsame, das »Objektive« ist hier das Geteilte, das Intersubjektive innerhalb einer sprachlich-geschichtlichen Gemeinschaft.

[4]

Was Europa ist, erfährt man also daraus, wie es wurde. Wie ist es geworden? Indem die Griechen auf die Eigenart ihrer Lebenswelt reflektiert haben und dadurch deren Fragwürdigkeit immer mehr entdeckten. Die Griechen haben genauso wie alle anderen Völker Voreuropas bei einer Lebenswelt angefangen, die durch die vorderasiatischen Stadtzivilisationen geschaffen wurde; diese waren kriegerische Adelskulturen, gestützt auf eine »gebildete«, schriftkundige Bürokratenschicht und also weitgehend rationalisiert, deshalb zu großen wirtschaftlichen und kulturellen Leistungen fähig. Das Selbstverständnis dieser Menschheit war jedoch religiös-mythisch und die Gesamtzielgebung an das Faktische und Traditionelle gebunden. Reales kann nur in Gestalt einer »Welt« erscheinen, eines Ganzen, das man immer schon irgendwie als Ganzes versteht und das auf unser Verständnis bezogen ist. Husserl betonte vor allem, dass die Lebenswelt der Boden der konkret-einsichtigen Erfahrung ist, in der allein die leibhaft-anschauliche Begegnung mit real Wirklichem sich abspielen kann. Es wurde erst von anderen Phänomenologen, dann aber auch von Husserl selbst gezeigt, dass diese ursprüngliche Begegnung keine bloße Anschauung, sondern vor allem praktische Beschäftigung mit Vorgegebenem und Bewährung ist. Diese Linie verfolgend kann weiter behauptet werden, die praktisch-anschauliche Lebenswelt sei handlungsmäßig subjektbezogen in der Weise, dass sie die Welt des Guten und Bösen (für uns, für mich, für euch) ist, als der die Lebenswelt beherrschende und zuletzt er-

270

öffnende Bezugspunkt. Jedenfalls zeigt der Terminus »Lebenswelt« an, dass Husserl zu der Ansicht gelangt war, die ursprüngliche Eröffnung des Verständnisses für das erfahrungsmäßig Begegnende sei lebenspraktischer Natur, mit Funktionen der Lebenserhaltung und -förderung unlöslich verbunden, dass also der diese Erfahrung eröffnende Schlüssel in der darin thematisch nicht selbst auftretenden, nie als solcher begegnenden Tiefe des Lebens liegt.

[5]

[...] hinlänglich bewiesen.[137] Dass jedoch eine andere Art Reflexion, d.h. eine Objektivierung des rein Subjektiven, wie es Husserls transzendentale Phänomenologie sein soll, der Aufgabe genügen kann, ist durch sein Spätwerk nicht nur nicht bewiesen, sondern gerade in Frage gestellt. Denn statt auf ein in sich selbst gegründetes und in Selbstreflexion absolut erfassbares Ichsubjekt als letzte Begründungsebene zu führen, begibt sich dieses Spätwerk auf den Boden eines unüberholbaren und in jedem Einzelkontakt mit den jeweiligen Erfahrungsdingen vorausgesetzten Welthorizonts, des Horizonts einer Welt, in welche als vorgegebene hineingelebt und hineinerfahren wird und die somit den Boden für jegliche Ausweisung, jedes Näherbringen, Klären und Vertiefen von Seinserfahrungen darstellt. Diese Welt, kein Werk von aktiver Zuwendung und eines Aufbaus in bewussten Akten, sondern das All des Seienden und jedes Seiende in seiner Horizonthaftigkeit schon überstiegen habend, ist ursprünglich eine Lebenswelt, keine bloße Welt der menschlichen Zweckgebilde. Dingerfahrung wie Selbsterfahrung weisen auf ein Drittes zurück, das zu beiden erst den Zugang eröffnet. Die Welt, weder Ding noch Gesamtheit von Dingen, sondern der Boden ihres Verständnisses, mag subjektiv genannt werden in dem Sinne, dass ohne sie kein Verständnis möglich ist, ohne ein verstehendes Wesen wiederum sie selbst nicht zu fassen ist; aber sie ist selbst kein Reales, sondern ein Ganzes von möglichen Sinnzusammenhängen. Mit einem menschlichen Lebewesen ist ein Bezug zu allem gestiftet, was ihm je als seiend begegnen kann, was es als seiend begreifen kann, und dieser Bereich des Begreifens der Dinge in Bezug auf sich selber im eigenen

---

137 [Erste Seite des Fragments nicht auffindbar.]

ergriffenen Betätigungsverständnis ist eben die Welt: nichts irgendwie im Menschen »Gegebenes« und »Eingeschlossenes«, nichts ihn in sich selber Einkreisendes, sondern gerade die Kontaktstiftung, die Eröffnung, das ursprüngliche Licht. (Die meisten slawischen Sprachen benutzen übrigens dieselbe Wurzel, um »Welt« und »Licht« auszudrücken.) Diese in uns selbst entspringende Öffnung zu allem, was wir je auf irgendeine Weise erfahren können, macht eben die Offenheit der offenen Seele aus. Die offene Seele ist ihrem Wesen nach Kontaktstiftung, kein in sich verschlossenes Seiendes, und sobald sie als eine in sich abgeschlossene Struktur gefasst wird, muss ihr Eigenwesen grundsätzlich verfehlt werden. In gewissem Sinne kann man sagen, dass dies Außersichsein zu ihrem Wesen gehört, dass sie wesentlich aus sich heraus ist und sich erst dann »entfremdet« wird, wenn sie sich in sich selbst abschließt, indem sie sich vergisst und missversteht, vor allem so missversteht, dass sie auch sich selbst nach dem Muster derjenigen Dinge, zu denen sie Kontakt stiftet, zu begreifen sucht.

Da nun die offene Seele sich selbst als offene nur begreifen kann, wenn sie das in ihr und von ihr aus sich entzündende und kontaktstiftende Licht begreift, hängt ihr Selbstverständnis als einer offenen gerade davon ab, ob ihr dieses Phänomen der Welt als totale Horizontstruktur nicht verdeckt ist. Solange sie im Kontakt mit den Dingen der Welt auf breiter Eröffnungsbasis lebt, solange sie sich selbst nur als mit ihnen zugleich daseiend versteht, ohne auf die Möglichkeit dieses Kontakts eigens zu achten, mag zwar ein ausdrückliches Begreifen des Weltbezugs ausbleiben, das Weltphänomen aber ist, wenngleich nicht begriffen, noch unverfälscht. Die eigentliche Verfälschung beginnt, wenn der Weltbezug selbst so verengt und verarmt wird, dass er keinen anderen Kontakt als zu Dingen in ihrer dinglichen Wirksamkeit zulässt, und dann muss das Ichsagende, die Seele, selbst zu einem solchen seiner selbst mächtigen und mit sich ständig disponierenden Ding werden. Je mehr sich die Seele ihrer Sonderfunktion, ihres Zugangscharakters zu allem Übrigen bewusst wird, je mehr Sonderstellung sie in ihren eigenen Augen gewinnt, darin begründet, dass sie allem voran schon da sein muss, desto größer die Gefahr, sich selbst misszuverstehen und das eigene Wesen als ein allen übrigen Weltinhalt in sich fassendes, abgeschlossenes und sich selbst genügendes »Subjekt« zu begreifen. Die geschlossene Seele ist also die große Gefahr, welcher die offene erliegt, indem sie sich selbst von einer Seite nähert, die ihre Sonderstellung, ihre Bezugsstiftung, ihre Lichtfunktion auf ein im Bezug Erscheinendes nivelliert; die Seele, die auf eine solche Weise erscheint, verschließt den Zugang zum Erscheinen als solchem und also zu einer offenen Seele.

[6]

Es erhebt sich schließlich eine Frage, welche den Sinn unserer ganzen Reflexion umzustürzen droht.

Falls eine Besinnung auf die Beschränktheit der europäischen Ratio zu den Aufgaben der europäischen und europäisch kultivierten Intelligenz gehört, die vor allen anderen dieser Aufgabe gewachsen sein muss, um für die geistigen Probleme von morgen eine notwendige Offenheit zu schaffen – ist dann mit dieser Besinnung das Notwendige nicht schon geleistet, ist dann nicht die Wiedererweckung der außereuropäischen geistigen »Substanzen« nicht überflüssig, und zeigt dies nicht an, dass durch diese Besinnung die geistige Suprematie Europas auf eine indirekte Weise fortgesetzt wird?

Die europäische Besinnung auf die Beschränktheit der wissenschaftlich-technischen Ratio, auf Europas Katastrophe und auf die nacheuropäische Zeit, in der wir schon leben, ist eine notwendige Parallele zu einem Vorgang, der auf wirtschaftlich-politischem Felde sich abspielen sollte und dürfte. Denn solange die Intelligenz als handelnde, aktive und ihrer Verantwortung für das Ganze bewusste Gesellschaftsschicht die trägen Partikularismen des heutigen Tages nicht überwindet, ist an die Beseitigung der Gefahr einer steigenden Verelendung und der drohenden Hungersnot in den übervölkerten Entwicklungsgebieten nicht zu denken. Und erst wenn eine neue, weitsichtigere und dem heutigen planetarischen Zustand der Menschheit angemessenere Leitung der Geschäfte in den wirtschaftsmächtigen Gebieten da ist, kann das außereuropäische kolossale Menschentum aus seiner Abwehrhaltung gegenüber dem europäischen wirtschaftlich-politischen Systemerbe herausgerissen werden; erst dann könnten aber auch die Energien der alten, positiven Traditionen voreuropäischer Prägung zu fruchtbarer Entwicklung gebracht werden.

[Was Europa ist. Sechs Fragmente]

Die europäische Reflexion ist also nicht dazu bestimmt, die außereuropäische Reflexion überflüssig zu machen, sondern sie erst eigentlich einzuleiten und fruchtbar zu machen.

Imperium

Weder der alte Orient noch die Griechen kannten Begriff und Wirklichkeit des Imperiums, den Staat als Imperium. Der alte Orient kannte nur das Götterregiment, das direkte und indirekte. Den Staat als Menschenangelegenheit haben die Griechen geschaffen und gedacht; sie haben ihn aber nicht einmal zur Großmacht erweitert, geschweige denn als etwas Universales, Allumfassendes konzipiert. Die Römer haben zuerst die Wirklichkeit, dann auch den Begriff geschaffen.

Zum Imperium gehört erstens die Faktizität des Staates als Ausgangspunkt: nicht die philosophische Fragestellung nach der Wahrheit und einer Gemeinde, wo sie verwirklicht werden kann, wozu dann die Theorie der Verfassungen usw. gehört, sondern die faktische Realität, dass man in einem mächtigen und die Herrschaft erhalten wollenden Staatswesen lebt; und dieses Staatswesen, wenn erfolgreich, ist eine der Konsequenzen der πόλις. Zweitens muss die erfolgreiche πόλις zum Imperium werden, wie die nicht erfolgreiche πόλις, also die Stadt der Katastrophe, zum Gedankengebilde, zum Philosophenstaat, zum Gebilde der »Sorge für die Seele« wird.

Athen ist die scheiternde πόλις, Rom die erfolgreiche. Das ergibt jene allgemein *praktische* Einstellung des römischen Geistes. Oder ist es umgekehrt: Musste Athen scheitern, weil es von vornherein von der Leidenschaft der Einsicht durchdrungen war? Bei Heidegger öfters angedeutet: römisches Seinsverständnis vom Willen her. Ob dies ursprünglich oder einfach vom Primat des spezifisch Staatlichen kommt, von der *vita activa* als Lebenselement des Römischen?

Dann muss vielleicht gesagt werden: Falls in der römischen *civitas* und ihrem Erfolg der unfragliche Primat des Herrschens angelegt ist (darin auch das Sekundäre des Philosophischen, der Fragen nach Wahrheit und Gerechtigkeit), dann freilich auch der Verfassungswechsel und das Dauern dieses Herrschaftsprimats durch die Verfassungsformen hindurch. Dann ist auch Cäsar schon in der Republik enthalten und von ihrem Glück ermöglicht.

Cicero. Es wurde gezeigt, dass der Ciceronianische Staatsbegriff in *De re publica* zwar mit griechischen Begriffen abgehandelt, aber im Grunde römisch ist: Das Römische bestehe darin, dass der Staat *nur juridisch* (Rechtsstaat) und weder athenisch noch lokal und verfassungsmäßig festgelegt ist. Das Juridische ist die Grenze des Staats, welche aber in sich doch bloß formal ist, und da Recht von Verfassung abhängt, eigentlich keine Einschränkung des Imperiums darstellt. Es gibt da auch Formulierungen wie Staat = das Gesamtinteresse des Volks. Es gibt keine »Privatsphäre«, wie sie bei Plato die Philosophie zu schaffen angefangen hatte.

Die Gesinnung der Polis gibt das Zitat Amm. Marc. C. D. I. 15,2 wieder: Der Staat ist nichts als eine übereinstimmende Menge von Menschen.[138] Staat = Macht des *consensus* der Bürger.

Seel[139] macht darauf aufmerksam, dass Ciceros (und Senecas) Identifizierung des Staats der Gerechtigkeit mit Rom für diesen Staat schlimme Folgen hätte haben können: wenn freilich nicht vorausgesetzt worden wäre, dass Rom immer recht hat. Gerade die vollständige Unbewusstheit darüber bei Cicero ist aber bedeutend, wie überhaupt der merkwürdige Versuch zu zeigen, das beste Staatsregiment sei (keineswegs platonisch, sondern das aristotelische *regimen mixtum*) in der *Res publica romana* verwirklicht, davon zeugt, dass hier die ganze Fragestellung der griechischen Staatslehre auf den Kopf gestellt ist. Die Griechen fragen nach einem Staatswesen, wo das Leben in der Wahrheit, wozu Gerechtigkeit gehört, möglich ist, und ihre Fragestellung, da die Fragen nicht ein für alle Mal zu beantworten sind, bleibt offen wie letzten Endes das erstrebte Staatswesen. Obwohl Plato die Republik im letzten wahren Sein zu verankern sucht, gibt er sich keineswegs dem Glauben hin, sie gefunden zu haben. Die Folge *Politeia – Politikos – Nomoi* zeugt davon, dass sein Staatsdenken nicht ans Ende gelangt ist, so wenig wie seine Ontologie, denn diese Ontologie kann nicht menschlich vollendet werden – wie dadurch bezeugt, dass sie nicht aufgeschrieben wurde. Ciceros

---

138 [»(...) aliud civitas non sit, quam concors hominum multitudo.« Augustinus, *De Civitate Dei*, 15, 2. Patočka verweist hier auf ein Zitat bei Ammianus Marcellinus, der in seinem Werk aus einer Vielzahl von Schriften zitiert.]

139 [Vgl. Otto Seel, *Römische Denker und römischer Staat*, Leipzig 1937; ders., *Cicero. Wort, Staat, Welt*, Stuttgart 1953.]

Versuch setzt dagegen die Zuversicht, die praktische Sicherheit voraus, dass die römische *civitas*, weil erfolgreich, das Imperium ist, und derjenige Mann, der im Weltkampf mit Karthago sie zum Imperium machte, ist bei ihm auch der Sprecher, der Beweisführende. Das Platonische (und auch das Aristotelische) ist bei ihm ein Rüstzeug, um das gute Gewissen der römischen *civitas* zu kräftigen.

Merkwürdigerweise ist aber Cicero derjenige, welcher selbst, durch sein Schicksal, die erste Entfremdung zwischen Staatswesen und Bürger erleben muss. Das gute Gewissen der *civitas* als *imperium* setzt *civitas*-Gesinnung bei allen politischen Faktoren voraus, setzt voraus, was Marius, Sulla, Pompeius als Selbstverständlichkeit betrachtet und getan haben: Auf dem Gipfel ihres Erfolgs blieben sie nur *inter pares*, dienten sie *der Sache aller*, der *res publica*, empfingen ihre Macht vom Konsens »aller«; und in diesem Sinne konnte Cicero wirklich die alte *res publica* als Verkörperung des platonischen Geistes der Einigkeit und Unterordnung des Politikers unter das Geheiß der Öffentlichkeit, der Sequestrierung des Politikers durch den Dienst an der Gemeinde, empfinden und darstellen. Marius und Sulla konnten dies »alle« sich immer je nach ihrem Muster denken, aber sie überschritten diese Vorstellung von der Macht nie. Dies war die aufrichtige Grundlage der Vorstellung von der Rechtfertigung des *imperium*; bei Cäsar zerfiel sie, wurde zur Zweideutigkeit Basileia – Tyrannei. War Cäsar ein Basileus oder ein Tyrann? Schwer zu entscheiden, sein tragisches Ende spricht für das erste, seine Methode für das andere. Jedenfalls löst Cäsar die Frage nicht wie Plato und Aristoteles, durch nachdenkende Diskussion, sondern durch Fakten und Willen. Er *ist* der Basileus, er glaubt an sich, an sein Recht, daran, dass er der Staat ist, weil er am besten die Interessen des Imperiums begreift und wahrt, und in diesem Glauben unterliegt er.

Weltgeschichte als Weltgericht ist das römische Prinzip und ein Rekurs zum Undurchschaubaren der Wahrheit und Gerechtigkeit. Nur ist dieses Undurchschaubare nicht als solches bewusst, sondern wird als Recht in Anspruch genommen. Wo es problematisch wird, wie bei Tacitus, muss ein höherer Entschluss, Gunst und Gnade in Anspruch genommen werden, falls man nicht am eigenen Recht verzweifeln soll. Die Lösung ist durch Cicero und Vergil vorbereitet, durch die »platonische«, im Grunde aber ganz unplatonische, ja antiplatonische Wendung ins Jenseits, wo die letzte Begründung liegt. Denn dieses Jenseits entzieht sich der Einsicht (zumindest der menschlichen) und geht vielleicht auf eine letzte Willensentscheidung der Providenz zurück. Vielleicht ist dies sogar die Quelle eines solchen über Einsicht erhabenen Providenzgedankens.

Deshalb ist Konstantin bei Cicero und Vergil gleichermaßen vorbereitet.

Editorische Nachbemerkungen

Sämtliche Texte im vorliegenden Band entstammen dem Nachlass Jan Patočkas. Die Nachweise beziehen sich auf die Signaturen der Patočka-Bibliographie, wie sie von den Prager und Wiener Jan Patočka-Archiven[140] erstellt wurde,[141] bzw. auf die am Prager Archiv herausgegebenen Gesammelten Schriften des Philosophen: Sebrané spisy Jana Patočky, Verlag OIKOYMENH, Prag 1996 ff.[142]

Titel in eckigen Klammern stammen von den Herausgebern. Ebenso wurden sämtliche Zusätze der Herausgeber im Text in eckige Klammern gesetzt.

Die Mehrzahl der hier vorgelegten Texte wurde von Erika Abrams ins Französische übersetzt und herausgegeben in: *Liberté et sacrifice*[143] sowie *L'Europe après l'Europe*[144]. Wir danken für ihre vielen Anregungen und Hinweise. Es sei hier ebenfalls auf Patočkas Vorlesungen zu Platon und Europa aus dem Jahre 1973 hingewiesen, in denen sich zahlreiche Parallelen finden.[145]

---

140 Archiv Jana Patočky, http://www.ajp.cuni.cz/index.php/Home; Jan Patočka-Archiv am Institut für die Wissenschaften vom Menschen (IWM), www.iwm.at/program/jan-patocka-research-program.

141 Zu finden unter der Adresse www.ajp.cuni.cz/index.php/Bibliografie. 1999 erschien die Bibliographie in deutscher Sprache in dem von Ludger Hagedorn und Hans R. Sepp herausgegebenem Band *Jan Patočka. Texte, Dokumente, Bibliographie*, Orbis Phaenomenologicus, Bd. 2, Verlag Karl Alber, Freiburg/München.

142 Siehe www.oikoymenh.cz/sebrane-spisy-jana-patocky/.

143 Jan Patočka, *Liberté et sacrifice. Écrits politiques*, traduit du tchèque et de l'allemand par Erika Abrams, Grenoble 1990.

144 Jan Patočka, *L'Europe après l'Europe*, traduit de l'allemand et du tchèque sous la direction de Erika Abrams, Lagrasse 2007.

145 Jan Patočka, *Platon et l'Europe: Séminaire privé du semestre d'été 1973*, traduit du tchèque par Erika Abrams, Lagrasse 1983.

Editorische Nachbemerkungen

Einführung

Der Text beruht auf dem Artikel »Europa da capo al fine. Jan Patočkas nacheuropäische Reflexionen«, erschienen in der Zeitschrift *Transit – Europäische Revue*, Nr. 47 (2015).

[Entstehung und Katastrophe Europas]

Signatur 2002/18.
Zuerst erschienen in tschechischer Übersetzung in Sebrané spisy, *Péče o duši* (im Folgenden SS *Pod*) III (2002), S. 783 f. Das französische Original erschien 2007 in *L'Europe après l'Europe* (s. Anm. 144), S. 273 f.
Fragment eines Briefes, das vermutlich aus der in französischer Sprache geführten Korrespondenz Patočkas mit der polnischen Philosophin Irena Krońska (1915 – 1974) stammt und auf die Zeit um 1972 zu datieren ist. Am 18. Juli jenen Jahres schreibt Patočka an Krońska: »Je suis cependant en train de faire cet essai sur ›Post-Europe‹«. Am 12. September beklagt er sich: »(...) ›Europe et après‹ s'est montré beaucoup plus dur à rediger que je ne pensais, j'en suis nullement content et y travaille avec une énergie du désespoir.«
(In einem Brief an Ludwig Landgrebe vom 3./4. Oktober 1973 schreibt Patočka: »Ausserdem bin ich dabei, eine Arbeit über Europas Ursprung und Verhängnis zu entwerfen, aber es fehlt mir sehr viel Material und auch Fachkenntnis dazu. Aber was Kenner vernachlässigen, müssen dann eben Dilettanten machen, das ist manchmal ihr undankbares Erbteil.«)
Aus dem Französischen von Klaus Nellen.

Die Überzivilisation und ihr innerer Konflikt

Originaltitel: »Nadcivilizace a její vnitřní konflikt«.
Signatur 1987/12 / SS *Pod* I (1996), S. 243–302.
Zuerst erschienen in *Péče o duši*, Bd. 2, hg. von Ivan Chvatík und Pavel Kouba, Prag 1987 (Samisdat-Archivsammlung), S. 251–305 (im Folgenden AS *Pod*).
In einem Brief an den Kunsthistoriker Václav Richter (1900 – 1970) schreibt Patočka am 9. Juni 1951, dass er einen geschichts-

philosophischen Essay verfasst habe, der die eigene Epoche zum Gegenstand hat (siehe Jan Patočka, *Dopisy Václavu Richterovi*, hg. von Ivan Chvatík und Jiří Michálek, S. 36). Dabei handelt es sich offenkundig um den vorliegenden Text. Der Begriff »nad-civilizace« taucht mehrfach (zuerst 1948) in Patočkas philosophischen Tagebüchern auf (siehe Jan Patočka, *Carnets philosophiques 1945 – 1950*, hg. und übersetzt von Erika Abrams, Paris 2021, S. 578 und passim).
Aus dem Tschechischen von Ludger Hagedorn.

Zivilisation und Erlösung

Originaltitel: »Civilizace a vykoupení«
Signatur 2002/12 / SS *Pod* III (2002), S. 702–705.
Zweiter Teil eines undatierten Ms.; erster Teil nicht auffindbar.
Aus dem Tschechischen von Ludger Hagedorn.

Europa und Nach-Europa
Die nacheuropäische Epoche und ihre geistigen Probleme

Signatur 1988/4 / SS *Pod* II (1999), S. 80–148 (tschechische Übersetzung).
Zugrunde liegt ein Ende der 1960er / Anfang der 1970er Jahre entstandenes und deutsch verfasstes Manuskript, das sich nach Patočkas Tod auf seinem Schreibtisch fand. Zuerst publiziert in AS *Pod*, Bd. 3 (1988), S. 153–240; im selben Jahr erschienen in: Jan Patočka, *Ketzerische Essais zur Philosophie der Geschichte und ergänzende Schriften*, Stuttgart 1988, hg. von Klaus Nellen und Jiří Němec, S. 207–287. Der Text wurde nochmals anhand des Manuskripts sowie im Hinblick auf die tschechische Übersetzung in Sebrané spisy durchgesehen.
Kapiteleinteilung von den Herausgebern.

Die nacheuropäische Epoche und ihre geistigen Probleme

Signatur 1988/16.
Deutsch verfasst und zuerst publiziert in AS *Pod*, Bd. 3 (1988), S. 371–381. 2003 erschienen in: *Jan Patočka und die Idee von Euro-*

pa, hg. von Armin Homp und Markus Sedlaczek, Berlin (MitOst e.V.) 2003, S. 57-73 (MitOst-Editionen, Bd. 2).
Die ersten Seiten des Manuskripts wurden in »Europa und Nach-Europa« integriert. Außerdem weist Vieles darauf hin, dass »Eine europäische Selbstbesinnung« (Folgetext in diesem Band) die Fortsetzung des Manuskripts darstellt (siehe dazu auch die entsprechenden Anmerkungen in diesem und dem folgenden Text). Und schließlich enthält es eine längere Passage, die sich auch im Manuskript »Probleme der nacheuropäischen Epoche« findet und daher dort weggelassen wurde.

[Eine europäische Selbstbesinnung]

Signatur 1994/1.
Höchstwahrscheinlich die Fortsetzung des vorangegangenen Textes.
Zuerst publiziert 1993 in französischer Übersetzung unter dem Titel »Réflexion sur l'Europe« in *Liberté et sacrifice* (s. Anm. 143), S. 181-214; 1994 erschien das deutsche Original unter dem Titel »Die Selbstbesinnung Europas« in: *Perspektiven der Philosophie. Neues Jahrbuch*, Bd. 20, 1994, S. 241-274.

Nachdenken über Europa

Originaltitel: »Zamyšlení nad Evropou. Skizza z pozůstalosti«
Signatur 1986/3 / SS *Pod* III (2002), S. 257-262.
Erstmals im Samisdat erschienen in: *Paraf* (PARalelní Akta Filosofie) 1986, Nr. 3, S. 6-11.
Aus dem Tschechischen von Ludger Hagedorn.

[Probleme der nacheuropäischen Epoche]

Signatur 2002/17 / SS *Pod* III (2002), S. 770-782 (tschechische Übersetzung).
23 Manuskriptseiten und fünf Typoskriptseiten, vermutlich auf die 1970er Jahre zu datieren, geschrieben auf Deutsch (S. 1-22 und 26f.) und Tschechisch (S. 23-25, übersetzt von Ludger Hagedorn). Die fünf Typoskriptseiten werden hier nicht wiedergege-

ben, s. die Bemerkungen zu »Die nacheuropäische Epoche und ihre geistigen Probleme« und die Anmerkungen im Text.

[Was Europa ist. Sechs Fragmente]

Signatur 1988/25P / SS *Pod* III (2002), S. 476–483 (tschechische Übersetzung).
Sechs Fragmente, deutsch verfasst und wohl in den 1970er Jahren entstanden. Sie wurden 1988 zuerst in *AS Pod*, Bd. 6 (1988), S. 299–306, publiziert und von den Herausgebern als vorbereitende Studien für die *Ketzerischen Essays* charakterisiert; das erste Fragment korrespondiert mit dem Anfang des zweiten Essays, das vierte mit dem Anfang des dritten.

Imperium

Signatur 1988/14 / SS *Pod* III (2002), S. 797ff.
Deutsch verfasstes Fragment, das mit den Reflexionen zum Begriff des Imperiums in den *Ketzerischen Essays* korrespondiert. Erstmals veröffentlicht in: AS *Pod*, Bd. 3 (1988), S. 355ff.